H. W. Barz

Kommunikation und Computernetze

Reihe Informationstechnik/Nachrichtentechnik

herausgegeben von Prof. Dipl.-Ing. Eberhard Herter und
Prof. Dr.-Ing. Wolfgang Lörcher

Information bzw. Nachricht ist die neben Materie und Energie wichtigste Ressource, die der Menschheit zur Verfügung steht. Die Nachrichtentechnik erlebt in allen ihren Zweigen ein stürmisches Wachstum. Ernstzunehmende Prognosen sprechen davon, daß bald nach der Jahrtausendwende die wirtschaftliche Bedeutung der Informationstechnik die des Autos übertreffen wird.

Die physikalische Darstellung einer Nachricht nennt man Signal. Nachrichten wie Signale kann man übertragen, vermitteln und verarbeiten. Durch Hinzunahme mathematischer Methoden u.a. hat sich hieraus die Informatik entwickelt.

Fortschritte bei der Entwicklung neuer Technologien und Verfahren und zukunftsweisende Aufgabenstellungen in der Informationstechnik stellen die Aus- und Weiterbildung der Ingenieure in der Praxis sowie der Studierenden technischer Fachrichtungen und der Informatik vor vielfältige neue Aufgaben. Hier leistet die vorliegende Buchreihe „Informationstechnik/Nachrichtentechnik" einen wesentlichen, aktuellen und praxisbezogenen Beitrag. Die Behandlung moderner Verfahren und Anwendungen sowie die zeitgemäße Darstellung der Grundlagen ist das Anliegen dieser Reihe.

<u>Bereits erschienen:</u> J. R. Johnson, Digitale Signalverarbeitung
H. W. Barz, Kommunikation und Computernetze

<u>In Vorbereitung:</u> B. Eppinger/E. Herter, Sprachverarbeitung
E. Herter/M. Graf, Optische Nachrichtentechnik
S. Muftic, Sicherheitsmechanismen für Rechnernetze
D. Roddy, Nachrichtenübertragung über Satelliten
A. D. Wilcox, Entwicklerleitfaden Elektrotechnik

Über die Herausgeber: Die Herausgeber sind Verfasser des bereits in der 5. Auflage vorliegenden Standardwerkes Herter/Lörcher, Nachrichtentechnik.

Prof. Dipl-Ing. *Eberhard Herter* und Prof. Dr.-Ing. *Wolfgang Lörcher* lehren an der FHT Esslingen in den Fachbereichen Nachrichtentechnik und Technische Informatik. Prof. Herter ist Leiter des Steinbeis-Transferzentrums Kommunikationstechnik Esslingen.

Hans Wilhelm Barz

Kommunikation und Computernetze

Konzepte, Protokolle und Standards

Carl Hanser Verlag München Wien

Der Autor:
Dr. rer. nat., Dipl. Wi.-Ing. Hans Wilhelm Barz
Ciba-Geigy AG, KB Information Technology
Basel, Schweiz

Alle in diesem Buch enthaltenen Programme und Verfahren wurden nach bestem Wissen und Gewissen erstellt und mit Sorgfalt getestet. Dennoch sind Fehler nicht auszuschließen.
Aus diesem Grund ist das im vorliegenden Buch enthaltene Programm-Material mit keiner Verpflichtung oder Garantie irgendeiner Art verbunden. Autor und Verlag übernehmen infolgedessen keine Verantwortung und werden keine daraus folgende oder sonstige Haftung übernehmen, die auf irgendeine Art aus der Benutzung dieses Programm-Materials oder Teilen davon entsteht.

Die Wiedergabe von Gebrauchsnamen, Handelsnamen, Warenbezeichnungen usw. in diesem Buch berechtigt nicht zu der Annahme, daß solche Namen im Sinne der Warenzeichen- und Markenschutz-Gesetzgebung als frei zu betrachten wären und daher von jedermann benützt werden dürften.

CIP-Titelaufnahme der Deutschen Bibliothek

Barz, Hans Wilhelm:
Kommunikation und Computernetze : Konzepte, Protokolle und Standards / Hans Wilhelm Barz. - München ; Wien : Hanser, 1991
   (Reihe Informationstechnik, Nachrichtentechnik)
   ISBN 3-446-16241-0

Dieses Werk ist urheberrechtlich geschützt.
Alle Rechte, auch die der Übersetzung, des Nachdrucks und der Vervielfältigung des Buches oder Teilen daraus, vorbehalten. Kein Teil des Werkes darf ohne schriftliche Genehmigung des Verlages in irgendeiner Form (Fotokopie, Mikrofilm oder ein anderen Verfahren) auch nicht für Zwecke der Unterrichtsgestaltung – mit Ausnahme der in den §§ 53, 54 URG ausdrücklich genannten Sonderfälle –, reproduziert oder unter Verwendung elektronischer Systeme verarbeitet, vervielfältigt oder verbreitet werden.

© 1991 Carl Hanser Verlag München Wien

Umschlagentwurf: Kaselow Design, München
Druck und Bindung: Jos. C. Huber, Dießen/Ammersee
Printed in Germany

Vorwort

Dieses Buch hat seinen Ursprung in der Unzugänglichkeit der Telekommunikation-Standards der internationalen Standard-Organisationen. Seit Mitte der 80er Jahre beschäftige ich mich mit diesen Standards und habe mich häufig in einem Dschungel gefühlt. Damit meine ich, daß auf den ersten Blick keine klaren Wege und Konzepte zu erkennen waren. Dies liegt einerseits am enormen Umfang des oftmals aufgebauschten Fachvokabulars – das Abkürzungsverzeichnis in diesem Buch enthält weit über 1.000 Abkürzungen – und am Mangel, Konzepte klar und prägnant darzustellen bevor man auf die notwendigen Details eingeht.

Während ich in den letzten Jahren Wege im „Standard-Dschungel" fand, zwang mich aber gleichzeitig meine berufliche Praxis, die Standards kritisch mit den Problemen der Anwendung und mit anderen Nicht-Standard Produkten in der Rechnerkommunikation zu vergleichen. Dieses Buch sieht die Standards daher immer aus zweierlei Positionen: die Sicht des Informatikers klopft die Standards auf klare Konzepte ab, die Sicht des Praktikers diskutiert den möglichen Einsatz samt seiner Chancen resp. Probleme.

Neben der Erarbeitung der Telekommunikations-Standards behandelt das Buch auch neueste Forschungsresultate in der Rechnerkommunikation, soweit eine Verwendung in der Praxis erwartet werden kann. Ein umfangreiches und aktuelles Literaturverzeichnis erlaubt dabei eine Vertiefung und Weiterführung. Das Buch enthält auch vielerlei Vergleiche und Analogien zu Protokollen resp. Verfahren in Herstellerlösungen (SNA, DECnet, NETbios, ...).

Auf praxisnahe Aspekte wird noch einmal besonders in den Kapiteln über Netzwerkmanagement, Koexistenz von Protokollen und Sicherheit eingegangen. Die in diesen Kapiteln behandelten Lösungsansätze sind gerade aus operationeller Sicht äußerst wichtig.

Das Buch ist in sich abgeschlossen. Erfahrungen oder Kenntnisse von Betriebsystemen sind jedoch hilfreich. Abgerundet wird der Text durch andere in der Reihe „Informationstechnik/Nachrichtentechnik" erschienenen Veröffentlichungen.

Dieses Buch entstand aus Vorlesungen an der Universität Basel und Freiburg im Breisgau sowie aus internen Kursen bei der CIBA-GEIGY in Basel. Nur durch die großzügige Freistellung für die Vorlesungen durch die CIBA-GEIGY konnte das Buch entstehen.

Viele kritische Stellungnahmen und Diskussionen meiner Kollegen haben mir sehr geholfen; besonders gilt dies für P.F. Schuler, H. Näf, A. Schweizer und K. Brawand.

Für das Schreiben und Korrigieren von Teilen dieses Buches bedanke ich mich bei S. Engeli.

Den meisten Dank allerdings schulde ich meiner Familie, die meine Arbeitszeiten des nachts und über unsere Wochenenden toleriert hat.

Basel/Lörrach im Oktober 1990

Inhaltsverzeichnis

1	**Einleitung**	**1**
2	**Who's who in Netzwerken**	**5**
	2.1 Who's who in der Standard-Welt	5
	2.2 Verbreitung von Netzwerken	9
3	**Strukturierung von Kommunikation in Netzen**	**13**
	3.1 Das ISO-Schichtenmodell	13
	3.2 Diskussion des ISO Modelles	18
	3.3 Vor-ISO-Modelle	20
4	**Layerübergreifende Verfahren und Charakteristika**	**27**
	4.1 Synchronisierung	27
	4.2 Multiplexing	29
	4.3 Naming	29
	4.4 Klassifikation von Services	30
	4.5 Fehlerbehandlung	32
	4.6 Betriebsmittelverwaltung	34
	4.7 Topologien und Switching	40
	4.8 Probleme und Hinweise zu Protokollimplementierungen	42
5	**Physical Layer (PHY)**	**45**
	5.1 Grundlagen	45
	5.2 Übertragungsmedien	47
	5.3 Multiplexverfahren	48
	5.4 Modems (Modulator-Demodulator)	49
	5.5 Schnittstellen	50
	5.6 Switching	53
6	**Data-Link-Layer**	**55**
	6.1 Medium Access Control Sublayer	55
	6.1.1 Zufällige Zuteilung	56

	6.1.2 Geregelte Zuteilung	60
6.2	Station Management	67
6.3	Umfassende Data-Link-Layer-Protokolle	67
6.4	Logical Link Control	70
6.5	Protokolle an der Schnittstelle von DL zu NL	70
	6.5.1 Naming Services	70
	6.5.2 Sonstige Protokolle	72
6.6	Bridges	72

7 Network-Layer 75

7.1	Segmentation resp. Fragmentation	76
7.2	Regulationsverfahren	77
7.3	Routing	77
	7.3.1 Routing Entscheidung	78
	7.3.2 Routing Information und deren Verwaltung	82
	7.3.3 Routing-Hierarchien	91
7.4	Naming	94
	7.4.1 Lokale Unterteilung einer Netzadresse	95
	7.4.2 Nicht ausreichender Namensraum	95
7.5	Gateway versus Router versus Bridges versus Intermediate Systems	96
7.6	Spezielle Netzwerk-Layer	97
	7.6.1 ARPA	97
	7.6.2 XNS	98
	7.6.3 DEC	98
	7.6.4 X.25	99
	7.6.5 X.75	100
	7.6.6 ISO	100
	7.6.7 ISDN	104

8 Transport-Layer 109

8.1	Adressenbildung im Zusammenspiel von Connections und Multiplexing	110
8.2	Connection Management	111
	8.2.1 Connection Management in Klasse A	112
	8.2.2 Connection Management in Klasse B	114
	8.2.3 Connection Management in Klasse C	115
8.3	Pakettypen	118
8.4	Spezielle Transport-Layer	118
	8.4.1 ISO	118
	8.4.2 ARPA	119
	8.4.3 XNS	119

		8.4.4	DECnet	119
		8.4.5	IBM-PC Netz	120
	8.5	Fehler- und Flußkontrolle		120
		8.5.1	Verzögerte Zustellung	120
		8.5.2	Performanceverbesserungen	121
	8.6	Connectionless Transport Layer		123
	8.7	Inter-Kommunikationsfähigkeit des ISO-Transport-Stacks		123
	8.8	Programmschnittstelle		124
		8.8.1	Socket-Library	125
		8.8.2	NETBIOS	129
		8.8.3	Schnittstelle zu ISDN	131

9 Session-Layer 133

	9.1	Gesicherter Abbau	134
	9.2	Synchronisation	134
	9.3	Partnerrechte (Dialog-Management)	136
	9.4	Bildung von Einheiten	136
	9.5	Datentypen und Paketaufbau	136
	9.6	Klassen von implementierten Funktionalitäten	138

10 Presentation-Layer 139

	10.1	Darstellungs-Management	139
	10.2	Datendarstellung	140
	10.3	Datenpakete	148

11 Application-Layer 149

	11.1	CASE		149
		11.1.1	Association Control(AC)	150
		11.1.2	Commitment, Concurrency and Recovery (CCR)	150
		11.1.3	Transaction Processing	152
		11.1.4	Remote Procedure/Operation	153
		11.1.5	Reliable Transfer Service	161
		11.1.6	Naming Service (Verzeichnisdienst)	161
	11.2	SASE		165
		11.2.1	Virtuelles Terminal	165
		11.2.2	File-Transfer und File-Access	174
		11.2.3	Mailing	184
		11.2.4	Sonstige Protokolle	191

12 Koexistenz verschiedener Protokoll-Suiten 193

	12.1	Parallele Protokoll Stacks	193

12.2 Gateways 195
    12.2.1 Application Gateways 195
    12.2.2 Transport Gateways resp. Bridge 195
12.3 Tunnels 196

13 Network Management   199
13.1 Netzwerk Operation 199
    13.1.1 Strukturierung und Identifikation der Objekte 200
    13.1.2 Services 202
    13.1.3 Protokolle 203
13.2 Netzverwaltungsbehörde 203

14 Sicherheit   205
14.1 Risiken 206
14.2 Sicherungsdienste und zu Grunde liegende Mechanismen 207
    14.2.1 Verschlüsselung (Encipherment, Encryption) 208
    14.2.2 Public Key 210
    14.2.3 Authentication (Beglaubigung) 211
    14.2.4 Signaturen (Unterschriften) 211
    14.2.5 Notarization (Notarielle Beglaubigung) 212
    14.2.6 Traffic Padding (Verkehrs-Füllsel) 212
    14.2.7 Routing Control 213
    14.2.8 Zugriffskontrolle 213
    14.2.9 Datenintegrität 214
    14.2.10 Aufzeichnung 214
14.3 Verwendbarkeit der Dienste auf verschiedenen Layern 214

Literaturverzeichnis   **217**

A Auflösung der Rätsel   **233**

B Adressen von Standard Organisationen   **235**

C Abkürzungen   **237**

    Index   264

Abbildungsverzeichnis

2.1	Zusammenhänge zwischen Standardgremien	10
3.1	Services und Layers	15
3.2	Protokoll zwischen Entities	15
3.3	Zusammenspiel der Service Primitive	16
3.4	Zeitlich orientierte Darstellung des Zusammenspiels der SP	16
3.5	Kennzeichnung eines Service	17
3.6	Aufbau der Datenpakete in den Layern	17
3.7	Aufbau eines (1)-SDU	18
3.8	ISO Hantelmodell	19
3.9	Übersicht DECnet	20
3.10	Übersicht SNA	21
3.11	Übersicht ARPA Layering	22
3.12	Übersicht MAP resp. TOP Protokolle	23
3.13	Übersicht über ISDN Protokolle	23
3.14	Übersicht über IBM PC Protokolle	24
4.1	Multiplexing	29
4.2	Service Reihenfolge beim Connection Aufbau	31
4.3	Aktive Fehlerkontrolle	33
4.4	Passive Fehlerkontrolle	33
4.5	Krediterteilungsablauf	35
4.6	Sliding Window Verfahren	36
5.1	Verdrahtung beim Nullmodem	51
6.1	Aufbau des Ethernet-Anschlusses an den Rechner	59
6.2	Prinzip der FDDI-Verkabelung	65
6.3	Versionen von HDLC	68
7.1	Beispiel-Graph	81
7.2	Routing Problem	85
7.3	Beispiel für Clustering-Varianten	92

7.4	ISDN NL Prinzip	105
8.1	Zustandsdiagramm für den Session Auf- und Abbau bei TP0	113
9.1	Situation mit „expedited" Paketen bei der Major Synchronisation	135
10.1	Einfache ASN.1 Typen	141
10.2	Konstruierte ASN.1 Typen	142
10.3	Tagged ASN.1 Typen	143
10.4	Verwendung von ASN	144
10.5	Beispiel eines Records für eine Person	145
10.6	Formale ASN.1 Beschreibung des Personen Record	146
10.7	Formale Darstellung des Beispiel-Records	146
10.8	Darstellung der Beispiel-Records beim Transfer	147
10.9	Übertragung von Strukturen mit Pointern	148
11.1	Grundsätzlicher Ablauf der Client-Server Kommunikation mit RPC	154
11.2	Komplexeste Binding Lösung beim RPC	156
11.3	Verwendung von rpcgen	158
11.4	Beispiel für eine X.500-Directory-Struktur	163
11.5	Übersicht Bestandteile VT	168
11.6	Überblick über das FTAM-Speicherkonzept	178
11.7	Anbindung NFS in das lokale Filesystem	183
11.8	Übersicht MHS 1984 gegenüber MHS 1988	185
11.9	Übersicht MHS	186
11.10	Prinzipieller Aufbau einer X.400 Mail	187
12.1	Transport Gateway	196
12.2	Konzept des Tunnel's	197
14.1	Zusatzverschlüsselung zur Vermeidung der Codebook-Analyse	209
14.2	Schema des RSA Verfahrens	210

Tabellenverzeichnis

5.1	Zustände und zugeordnete Signale bei X.21	52
6.1	Standardisierte Ethernet Varianten	60
7.1	Überblick über die Funktionen von ES/IS Routing	103
7.2	Call Control Message Typen	106
8.1	ISO Transportklassen	111
8.2	Mögliche Antwort beim Aufbau einer Session	112
8.3	Überblick TP0 bis TP4	117
8.4	Interkommunikationsfähigkeit von verschiedenen ISO-Varianten	124
11.1	Varianten der RPC Implementierungen	155
11.2	Default Settings für das ISO VT	170
11.3	Beziehung zwischen FTAM-Klassen, FTAM-Services und Service-Elementen	181
14.1	Sicherungsdienste pro Layer gemäß ISO-Standard	215

Kapitel 1

Einleitung

> ICH SAGE DIR NICHT, WAS ICH DIR SAGE,
> SONDERN, WAS ICH DIR SAGE, SAGE ICH DIR,
> DAMIT DU MIR SAGST, WAS ICH DIR NICHT SAGE.
>
> FRIEDRICH HAUG, 1761-1829[1]

Da Kommunikation von vielerlei Wissenschaften betrachtet wird, sei zu Beginn ein Blick über den Zaun der Informatik zur Philosophie geworfen. So findet man in Meyer's „Wörterbuch der Philosophie"[Meye86]:

> Kommunikation (lateinisch „Mitteilung, Verständigung"):
> .... Bezeichnung für den Informationsaustausch als grundlegende Notwendigkeit des Lebens ....
>
> Bei der Kommunikation werden vier Faktoren unterschieden: der Kommunikator oder Sender (Informationsquelle), die Information, also die zu übermittelnde Botschaft, das Medium der Kommunikation (Sprache, Zeitung, usw.) und der Rezipient oder Empfänger der Information.
>
> Jeder Kommunikationsprozeß verläuft in mindestens drei Phasen, wobei in jeder Phase Störungen auftreten können, die zur verfälschten Information führen können: Die Information, die mitgeteilt werden soll, muß zuerst vom Kommunikator vorbereitet (z.B. verbal formuliert) werden. Diesen Vorgang nennt man Verschlüsselung (Encodierung). Sie wird dann mit Hilfe der vereinbarten Zeichensysteme übermittelt (Signalisierung) und muß schließlich vom Empfänger aufgenommen werden, also gehört oder gelesen werden (Entschlüsselung bzw. Decodierung).

Diese Definition geht wie in vielen anderen Wissenschaften auf Shannon's Buch „The Mathematical Theory of Communication" [Shan49] zurück. Die Querverbindung zu anderen Disziplinen wurde fast gleichzeitig in Wiener's Buch „Cybernetics or Control and Communications in the Animal and the Machine" [Wien48] gezogen. In diesem Buch wird aufgezeigt, daß Kommunikation in elektrotechnischen Geräten ein generelles Abbild jeder Kommunikation ist:

---

[1] Jedes Kapitel wird mit der Bedeutung dieser Beschreibung eingeleitet. Die Beschreibung charakterisiert in einer gewissen Weise den Inhalt des Kapitels auf literarische Weise. Die Auflösungen befinden sich im Anhang A auf S.233.

> ... it had already become clear to ... myself that the problems of control engineering and of communication engineering were inseparable, and that they centered around the much more fundamental notion of the message, whether this should be transmitted by electrical, mechanical, or neural means. (p.15/16)

Wiener zieht aber nicht nur die Verbindung von elektrotechnischen Begriffen zu anderen Spielarten der Kommunikation, sondern er zeigt auch umgekehrt auf, daß:

> One of the lessons of the present book is that any organism is held together in this action by the possession of means for the acquisition, use, retention and transmission of information. (p.187)

Bis heute werden Rechner fast ausschließlich für die „acquisition, use, retention" von Informationen eingesetzt. Erst in den letzten Jahren beginnt auch der letzte Bestandteil des Computer-"organism" – nämlich die Übertragung resp. Verteilung von Information aktiver zu werden. Die verbesserte Verteilung von Information durch alle Varianten von Medien ist zwar eine wesentliche Eigenschaft unserer Gesellschaft im letzten Jahrhundert, aber die Rechner waren lange Zeit kaum daran beteiligt.

Kommunikation zwischen Rechnern wird auch zur besseren Nutzung von zur Verfügung stehenden Computer-Resourcen verwendet. Dieser Zweig der Kommunikation zwischen Rechnern wird üblicherweise als „verteiltes System" bezeichnet und basiert auf einem gemeinsamen Rechner-übergreifenden Betriebssystem. Diese Nutzung der Kommunikation wird in diesem Buch auch behandelt, ist aber nicht die primäre Zielrichtung. Primäre Zielrichtung sind Rechnernetze, die auf Verknüpfungen von autonomen Rechnern ohne gemeinsames Betriebssystem basieren.

Die Gliederung des Buches lehnt sich weitgehend an das ISO/OSI-Modell an, wie dies auch den meisten Büchern in diesem Bereich eigen ist. Die Zielsetzungen des Buches sind:

- klare Herausarbeitung der Konzepte

- kritische Diskussion der Konzepte aus der Sicht der Anwender mit dem Versuch, die Konzepte zu begründen

- ein breit angelegter Vergleich der verschiedenen Standard- und Herstellerlösungen; der letztere Aspekt wurde aber mit geringer Wichtigkeit behandelt

- Ausblick auf wesentliche absehbare Neuerungen und entsprechende Forschungsarbeiten

- technische Detailinformation nur soweit, wie für das Verständnis der Konzepte nötig

- fehlende Detailinformationen durch ausreichend viele Literaturhinweise zu ermöglichen

Das nächste Kapitel „Who is who in Netzwerken" ist notwendig, um die Hintergründe der Entwicklungen und ihre Verzahnung zu diversen – teilweise mit unterschiedlichen Interessen ausgestatteten – Gremien zu verstehen.

Das dritte Kapitel beschreibt und diskutiert die Strukturierung der Kommunikation gemäß dem inzwischen fast jedermann bekannten ISO/OSI-Modell.

Das vierte Kapitel stellt den Versuch dar, gleichartige Verfahren und Charakteristika auf allen Ebenen der Kommunikation in Netzen so weit als möglich zusammenzufassen und zu vereinheitlichen.

Die Kapitel 5. bis 11. behandeln die Kommunikation gemäß der Strukturierung aus Kapitel 3. Im anschließenden Kapitel 12 wird die Koexistenz von verschiedenen Protokoll-Suiten diskutiert werden; dies ist für eine Migration zu OSI von besonderem Interesse.

Die Sicherheit und das Management von Netzen ist nicht spezifisch für eine Ebene der Kommunikation und müßte daher im vierten Kapitel behandelt werden. Aus didaktischen Gründen ist dies dort aber kaum möglich, da diverse Grundlagen in den Kapiteln 5. bis 10. erarbeitet werden. Daher werden diese beiden Gebiete zum Abschluß separat behandelt.

Das Buch setzt zu weiten Teilen Kenntnisse von Betriebssystemen voraus – wie sie beispielsweise durch geeignete Bücher [Tane90,Bic90] oder ggf. auch durch praktische Erfahrungen vermittelt werden.

Kapitel 2

Who's who in Netzwerken

> WIR SIND'S GEWISS IN VIELEN DINGEN,
> IM TODE SIND WIR'S NIMMERMEHR
> DIE SIND'S, DIE WIR ZU GRABE BRINGEN,
> UND EBEN DIESE SIND'S NICHT MEHR.
> DENN, WEIL WIR LEBEN, SIND WIR'S EBEN
> VON GEIST UND ANGESICHT;
> UND WEIL WIR LEBEN, SIND WIR'S EBEN
> ZUR ZEIT NOCH NICHT.
>
> FRIEDRICH SCHLEIERMACHER, 1768-1834

2.1 Who's who in der Standard-Welt

Dieses Kapitel gibt einen Überblick über die diversen Organisationen, die an der Bildung von Standards im Kommunikationsbereich beteiligt sind. Die genauen Adressen der wichtigsten Standardorganisationen befinden sich im Anhang B. Sehr viel umfassender sind die Standardkomittees und das Standardisierungsprozedere in [Carg89] dargestellt.

ISO:
    Die International Standard Organisation [Lohs85] ist die Vereinigung aller weltweiten nationalen Standard-Organisationen[1], z.B.

        ANSI: American National Standard Institute (dort arbeitet die Gruppe ASC X3 – ASC: Accredited Standards Comitee – für den Bereich Datenverarbeitung und wird dabei unterstützt durch CBEMA – Computer and Business Equipment Manufacturers Association)
        BSI: British Standard Institute
        DIN: Deutsches Institut für Normung
        SNV: Schweizerische Normenvereinigung
        AFNOR: Association Francaise de Normalisation

---

[1]Der rechtliche Status der Organisationen ist landesabhängig verschieden. So hat z.B. DIN einen nationalen Auftrag für seine Arbeit, ANSI jedoch nicht

ISO standardisiert seit 1946 (fast) alles – angefangen bei Schrauben und Nägeln. Zur Zeit arbeiten ca. 100.000 Personen bei ISO mit. Die Aktivitäten werden gegliedert in:

TC: Technical Committee – Anzahl 163
      z.B. TC97 behandelt Computer und Information Processing ; gegründet 1960/61
SC: Subcommittee eines TC – Anzahl 2000
      z.B. TC97/SC15 behandelt Datenstrukturen und Kennsätze und wird bei der SNV geführt
WG: Working Group eines SC
      z.B. TC97/SC15/WG1 behandelt Disketten

Die Teilnehmer in den einzelnen Organisationen sind ihrer Funktion nach gegliedert – z.B. Beobachter (O) oder Mitwirkender (P).

Die Gremien werden bestückt aus den nationalen Standardorganisationen. So stellt die SNV-Gruppe Nr. 149 „Informationssysteme und Technologie" in entsprechende ISO-Gremien Mitglieder ab. Die SNV-Gruppe 149 setze sich 1985 zusammen aus Computer-Industrie 65%, Hochschulen 10%, öffentliche Verwaltung (PTT, SBB) 13% und sonstige 12% (z.B. CERN).

Ein Standard durchläuft eine Reihe von – z.T. mehrere Jahre dauernden – Zuständen:

CD: Committee Document – erstellt von WG. Bis vor kurzem wurde dieses Dokument als „Draft Proposal" (DP) bezeichnet; der Name wurde gemäß einer Vereinbarung zwischen ISO und IEC geändert
DIS: Draft International Standard – zugestimmt durch den SC
IS: International Standard – zugestimmt vom Council

Ein CD oder ein DIS kann auch beim Abstimmungsprozedere einmal abgelehnt werden, dann erhält er das Suffix 2 – d.h. DP2 resp. DIS2. Wenn nach Fertigstellung eines Standards Erweiterungen notwendig werden, so werden Anhänge geschaffen – sogenannte Addendum. Diese durchlaufen den gleichen Prozeß wie ein Standard (PDAD: Proposed Draft Addendum, DAD: Draft Addendum, AD: Addendum).

Wenn eine WG ihre Arbeit an einem Standard aufnimmt, wird es leicht fünf Jahre dauern bis daraus ein IS geworden ist.

Ein ISO-Standard ist ein Konsensentscheid unter einer Vielzahl von Vorschlägen. Die Vorschläge stammen zumeist aus dem Bereich der Computerhersteller, denn diese haben den größten Anteil an den Gremien.

ISO-Dokumente erhält man von den nationalen Standardorganisationen oder meist erheblich schneller von speziellen Standard-Vertreibern.

Die ISO-Standards aller Gremien werden durchgehend numeriert, daher sind die entstehenden Nummern kaum in Erinnerung zu behalten – heute ist man bei Nummernbereichen von 10.500 angelangt, wobei es aber unter einer Nummer noch Verfeinerungen gibt.

Um die Standards zu implementieren, Alternativen wieder ggf. auszuschließen und in klare Spezifikationen umzuwandeln, gibt es eine Reihe von Arbeitsgruppen:

- EWOS (European Workshop for open Systems)

2.1. Who's who in der Standard-Welt

- NIST WS (NIST Workshop)

Diese Spezifikationen werden von ISO oder CEN (Comité Européen de Normalisation) als ISP (International Standarized Profile) akzeptiert. Details für diese Vorgehen findet man in [Truo89]. Diese Profiles werden seit kurzem regelmäßig veröffentlicht [Bola89,Bola89a].

Basierend auf Profiles werden von nationalen Regierungsstellen gewisse Teile als „Standard Profiles" deklariert – diese heißen GOSIP: Government OSI Profile.

CCITT:

Das „Comité Consultatif de Télégraphique et Téléphonique" [Bell84] besteht im wesentlichen aus den nationalen Postorganisationen, aber in einer abgestuften Hierachie von B bis E auch aus Firmen. AT&T ist natürlich der Klasse B zugehörig. Die nationalen Postorganisationen werden im weiteren mit PTT (Post, Telegraph and Telephone Authority) gemäß dem internationalen Sprachgebrauch abgekürzt. CCITT gehört zu der von der UN (United Nations) 1932 ins Leben gerufenen ITU (International Telecommunication Union). CCITT gibt seit 1956 alle 4 Jahre einen neuen Satz von Standards heraus. Jeder Jahrgang hat einen Einband in einer Farbe, daher spricht man auch z.B. von den „Red Books". Folgende Farben werden zirkulär verwendet – die zugehörigen Jahrgänge sind angemerkt:

red: 1960, 1984
blue: 1964, 1988
white: 1968
green: 1972
orange: 1976
yellow: 1980

Alle CCITT-Standards gehören zu einer Serie, die mit einem Buchstaben gekennzeichnet sind, z.B.

X: Standards im Bereich der Daten Protokolle
I: Standards im Bereich von ISDN (Integrated Services Digital Network)
V: Standards im Bereich von Schnittstellen

IEEE:

Das „Institute of Electrical and Electronic Engineers" ist eine der jüngsten Institutionen – gegründet 1963 – und ist kein bestelltes Standardisierungskomitee, sondern sie ist nur die Vereinigung von Ingenieuren. Vielleicht ist sie auch deswegen das effizienteste Gremium zur Erstellung von Standards im Bereich der Layer 1 und 2. Alle Standards beginnen mit IEEE und der Commitee-Nummer; neue Standardvorschläge heißen Project Authorization Requests (PAR). Relevant im Bereich der Netzwerke ist die 1979 gegründete Gruppe 802. Ein Überblick über die Aktivitäten der Gruppe findet sich in [Gibs90].

NBS heute NIST:

Das „National Bureau of Standards" ist der alte Name für das „National Institute of Standards". Es ist Teil des amerikanischen Wirtschaftsministeriums (Department of Commerce). Wegen der Bedeutung der amerikanischen Computerindustrie bedeuten auch diese Standards mehr als die Standards anderer nationaler Standardinstitute. Die von ihm im Bereich der Datenkommunikation herausgegebenen Standards tragen das Kürzel FIPS (Federal Information Processing Standards).

EIA:

Im Bereich von Hardware und auch von zugehörigen Interfaces hat die „Electronic Industries Association" seit 1924 in Nordamerika viele Standards eingeführt. Diese trugen bis vor kurzem das bekannte Kürzel RS (Recommended Standard) vor ihren Werken; heute verwenden sie stattdessen EIA.

ECMA:

Das europäische Pendant zur CBEMA ist die 1960 gegründete „European Computer Manufacturers Association", deren Aktivitäten aber eher im Bereich von Kommunikationssoftware liegen und deren Standards zumeist recht schnell bei OSI einfließen.

CEN/CENELEC:

Das Comité Européen de Normalisation (Electronique) besteht formal seit 1971 und wurde von der Kommission der EG ins Leben gerufen. Diese Gruppen werden gebildet aus den nationalen EG-Standardinstitutionen. Diese beiden Organisationen haben die Aufgabe Standards, Test-Methoden und Certifikationen für die gesamte EG zu akzeptieren und zu koordinieren. Eine Reihe von vorläufigen Standards[2] wurde bereits festgelegt; z.B. Video- und Teletex-Zeichensätze. Die allermeisten Standards sind bisher nur Übernahmen von OSI- resp. CCITT-Standards. Die Arbeit dieser Gruppen hat in jüngster Zeit auf amerikanischer Seite zur Forderung der Etablierung einer analogen Gruppe Anlaß gegeben; man befürchtet auf amerikanischer Seite einen zu großen Einfluß von CEN resp. CENELEC [Fren90].

DoD :

Das amerikanische „Department of Defense" hat eine Vielzahl von Standards herausgegeben [Selv85], wobei die für die Telekommunikation spezifischen von der DCA (Defense Communication Agency) herausgegeben werden. Die Protokolle TCP/IP, deren Entwicklung vom DoD als Forschungsprojekt seit 1968 bis heute gefördert wird, wurde 1978 vom DCA als MIL-STD akzeptiert. Alle übernommenen Standards waren vorher jahrelang im Internet resp. früher ARPAnet in Betrieb gewesen. Alle diese Standards bezeichnen wir im folgenden mit dem Oberbegriff ARPA. In der Literatur herrscht an dieser Stelle etwas Konfusion: man nennt sie DoD-Protokolle, TCP/IP-Protokolle oder Internet-Protokolle.

Standards bei ARPA entstehen nicht durch Gremienkonsens, sondern es werden Vorschläge an das IAB (Internet Activity Board) eingereicht. Wenn ein Mitglied des IAB diesen Vorschlag als sinnvoll akzeptiert, wird das Protokoll veröffentlicht. Diese Vorschläge tragen die Bezeichnung RFC (Request for Comment) und werden fortlaufend numeriert – heute sind sie etwa bei der Nummer 1.100 angelangt. Jeder Vorschlag muß als Prototyp zum Zeitpunkt der Einreichung implementiert worden sein. Wenn

---

[2]Sie tragen das Kürzel ENV oder HD (Harmonization Documents).

innerhalb von 6 Monaten keine schwerwiegenden Einwände eingereicht werden, wird der RFC „offiziell".

Viele der RFC's sind inzwischen wieder in Vergessenheit geraten, d.h. niemand außer dem Einreicher hat sie wahrscheinlich implementiert. Die verfügbaren Protokolle sind somit kein Konsensentscheid, sondern entstehen durch „natürliche" Auslese aus einer Menge von vorgeschlagenen Protokollen.

MAP:

General Motors hat für alle seine Zulieferer eine Teilmenge der OSI-Protokolle (z.T. auch erweitert) als Standard gesetzt. Der Standard „Manufacturing Automation Protocol" wurde dann auch in anderen prozeßüberwachenden Umgebungen verwendet.

TOP:

Das „Technical and Office Protocol" ist eine andere Teilmenge von OSI-Protokollen, die von Boeing eher für eine Büroumgebung geplant wurde. In Europa gibt es den analogen Zusammenschluß der OSITOP-Gruppe.

Andere Quasi-Standards setzen natürlich die großen Hersteller, im wesentlichen IBM, aber auch DEC.

Eine Reihe von Organisationen arbeiten über Abstimmungskomittees miteinander zusammen – siehe Abbildung 2.1. Die in der Abbildung enthaltene Abkürzung JTC1 steht für Joint Technical Committee Number 1. Das Technical Comitee 6 der International Federation of Information Processing (IFIP) ist ein weiteres Koordinationgremium.

2.2 Verbreitung von Netzwerken

Die meisten der in diesem Kapitel wiedergegebenen Informationen basieren auf [Quar86] resp. [Quar89]. In dem sehr umfassenden Buch von Quarterman [Quar89] wird dies natürlich viel umfassender geschildert als hier.

Öffentliche Netze:

Die Postorganisationen und teilweise auch private Anbieter offerieren eine Vielzahl von Kommunikationsleistungen. Diese können sein:

- Telefon – Weltweit gibt es 600 Mill. Anschlüsse.
- Telex – Weltweit gibt es 1.6 Mill. Anschlüsse; Telex wurde 1930 eingeführt.
- Teletex – Erweiterung von Telex zur Integration in Rechner seit Beginn der 80'er Jahre verfügbar
- Telefax
- Bildschirmtext – Je nach Land auch als Btx, Videotex, Viewdata oder Minitel bezeichnet.
- Videokonferenz, Bildtelefonieren

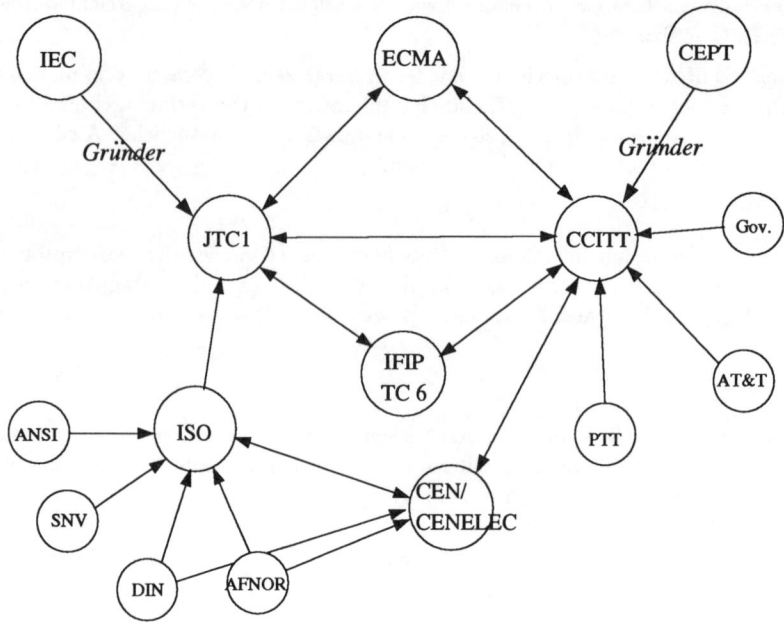

Abbildung 2.1: Zusammenhänge zwischen Standardgremien

- Mailbox-Dienste
- Electronic-Mail

Ein Teil dieser Leistungen wird auf folgenden Trägerleistungen angeboten:

- X.25 resp. Datapac, Datex-P
- Miet- und Standleitungen
- Digitale Wählnetze resp. Datex-L – Dies sind Vorläufer von ISDN.

Auf der Trägerleistung und den Kommunikationsdiensten basierend gibt es diverse echte Computernetze. Nur die Electronic-Mail ist das erste echte Computernetz mit vollständiger Integration in den Benutzerrechner, das die PTT's anbieten.

Internet:

Das Internet hieß früher ARPA (Advanced Research Projects Agency) Internet. Sein ältester Bestandteil das ARPANET wurde operationell 1969. Der Name Internet entstand 1983 als das ARPANET in zwei Teile zerlegt wurde, das ARPANET und das MILNET. Die Schätzungen für die Zahl der Rechner im Netz belaufen sich zwischen 40.000 und 500.000. Die genaue Zahl ist nicht bestimmbar, da zwar alle Netzwerknummern registriert sind, aber nicht die Rechner in einem Netzwerk.

Die zentrale Koordination liegt beim NOC (Network Operation Center, Cambridge, Mass.).

2.2. Verbreitung von Netzwerken

Das heutige Internet besteht aus ca. 50 Teilnetzen, die von diversen Betreibern unterhalten werden – die wichtigsten sind DDN (Defense Data Network), CSNET (Computer Science Network) und NSFNET (National Science Foundation Network[3]).

Die Adressierung im Internet erfolgt gemäß einer logischen Unterteilung, deren wichtigste Erstunterteilungen

    COM: für Kommerzielle Organisationen

    EDU: für Lehrinstitute

    GOV: für Regierungsstellen

    MIL: für das DoD

sind. Insgesamt gibt es 35 solcher Erstunterteilungen, die teilweise auch länderbezogen sind.

In Europa sind Anschlüsse gegenwärtig noch relativ selten. Am einfachsten sind sie mit dem teilweise auf X.25 basierenden CSNET durchzuführen.

Usenet:

Dies ist das am geringsten organisierte Netz weltweit. Anschlüsse stehen jedem offen, der sich ein Modem oder einen X.25 Anschluß leisten kann. Das Netz wird nicht zentral verwaltet, obwohl es einige wesentliche Knoten – Quartermann nennt sie „Backbone of the World" – gibt, die schon sehr professionell gefahren werden – z.B. CERNVAX (Genf), UUNET (Zentralknoten in Arlington, Virgina). Nach vorsichtigen Schätzungen umfaßt das Netz mindestens 10.000 Rechner. Das Netz existiert seit 1979 und in Europa seit 1982. Es basiert auf dem UNIX-Protokoll uucp (UNIX-to-UNIX copy).

Es bietet Mail und einen Bulletin-Service (Blackboard-Service, Broadcasting-Service) an. Der Bulletin-Service (USEnet) liefert zur Zeit ca. 60 MB pro Woche an Information über alles und jedes.

In Europa gibt es pro Land einen Backbone, der von der EUUG (European Unix User Group) zugeteilt wird. In der Schweiz war dies bis 1989 die CERNVAX; dies wurde von SWITCH übernommen.

BITNET:

Das „Because-It's-Time-Net" begann im Jahre 1981. Da es auf einem von IBM den Universitäten zur Verfügung gestellten Protokoll – siehe VNET unter dem Ordnungspunkt IBM weiter unten – beruht, sind hauptsächlich IBM Rechner an dem Netz beteiligt. BITNET wurde auch lange noch von IBM finanziell unterstützt.

Die Leistungen im BITNET sind Mail, Discussion-Groups und File-Transfer.

EARN (European Academic Research Center) ist der europäische Teil von BITNET.

Im BITNET befinden sich zur Zeit ca. 2.500 Rechner, davon etwa 700 bei EARN. Im Gegensatz zu Usenet ist es etwas gleichmäßiger über die Welt verbreitet; Usenet deckt fast nur Europa und die USA ab.

---

[3]höhere Transferraten für Supercomputing Centers werden vom NSF für dieses Netz geplant

DFN:

Das „Deutsche-Forschungsnetz" wird vom Hahn-Meitner-Institut in Berlin betrieben. Es basiert auf ISO-Protokollen, die teilweise selbständig implementiert wurden. Angebotene Leistungen sind X.400-Mail, File-Transfer und Remote-Job-Entry.

Das Netz ist seit 1986 produktiv und zur Zeit sind ca. 250 Rechner an dieses Netz angeschlossen.

IBM:

IBM betreibt seit etwa 1972 ein internes Netz, das auch neuerdings Kunden als Transportglied zu anderen Kunden nutzen können – dies heißt dann VNET: Value Added Network. Es bietet Mail, Remote Login und File-Transfer.

1986 umfasste es 2.200 Rechner. Es basiert auf SNA/RSCS.

DEC:

Das analoge interne Netz bei DEC heißt EASYnet und wird etwa seit 1978 betrieben. Die Leistungen umfassen alle Leistungen des DECnet-Protokolles – d.h. Mail, File-Transfer, Remote-Login, Employee-Locator-Facility, etc. Zur Zeit umfaßt es etwa 34.000 Rechner.

SWITCH:

Das „SWIss Telecommunication System for Higher Education and Research" wurde 1987/88 von der Informatikkomission der Schweizerischen Hochschulkonferenz (CICUS) ins Leben gerufen. SWITCH ist eine Stiftung des Bundes und der Kantone. Zur Zeit (1/1989) sind 11 Rechner angeschlossen. Es bietet Mail, File-Transfer, Remote-Login, Job-Submittal, Informationsdienste und schnelle Zugriffsmöglichkeiten. Weitere Informationen finden sich in [SWIT87].

COSAC:

Das Netzwerk „COmmunications SAns Connections" wird in Frankreich vom CNET (Centre National d'Etude) betrieben. Es soll abgelöst werden durch das Netz SMATRIX. 1986 befanden sich 27 Rechner in dem Netz. Andere französische Netze sind FNET und ARISTOTE (Association de Reseaux Informatique en Système Totalement Ouvert et Très Elaboré).

Übergänge existieren zwischen fast allen oben genannten Netzen, lediglich die Herstellernetze sind zum Teil für Auswärtige geschlossen gehalten worden.

Kapitel 3

Strukturierung von Kommunikation in Netzen

> TRINKST DIE ERSTE DU, MITNICHTEN
> WIRST DU DANN DIE LETZTE DICHTEN.
> TRINKE WEIN, DAS IST MEIN RAT
> DIESE GANZE IST PROBAT.
>
> PAUL HEYSE, 1830-1914

3.1 Das ISO-Schichtenmodell

Genauso wie sich eine Strukturierung in verschiedenen Ebenen in Betriebssystemen als hilfreich erwiesen hat, hat man den in den 70er Jahren wachsenden Computer-Netzen einen Rahmen vorgeben wollen. Dies führte zur Gründung des „Technical Comittee 97" im Jahre 1978 und mündete im ISO-Standard 7498 [ISO7498] dem sogenannten ISO-Schichtenmodell. Dies ist eines der ISO Referenzmodelle. Gegenwärtig bereitet ISO ein weiteres Referenzmodell für verteilte Berechnungen vor – sogenanntes „Open Distributed Processing" (ODP) resp. die CCITT-Variante „Framework for Distributed Applications" (DAF). Ein weiteres Referenzmodell ist die ISO „Security-Architecture" – siehe Kap. 14.3.

Das Schichtenmodell ist die Partitionierung des Problems „Datenübertragung". Wie bei jeder Partitionierung sollen:

- die Anzahl der Partitionen nicht zu groß werden
- ähnliche Funktionen in der gleichen Partition liegen
- unabhängige Funktionen in unterschiedlichen Partitionen auftreten
- Partitionen technologiebezogen sein

Die Literatur [Zimm80,ISO7498] gibt noch eine Reihe weiterer Gründe an, die sich jedoch zumeist auf die vorigen reduzieren lassen.

Das Ziel der Partitionierung umfaßte aber auch den Vorschlag, andere Protokolle in das Modell einzuordnen und damit einen besseren Überblick über Protokolle zu gewinnen [Schi86].

Die gewählten (geordneten) sieben Partitionen sind – graphisch dargestellt im rechten Teil der Abbildung 3.9:

Physical Layer (PHY):

Er realisiert die Übertragung eines Datenstromes über eine Leitung. Die Leitung kann in unterschiedlichen Technologien realisiert sein.

Data-Link Layer (DL):

Er realisiert die gesicherte Übertragung von Daten zwischen zwei Stationen resp. Rechnern auf einer Leitung. Notwendige Funktionen sind dabei: Segmentieren, Kontrollieren und die Behandlung von Fehlern.

Network-Layer (NL):

Er realisiert die effiziente Übertragung von Daten zwischen zwei Rechnern, die (irgendwie) miteinander verbunden sind. Dies umfaßt die Anpassung an Eigenarten verschiedener Data-Link Layers und auch die Anpassung an sich ändernde Netzwerktopologien.

Transport-Layer (TL):

Er realisiert die gesicherte und reihenfolgegerechte (soweit jeweils gewünscht) Übertragung von Daten zwischen zwei Prozessen. Dazu gehören der Aufbau resp. der Unterhalt einer Verbindung, Multiplexing, Fehlerbehandlung und das Ordnen der Daten.

Session-Layer (SL):

Er realisiert gewisse Synchronisationsfunktionen bei der Übertragung zwischen Prozessen.

Presentation Layer (PL):

Er realisiert die Anpassung der Datenstrukturen an die erwartete Datenstruktur der Prozesse – Alphabetumwandlungen und Datenkompressionen.

Application-Layer (AL):

Er realisiert die Schnittstelle zum Benutzer durch eine Vielzahl von verteilt ablaufenden Applikationen – z.B. Remote Login oder netzwerkweites Filesystem.

In der ISO-Terminologie treten Stationen, Rechner, Prozesse oder Benutzer nicht auf, sondern man spricht von „entities". Je nach Layer findet sich somit der Ausdruck „Data Link Entity" oder „Transport Entity". Die gewählten Umbenennungen entsprechen etwa den in der Realität auftretenden Entities.

Während die Ebenen PHY, DL und NL noch den meisten existierenden Protokollen klar zugeordnet werden können, gibt es auf den höheren Ebenen doch häufiger Interpretationsprobleme. Auch gibt es eine Variante des ISO-Standards mit weniger Layern[1].

Jeder Layer oder exakter jede Entity in einem Layer bietet dem übergeordneten Layer Services an. Der Nutzer heißt „Service User" und der Genutzte heißt „Service Provider" – siehe auch Abbildung 3.1.

---

[1] fünf Layer in der englischen Ausprägung

3.1. Das ISO-Schichtenmodell

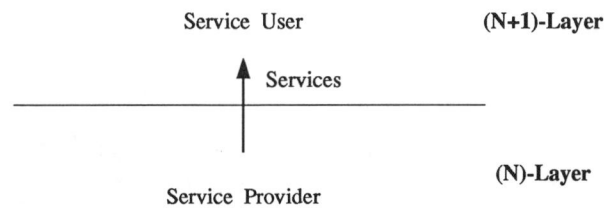

Abbildung 3.1: Services und Layers

Die Services dienen der Auslösung von Aktionen bei einer anderen Station resp. Rechner/Prozeß/Benutzer. Die Auslösung von Aktionen wird über vereinbarte Protokolle mit einer gleichgestellten (N)-Entity durchgeführt. Die beiden kommunizierenden Entities heißen Peer Entities – siehe auch Abbildung 3.2. Die Kommunikation wird durchgeführt durch Nutzung von Services der (N-1)-Entity.

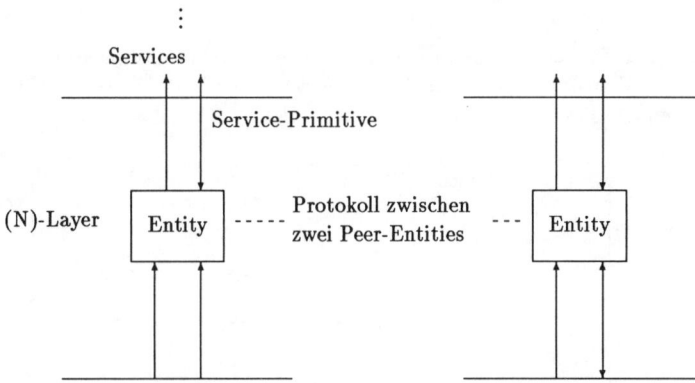

Abbildung 3.2: Protokoll zwischen Entities

Daraus folgt, daß jede Kommunikation zwischen zwei AL-Peer-Entities durch alle unterliegenden Layer fließt.

Die Services werden durch vier Typen von Primitiven – Service Primitives (SP) – realisiert:

Request: (N)-Entity fordert einen gewissen Service von (N-1)-Entity an.

Indication: (N-1)-Entity teilt (N)-Entity den Request einer anderen (N)-Entity mit oder gibt eine selbst generierte Mitteilung ab.

Response: (N)-Entity antwortet auf eine Indication der (N-1)-Entity.

Confirmation: (N-1)-Entity antwortet auf einen früheren Request der (N)-Entity.

Wie man erkennt, arbeiten die Primitive Hand in Hand:

> Nach dem Request einer Entity, erfolgt die entsprechende Indication bei der Peer-Entity. Die Peer-Entity antwortet mit einem Response, die der zuerst aktiven Entity als Confirmation präsentiert wird.

Dies ist dargestellt in der Abbildung 3.3. Häufig klappt man dieses Bild dann auch zusam-

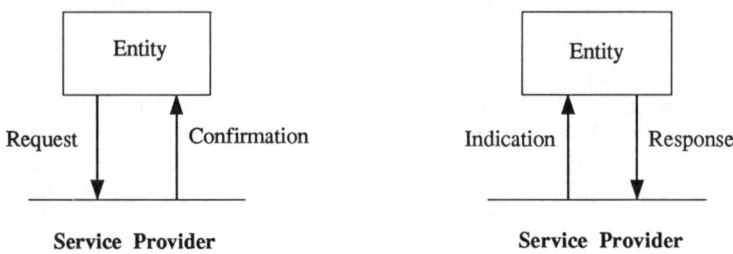

Abbildung 3.3: Zusammenspiel der Service Primitive

men und assoziiert noch zusätzlich eine Zeitachse. Dies ist in der Abbildung 3.4 dargestellt. Die Service-Primitive werden bei ihrer tatsächlichen Verwendung noch weiter qualifiziert; zum Beispiel wird ihnen der Layer beigestellt.

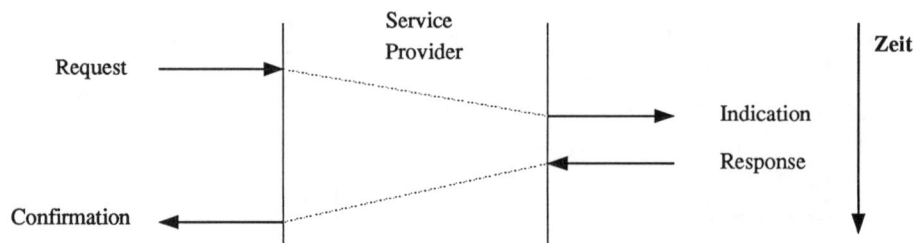

Abbildung 3.4: Zeitlich orientierte Darstellung des Zusammenspiels der SP

Um die Services erreichen zu können, müssen sie benannt werden. Dieser Bezeichner ist der Service Access Point (SAP) resp. dessen Adresse; dies ist in Abbildung 3.5 dargestellt. Ein (N)-SAP verbindet also zwei Entities auf den Layern N und (N+1). Der SAP beschreibt die Dienstleistung, die eine Entity anbietet. Hat nun eine Peer-Entity diese Dienstleistung einmal angefordert, so wird eine Instanz dieser Dienstleistung zur Verfügung gestellt. Die Instanz repräsentiert den Zustand dieser Dienstleistung und jede in Zukunft erfolgende Kommunikation mit der Instanz muß von anderen Instanzen unterschieden werden. Die Unterscheidung geschieht mit dem Connection Endpoint Identifier (CEP). In dieser Bezeichnung tritt das Wort „Connection" auf. Eine Connection oder eine Verbindung ist eine Zuordnung zweier Instanzen von Peer-Entities [Toma87].

3.1. Das ISO-Schichtenmodell

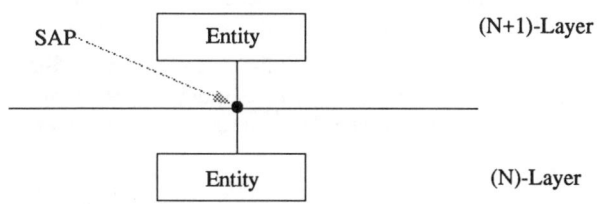

Abbildung 3.5: Kennzeichnung eines Service

Das vorgestellte Modell entspricht auch dem Ansatz in anderen Protokollen, so entspricht ein Service Access Point einem Port[2] und ein „Connection Endpoint Identifier" einem Socket auf dem Transport-Layer bei den ARPA-Protokollen. Dies wird im Detail in Kapitel 8 behandelt.

Für die Kommunikation zu einer Peer-Entity wird die sendende Entity ihre Information – Service Data Unit (SDU) – mit Protocol Control Information (PCI) anreichern und unter Verwendung eines Primitives an den unterliegenden Layer übergeben. PCI und SDU formen dann zusammen eine Protocol-Data-Unit (PDU). PCI's heißen sonst auch häufig Headers.

Da die Verwendung eines Primitives und eines SAPs allein nicht ausreicht, um den darunterliegenden Layer mit aller notwendigen Information versorgen zu können, kann einer SDU eine Interface Control Information (ICI) beigegeben werden. Die zusätzliche notwendige Information kann z.B. die Art des SAP's resp. CEP's sein. ICI und PDU zusammen formen eine Interface Data Unit (IDU).

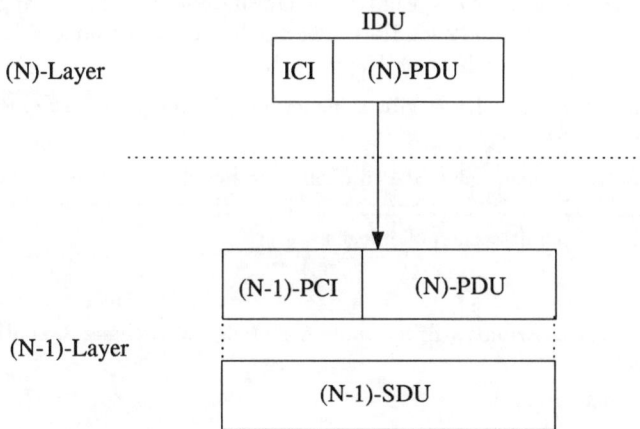

Abbildung 3.6: Aufbau der Datenpakete in den Layern

---

[2] In UNIX gilt das nur, wenn der Socket nicht zur Interprozeßkommunikation im Rechner verwendet wird.

Jede SDU auf einem Layer N besteht im Regelfall aus der PDU des Layer N+1 plus Protocol Control Information (PCI) für die Peer Entity.

Auf Grund des in der Abbildung 3.6 gezeigten Bildungsgesetzes ist es offensichtlich, daß eine (1)-SDU oder das Paket auf dem Netz wie in der Abbildung 3.7 gezeigt aussehen muß. Dabei können natürlich einige PCI's leer sein. Der Terminator ist ein spezielles Charakteristikum des physischen Layers.

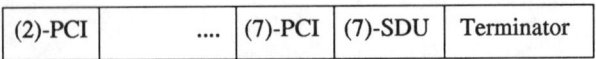

Abbildung 3.7: Aufbau eines (1)-SDU

Im Jargon von OSI wird den oben erwähnten Abkürzungen der erste Buchstabe des Layers vorangestellt, d.h. TSDU für Transport SDU oder NPCI für Network PCI. Tanenbaum [Tane89] bezeichnet diesen Jargon auch als „internationalbureaucratspeak".

3.2 Diskussion des ISO Modelles

Folgende Kritikpunkte sind wesentlich:

Schnittstellen:

Das ISO-Modell und seine ihm folgenden Standards spezifizieren bis heute nur die Protokolle zwischen zwei Entities und die Funktionalität an einem SAP.

Es werden keine Schnittstellenspezifikationen für die einzelnen Layers angegeben. Daher kann die Schnittstelle je nach Hersteller durch Prozeduren oder Message-Passing implementiert werden – siehe auch Kapitel 4.1.

Nur auf dem Application-Layer gibt es neuerdings Bemühungen, zu einem Standard zu kommen [Lang84,Fong89].

Dies bedeutet aber auch, daß OSI-Protokolle nur zwischen Rechnern „offen" sind. Innerhalb eines Rechners ist man zumeist auf einen Hersteller angewiesen, denn dieser muß keine Layer-Schnittstellen offenlegen.

Symmetrie:

In der Welt des Distributed-Programming gibt es das weithin akzeptierte Client-Server-Modell.

Gemäß [Svob85] ist ein

- Service eine Software Entity, die auf einem oder mehreren Rechnern verfügbar ist
- Server eine Instanzierung eines Services auf einem Rechner
- Client eine Software Entity, die Services eines Servers nutzt

3.2. Diskussion des ISO Modelles

Im Unterschied zum ISO-Modell ist die Verbindung zwischen Entitäten unsymmetrisch und zu einem Zeitpunkt wird die Verbindung nur in eine Richtung verwendet (halb duplex).

Die meisten Anwendungen des Client-Server Modelles befinden sich auf dem Application Layer. Man kann jedoch das ganze OSI-Modell auch mit Client-Server Beziehungen modellieren, wie dies ansatzweise von [Cher88] gezeigt wurde.

Tanenbaum [Tane89] weist analog darauf hin, daß das ISO-Modell im wesentlichen ein Modell der Nachrichtentechnik, aber nicht der Computerkommunikation ist.

Beziehung zur Rechnersoftware:

Es ist unklar, wie man das Betriebssystem und die Applikationssoftware in Beziehung zum OSI-Modell bringen kann.

Auf der einen Seite kennt ein Betriebssystem auch Interprozeßkommunikation, physische Devices etc. und man müßte daher das Betriebssystem parallel zum OSI-Modell danebenlegen. Nun brauchen aber bereits Network-Layer Elemente bereits höhere Betriebssystem-Funktionen (Caches, Files) und diese Darstellung ist nicht mehr offensichtlich.

Funktionalität der oberen Layer:

Bis zum Transport-Layer gibt die Aufteilung noch einigermaßen Sinn. Oberhalb (besonders AL und PL) ist die Aufteilung recht fragwürdig und auch OSI hat einige Zeit mit unklaren Zielen gekämpft.

Größe der einzelnen Layer:

Ein ursprüngliches Ziel war es, die einzelnen Layer etwa gleich umfangreich zu gestalten. Dies ist nicht gelungen.

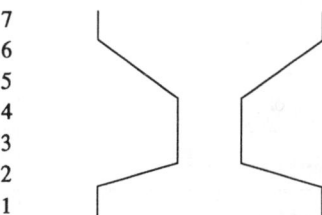

Abbildung 3.8: ISO Hantelmodell

Das gegenwärtige (und wahrscheinlich sich noch verstärkende) Hantelmodell – siehe Abbildung 3.8 – zeigt aber an, daß die mittleren Layer 3 und 4 die wichtigsten sind, denn über und unter ihnen tut sich die Vielfalt auf.

Fortgang der Standardisierung:

Der Fortgang ist erschreckend langsam. Nur durch von CCITT und IEEE übernommene Standards kommt überhaupt ein gewisser Fortschritt auf. Problematisch bis heute ist, daß auf dem so wichtigen Layer 3 noch nichts Komplettes von ISO vorliegt.

Anmerkung zum Gebrauch:
Man beachte bei jeder Anwendung des Modelles, daß die Sichtweisen verschiedener Netzbetreiber unterschiedlich sein können.

Wenn für einen Benutzer eine Standleitung der PTT als rein physikalische Verbindung aussieht, so wird dies die PTT nicht so sehen, denn diese Verbindung kann bis zum Transport-Layer PTT intern geführt werden.

3.3 Vor-ISO-Modelle

Die meisten Vor-ISO-Modelle wurden bis heute so nach außen getrimmt, daß sie „OSI konform" sind. Im Detail gibt es noch eine Reihe von Abweichungen, die wir in den jeweiligen Kapiteln sehen werden.
Im allgemeinen sind folgende Abweichungen anzumerken:

DEC:
DEC unterteilt DECnet – seit 1975/76 verfügbar – [Digi82,Digi87] wie in der Abbildung 3.9 wiedergegeben. Der Presentation-Layer existiert beim DECnet nicht, und

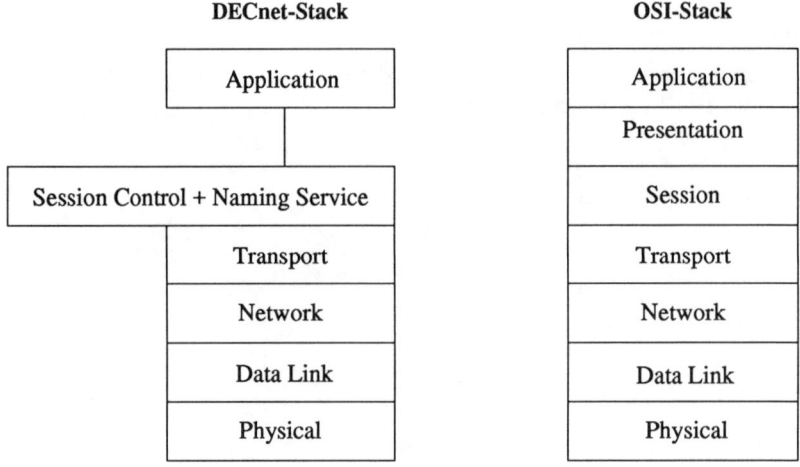

Abbildung 3.9: Übersicht DECnet

der Session Layer hat nicht die gleiche Bedeutung wie bei OSI, sondern dient eher der Überprüfung von Rechten von Benutzern. Der Network-Layer und der Transport-Layer sind sehr stark ineinander verwoben und kaum zu trennen. DEC hat Programmschnittstellen zum Transport-, Application- und Network-Layer [Lauc86].

3.3. Vor-ISO-Modelle

SNA:

Die System Network Architecture wurde von IBM 1974 als vereinheitlichendes Konzept für seine schon bestehenden Netze eingeführt. Das Layering von SNA vergleicht sich zur OSI-Einteilung wie in Abbildung 3.10 dargestellt – siehe auch [Meij87]. Ab-

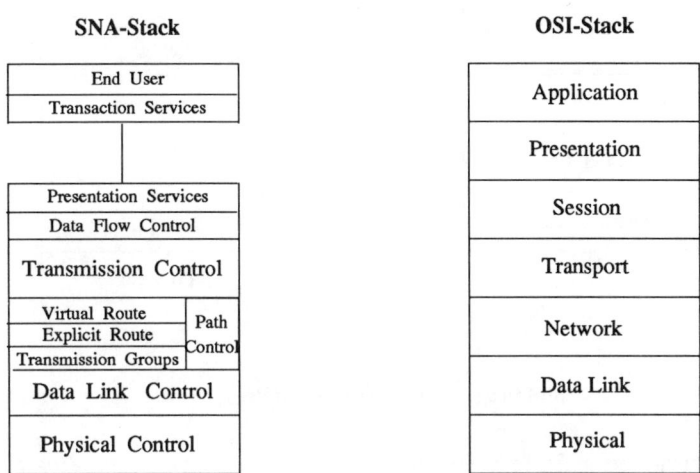

Abbildung 3.10: Übersicht SNA

weichende Layers haben die folgende Bedeutung:

Transmission Groups: Kombiniert eine Anzahl von parallelen Links zu einem logischen – siehe auch Kap. 6.5.2

Explicit Route: Physische Wege durch ein Netzwerk werden von diesem Layer unterhalten

Virtual Route: End-to-End Verbindungen auf Basis evtl. unterschiedlicher physischer Wege

Das korrespondierende Element zu einem SAP ist ein NAU (Network Addressable Unit), die je nach Layer entweder PU (Physical Unit) oder LU (Logical Unit) heißt [Meij87]. Der „Presentation Service" klingt vom Namen her zwar wie der OSI PL, aber seiner Funktion nach gehört er zum SL oder ggf. auch AL[3].

ARPA:

Eine Übersicht über die Layer von ARPA gibt die Abbildung 3.11. ARPA unterscheidet also nur vier Layer, wobei der „Network Access Layer" bis auf geringe Teile – siehe Kapitel 6.5.1 – nie von ARPA spezifiziert wurde. Das gleiche gilt für die Funktionalität

---

[3]genauer gesagt zu den Funktionen im Sublayer CASE – s.a. Kap. 11.1

ARPA-Stack	OSI-Stack
Process Layer	Application
	Presentation
	Session
Host-to-Host Layer	Transport
Internet Layer	Network
Network-Access Layer	Data Link
	Physical

Abbildung 3.11: Übersicht ARPA Layering

des Session-Layers, die teilweise im Transport-Layer enthalten ist. Programmschnittstellen gibt es auf Transport-Layer (Sockets) und dem Applikation-Layer (Remote-Procedure-Calls).

MAP/TOP:

MAP und TOP verwenden eine ausgewählten Anteil der OSI-Protokolle in jedem Layer. Die in der Abbildung 3.12 angegebenen Nummern sind ISO-Standard-Nummern, die in den jeweiligen den einzelnen Layern zugehörigen Kapiteln behandelt werden. MAP hat eine weiterhin eine Reihe von Programminterfaces standardisiert.

ISDN:

Integrated Services Digital Network ist ein bis heute nur in begrenzten Pilotinstallationen existierendes Netzwerk der PTT-Organisationen zur Ablösung des analogen Telephonsystemes. Da aber bereits seit vielen Jahren die Protokolle spezifiziert werden und ihre Unterteilung nach OSI erst in den letzten Jahren versucht wird, gehören sie zweifellos zu den Vor-ISO-Protokollen.

Das Verwirrende an dem Protokollstack in Abbildung 3.13 sind die Verwendung unterschiedlicher Protokolle für verschiedene Zwecke auf dem gleichen Layer. Die Gründe dafür sind:

- ISDN wird für Telephon-zu-Telephon und neuerdings auch für Rechner-zu-Rechner Kommunikation eingesetzt. Der linkeste Teil des Stack steht für den Rechner-zu-Rechner Kommunikationsbereich.

- Die Protokolle innerhalb des PTT-Netzes sind andere (SS7: Signaling System 7) als beim Anschluß von Benutzern (DSS: Digital Subscriber Signaling)

3.3. Vor-ISO-Modelle

MAP-Stack

FTAM, DS(ISO9594)
PL (ISO 8823)
SL (ISO 8327)
NL:TP4 (ISO 8073)
TL: CLM (ISO 8473)
DL: LLC (ISO 8802/2)
PHY: Token Bus (8802/4)

TOP-Stack

FTAM, DS, VTP, MHS
PL (ISO 8823)
SL (ISO 8327)
NL:TP4 (ISO 8073)
TL: CLM (ISO 8473)
DL: LLC (ISO 8802/2)
PHY: Ethernet (ISO8802/3) Token Ring (ISO 8802/5)

Abbildung 3.12: Übersicht MAP resp. TOP Protokolle

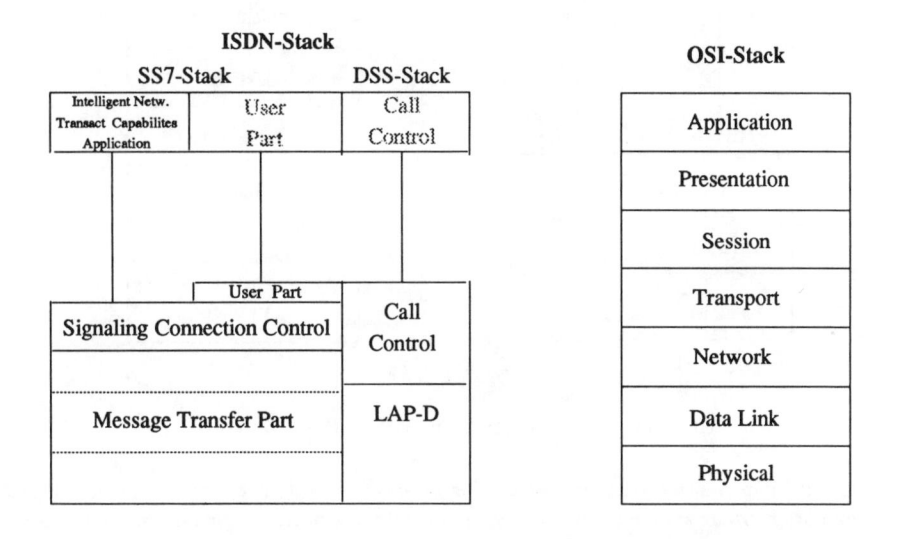

ISDN-Stack

SS7-Stack		DSS-Stack
Intelligent Netw. Transact Capabilites Application	User Part	Call Control
Signaling Connection Control	User Part	Call Control
Message Transfer Part		LAP-D

OSI-Stack

Application
Presentation
Session
Transport
Network
Data Link
Physical

Abbildung 3.13: Übersicht über ISDN Protokolle

Inwieweit man die „Call Control" und den „User Part" dem Application Layer zuschlägt ist Geschmacksache, da das OSI-Modell wegen fehlender Rechnerbeteiligung nicht mehr direkt anwendbar ist.

XNS:

Xerox Network Systems [Bogg80] wurde in den 70er Jahren innerhalb von Xerox entwickelt, um unabhängig von dem für Xerox zu langsam ablaufenden Standardisierungsprozeß von ARPA zu werden. Das XNS-Layering ist daher analog zum ARPA-Layering – siehe Abbildung 3.11. Allerdings ist die Layer-Grenze bei XNS teilweise nicht so exakt wie bei den ARPA-Protokollen.

In seiner reinen Form findet XNS nur geringe Verbreitung, aber viele PC-Netzwerke sind Hersteller-Variationen von XNS – z.B. Novell (IPX/SPX) und Ungermann-Bass [Neib89].

IBM PC Protokolle:

Der Protokollstack für die IBM-PC-Protokolle[4] ist eigenartig, da pro DL-Layer eigene abgewandelte Protokolle existieren – siehe Abbildung 3.14. Somit hat man dort nicht

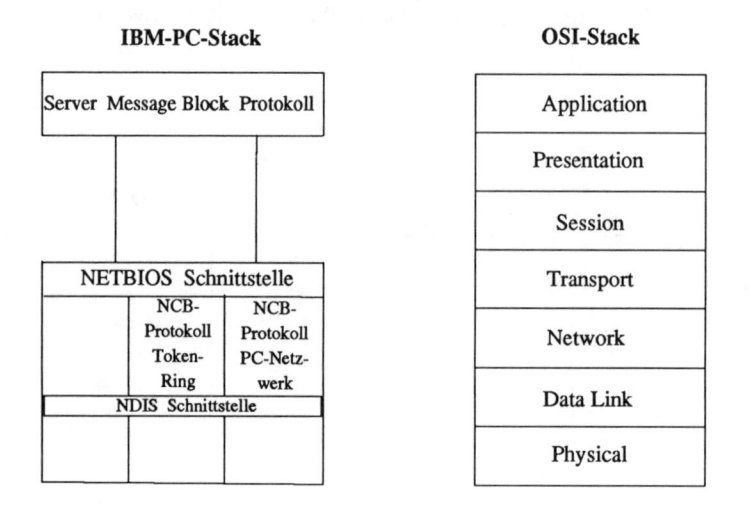

IBM-PC-Stack	OSI-Stack
Server Message Block Protokoll	Application
	Presentation
	Session
NETBIOS Schnittstelle	Transport
NCB-Protokoll Token-Ring / NCB-Protokoll PC-Netzwerk	Network
NDIS Schnittstelle	Data Link
	Physical

Abbildung 3.14: Übersicht über IBM PC Protokolle

zum Prinzip der Schachtelung wie in anderen Protokollen gegriffen. In diesen Netzen spricht man zumeist nur von der Schnittstelle Netbios[5] – siehe Kap. 8.8.2 – und erwähnt nicht den Protokoll-Namen NCB (Network Control Block). Daher werden die IBM-PC-Protokolle auch nur an den jeweiligen Schnittstellen behandelt. Ein Teil der Netbios-Funktionalität ist auch dem AL zuzurechnen.

---
[4] Könnten auch als Microsoft Protokolle bezichnet werden
[5] Allerdings haben auch andere PC-Protokollen (wie z.B. Novell) diese Schnittstelle

Die Schnittstelle NDIS (Network Driver Interface Specification) wird in Kap. 4.8 erläutert.

Trotz gegensätzlicher Angaben von Microsoft ist der SL und PL bei diesem Netzwerk leer.

Kapitel 4

Layerübergreifende Verfahren und Charakteristika

> RAT, WAS IST DAS!
> GOT SICHT SEIN NIMER MEHR UND WEISS SEIN NICHT
> UND DER KONIG SICHTS SELTEN
> UND DER BAUER SICHTS ALLE TAG.
>
> WEIMARER HAUSSCHRIFT, 1483

4.1 Synchronisierung

Unter Synchronisierung versteht man das Erzwingen von zeitlichen Reihenfolgen von gewissen Ereignissen in parallel ablaufenden Prozessen.

Zur Synchronisierung von parallelen Prozessen wurde eine Unzahl von Mechanismen vorgeschlagen – siehe Zusammenfassung in [Andr83]. Folgende wesentlichen Alternativen existieren:

a) shared memory – Hierbei wird die Synchronisationsinformation in dem Speicher angelegt, der für die parallelen Prozesse gemeinsam zugreifbar ist

b) message passing – Dabei gibt es keinen gemeinsamen Speicher, der die Synchronisationsinformation enthält. Die Information findet sich in einer zwischen den Prozessen ausgetauschten Nachricht.

c) Betriebssystemleistungen, die wiederum auf a) oder b) aufbauen

Im Falle von unterschiedlichen Rechnern basieren die Mechanismen auf „Message passing". Wichtigste Kriterien beim Senden sind:

synchron: Nach Absenden einer Nachricht wartet der Absender auf die Antwort des Empfängers. Der Absender ist blockiert bis zum Empfang der Antwort. Die Definition der Antwort ist zum Teil divers; so kann auch eine Dummy Antwort eine Antwort sein.

asynchron: Der Absender wartet nach Absenden einer Nachricht nicht auf eine Antwort.

Synchrone Verfahren erfordern Time-Out-Verfahren und asynchrone mehr Pufferkapazität in der Implementierung.

Beim Empfänger einer Nachricht gibt es folgende Charakteristika, die in unterschiedlichen Variationen auftreten können:

Blockierend: Empfänger wartet bis Message erhalten

Time-Out: Empfänger wartet gewisses Zeitintervall ab.

selektiv: Empfänger wartet alternativ auf verschiedene arten von Nachrichten. Die Unterscheidung kann durch den Typ, den Inhalt, den Sender, die Prioritäten, etc. vorgenommen werden. Zusätzlich können noch Programmvariablen in die Wahl der Alternativen mit eingeschlossen werden.

Diese Sichtweise der Synchronisierung ist die Informatik-Sicht und wird uns in den oberen Layern begegnen.

Aus nachrichtentechnischer Sicht [Hert90] ist die Synchronisierung die zeitliche Abstimmung von Stationen zur geregelten Übertragung von Signalen. Die Synchronisierung ist notwendig, um das Nutzsignal und die übertragenen Signale korrekt interpretieren zu können.

Kriterium für die Unterscheidung der Synchronisation ist die Bildungsweise eines Rahmens. Ein Rahmen sind die zusammenhängend übertragenen Bits. Auf dieser Basis entsteht die Definition von

asynchron: Der Rahmen ist 5-8 bit (ein ASCII Zeichen) groß, dem Synchronisationssignale am Anfang und am Ende beigestellt sind. Am Anfang wird dem Rahmen ein Start-Bit und am Ende ein Stop-Bit beigestellt. Der Gleichlauf der Stationen kann schlecht sein, da der Rahmen klein ist. Die Technik kann wegen dem geringeren Gleichlauf einfacher sein. Der Name rührt daher, daß einzelne Zeichen unabhängig voneinander gesendet werden können.

Wenn von Datenverkehr gesprochen wird, wir unter asynchron die Art des Verkehrs verstanden, der in zufälliger Menge und zu zufälligen Zeiten anfällt.

synchron: Der Rahmen ist mehrere KB groß und ihm sind Synchronisationssignale am Anfang und Ende beigestellt. Diese Signale heißen bspw. „Start of Heading" (SOH), „Start of Text" (STX), „End of Text" (ETX), „End of Transmission" (EOT) oder "Sychronisation Idle" (SYN). Um den notwendigen besseren Gleichlauf zu realisieren, kann mit separaten Clock Leitungen, Einbettung von Synchronisationssignalen im Rahmen oder Frequenzvariationen die Synchronisation erreicht werden.

Wenn von Datenverkehr gesprochen wird, wird unter synchron die Art des Verkehrs verstanden, der mehr regulär anfällt. Dies gilt sowohl für die Quantität als auch für die Dauer. Eine Steigerung dieser Variante ist der isochrone Verkehr – siehe auch Kap. 5.1.

In der Regel ist synchrone Kommunikation leistungsfähiger, aber auch teurer.

Findet die Nutzung einer Verbindung zwischen zwei Partnern zu einem Zeitpunkt nur in eine Richtung statt, so spricht man von simplex andernfalls von duplex. Im Kapitel 4.5 wird man sehen, daß simplex allein kaum möglich ist. Als halbduplex werden abwechselnde simplex Verbindungen bezeichnet. Die Teilnehmer einer Verbindung können entweder gleichberechtigt oder nicht gleichberechtigt sein. Im zweiten Fall spricht man von einem Master und einem Slave. Der Slave wird nur aktiv werden, wenn er dazu aufgefordert wird (polling).

4.2 Multiplexing

Unter Multiplexing versteht man die gemeinsame Nutzung einer Verbindung durch mehrere parallele resp. quasiparallele Nutzer. Im ISO-Modell findet das Multiplexing durch eine Entity statt – dargestellt in Abbildung 4.1.

Auf der unteren Ebene sind dies Aufteilungstechniken – FDM = Frequency Division Multiplexing, TDM = (Synchronous) Time Division Multiplexing oder Asynchronous TDM resp. Statistical Multiplexers – auf Kabeln und auf den höheren Ebenen der Unterhalt paralleler Verbindungen durch Paare von Prozessen[1].

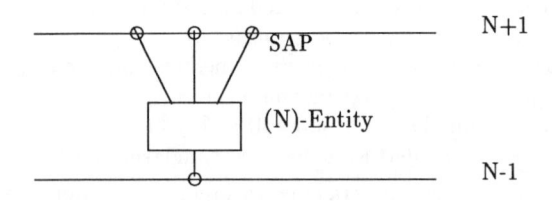

Abbildung 4.1: Multiplexing

Auf der unteren Ebene verbessert dies die Auslastungsrate des Kabels. Auf den höheren Ebenen vermindert es die Prozeß-Kontext-Switches und verbessert damit ggf. die Performance.

4.3 Naming

Gemäß [Shoc78] gilt:

„The name indicates what we seek
the address where to send it
the route how to get there"

Jedem Namen ist eine oder mehrere Adressen zugeordnet und einer Adresse wiederum einer oder mehrere Wege. Das Naming – besser der Unterhalt der Zuordnungen – in Netzen wird erschwert durch das dynamische Verhalten des Netzes.

Die Eigenschaften der Mechanismen für das Naming lassen sich unterteilen gemäß Watson [Wats81a]:

---
[1]Technik ähnelt ATDM

a) Ausmaß der Konsistenz der Zuordnungen – d.h. in welchem Ausmaß müssen die Zuordnungen zu einem Zeitpunkt an verschiedenen Orten gleich sein

b) Ausmaß der Unabhängigkeit der Zuordnungen – d.h. in welchem Ausmaß können unabhängige Entities neue Zuordnungen durchführen

c) Ausmaß der Unabhängigkeit von unterliegenden Layern – d.h. wie unabhängig können Namen von unterliegenden Konventionen vergeben werden

Das ISO-Modell erlaubt Naming nur auf dem Network- und Application Layer; die Nutzung auf anderen Layern in anderen Netzen tritt jedoch auch auf. Die ISO-Terminologie weicht von obiger ab:

- generic name oder title ist der Name

- address ist eine Gruppe von SAP's, die als Adresse verstanden werden

Namen resp. Adressen können in unterscheidbare Teile gegliedert sein – sogenannte strukturierte Namen. Wenn ein Name resp. Adresse strukturiert ist, so kann das Ausmaß der Unabhängigkeit (b) größer sein. Dies ist an jeder Firmentelefonnummer erkennbar. Die Firma kann die Durchwahlnummern unabhängig von der Post festlegen. Bei strukturierten Adressen wird oftmals Information über die Route mit eingebaut. Damit erlaubt man zwar eine Ableitung über den Weg, vermindert aber die Unabhängigkeit der Vergabe gemäß c).

Namen und ihre Adressen sind oft auf die gerade betrachtete Abstraktionsebene bezogen – d.h auf einer tieferen Ebene kann die Adresse zum Namen werden.

4.4 Klassifikation von Services

Es gibt zwei grundsätzliche Modi von Services [Chap83]:

connection oriented – Reservationsprinzip (COM):

Eine logische resp. physische Verbindung zwischen zwei Service-Usern wird samt einer evtl. notwendigen Vereinbarungsphase aufgebaut, zusammengehörende Daten übermittelt und schließlich die Verbindung wieder abgebaut. Die Phase der Vereinbarung heißt Negotiation (Verhandlung). Die Charakteristika der Verbindung wird zwischen den Peer-Entities in der Vereinbarungsphase nach Maßgabe durch die Service-User ausgehandelt und das Resultat dem User mitgeteilt. Die Verbindung hat einen eindeutigen Identifier. Dies ist der bereits in Kapitel 3.1 erwähnte Connection Endpoint Identifier.

connectionless – „Schau-Vorbei"-Prinzip (CLM):

Ein Request wird von einem Service-User seinem Service-Provider übergeben ohne Bezugnahme zu vorher ausgeführten Primitiven. Eine Abstimmung der Peer-Entities ist nicht notwendig. Die Instanz der Entity kann nach der Durchführung der angeforderten Aktion wieder entfernt werden.

4.4. Klassifikation von Services

ISO hat zunächst nur COM vorgesehen, hat aber 1987 im Addendum zum ISO 7498 auch CLM nachgereicht, nachdem sichtbar war, daß häufig keine Verbindung notwendig ist und da der Overhead für COM für kurze Kommunikation zwischen Service-Usern beträchtlich ist. Anzumerken ist, daß SNA nur COM kennt; DEC und ARPA verwendet jedoch beide Varianten, wobei COM meistens auf den Transport-Layer beschränkt ist.

Mit jedem Service kann eine Quality of Service (QOS) assoziiert sein, die im Falle von COM zu Beginn der Connection miteinander abgestimmt werden. Bei CLM werden die QOS bei der Ablieferung des Paketes mitgeliefert. Im Falle einer Nicht-Abstimmbarkeit wird das Paket zurückgewiesen.

Ein Service heißt confirmed, wenn auf jeden request eine Indication, ein Response und ein Confirm erfolgt. Die Service-Primitive Request, Indication, Response und Confirmation wurden bereits in Kapitel 3.1 eingeführt. Wie man in der Abbildung 4.2 erkennt, kann die

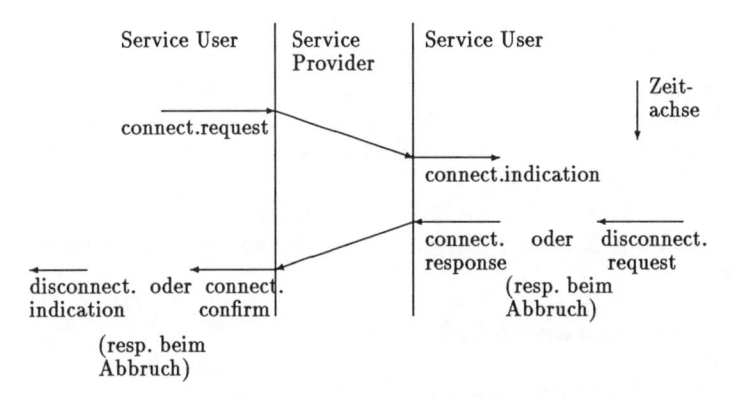

Abbildung 4.2: Service Reihenfolge beim Connection Aufbau

Qualifikation der Primitive ein „connect" sein. Dieser Qualifikation wird dann der Aufbau einer Verbindung zugeordnet. Andere Qualifikationen stehen für die Übermittlung von Daten – typischerweise mit „data" bezeichnet. Wie man in der Abbildung erkennt, muß einem connect.request nicht zwingend ein connect.confirm folgen. Bei einem erfolglosen Versuch der Verbindung kann dies auch ein disconnect.indication sein.

Ein Service heißt unconfirmed, wenn das Confirm keinen Bezug zum Response hat (lokale Bestätigung). In diesem Fall sieht der Ablauf für den anfragenden Service-User gleich aus, nur ist die Qualität eine andere, da einem connect.confirm kein Service-Primitiv beim reagierenden Service-User vorausgegangen sein muß.

Im Falle eines connectionless-Mode gibt es nur noch die Primitive request und indication. Außerhalb von OSI heißt dies auch datagram-Service.

Ein connection-oriented Service kann auf einem connectionless Service und vice-versa aufbauen. OSI schränkt die wechselseitigen Anpassungen auf die Ebenen NL und ggf. TL ein. Mehr zu den Problemen dieser Anpassung findet sich in Kapitel 12.3.

Bei einer Verbindung wird von ISO immer nur die Kommunikation von zwei Partnern verstanden. Kommunikation mit n-Partnern auf einmal (Broadcast, Multicast) wird nicht in Betracht gezogen, obwohl dies oft sinnvoll ist. Der Begriff „Broadcast" (Rundfunk, Rundspruch, Breitsaat) bezeichnet eine Kommunikation mit allen erreichbaren Partnern und der Begriff „Multicast" (Viel-Spruch) die Kommunikation mit einer ausgewählten Menge von Partnern.

4.5 Fehlerbehandlung

Die Übertragung ist mit Fehlern d.h. Verlust oder Verfälschung von Daten behaftet. Wenn man Fehler auf einer Kommunikationsebene behandelt, können dennoch Fehler auf einem höheren Layer sichtbar werden, weil eine Fehlerbehandlung niemals vollständig sein kann.

Verfälschungen werden meist mit Checksummen entdeckt. Um eine Checksumme anwenden zu können, muß aber auch das Referenzobjekt existieren. Da man nicht einen ganzen Datenstrom als Referenz verwenden will – Größe nicht absehbar, Risiko nicht überschaubar – wird der Datenstrom in Pakete (Frames) eingeteilt.

Checksummen basieren meist auf dem Cyclic Redundancy Code (CRC) – standardisiert als CCITT V.41, für den Algorithmus siehe [Tane89],pp.208-212 – wenn nicht Paritätsbits oder blockweise Paritätsbits verwendet werden. Weitere Checkmethoden sind in [Ande81] enthalten; er unterteilt Checkmethoden in:

- Replication Check: Unterhaltung mehrerer paralleler Komponenten zur gegenseitigen Überprüfung

- Timing Check: Überprüfung des Zeitverhaltens

- Reversal Check: Rückberechnung von Werten

- Coding Check: Teilweise redundante Datenhaltung/übertragung

- Reasonable Check: Plausibilitätschecks

- Structural Check: Konsistenzprüfungen

Wir werden im weiteren neben Coding Checks noch Timing Checks behandeln.

Die Fehlerkorrektur über Rechnergrenzen hinaus wird im Regelfall nicht mit fehlerkorrigierenden Codes[2], sondern durch positive oder negative Bestätigungen durchgeführt. Dies setzt voraus, daß der Sender ein abgesendetes Paket bis zum Zeitpunkt der Bestätigung abspeichern muß. Weiterhin ist es möglich, daß ein Paket vollständig verloren gehen kann, daher muß der Absender einen Timer mit dem Paket verbinden, damit er nicht ggf. unendlich lange auf eine Bestätigung wartet.

---

[2]Die Ursache dafür ist, daß in Rechnernetzen Fehler gehäuft (Burst) auftreten. Bei gehäuften Fehlern ist die Fehlerkorrektur meist nicht mehr anwendbar. Anwendbar ist sie beim vereinzelten „Kippen" von Bits.

4.5. Fehlerbehandlung

Aktive Fehlerkontrolle:

Hierbei sendet der Empfänger positive und negative Bestätigungen. Wird bei dieser Variante eine negative Bestätigung (Rückfrage) zerstört, kann es zu sogenannten Live-Locks führen, da nur noch Rückfragen hin- und herlaufen – siehe Abbildung 4.3.

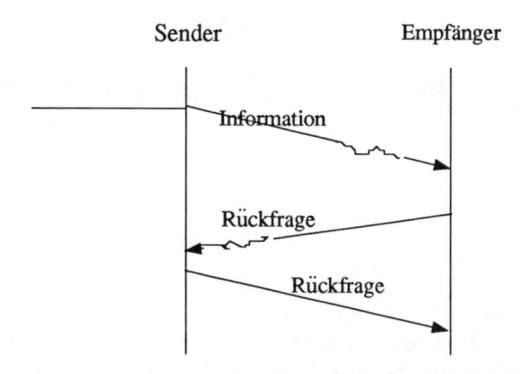

Abbildung 4.3: Aktive Fehlerkontrolle

Passive Fehlerkontrolle:

Hier sendet der Empfänger nur positive Bestätigungen. Erhält der Sender keine Bestätigung, so schickt er die Information erneut – siehe Abbildung 4.4. Bei dieser Variante können Pakete doppelt vom Empfänger angenommen werden, wenn eine positive Bestätigung verloren geht. Man verwendet in diesem Fall Sequenznummern.

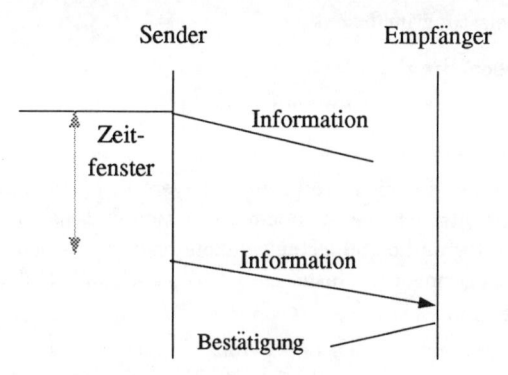

Abbildung 4.4: Passive Fehlerkontrolle

Sequenznummern geben übermittelten Paketen eine vom Absender implizierte Ordnung. Daher kann der Empfänger die Pakete unabhängig vom Zeitpunkt des Eintreffens bezüglich dieser Ordnung anordnen. Diese Ordnung ist aber im Regelfall nicht total, da dann die zur Übertragung verwendete Information im Paket über Gebühr groß würde. Daher werden partielle Ordnungen verwendet – meist auf Basis von Modulo-Kalkulationen.

Sequenznummern ermöglichen zusätzlich eine Kompression der Bestätigungsmeldungen, wenn die Bestätigung für eine Sequenznummer als die Bestätigung für alle bezüglich der Ordnung kleineren Sequenznummern interpretiert wird.

4.6 Betriebsmittelverwaltung

Auf jedem Layer gibt es eine Menge von gemeinsam genutzten Betriebsmitteln:

- Speicher (Puffer, Caches)

- Prozessor

- Kanäle, Übertragungskapazität auf Leitung – zumindest der Informationsanteil des Layers ((N)-PCI) auf der Leitung

Während bei einem einzelnen Computer oder einem verteilten System die Betriebsmittelverwaltung eher aktiv – d.h. geplant, vorbeugend – erfolgen kann, sind in Rechnernetzen häufig nur reaktive Maßnahmen möglich. Primäres Ziel ist es, Überlast zu vermeiden und gemeinsame Mittel „gerecht" zu verteilen. Dies bezeichnet man als „Congestion Control" oder „Congestion Avoidance".

Folgende wichtige Varianten sind anzutreffen:

Reservierung:

Im Falle von connection-oriented Services kann eine Reservierung von Puffern oder zulässiger Übertragungsgeschwindigkeit bei Beginn der Connection ausgehandelt werden. Im Falle von interaktiven Umgebungen sind diese Verfahren wegen der ungleichmäßigen Belastung ineffizient.

Löschen (Packet Discarding):

Hierbei werden Pakete bei der Ankunft gelöscht.

Erzwungenes Löschen:

Bei Überlast des Rechners resp. eines Layers in einem Rechner nimmt dieser keine Pakete entgegen, bis sich seine Situation stabilisiert hat. Hierbei gibt es auch die Strategie, die „billigsten" Pakete eher zu löschen. Ein Paket ist desto billiger, desto geringer der bisherige Übertragungsaufwand war.

Freiwilliges Löschen:

Pakete können eine Lebensdauer mit sich tragen sogenanntes Time-to-live (TTL). Haben sie vor ihrem „Ende" das Ziel nicht erreicht, werden sie gelöscht.

Verzögerte Zustellung:

Hierbei werden Pakete nicht unmittelbar abgesendet, sondern man kennt die mögliche maximale Verzögerungsdauer für die Absendung. Während dieser Zeit werden Pakete für gleiche Adressaten gesammelt (Sammelversendungsverfahren). Dieses Verfahren ist aber nur auf höheren Layers möglich, da diese meist die zulässigen Verzögerungsdauern kennen. Allerdings könnten die höheren Layers, dies den unteren Layern bei einer Übertragung mitteilen.

4.6. Betriebsmittelverwaltung

Regulierungsverfahren (auch wieder Congestion Control):

Line-bezogenes Regulierungsverfahren:

Jeder Rechner mißt laufend die Last auf allen seinen Ein- resp. Ausgangsleitungen. Überschreitet die Last einen bestimmten Grenzwert, so sendet er auf dieser Leitung ein Regulierungspaket (Choke-Paket) oder er gibt Paketen auf dieser Leitung ein Congestion-Bit mit. Dies kann auch abgestuft ablaufen. Der empfangende Partner reduziert für eine gewisse Zeit die erzeugte Last auf dieser Leitung [Jain87]. Alternativ können auch Increase-Choke-Pakete gesendet werden.

Unklar ist die Stabilität dieser Verfahren.

Connection-bezogene Regulierungsverfahren (Flußkontrolle):

Hierbei bestimmt der Empfänger die Geschwindigkeit. Im Extremfall kann die zulässige Geschwindigkeit zu einem Zeitpunkt auf Null reduziert werden. Der Extremfall stellt entweder hohe Anforderungen an den Pufferbereich, denn die Information muß zwischengespeichert werden, oder man akzeptiert einen gewissen Zeitraum bis die neue Geschwindigkeit gültig wird.

Die Geschwindigkeit wird aber bei den meisten Verfahren nur indirekt festgelegt. Vielmehr wird die Größe des Pufferbereiches beim Empfänger durch Kreditzusagen verwaltet. Eine Kreditzusage besagt, wieviel Pakete der Sender noch absenden kann, bevor er seine Kommunikation einstellen muß. Der Empfänger erteilt fortlaufend neue Kreditzusagen.

Die Kreditzusagen müssen aber gesichert eintreffen, sonst endet die Kommunikation. Daher sendet der Empfänger spätestens nach einer festgelegten Zeit erneut eine Kreditzusage, wenn kein Paket mehr eingetroffen ist. In der Abbildung 4.5 ist diese festgelegte Zeit mit dem Wert t angegeben.

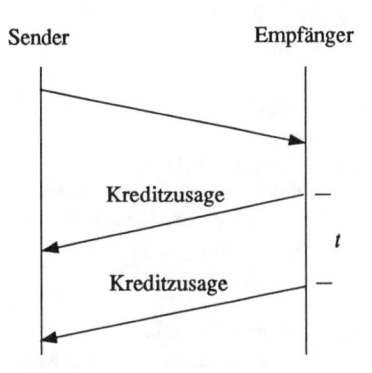

Abbildung 4.5: Krediterteilungsablauf

Nun wird die zweite Kreditzusage aber den Gesamtkredit fälschlicherweise zu hoch schrauben. Daher muß die Kreditzusage relativ zu einer beiden Seiten bekannten Größe festgelegt werden. Diese Größe sind die Sequenznummern.

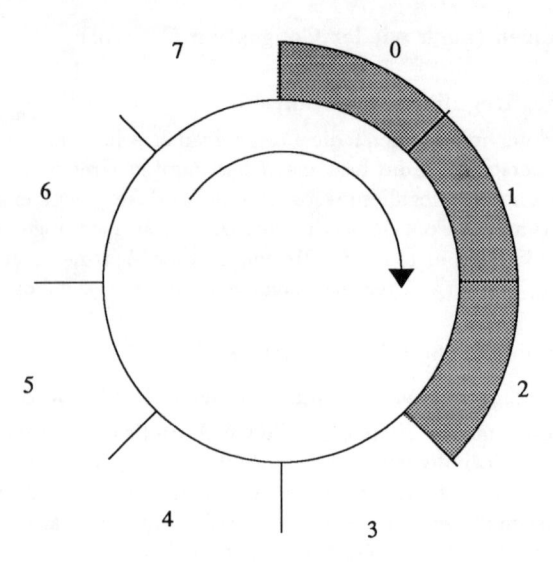

Abbildung 4.6: Sliding Window Verfahren

Dies führt unmittelbar zum Sliding-Window Protokoll – siehe Abbildung 4.6 mit einer Fenstergröße von 3. Bei der Verbindungsaufnahme wird eine Fenstergröße festgelegt; diese Fenstergröße kann im Laufe einer Verbindung noch geändert werden. Die Fenstergröße muß kleiner als die Anzahl unterschiedlicher Sequenznummern[3] sein.

Mit jeder Bestätigung für übermittelte Pakete verschiebt sich das Fenster um die Anzahl der bestätigten Nachrichten. Der Sender muß sich mit seinen Paketen immer in seinem Fenster bewegen. Das folgende in einer Pseudoprogrammiersprache angegebene Rahmenprogramm erläutert das Verfahren. Vor dem nach Sender umd Empfänger aufgeteilten Programm finden sich noch einige Vereinbarungen und Prozedurdeklarationen.

```
type event = ( packet_arrived_from_net,
               data_arrived_from_layer_above,
               layer_above_accepted_data,
               time_out,
               checksum_error )

type packet = struct { data : bits,
                       checksum, ack_no, seq_no : integer } ;

max_seq_no : integer;

procedure give_to_lower_layer (p: packet)
```

---

[3]Die Fenstergröße sollte maximal die Hälfte der zugehörigen maximalen Sequenznummer betragen, da sonst bei Verschieben des Fensters die Gefahr einer Fehlinterpretation besteht.

4.6. Betriebsmittelverwaltung

```
/* gibt Paket an den darunterliegenden Layer */

function get_packet_from_lower_layer : packet
/* liefert das naechste anstehende Paket vom darunterliegenden
    Layer */

procedure give_to_upper_layer (p: bits)
/* gibt Daten an den darueberliegenden Layer */

function get_data_from_upper_layer : bits
/* liefert die naechsten anstehenden Daten des darueberliegenden
    Layers */

procedure start_timer (label : integer)
/* startet Timer fuer den label. Im Falle des Ablaufes wird das
    event time_out aktiviert */

procedure stop_timer (label : integer)
/* stoppt den Timer fuer den label, falls label nicht im
    gueltigen Bereich so hat der Aufruf kein Effekt */

function timeout_label : integer
/* liefert den label des letzten time_ot events */

procedure enable_this_layer
/* erlaubt das Auftreten des event data_arrived_from_layer_above
    */

procedure disable_this_layer
/* verhindert das Auftreten des event data_arrived_from
    _layer_above; entsprechende events werden nach dem enable
    aktiviert */

function inc (counter : integer) : integer
/* erhoeht counter bezueglich des Modulo der maximalen Sequence-
    Nummer */
begin   inc := (counter+1) mod max_seq_no end;

function how_many_data : integer
/* liefert die Anzahl von Paketen, die seit dem letzten event
    layer_above_accepted_data vom oberen Layer akzeptiert
    wurden resp. aus dem implizit dazwischen liegenden Puffer
    entfernt wurden */

p1, p2 : packet;

max_window : integer ; /* Fenstergroesse */
```

```
---------------------SENDER---------------------

current_seq_no = 0    /* die Sequenz-Nummer fuer das naechste
                         abzusendende Paket */
used_window = 0 : integer ;   /* Anzahl benutzer Elemente des
                                    Windows */

buffer : array [0:max_seq_no] of packet ;

enable_this_layer;

while not_done

  do
  wait(event);
  case event of

    data_arrived_from_layer_above :
      begin
      p1.data := get_data_from_upper_layer;
      p1.seq_no := current_seq_no;
      used_window := used_window + 1;
      give_to_lower_layer (p1);
      start_timer (current_seq_no);
      buffer[current_seq_no] := p1;
      current_seq_no := inc ( current_seq_no) ;
      if used_window = max_window
        then disable_this_layer ;
      end;

    packet_arrived_from_net :

      begin
      p2 := get_packet_from_lower_layer;
      used_window := used_window - p2.ack_no;
      /* ungueltige Ack's und ausser der Reihe eintreffenden
          werden nicht korrekt behandelt */
      stop_timer (p2.seq_no);
      if used_window <= max_window then
          enable_this_layer;
      end;

    time_out:
      begin
      give_to_lower_layer buffer[timeout_label] ;
      start_timer (timeout_label);
      end;

    checksum_error:
```

4.6. Betriebsmittelverwaltung

```
            ;

   esac

   done

         ----------------------RECEIVER-----------------------

exp_seq_no : integer;   /* naechste vom Receiver erwartete
                                        Sequenz-Nummer */

while not_done

  do
  wait(event);

  case event of

    packet_arrived_from_net:

      begin
      p1 := get_packet_from_lower_layer;

      if exp_seq_no = p1.seq_no
        then
        give_to_upper_layer (p1.data);
        exp_seq_no := inc (exp_seq_no + 1);
        p2.data="";
        p2.seq_no := p1.seq_no;
        p2.ack_no := 0;
        give_to_lower_layer (p2);

        /* Eine Variante waere es statt dem Absenden des Be-
        staetigungspaketes einen Hilfstimer zu starten. Der
        entsprechende time_out wuerde dann das Absenden der
        gesammelten Acknowledges beinhalten. Dazu muesste
        der Empfaenger aber dann beim Empfang einer Sequenz-
        Nummer alle vorangegangenen impliziten Bestaetigungen
        verarbeiten koennen. Mit diesem Ansatz koennte man
        auch das Window-Acknowledgement zusammen mit dem
        Paket-Acknowledge zusammenfuehren./*

        fi
      end;

    layer_above_accepted_data:

      begin
      p2.data := "";
```

```
            p2.seq_no := -1 ; /* dummy Wert */
            p2.ack_no := how_many_data;
            give_to_lower_layer (p2);
            end;
         checksum_error: ;

         time_out: ;

      esac

      done
```

Im Falle von einem Full-Duplex Verkehr hat man dann zwei Windows – ggf. unterschiedlicher Größe. In diesem Fall können Bestätigungsnachrichten zusammen mit Daten verschickt werden, wenn Daten für die Gegenrichtung anstehen. Das Hinzufügen von Bestätigungen (Acknowledgements) zu Datenpaketen heißt piggyback (Huckepack). Ein Algorithmus der auch weitere Aspekte wie ungeordnetes Eintreffen und negatives Acknowledgement behandelt findet sich in [Tane89] pp.236-237.

Die Form einer Bestätigung kann zur Performancesteigerung optimiert werden durch Aussagen, ob auch das vorausgegangene Paket resp. eine Anzahl von vorausgegangenen Paketen angekommem resp. nicht angekommen ist [Shan89]. Eine Übersicht zu Beweisen zu Sliding-Window Protokollen findet sich auch dort. Weitere Verfeinerungen werden in Kapitel 8 behandelt werden.

4.7 Topologien und Switching

Topologien werden in der Literatur zumeist nur den unteren Layern zugeordnet. Tatsächlich werden die verschiedenen Topologien auf allen Layern benötigt.

Folgende Topologien lassen sich unterscheiden (Topologien können ggf. vermischt in einem Netz auftreten):

vermascht resp. Einzelverbindungen (meshed, point-to-point):

Je zwei Stationen teilen sich genau eine (physikalische) Verbindung. Damit legt die Verbindung Empfänger und Absender eindeutig fest. Sind alle Stationen mit allen anderen derartig verbunden, so ist es vollständig vermascht.

Stern (star): Es handelt sich um ein vermaschtes Netz, wobei es eine ausgezeichnete Station (zentraler Knoten resp. Station) gibt, so daß alle Verbindungen von anderen Stationen zum zentralen Knoten führen.

Ring: Es handelt sich um ein vermaschtes Netz, wobei die Stationen mit ihren Verbindungen einen Ring bilden. In diesem Fall wird zumeist nur noch in einer „Richtung" kommuniziert.

Bus: Alle Stationen teilen sich genau eine (physikalische) Verbindung – d.h. nur eine Station kann zu einem Zeitpunkt mit anderen kommunizieren (kein Multiplexing). Dies ist ein Rundspruchnetz (Broadcast channel); der Begriff stammt von Radio-Netzen.

4.7. Topologien und Switching

Baum (tree): Vermaschtes Netz in Baumstruktur oder zur Wurzel hin übereinandergelegte Busse.

Man beachte folgende Charakteristika:

- Nur bei vollständig vermaschten Netzen ist es entbehrlich beim Absenden eine Adressangabe mitzugeben.
- Im Regelfall muß ein Paket von einem Knoten im Netz empfangen und auf einer anderen Leitung weitergeleitet werden. Dies nennt man Switching bzw. Schalt- oder Vermittlungsverfahren.
- In Busnetzen benötigt man kein Switching, da jede Station jedes Paket jedes Absenders empfangen kann. Busnetze werden daher auch als passive Netze bezeichnet.
- Die Switching-Funktionalität in Ringen und ggf. bei Bäumen ist eingeschränkt.

Beim Switching gibt es drei Ausprägungen:

Circuit-Switching: Hier wird vor dem Transfer von Daten ein fester Pfad durch das Netz samt Resourcenbelegungen vorgenommen. Nach Ende der Datenübertragung wird der Pfad wieder explizit freigegeben. Typisch für elektronische oder elektromechanische Knoten. Die Daten treffen reihenfolge-gerecht beim Empfänger ein.

Message Switching: Die Daten (Messages) – im Prinzip unlimitiert groß – werden komplett übermittelt. Ein Knoten empfängt eine Nachricht, speichert sie kurzfristig und sendet sie an den nächsten Knoten. Dies ist ein connectionless Service im Sinne von OSI.

Wenn Pakete zwischengespeichert werden, bevor sie weiter transportiert werden, spricht man von Store and Forward.

Beim Message-Switching benötigt der Knoten „unendlich" viel Speicher; dies ist auch ein Grund Pakete einzuführen.

Packet-Switching: Die Daten werden in Paketen übermittelt. Pakete sind kleine Teilstücke aus den Daten, die typischerweise kleiner als 2 Kb sind.

Datagram Packet-Switching: Die Übertragung der einzelnen Pakete erfolgt wie beim Message Switching.

Virtual Circuit: Die Übertragung erfolgt auf einen logischen Pfad. Während Circuit-Switching auf der Hardware Ebene eingeordnet wird, wird hierbei ein Schalten mittels Software verstanden – dies ist ein connectionfull Service. Auch hier treffen die Daten reihenfolge-gerecht beim Empfänger ein. Eine Mischform – das sogenannte Congram – wird von Parulkar [Paru90] vorgeschlagen; dabei fehlt die reihenfolge-gerechte Zustellung. Dies erlaubt eine variablere Implementierung.

Das Packet-Switching optimiert die Nutzung des Gesamtnetzes, während Circuit- und Message-Switching eher die Nutzung aus Benutzersicht optimiert.

sloppy

4.8 Probleme und Hinweise zu Protokollimplementierungen

Drei grundsätzliche Regeln für effiziente Implementierungen sind [Clar82a]:

- Maximiere die Paketgröße

- Kopiere niemals Pakete, sondern reiche Pointer weiter. Dies ist nicht trivial wegen Grössenveränderung der Pakete auf ihrem Weg durch die verschiedenen Layer [Wats87].

  Folgende Operationen auf Paketen sollten ohne physisches Kopieren durchführbar sein [Pete90]:

  1. Hinzufügen weniger Bytes (Header) an den Beginn eines Paketes und Zurückgabe eines Pointers auf die ganze Nachricht

  2. Hinwegnehmen weniger Bytes (Header) vom Beginn eines Paketes und Zurückgabe eines Pointers auf die verkürzte Nachricht

  3. Konkatenation zweier Pakete zu einem neuen Paket – siehe Multiplexing, Kap. 4.2

  4. Teile ein Paket in zwei Teile auf – siehe Multiplexing, Kap. 4.2

  5. Sichern einer Kopie des Paketes

  6. Löschen einer vorher erzeugten Kopie eines Paketes

  Im X-Kernel [Pete90] wird daher ein Paket in einem Baum von Pufferbereichen abgelegt. Die Blätter beinhalten die zum Paket gehörenden Daten und das gesamte Paket ergibt sich aus den Informationen aller Blätter in einer Pre-Order-Reihenfolge. Für die Header-Information wird ein separater vor-alloziierter Puffer unter der Wurzel des Baumes bereitgehalten, denn das Verfahren zum Konkatenieren/Teilen einer Nachricht in der Form der Verknüpfung zweier Teilbäume ist für wenige Bytes zu aufwendig. Sichern und Löschen von „Kopien" wird durch in- resp. dekrementieren eines Reference-Counter erreicht.

  Für eine andere Implementierung mit Arrays von Pointern siehe [Rose90], pp.216-218.

  Bei der Weitergabe eines Paketes zu einem höheren Layer wäre es günstiger, das Paket am Ende zu kürzen, dann könnte der Anfang des Paketes an der gleichen Speicheradresse verbleiben. Damit müßte aber der Informationsteil des tieferen Layers am Ende des Paketes stehen. Dies gibt es nur in der TCP/IP-Trailer Implementation in Berkeley UNIX-Systemen; dies ist aber auch dort kein Standard.

- Sende niemals überflüssige Pakete

  Dieses klingt trivial, aber es gibt zum Beispiel viele Fälle wo ein Multiplexer-Layer Einzelpakete aus Sicht des überliegenden Layers zusammenfassen kann, wenn sie an einen gemeinsamen Adressaten adressiert sind.

Es besteht häufig ein nicht optimal lösbarer Zielkonflikt für den Ort der Protokollimplementation. Die verschiedenen Varianten samt ihrer Vor- und Nachteile sind:

4.8. Probleme und Hinweise zu Protokollimplementierungen

Protokoll im Kernel:
- \+ hoher Durchsatz
- − Problem des Scheduling
- − Timeout gesteuertes Verhalten erfordert entweder separaten Prozeß oder heikel zu programmierendes Interrupthandling

Protokoll als Benutzerprozeß:
- \+ leichtere Implementierung
- − schlechterer Durchsatz
- − Sicherheit

Protokoll auf separatem Prozessor

Diese Prozessoren werden auch als Communication-Prozessor, Front-End-Prozessor oder Netzwerkkarte bezeichnet.
- \+ hoher Durchsatz
- \+ schnellere Implementierung
- − höhere Hardwarekosten
- − Schnittstelle zum Operating-System beruht häufig auf mißbrauchten Schnittstellen z.B. „Milking-Maschinen" [Padl85]. Unter „Milking-Maschinen" werden gegenseitig verbundene Terminalverbindungen verstanden.
- − Ein zusätzliches Protokoll zur Kommunikation mit dem separaten Prozessor ist notwendig (HFP: Host-to-Frontend Protocol). Dieses Protokoll ist jedoch kein Netzwerkprotokoll, da die beiden kommunizierenden Teile − Programm im Rechner, Programm im Prozessor − nicht über ein Netz miteinander kommunizieren.

Ein Beispiel für eine solche „standardisierte" Schnittstelle ist NDIS (Network Driver Interface Specification) der für DOS- und OS/2-Systeme von Microsoft und 3Com festgelegt wurde. Diese Schnittstelle erleichtert die Implementierung von diversen Protokollen auf unterschiedlichen Netzwerkkarten in PC's. Sie erlaubt auch den gleichzeitigen Betrieb mehrerer Protokolle über einen Communication-Prozessor.

Weitere Diskussionen zu effizienten Implementation finden sich in Kapitel 8.5.2.

Kapitel 5

Physical Layer (PHY)

> WAS FÜR EIN ARMER WIRD GEHÄNGT,
> DAMIT ER EINEN ANDERN FÄNGT?
>
> OTTO SUTERMEISTER, 1832-1901

Der physische Layer bietet folgende Services:

- die reihenfolge-gerechte Übertragung von binärer Information über physikalische Verbindungen mit verschiedenen Charakteristika. Die Charakterika können beispielsweise die Fehlerrate oder die Geschwindigkeit sein.
- Fehlermeldung an den Data-Link Layer

Eine Verbindung nützt dieser Layer ggf. für mehrere parallele Datenströme – d.h. Multiplexing auf Leitungsniveau.

Da der physische Layer der unterste Layer ist, gibt es auch keinen Header (PCI) mehr. Aus historischen Gründen wird die OSI-Bezeichnung „Interface" nicht für die vertikale Layer-Grenze, sondern eher für die physische Steckverbindung verwendet.

Zum PHY gehört eigentlich auch die rechnerseitige Ausstattung, um den Netzanschluß betreiben zu können – d.h. I/O-Geschwindigkeit, CPU-Leistung, ... Zu Beginn der Netzwerke war diese Leistungsbereitstellung noch ein größeres Problem [McQu77], heute kann dies in jedem Fall durch spezielle Interface-Karten gelöst werden.

5.1 Grundlagen

Einige elementare Begriffe sind unbedingt notwendig:

analog Signal: kontinuierliches Signal

digital Signal: pulsartiges Signal

analoge Übertragung: Übertragung mit zwischengeschalteten Verstärkern

digitale Übertragung: Übertragung mit zwischengeschalteten Repeatern (Wiederherstellung des digitalen Signales)

analoge Übertragung

Digitale Signale können auch mit analogen Signalen übermittelt werden. In diesem Fall wird eine der drei Charakteristika Amplitude, Frequenz oder Phase dazu verwendet mit unterschiedlichen Modulationsformen das digitale Signale darzustellen: Amplitude/ Frequency/ Phase-Shift-Keying (ASK, FSK, PSK). Die Leistungsfähigkeit der Methoden ist ASK $<^1$ FSK $<$ PSK.

Werden digitale Daten digital übermittelt, so wird entweder ein Clock Mechanismus benötigt, um nachfolgende gleiche Pulse voneinander unterscheiden zu können, oder man verwendet Manchester-Encoding. Dabei springt das Signal nach der Hälfte eines Pulses immer wieder auf den „Null"-Wert (Variante: Differential Manchester-Encoding).

Werden analoge Daten mit digitalen Signalen übertragen, so werden die Daten zu festen Zeitpunkten digitalisiert – d.h bezüglich einem linearen oder nichtlinearen Wertebereich eingeordnet.

Es gibt noch eine Reihe von anderen Begriffen, die der Erklärung bedürfen:

isochron: gleichmäßige Datenrate notwendig für Übertragung (Beispiel Sprache)

Baud: Anzahl Signal-Änderungen pro Sekunde

> Nur wenn es zwei mögliche Signale zur Darstellung von 0 und 1 gibt, ist Baud = bit/ sec. Nun können z.B. aber auch 4 Signalformen gegeben sein und jede Änderung läßt somit zwei Bit Information fließen.
>
> Daher ist $Baud \cdot (Bits\ encoded\ in\ einer\ Signaländerung) = bit/sec$

Data Circuit (Communication) Equipment (DCE): Endstück einer Übertragungsleitung

Data Terminal Equipment (DTE): Gegenstück zum DCE – z.B. ein Terminal

Verbindungen zwischen Stationen können auf parallelen oder seriellen Leitungen beruhen. Parallele Leitungen (Bus, Kanal) werden zumeist innerhalb einer Rechnerarchitektur verwendet, dabei werden Bytes resp. Worte parallel in entsprechend vielen Kabeln übermittelt. Bei seriellen Leitungen wird zu jedem Zeitpunkt genau nur ein Bit übermittelt.

Im Falle von Computernetzen werden nur noch serielle Leitungen verwendet, da parallele Leitungen die folgenden Nachteile besitzen [Farb84]:

- Kabelqualität und Schaltungstechnik müssen für jede parallele Leitung gleichermaßen vorhanden sein

- Verlegung ist erheblich komplexer

- unterschiedliche Datenformate benötigen zur effektiven Nutzung der parallelen Leitung anderen Aufbau der Leitung

- kurzfristige Störungen wirken sich auf Datenwörter aus und die Fehlerkorrektur wird aufwendiger

---

[1]Dies ist begründet in dem Ausmaß der Störungen durch Abschlußwiderstände

In der Kommunikation tritt häufig der Begriff „octet" (Oktett) auf; dies ist ein Synonym für ein Byte.

5.2 Übertragungsmedien

Wichtigste Kriterien für Übertragungsmedien sind [Rose82]:

- Übertragungscharakteristika
- Unterstützte Topologie
- Reichweite
- Störanfälligkeit

Die Reichweite eines Netzes definiert dann auch die Zugehörigkeit zu

LAN:	Local Area Network	< 25 km
MAN:	Metropolitan Area Network	< 200 km
WAN:	Wide Area Network	> 100 km

Die wichtigsten Übertragungsmedien sind:

1. **Sekundärspeicher:**

   Für große Datenmengen (>500 MB) werden auch noch für einige Zeit der Transport per Bänder dem Transport per WAN-Netzen überlegen sein.

2. **verdrilltes Kabel (twisted pair):**

   Ein Kabel wird geformt aus einer ggf. abgeschirmten Vielzahl von Paaren von Einzelleitern (Leiterdurchmesser < 0.06 inch). Häufigste Verwendung sind Telefonkabel. Die Datenrate kann bis 10Mb bei kurzen Entfernungen erreichen.

   Die Kabel werden verdrillt, um die Wahrscheinlichkeit von parallel laufenden und sich damit beeinflußenden Magnetfeldern klein zu halten.

3. **Koaxialkabel (CATV: Community Antenna Television):**

   Kabel besteht aus einem inneren Leiter umschirmt von zumindest einem äußeren Leiter. Die Datenrate ist abhängig vom Übertragungsverfahren und der Entfernung (ca. 100 Mb bei wenigen km, maximale Ausdehnung im 10er-km Bereich).

   Wenn Abgänge nicht vormontiert werden, so kann das spätere Anschließen zu kurzfristigen Problemen führen. Häufiges späteres Anschließen kann zu einer „Selbstzerstörung" des Kabels führen.

4. **Fiber-Optik**

   Glasfaserleitungen benutzen Lichtwellen zur Übertragung, die mit LEDs (Light Emitting Diode) erzeugt werden. Die Datenrate ist abhängig vom Typ des Glasfaserkabels und Entfernung (1 Gb bei einigen km, bis zu 100 km ohne Repeater).

Die Anschlüsse sind nicht einfach herzustellen und Verzweigungen sind aufwendig. Früher alterte das Kabel und wurde auf Verbiegungen empfindlich; dies soll inzwischen behoben sein. Die Störanfälligkeit ist sehr gering.

Diese Technik wird in Zukunft mehr und mehr eingesetzt werden. Für diese wichtige Technik sei auf [Hert91] verwiesen.

5. **Andere**

Andere Übertragungsmedien sind Mikrowelle, Infrarot und Laser, die alle Datenraten bis zu 3 Mb erreichen können. Weiterhin sind Radiowellen – besonders unter Verwendung von Satelliten – zu erwähnen.

5.3 Multiplexverfahren

Einige Multiplexverfahren wurden schon in Kap.4.2 vorgestellt.

Auf Basis FDM kann man folgende Typen von Übertragung unterscheiden:

Basisbandverfahren:

Dabei gibt es nur einen Übertragungskanal auf dem Kabel – d.h. das Signal wird nicht auf eine Frequenz aufmoduliert. Das Signal kann maximal 1 km bei CATV übertragen werden, wobei Verlängerungen durch Einsatz von Fiber-Optik möglich sind. Im Falle von CATV sind 50 Mb und bei twisted pair 3 Mb auf der angeführten Länge erreichbar.

Diese Technik ist relativ einfach einsetzbar und billiger als Breitbandverfahren.

Beispiele: CATV: Ethernet, Twisted Pair: Omninet/Corvus

Breitbandübertragung:

Ursprünglich wurde jeder Kanal als Breitband bezeichnet, der mehr als die menschliche Stimme (4 KHz) „breit" war. Inzwischen wird jede Übertragung unter Verwendung von FDM auch als Breitband bezeichnet.

Bei der Breitbandübertragung werden analoge Signale und Verstärker verwendet. Da Verstärker nur in eine Richtung verstärken können[2], benötigt die Hin- und Rückübertragung unterschiedliche Frequenzbänder. Bei manchen Produkten werden sogar zwei Kabel verwendet. Die Umsetzung der Frequenz von der Hin- zur Rückübertragung erfolgt in einem Headend. Typische Topologien für Breitbandnetze sind Baum oder Bus.

Die Übertragungsrate richtet sich nach der Entfernung und der Größe des Frequenzbandes. Das Gesamtfrequenzband umfaßt etwa 300 MHz (maximal 450 MHz) und als Faustregel kann etwa 1 bps pro 2 Hz übertragen werden. Wegen notwendiger (Abschirm-)Lücken im Frequenzband können jedoch insgesamt höchstens 150 Mb übermittelt werden. Die maximale Ausdehnung einer solchen Übertragung beträgt maximal 10 km.

---

[2]andernfalls würde es zu Schwingvorgängen führen

Die Technik verlangt sorgfältige Verlegung und Abschirmung. Sie ist somit nicht nur durch die verwendeten Produkte teurer.

Problematisch kann das Einpassen unterschiedlicher Produkte in die zur Verfügung stehenden Frequenzbänder sein, denn nicht alle Produkte unterstützen alle Bänder. Typischerweise sind die Frequenzbänder in 6 MHz Bereich gemäß TV Vorgabe unterteilt.

Beispiele: Sytek Localnet, Ungermann Net One, IEEE Token Bus, Video Channels, TV

5.4 Modems (Modulator-Demodulator)

Der umfangreichste Überblick über Modems findet sich in [Lewa87] und auch [Blac88]. Ein Modem verwandelt streng genommen digitale Signale in analoge resp. vice versa.

Dies stimmt aber so nur für NF/HF (Niederfrequenz/Hochfrequenz)-Modems; für sogenannte Basisbandmodems (Widebandmodems) wird ein digitales Signal in ein anderes digitales umgewandelt.

Für Modems gibt es Standards von CCITT und in den USA verwendete Modems basieren zumeist auf Spezifikationen von Bell.

„Echte Modems":

Diese umfassen die CCITT-Standards V.19 bis V.32 (jedoch ohne V.24, V.25 und V.28). Die Bell-Modems tragen Nummern 103/113, 108, 201, 202, 208, 212 und 209. Nur das 212 ist bei 1200 bps mit V.22 kompatibel.

Für jeden Modemtyp wird das Encoding, die Frequenzbänder, die Modulationsart, Duplexbetriebsweise und die Zahl der Kabel – 2 oder 4 – festgelegt. Die Schnittstelle zu den Modems stimmt mit der Schnittstellendefinition V.24 überein – siehe Kap. 5.5 . Erreichbar sind Übertragungsgeschwindigkeiten bis max. 19.2 Kbps.

Da Modems an Telefonleitungen angeschlossen sind, liegt es nahe, daß diese Modems auch wählen sollen. Weiterhin ist es häufig erforderlich, ein Modem konfigurieren zu können z.B. answer on call/not answer on call, echo/no echo, duplex, etc. Dies sind gemäß OSI eher Data-Link Layer Charakteristika, gleichwohl erscheinen sie hier, da sie mit den Modems meist untrennbar verbunden sind. Zur Konfiguration hat sich entweder der de-facto Standard der Fa. Hayes oder der – eher in der IBM-Welt gebräuchliche – Standard V.25 durchgesetzt. Diesem Typ von Modem werden vom angeschlossenen Rechner per Kommandosprache Adressen zum automatischen Rufen weitergegeben.

Basisbandmodems:

Diesen Modem-Typ umfassen die CCITT-Standards V.35 bis V.37. Mit diesen Modems können Datenraten bis zu 128 Kbps erreicht werden. Die Schnittstellendefinition weicht leicht von V.24 ab.

5.5 Schnittstellen

Schnittstellen realisieren Connections auf physischer Ebene. Im folgenden werden einige wichtige Schnittstellen diskutiert:

RS 232-C resp. V.24:

Zur vollständigen Definition dieser Schnittstelle muß noch V.28 für die Festlegung der Signale und ISO2110 für die Masse der Steckverbindungen erwähnt werden. Das Interface umfaßt bis zu 23 Leitungen, meistens werden jedoch nur 5 oder 7 davon belegt.

Die Leitungen sind in fünf Klassen aufgeteilt:

- Erdung (101, 102)
- Daten (103,104)
- Steuer (105-112, 136, 125-126)
- Takte (113-115)
- Zusatzkanal (118-122)

Takte treten nur bei synchroner Übertragung auf. Diesen Takt generiert das Modem auf 114 für den Sender und gibt ihn auf 115 an den Empfänger. Falls das Modem keinen Takt generieren kann, so kann es auf 113 einen Takt vom DTE übernehmen.

Der Aufbau und das Abbauen der Verbindung wird im wesentlichen durch die Steuerleitungen durchgeführt:

1. Wird das DTE aktiviert, dann „DTE Terminal Ready" (Signal auf 108)
2. Wird das DCE aktiviert, dann „DTE Set Ready" (107)
3. DTE will Daten schicken, dann „Request to Send" (105)
4. DCE antwortet wenn bereit, dann „Clear to Send" (106)
5. Der Empfang auf der Gegenseite wird durch „Carrier Detect" (109) angezeigt

Bei öffentlichen Telefonnetzen wird der „Ring Indicator" (125) auf der angerufenen Seite dazu verwendet, um dem DTE anzuzeigen, daß eine Verbindung aufgebaut werden soll. Das DTE setzt dann „Data Terminal Ready".

Die Kabel zwischen DTE und DCE sollen 15 mtr. bei einer Datenrate von 20 Kbps nicht überschreiten.

Wenn zwei DTE's ohne dazwischenliegende DCE's verbunden werden müssen, so muß dies mit einem Nullmodem erfolgen, das die Leitungen „kreuzt" – siehe Abbildung 5.1 für eine einfache Form. Bessere Verdrahtung lösen auch noch die Hardware-Flußkontrolle bspw. durch Kreuzen von 105 und 106. Für Synchronverbindungen sehen Nullmodems unterschiedlich aus – siehe [Schi86].

RS-449 / RS-442 / RS-423:

Diese Standards erweitern die Kontrolle für das Modem und die Längenbegrenzung von 15 mtr. Erreichbar ist 3 Kbps bei 1 km resp. 2 Mbps bei 60 mtr. Dies wird zum

5.5. Schnittstellen

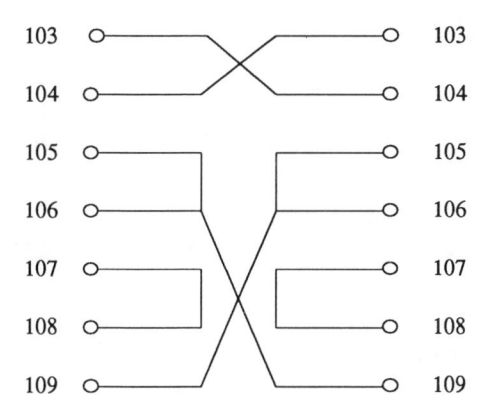

Abbildung 5.1: Verdrahtung beim Nullmodem

Teil durch die sog. „balanced transmission" erreicht – d.h. keine gemeinsame Erdung durch zwei Kabel pro Signal. Bei geringeren Entfernungen wird üblicherweise die „unbalanced transmission" verwendet – d.h. alle Signale werden bezüglich einer Erdung übertragen. Es gibt auch Anpassungselemente beim Übergang einer Technik zu der anderen – diese heißen Balun.

X.21:

X.21 ist die Schnittstelle zu X.25-Netzwerken (Datapac, Datex-P). Der Stecker entspricht dem Standard ISO4903 und die elektrischen Charakteristika sind in X.27 und X.28 festgehalten.

Diese Schnittstelle ist nur für Synchronbetrieb vorgesehen. Die Vielzahl der Leitungen in V.24 wurde durch kombinierte Zustände von mehreren Signalleitungen ersetzt. Gesamthaft sind 15 Leitungen definiert, aber 8 reichen für die Funktionalität meistens aus:

- Erdung
- Takte
- 4 Steuer- und Datenleitungen mit den Namen **T**ransport, **C**ontrol, **R**eceive und **I**ndication

Die Tabelle 5.1 zeigt die Belegung der Steuerleitungen in den verschiedenen Zuständen. Die Reihenfolge der Zustände in der Tabelle entspricht einem typischen Verbindungsaufbau resp. -abbau.

NT1 (Network Terminator 1):

Diese „intelligente" Schnittstelle[3] ist Teil von ISDN (Integrated Services Digital Network – ein Überblick findet sich in [Deci86]) und ist im Standard I.430 dokumentiert [Juli86].

---

[3] entspricht dem sogenannten Referenzpunkt T

Zustand	Belegung der Leitungen				Bemerkungen
	vom DTE		vom DCE		
	T	C	R	I	
Ruhezustand	1	0	1	0	
DTE aktiviert	0	1			max. 3 Sekunden
DCE gibt Piepston			+++		max. 5 Sekunden
DTE wählt	Nummer				
DCE stellt Verbindung her					
Remote DTE akzeptiert			1	1	
Kommunikation	Daten		Daten		
DTE will abbauen	0	0			

Tabelle 5.1: Zustände und zugeordnete Signale bei X.21

Die Arbeiten an ISDN begannen 1976. Daher bezeichnet man dieses ISDN inzwischen als „narrowband ISDN" im Gegensatz zum erstmals 1988 vorgeschlagenen „broadband ISDN" (B-ISDN). Die mit dem neuen System angestrebte Datenrate läßt auch die Übertragung von Videosignalen zu.

Ziel von ISDN ist die Ablösung der analogen Telefonübermittlung; dabei wird eine zusätzliche Zahl von Services zur Verfügung gestellt – für Details siehe Kap. 7.6.

Die Schnittstelle NT1 weicht stark von den vorgenannten Schnittstellen ab:

1. Die 1:1 Zuordnung DTE zu DCE wird aufgegeben für eine n:1 Zuordnung. D.h. mehrere DTE's können sich an ein NT1[4] über ein Kabel (Bus, multidropped line) zuschalten.

2. Die Schnittstellensignale werden nun über spezielle Datenpakete – auf DL – durchgeführt. Die Datenpakete zur Steuerung werden auf einem durch TDM getrennten 16 Kbps Kanal – sogenannter D-Kanal – ausgetauscht. Der D-Kanal kann nach neueren Festlegungen auch für die Datenübertragung verwendet werden.

Die maximal 8 Schnittstellenleitungen sind unterteilt in Erdung, Übertragung und Stromzufuhr; Steuerleitungen existieren nicht mehr.

Die Kanalunterteilung erfolgt gemäß I.431 in einer Reihe von Kanälen (A, B, D, ..). Dabei stellt A aus Ablösungsgründen noch einen 4 kHz analoger Telefon-Kanal dar. Für normale Haushalte ist die „Basic-Rate" – d.h. zwei B-Kanäle à 64 Kbps[5] und ein D-Kanal – vorgesehen. Höhere Übertragungskapazitäten werden durch andere Kanalkombinationen erzielt; die maximal erreichbare Geschwindigkeit wird 2 Mbit sein.

---

[4]Es gibt auch eine Variante, die eher einem Sternnetz entspricht.
[5]Die Rate von 64 Kb wurde zu einem Zeitpunkt standardisiert, als dies notwendig war zur Übertragung von digitalisierter Sprachübertragung. Heute würde ein Rate von weniger als 32 Kb ausreichend sein.

Übergänge von NT1 zu RS-232-C werden durch standardisierte Terminaladaptoren (TA) durchgeführt. Der Abstand zwischen DTE und NT1 kann maximal 1 km betragen.

Zusätzlich kann nach einer Schnittstelle NT1 noch ein NT2[6] eingesetzt werden, der die Funktion einer privaten Telephonanlagen (PBX) übernimmt.

5.6 Switching

Bereits auf dieser Ebene gibt es unterschiedliche Ausprägungen der Schalt- und Vermittlungsverfahren:

interaktives Switching:

Das Umstöpseln in den frühen Tagen der Telephonie wurde durch heute noch übliche Relaisschaltungen ersetzt. Digitale Switches gibt es in zwei Ausprägungen:

Crosspoint Switches:

Dies entspricht den „Crossbar-Switches" in Multiprozessoren-Kopplungen [Broo83]. Das Prinzip besteht in einer Matrix, wobei jeder Zeile eine Input-Line und jede Spalte eine Output-Line entspricht. Jede Spalte kann nun durch eine explizite physikalische Verbindung mit jeder Output-Line verbunden werden.

Für viele Lines (> 1000) ist das Konzept nur noch durch Hintereinanderschalten von solchen Einheiten durchführbar – sogenannte „Multistage Crosspoint/bar".

Der Nachteil dieses Konzeptes ist die fixe Zahl von Verbindungen, auch wenn gesamthaft die Kapazität nicht ausgelastet ist.

Time-Division-Switch:

Die Idee bei dieser Form ist, daß bei dem notwendigen Durchsatz für ISDN Verbindungen, die Input-Output-Verbindung nicht permanent existieren muß. Es reicht vielmehr aus, die auf einer Linie ankommenden digitalen Daten zu empfangen und schnell genug seiner zugeordneten Linie zu übermitteln.

Dazu wird in Hardware eine Linien-Zuordnungs-Tabelle gehalten. Alle Input Daten aller Linien werden gemäß der Liniennummern geordnet in ein Paket gefüllt. Gemäß der Linien-Zuordnung wird der Inhalt des Paketes so mutiert, daß ein neues Paket mit der korrekten Zuordnung zu den Output-Lines entsteht.

Auch mit dieser Methode können z.Z. ca. 1000 Lines geschaltet werden. Diese Methode vermeidet die Kapazitätsengpässe bei den Crosspoint-Switches.

beständiges Switching:

Das beständige Switching (> Stunden) wird aus zwei Gründen eingesetzt:

Fehlerredundanz:

In manchen Netzen – typischerweise Bus oder Ring – werden zwei parallele Kabel geführt. Fällt in dem Netz ein Knoten oder eine Verbindung aus, so wird durch Umschalten an dem Knoten vor und nach der Unterbrechung der Verkehr auf das parallele Kabel umgeschaltet (Token Ring, MAN).

---
[6]analog dem Referenzpunkt S

Mehrfachnutzung von Kabeln:

Diverse Kabel können bereits heute durch unterschiedliche Data-Link Layer Protokolle genutzt werden. Dann schaltet man langfristig die Zugehörigkeit von Kabelsträngen zu DL's.

Statt in jedem Raum eines Gebäudes eine Vielzahl von im Einzelfall nicht mehr genutzten Schaltstellen zu haben, werden – auch aus Übersichtlichkeit – die Schaltstellen in „Wiring-Centers" vereinigt. Von dort werden durch Umstöpseln – wie in den alten Zeiten der Telefonie – die Netze umkonfiguriert.

Werden alle Kabelstränge aus einem solchen „Wiring-Center" geschaltet, so kann man das Problem der Fehlerbehebung auch durch Herausnehmen des jeweiligen Kabelstranges aus dem Teilnetz von dort aus lösen.

Nachteilig ist die meist doppelte Länge eines über „Wiring-Center" geführten Kabels. Daher werden die meisten Wiring-Centers zur Zeit mit Glasfaserkabeln miteinander verbunden, um die größeren Weglängen vom Wiring-Center aus verkraften zu können.

Kapitel 6

Data-Link-Layer

> GEHT UMS HAUS HERUM,
> MACHT NUR EINE SPUR.
>
> VOLKSRÄTSEL, SUDETEN

Der Data-Link-Layer nutzt die Übertragungsleistung des Physical Layers, um die Daten fehlerüberprüft von einer Station auf einer Leitung zur anderen zu übertragen.

Wegen der Fehlerkontrolle benötigt man dazu Pakete – siehe Kap. 4.5. Die maximale Größe der Pakete hat meist technische Ursachen – z.B. Pufferkapazitäten.

Für vermaschte Netze ist die oben angeführte Funktionalität des DL ausreichend, aber für Bus-Netze und die meisten Formen der Ring-Netze muß die Übertragungsleistung des PHY um die Funktionalität der Kommunikation zwischen genau zwei Stationen erweitert werden. Oder anders gesagt: in diesen Fällen liefert der PHY keine Verbindung zwischen zwei Stationen, sondern jedes gelieferte Bit resp. Paket kann von einer Menge von Stationen auf dem Netz stammen.

Daher wurde von IEEE der Zwischen-Layer „Medium-Access-Control-Sublayer" eingeführt. Er liefert die Funktionalität, Pakete genau von „einer Station zur anderen" zu übertragen. Der darüberliegende Rest des DL-Layer wird als Logical-Link-Control (siehe Kap. 6.4) bezeichnet.

6.1 Medium Access Control Sublayer

Der MAC-Layer realisiert für meist sehr kurze Zeiten – typischerweise 1/10 Millisekunde – eine Connection zwischen zwei Stationen. Connections für so kurze Zeit entsprechen typischer Computer-zu-Computer Kommunikation besser als Langzeitverbindungen. Wegen der sehr kurzen Zeiten muß oft ein Teil des „Verbindungsaufbaus" in Hardware unmittelbar am Kabel durchgeführt werden.

Da in einem Bus resp. Ring alle an der Leitung befindlichen Stationen ausgetauschte Daten „sehen" können, hat man naheliegenderweise auch multicast und broadcast zugelassen (siehe Kapitel 4.4).

Folgende unterschiedliche MAC Typen lassen sich unterscheiden:

fixe Zuteilung:
> Bei dieser Zuteilung wird die mögliche Verbindung fix zugeordnet – z.B. Synchronous TDM

variable Zuteilung:
> **zufällige Zuteilung:**
>> Hierbei versucht jede Station bei Bedarf mit der anderen zu kommunizieren. Der Station wird ein Mißerfolg signalisiert und sie versucht es dann erneut. Die Methode kann man als optimistisches Verfahren auffassen.
>
> **geregelte Zuteilung:**
>> Auf Basis eines Algorithmus erhält jede Station nach einer mehr oder weniger festen Zeit die Möglichkeit mit einer anderen zu kommunizieren.

Die Bewertung eines Zuteilungsverfahrens erfolgt nach diversen teilweise einander widersprechenden Kriterien:

- maximal mögliche Nutzung der theoretisch möglichen Übertragungskapazität bei „irgendwie gleichverteilten" Aktionen aller Stationen
- mittlere Wartezeit zum Aufbau einer Verbindung
- Komplexität der Protokolle und damit auch die Fehleranfälligkeit resp. die Kosten für Hard- und Software
- Durchsatz in Relation zu erzeugter Last der Stationen

6.1.1 Zufällige Zuteilung

Das häufigste Protokoll dieses Typs ist das „Ethernet"; dies wird nach einem generellen Überblick eingehender behandelt.

Folgende Voraussetzung gilt bei all diesen Verfahren:

> Stationen können erkennen, wenn zwei oder mehrere Stationen gleichzeitig senden und damit eine Übertragung verhindern.

Diese Voraussetzung ist üblicherweise nur sinnvoll zu implementieren, wenn die Laufzeit (propagation delay) klein im Verhältnis zur Zeit für die Datenübermittlung ist. Andernfalls benötigt man gemessen an der Menge der Daten zu lange, um festzustellen das zwei Stationen gleichzeitig senden. Das gleichzeitige Senden mehrerer Stationen wird als Kollision (collision) bezeichnet.

ALOHA:
> Der Urvater der zufälligen Zuteilungs-Protokolle wurde für ein Radio-Netzwerk in Hawaii im Jahre 1970 eingesetzt. Das Verfahren ist:
>
> - Eine Station sendet ein Paket, wann immer etwas zur Übertragung ansteht.

6.1. Medium Access Control Sublayer

- Jede andere Station versucht, wenn sie nicht sendet zu empfangen. Wenn sie beim Empfang feststellt, daß eine Kollision vorliegt, bricht sie den Empfang für dieses Paket ab.
- Der Sender wartet bis die Gegenstation den Empfang bestätigt, andernfalls wiederholt sie nach einer festen Zeit das Absenden.

Mit diesem Verfahren konnten maximal 18% Auslastung erreicht werden – für diese und folgende Auslastungswerte siehe [Tane89]. Überstieg die erzeugte Last 25% der theoretischen Grenze, so konnte im Regelfall nichts mehr übertragen werden.

Die Effizienz des Verfahrens kann durch Anwendung eines Taktes bis auf 37% verbessert werden. Der Takt erlaubt es jeder Station mit der Übertragung nur zum Beginn des Taktes zu beginnen. Diesen Takt verwendete man auch zur Festlegung der maximalen Paketgröße. Das Verfahren heißt Slotted ALOHA.

CSMA (Carrier Sense Multiple Access):

Diese ist die zivilisierte Variante von ALOHA, da sie das Höflichkeits-Prinzip „Listen before Talk" (LBT) befolgt. Hierbei sendet eine Station erst, wenn kein Carrier (Trägerfrequenz) vorliegt[1]. Erreichbare Auslastung ist dabei 53%.

Die Auslastung kann durch statistisch verteilte Wartezeiten nach Auftreten einer Kollision weiter verbessert werden. Erst nach Ablauf der Wartezeit wird ein erneuter Versuch unternommen – sogenannte p-persistente (beharrliche) Verfahren. p ist die Wahrscheinlichkeit, daß nach dem Entdecken einer Kollision gesendet wird; mit der Wahrscheinlichkeit $1-p$ wird eine variable Zeitspanne abgewartet. Es gibt auch sog. nicht persistente Verfahren. Dabei wird zu bestimmten Zeitpunkten zu senden versucht und im Falle eines Nicht-Erfolges eine Zeitspanne gewartet.

Durch Verbesserung der Hardware kann eine Station auch zu einem Zeitpunkt empfangen und senden. Falls sie beim Senden eine Kollision (durch einen anderen Sender) feststellt, unterbricht sie die Übertragung unmittelbar. Dieses Verfahren heißt CSMA/CD (Collision Detection) oder LWT (Listen while Talk). In diesem Fall braucht eine Station nicht auf eine Bestätigung zu warten, sondern sie kann aus einer kollisionsfreien Übertragung bei ihrer Station auf die kollisionsfreie Ankunft an der Zielstation schließen – dies kann als Ersatz der Bestätigung aufgefaßt werden.

Man beachte, daß kollisionsfreie Übertragung heißt, daß während der zweifach maximal möglichen Laufzeit nach Beginn des Sendens keine andere Aktivität auf dem Medium festgestellt werden kann.

Ring-typische Zuteilungsverfahren:

Eine Version ist der slotted (getaktete)-Ring, in den leere Pakete von einer Kopfstation zum Ausfüllen in den Ring zur Zirkulation gesetzt werden. Dieses Verfahren bildet, um Elemente der geregelten Zuteilung erweitert, eine Basis für Protokolle im MAN-Bereich.

Eine andere Version ist das „Register-Insertion-Verfahren". Hierbei werden zu übermittelnde Pakete in einem Register bereitgestellt. Stellt man nun auf dem Ring das

---

[1] Bei einer unmodulierten Übertragung – Basisband – ist die Bezeichnung Carrier nicht zutreffend. Dort wird nur auf ein irgendwie geartetes Signal überprüft.

Ende eines Paketes fest, so wird das „Register" dem Ring „zugeschaltet" und das eigene Paket in den Ring geschoben. Auf dem Ring nachfolgende Daten werden in das Register nachgeschoben. Die Übertragungsfähigkeit einer Station hängt von der Anzahl der Register und der freien Kapazität[2] auf dem Ring ab.

6.1.1.1 Ethernet

Der Name Ethernet (Äther-Netz) basiert auf dem bei Xerox in den 70er Jahren entwickelten Netz [Metc76]. Diese Entwicklung wurde dann in den Xerox/Intel/Digital-„Standard" Ethernet [Digi80] und schließlich in den IEEE-Standard 802.3 übergeführt. Der Standard wurde weiterhin von ISO (8802) und ANSI übernommen.

Der Standard beschreibt sowohl die Spezifikationen auf dem Physical Layer wie auf dem MAC-Sublayer; für alle IEEE MAC-Sublayer wird die Logical Link Control im Standard 802.2 festgelegt.

Das Medium beschreibt den verwendete Kabeltyp samt seiner Charakteristika. Der PHY führt die bitserielle Datenübertragung inclusive Kollisionserkennung durch. Je nach Typ von Ethernet wird die Kollisionerkennung im Physical Media Attachement (PMA) oder im Physical Signaling (PLS) abgedeckt. Wird es im PMA durchgeführt, so nennt man diesen dann auch Transceiver (Senderempfänger). Das Access Unit Interface (AUI) ist ein Kabelstück zur Erhöhung der Flexiblität des Anschlusses. Der Aufbau des Ethernet samt dem Anschluß an den Rechner ist in der Abbildung 6.1 angegeben.

Der MAC-Layer hat folgende Aufgaben:

- Konstruktion von Paketen zur Absendung

- Selektion beim Empfang der Pakete für diese Station

- Pufferung im Falle von Wartezeiten

- Datensicherung (CRC, Plausibilität – d.h. $\geq$ 64 bytes)

- Wiederholen des Absendens von Paketen im Falle von Kollisionen

Beim Ethernet wird im Falle einer Kollision, eine pro Fehlversuch bzgl. der 2-er Potenz exponentiell wachsende mittlere Wartezeit[3] abgewartet, bis ein erneuter Versuch unternommen wird (1-persistence binary exponential backoff). Dies dient der Vermeidung erneuter Kollisionen durch immer größere und absolut stärker variierende Wartezeiten. Nach 16 Fehlversuchen wird die Übertragung eines Paketes aufgegeben (Jam – Störung).

Ein Ethernet-Paket ist zwischen 64 und 1526 Bytes groß und hat den folgenden Aufbau:

Preamble	Start of Frame	Destination address	Source address	Length	Data	Pad	Check
7 bytes	1	6(2)	6(2)	2	0-1500	0-54	4

---

[2]führt zu freien Registerplätzen
[3]im Einzelfall bzgl. des Mittelwertes zufällig erzeugt

6.1. Medium Access Control Sublayer

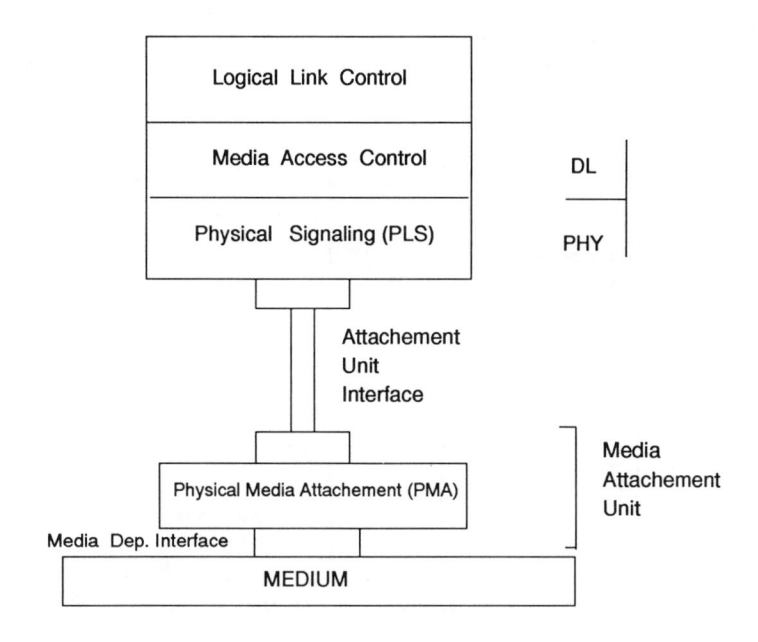

Abbildung 6.1: Aufbau des Ethernet-Anschlusses an den Rechner

Die Preamble und der Start of Frame werden zum physikalischen Erkennen des Paketes benötigt. Das Padding ist notwendig, um jedes Paket auf 64 Bytes aufzufüllen, zur Einhaltung der minimal notwendigen Laufzeit[4].

Ethernet-Adressen sind pro Station fix[5] und jeder Hersteller ist gehalten, die aus seinem von IEEE zugeteilten Satz von Nummern nur einmal zu verwenden. Die standardisierten Ausprägungen eines Ethernet sind in Tabelle 6.1 festgehalten, dabei wurde der Entwurf 10BaseF – befindet sich im Zustand PAR – nicht aufgeführt.

Die Längenangaben können durch Einsatz von Glasfaserstücken vergrößert werden. Durch Einsatz von kaskadierten Fan-Out-Units (Ausschwärm-Einheiten) wird die Längenausdehnung verkleinert. Fan-Out-Units resp. Multiport-Transceiver sind Verzweiger, die zwischen einem AUI und mehreren PLS eingeschaltet werden, um an einem Ort mehrere PLS anschließen zu können, da normalerweise eine Minimalentfernung von einigen Metern zwischen MAU's vorliegen muß [Leon85]. Fan-Out-Units sind nicht in den Standards behandelt, daher stellen sie ein potentielles Problem bei der Bemessung der Verzögerungszeiten dar.

Über die erreichbare Performance wurden bis Mitte der 80'er Jahre – und mancherorts noch heute – stetige Glaubenskriege[6] geführt. Die erreichbare Auslastung beträgt nach [Shoc80] – besser noch [Bogg88] – bis zu 97% bei 512 Byte-Paketen resp. 85% bei 64 Byte-Paketen.

---

[4]Statt einen Timer für die doppelte Laufzeit mitzuführen, wird immer ein Paket der Größe der doppelten Laufzeit verwendet

[5]Dies wird nicht immer eingehalten. So ändern DEC-Rechner beim Booten die Adresse vom Rechner her um

[6]Ethernet/Optimisten versus Token-Ring/Pessimisten

Typ (MB, Segmentlänge in 100 mtr.)	max. Anzahl Repeater	max. Länge	Kabel	Ort Kollisionsdetection
10 Base 5	4	2.5 km	„thick" Koaxialkabel	PMA
10 Base 2	4	0.9 km	„thin" Koaxialkabel (Thinwire)	PLS
1 Base 5	in diesem Fall Hub (Achse) 5	1.5 km	Twisted Pair (Telefonk.) (Cheapernet)	PLS
10 Broad 36	–	3.6 km	Koaxial (Breitband) 18 MHZ	PMA
10 Base T	in diesem Fall Hub ~ 5	~ 10 km	Glasfaser kombiniert mit Twisted Pair	PMA

Tabelle 6.1: Standardisierte Ethernet Varianten

Man beachte aber, daß eine einzelne Station zumeist aus Pufferproblemen[7] zur Zeit maximal 2 Mb Last verarbeiten können [Nabi84]. Die allerersten Ethernet-Controller waren nicht einmal in der Lage, zwei unmittelbar aufeinander folgende Pakete zu empfangen.

6.1.2 Geregelte Zuteilung

Bei diesen Verfahren wird ein gewisser Teil der Übertragungskapazität – fixe und variable Anteile – für die Verwaltung der Zuteilung eingesetzt.

CSMA/CP (Collision Prevention):

Literatur zu dieser Variante findet sich in [Burr83,Ness81] – wird auch als BRAM (Broadcast Recognition Access Method) [Tane89] bezeichnet.

Die Stationen sind logisch geordnet. Bezüglich der Ordnung erhält jede Station einmal in einem Zyklus das Recht mit der Übertragung zu beginnen. Das Recht wird dadurch ausgeübt, daß die Station bei unbelegtem Medium innerhalb einer für ihre Station festgelegten Zeitspanne mit der Übertragung beginnen kann.

Dieses Verfahren wird bei Hyperchannel (Network Systems) seit ca. 15 Jahren eingesetzt.

MLMA (Multi Level Multi Access):

Hierbei wird die Stationsnummer jeder Station binär kodiert und für jede Binärstelle eine eigene Reservation durchgeführt. Für jede Binärstelle gibt es eine Zeitspanne zur

---
[7]abgesehen von erheblichen weiteren Verzögerungen auf höheren Protokoll-Layern

6.1. Medium Access Control Sublayer

Übermittlung ihres Bitwertes, falls die Station zu diesem Zeitpunkt sendewillig ist. Das Medium muß dabei eine OR-Verknüpfung durchführen können. Dazu ist keine kommerzielle Implementierung bekannt.

Beide vorgenannten Verfahrensarten haben den Nachteil, daß das Hinzufügen von neuen Stationen Konfigurationsänderungen an anderen Stationen nach sich zieht. Dies war zu Zeiten mit wenig Änderungen in Netzen adäquat, ist es heute jedoch nicht mehr. Dieser Nachteil tritt bei dem nächsten Verfahren nicht mehr auf.

Token Passing:

Die Station, die das Token (Marke) „besitzt", hat das Recht Übertragungen zu beginnen. Nach Beendigung einer Übertragung oder nach einer maximalen Zeitdauer gibt die Station das Token an die nächste Station weiter.

Die Kenntnis der nächsten Station ist im Falle einer Ringtopologie unmittelbar möglich, im Falle einer Bus- resp. sonstigen Topologie entweder durch administrative Maßnahmen oder durch ein administratives Protokoll zu behandeln.

Das Token wird durch ein spezielles Paket implementiert. Weitere Kontrollen sind notwendig, um „verloren gegangene" Tokens und mehrfache Tokens korrekt zu behandeln. Tokens können durch Ausfall einer Station oder durch Übertragungsfehler verloren gehen. Mehrfache Tokens können durch Übertragungsfehler oder verzögert arbeitende Stationen entstehen.

Es gibt zwei auf Token-Passing basierende IEEE-Standards:

- 802.4: Token Bus
- 802.5: Token Ring

Weiterhin gibt es als Standard in diesem Bereich von ANSI und ISO:

- FDDI (Fiber Distributed Data Interface)

Wegen der oben erwähnten administrativen Maßnahmen sind diese Standards etwa um den Faktor 4 umfangreicher wie der IEEE 802.3 Standard – d.h. die Protokolle sind auch 4-mal komplizierter.

Im Folgenden wird der Token Ring näher vorgestellt; die wesentlichen Unterschiede zum Token Bus[8] sind:

- Beim Token Bus wird das Einfügen einer neuen Station in den logischen Ring mit einem eigenen Protokoll behandelt. Dies ist beim Token-Ring nicht notwendig, da das Einfügen dort physisch an einer Stelle im Ring geschieht.
- Die Aufnahme in den Token-Bus wird durch periodisch vom Token-Halter ausgesendete Nachfragen ausgelöst. Die Nachfrage besteht aus der Suche einer Station, deren Nummer sie im Intervall zwischen der eigenen und der nachfolgenden Station ausweist. Wenn sich daraufhin eine Station[9] meldet erhält sie das Token und ist ab Teil des Ringes.

---

[8]Es gibt noch eine Reihe von kommerziellen Varianten des Token Bus, die aber inkompatibel mit dem Token Bus sind – z.B ARCnet (Attached Resource Computer Net).
[9]Bei mehreren Kandidaten tritt ein Auswahl-Algorithmus in Kraft

- Beim Austritt einer Station schickt die austretende Station eine Meldung an ihren Vorgänger, daß sein Nachfolger die ihm mit dem Paket mitgeteilte Station ist. Die mitgeteilte Station ist der Nachfolger der austretenden Station.

6.1.2.1 Token Ring

Der Token-Ring hat zusätzlich zur Ring-Topologie, die folgenden Eigenschaften:

- Jede Station besteht aus einem Empfänger, einem Verzögerer und einem Sender.
- Pakete müssen dem Ring explizit entzogen werden, sonst zirkulieren sie unendlich lange.
- Der Sender verwendet eine Kopie des abgesendeten und wieder erhaltenen Paketes als Bestätigung des Empfangs.

Jede Station arbeitet im Normalfall in zwei Modi:

Kein Token haltend:

Jedes eingehende Bit wird mit einem Bit Verzögerung – resp. der entsprechenden Zeit – wieder abgesendet. Gegebenenfalls wird es zusätzlich zum LLC weitergegeben. Dabei wird immer nach dem freien Token gesucht (feste Bitsequenz). Wird das Token erkannt, wird durch das Setzen des letzten Bit das Token in „busy" von „free" umgesetzt. Die Station geht in einem solchen Falle in den Zustand „Token haltend" über.

Token haltend:

In diesem Zustand werden alle eingehenden Bits aus dem Ring entfernt, wobei eine Überprüfung auf den Wieder-Erhalt von ausgesendeten Paketen durchgeführt wird. Nur in diesem Zustand kann die Station senden. Nach maximal 10 ms muß ein freies Token abgesendet werden und die Station geht in den Zustand „kein Token haltend" über.

Ein Datenpaket im Token-Ring hat folgenden Aufbau:

Start	Access	Frame	Destin.	Source	Daten	Check	End	Status
1 bytes	1	1	6	6	beliebig	4	1	1

Die ersten drei Bytes entsprechen dem Token, wobei folgende Felder speziell zu erwähnen sind:

Access:

Das Feld erlaubt eine Prioritätenregelung für später ausgesendete „freie" Tokens. In dieses Byte kann eine Station, die ein Token wünscht eine Prioritätsnummer einsetzen, wenn die bestehende Nummer nicht bereits größer war. Das nächste ausgesendete Token hat dann die höchste Prioritätsstufe, die die vormals sendende Station in einem wieder erhaltenen Paket gesehen hat. Um zu vermeiden, daß sich die Prioritäten nicht

6.1. Medium Access Control Sublayer

ständig erhöhen, sendet die so bevorzugte Station bei der Weitergabe des Tokens dieses mit der vorher gültigen Prioritätsstufe aus. Trotzdem können bei dieses Vorgehen Stationen blockieren; im Token Bus gibt es keine solche Prioritätsregelung.

Frame:
Dient als Typunterscheidung zwischen verschiedenen Kontroll- und Datenpakettypen.

Status:
Dieses Feld wird zur Bestätigung verwendet. Kommt es unverändert beim Absender an, so ist die Destination nicht aktiv. Die Art der Veränderung zeigt an, ob das Paket akzeptiert wurde.

Start/End:
In diesen Feldern sind zwei Nicht-Daten-Bits – d.h. im Manchester-Encoding weder 0 noch 1 – enthalten. Sie kennzeichnen eindeutig den Beginn und das Ende des Paketes.

Bedauerlicherweise ist die maximale Paketgröße unterschiedlich zum Ethernet und auch zum Token Ring. Im Token Ring ist sie limitiert durch die maximale Token-Verweilzeit; diese ergibt ca. 5 KB. Die unterschiedlichen Größen erschweren den Übergang von verschiedenen 802-Netzen zueinander.

Zur Überwachung des Tokens gibt es im Ring eine ausgezeichnete Station – den Monitor; sie kann bei Ausfall durch eine dann erwählte andere Station ersetzt werden. Der Monitor hat folgenden Funktionen:

- Überwachung, ob ein Token nach der Maximalzeit wieder erscheint.

- Überwachung, ob jede Station ihr abgesendetes Paket auch wieder komplett vom Netz entfernt. Dazu setzt der Monitor bei jedem Vorbeilaufen des Paketes ein Monitor Bit im Feld Access.

- Verzögerung der Laufzeit im Ring, wenn die Ringumlaufzeit kleiner als 24 bit ist.

Es gibt noch weitere Maintenance-Funktionalitäten in jeder Station:

- Periodisch abgesendetes Paket, um jeder Station ihren Vorgänger anzuzeigen.

- Falls eine Station keine Signale mehr erhält und der Ring wohl damit vor ihr unterbrochen wurde, sendet sie ein Beacon-Paket (Leuchtfeuer) mit ihrer Vorgängeradresse aus. So können Kabelfehler automatisch durch Umschalten physischer Verbindungen – siehe Kapitel 5.6 – korrigiert werden.

Für den Token-Ring gibt es bis heute im IEEE-Standard keine den Daten in der Tabelle 6.1 entsprechende Aussage über Kabelmaterial, Repeater etc. Für den Token-Ring werden nur die Spezifika des Mediums definiert, die dann mit irgendwelchen Kabeln erreicht werden können. Für die beiden Varianten 4 und 16 Mbit/s wird beispielsweise die Verzögerung und die Dämpfung im Standard festgelegt. Somit muß eine Überprüfung eines Token-Rings auf diesen Werten basieren.

Die erreichbare Auslastung eines Token-Rings liegt bei ca. 99%. Zur Bewertung der zahkreichen in der Literatur angeführten Vergleiche von Ethernet versus Token-Ring/Bus sagt Tannenbaum [Tane89]:

> The principle conclusion we can draw from these studies is that we can draw no conclusions from them .....

Er sagt im Weiteren, daß Ethernet nicht für Netze im ständigen „Overload-Betrieb" geeignet sind; aber dies ist sicher kein Normalzustand in einem Netz.

Der IBM-Token-Ring ist ein 802.5 Ring mit dem Zusatz, daß die Topologie einem Stern inclusive einem Wiring Center nachgebildet ist; weiterhin ist das Kabelmaterial dafür von IBM „standardisiert". Das sogenannte IBM-Cabling verwendet bei der Durchführung auf den Ästen des Sternes abgeschirmtes Twisted-Pair.

6.1.2.2 FDDI

Ein weiterer Token-Ring-Standard ist FDDI; er wurde geschaffen von ANSI X3T95. Es gibt folgende Unterschiede zu 802.5 [Ross86]:

- Das Token wird unmittelbar nach Beendigung des Paketes abgeschickt und nicht erst, wenn das letzte vorher abgesendete Paket gesamthaft zurückgekehrt ist.

- Der parallele zweite Ring befindet sich nicht im „stand by"-Modus, sondern kann bei entsprechender Konfiguration im Normalbetrieb auf beiden Ringen unabhängig voneinander Daten transferieren. Bei Ausfall einer Station wird dann nur noch ein Ring verwendet – sogenannter „wrapped mode". Das Umschalten wird automatisch vom FDDI Connection Management (CMT) – Teil des Station Management (SMT) – durchgeführt.

- Es werden die Typen synchrone und asynchrone Übertragung unterschieden. Bevor eine Station synchronen Verkehr beginnen kann, wird im Ring die TTRT (Target Token Rotation Time) festgelegt. Dieser Wert wird in einer Negotations-Phase auf den kleinsten von einer Station angeforderten Wert festgelegt. Jede Station legt den Wert so fest, daß sie zumindest ihren synchronen Verkehr bewältigen kann, wenn das Token innerhalb dieser Zeitspanne für TTRT/n (n ist # Stationen) Zeiteinheiten zur Verfügung steht. Eine Station darf ein freies Token für asynchronen Verkehr nur dann aus dem Ring nehmen, wenn der TTRT noch nicht abgelaufen ist.

Nur ein Teil der Stationen – sog. Class A oder Dual-Attached System (DAS) – liegt auf beiden Ringen; die zugehörigen Rechner sind dann über zwei Interfaces erreichbar. Die anderen Stationen heißen Class B oder Single-Attached System (SAS). Nur bei den DAS kann ein Umschalten auf den zweiten Ring erfolgen. Die SAS sind sternförmig über einen „Concentrator Hub" an einen der Ringe angebunden – siehe Abbildung 6.2.

Folgende Charakteristika hat FDDI:

- 100 Mbs

- Glasfaser

6.1. Medium Access Control Sublayer

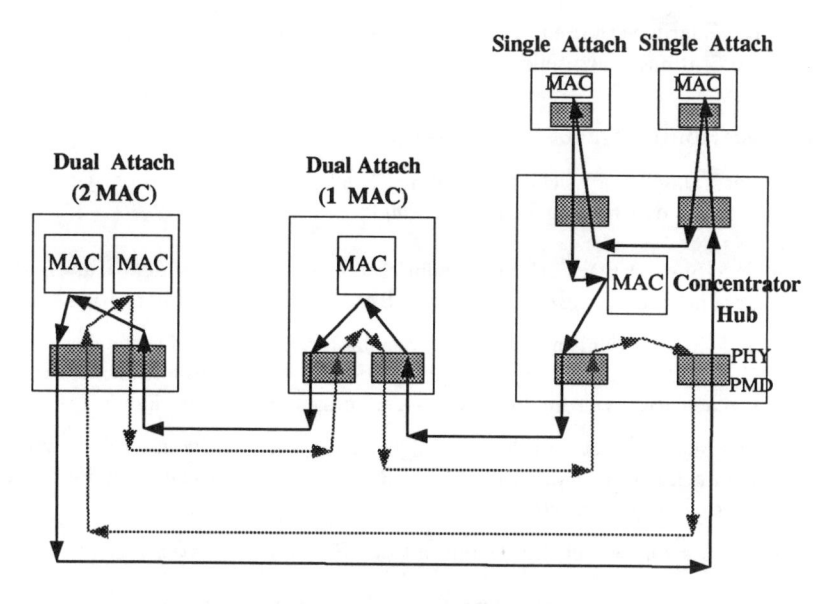

Abbildung 6.2: Prinzip der FDDI-Verkabelung

- max. Länge 200 km – wegen Zusammenschaltung beider Ringe im Fehlerfall tatsächlich nur 100 km

- max 1.000 Stationen im Mittel 200 mtr auseinander

Die aufwärts kompatible Erweiterung FDDI-II läßt auch isochronen Verkehr zu [Ross90].

6.1.2.3 MAN

6.1.2.3.1 Dual Bus Verfahren

Diese Verfahren und diese Topologie werden für MAN (Metropolitan Area Networks) vorgeschlagen. Sie sind eine geregelte Variante des Slotted-Rings – siehe Kapitel 6.1.1.

Bei MAN hat man sich explizit wieder vom Token Passing abgewandt, weil bei hohen Distanzen das Zulassen nur einer Station zum Senden die Kapazität zu wenig auslastet. Bei 100 km Ausdehnung des Ringes ist nur max. 10% erreichbar. Ähnliches gilt für CSMA/CD, da auch hier die Laufzeiten zur Collision Detection zu hoch werden.

Diese Netze nennen sich Dual Bus, weil es zwei parallele Bus-Netze gibt. Dabei ist ein Bus der Hinweg-Bus und der andere der Zurückweg-Bus; jede Station hat zwei physische Interfaces – eines am Hinweg und eines am Rückweg. Die Reihenfolge der Stationen auf dem Hinweg ist genau umgekehrt wie die Reihenfolge auf dem Rückweg. Somit kann eine Station auf dem Hinweg-Bus nur Stationen hinter ihr erreichen und auf dem Zurückweg-Bus nur Stationen vor ihr.

In diesen Netzen setzt die Kopfstation[10] fortlaufend leere Pakete einer festen Größe in den

---
[10]bei Ausfall des Headends kann die nächste Station im Ring seine Funktion übernehmen

Kreislauf. Die Zugriffsverfahren versuchen nun die freien Pakete gerecht resp. verbrauchsorientiert den Stationen zuzuteilen.

DQDB (Distributed Queue Dual Bus) [Newm88,Moll88]:

Dies wird aller Voraussicht nach der IEEE 802.6 Standard werden. Das Zuteilungsverfahren für den Hinweg-Bus ist wie folgt:

- Jede Station markiert eine gewünschte Übertragung auf dem Hinweg-Bus in einem noch nicht gesetzten Request-Bit eines Paketes auf dem Rückweg-Bus.
- Jede Station zählt auf dem Rückweg die Reservierungswünsche der anderen Stationen. Damit kann sie berechnen, wieviele nachgeordnete Stationen vor ihrer eigenen Reservierung bereits Reservierungen angemeldet haben.
- Die Station wartet nach ihrem eigenen Reservierungswunsch nun soviel vorbeikommende leere Pakete ab, wie ihr Reservierungswünsche der dahinter liegenden Stationen bekannt sind.
- Die Station sendet ihre Daten mit den für sie reservierten Paketen ab.

Für eine Übertragung auf dem Rückweg-Bus wird obiges Verfahren analog verwendet.

Das Verfahren kann zu einem Zeitpunkt nur eine eigene Reservierung ausstehend haben; das ist ein Nachteil bei einer nur geringen Auslastung der Gesamtkapazität. Dieses Verfahren ist zudem nicht fair, da näher an der Kopfstation liegende Stationen – trotz gewisser hier nicht weiter erwähnter Gegensteuerungen – mehr Reservierungen aussprechen können.

Das Fairness-Verhalten kann durch andere kürzlich vorgeschlagene Verfahren – z.B. CRMA (Cyclic Reservation Multiple Access) – verbessert werden. Weiterhin erlaubt CRMA auch mehrere ausstehende Reservierungen für eine Station. Jedoch wird diese Verfahren wohl vorerst nicht in den Standard aufgenommen werden.

6.1.2.3.2 Andere Verfahren

Weitere Standards in diesem Bereich werden hier nur kurz erwähnt:

- T1/T2/T3/T4 Bell's digitalen Übertragungsstandards für 1.5 Mbps, 6.3 Mbps, 44.7 Mbps, 274.2 Mbps
- SONET Glasfaser Alternative zu T3 von Bell und ANSI
- B-ISDN Broadband ISDN: Hochgeschwindigkeitsvariante von ISDN der CCITT (155 Mbps) [Byrn89], Standards G.707-709

Weiterhin gibt es MAC-Layer Protokolle für Satelliten und Radio-Netze – siehe dafür [Tane89], pp.175-188.

6.2 Station Management

Fast alle vorerwähnten IEEE- und ANSI-Standards haben bis heute ein nicht ausgefülltes Kapitel: Station Management (SMT). Dies hat zur Folge, daß alle Einbindungen der Interfaces in Rechner oder spezielle Netzkomponenten eine eigene Kommando- und Kontrollsprache haben.

6.3 Umfassende Data-Link-Layer-Protokolle

Die umfassenden DL Protokolle enthalten auch Anteile des MAC-Sublayers, z.B. Fehlerkontrolle.
Fast alle umfassenden DL-Protokolle stammen von IBM's SDLC (Synchronous Data Link Protocol) etwa wie folgt ab:

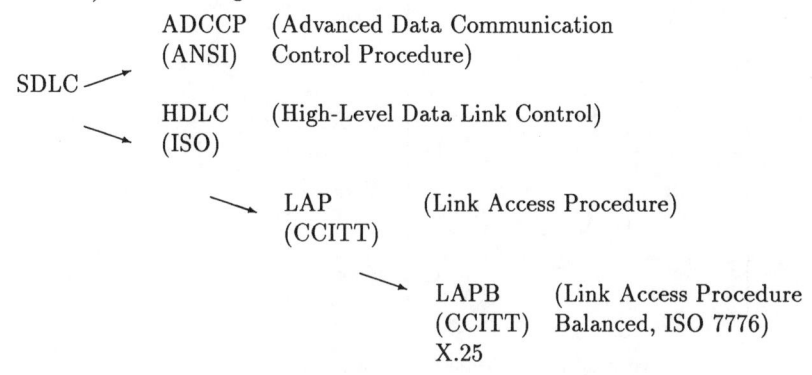

```
           ADCCP    (Advanced Data Communication
           (ANSI)    Control Procedure)
SDLC
           HDLC     (High-Level Data Link Control)
           (ISO)

                    LAP      (Link Access Procedure)
                    (CCITT)

                            LAPB     (Link Access Procedure
                            (CCITT)   Balanced, ISO 7776)
                            X.25
```

Alle dies Protokolle verwenden in etwa den folgenden Paketaufbau:

Flag	Adresse	Kontrolle	Daten	Check	Flag
8 bit	8	8		16	8

Das Flag *01111110* kennzeichnet den Anfang und das Ende eines Paketes. Zusätzlich dient es der Synchronisation. Wenn die Information leer ist, handelt es sich um ein Kontrollpaket. Das Flag darf nicht in der Information enthalten sein, daher wird nach jedem 5-ten *1* Bit eine *0* beim Absenden eingeschoben und beim Empfang wieder entfernt (Bit stuffing – Bit stopfen). Das Checksummenverfahren ist CRC.

Das Adressfeld zeigt an, daß nicht nur ein Partner auftreten kann; dies resultiert daher, daß HDLC auch in Stern-Netzwerken oder Multidrop (Bus mit Stern-Logik) in einem Master-Slave-Verhältnis mit vielen Slaves eingesetzt werden kann. Dieser Modus heißt NRM (Normal Response Mode). Sind beide Partner gleichberechtigt, so spricht man von Asynchronous Mode.

HDLC verwendet ein Sliding-Window Protokoll mit Sequenznummern 0 bis 7 – in einem erweiterten Modus auf 127 steigerbar. Die Fenstergröße muß fix bei beiden Teilen installiert werden.

Da HDLC aber zunächst ein halbduplex-Verfahren war, wird auch bei der Kommunikation in Sende- und Empfängerteil des Partners unterschieden. Um Piggyback-Verfahren zu ermöglichen, muß man aber sowohl mit dem Sender- als auch Empfängerteil des Partners in einem Paket kommunizieren. Wenn Piggyback erlaubt ist, handelt es sich um Asynchronous Balanced Response Mode (ABRM)[11], sonst um Asynchronous Response Mode (ARM) – siehe Abbildung 6.3. Mit diesen Verfahren sind bis zu 128 Kbs möglich.

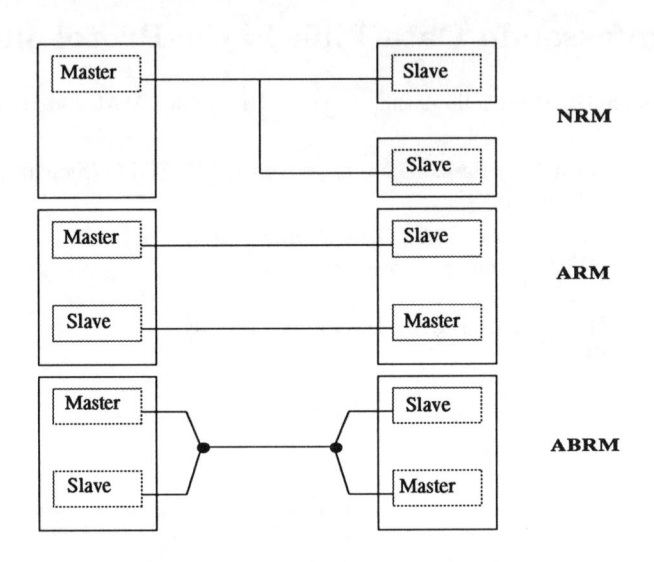

Abbildung 6.3: Versionen von HDLC

Das Kontrollfeld beinhaltet Informationen über

- Informationsrichtung (im Falle NRM)

- Sequenznummer (im Falle von Datenpaketen)

- acknowledged Sequenznummer

- Charakterisierung des Typs der gewünschten Verbindung beim Aufbau der Verbindung

- Bestätigung für den Aufbau

- Anforderung für den Abbau

- aktive Fehlerkontrolle – d.h. Anfordern einzelner Pakete oder einer Anzahl von Paketen

---

[11]Die in der Abstammungsgeschichte von HDLC erwähnte Variante LAPB enthält genau diese Erweiterung

6.3. Umfassende Data-Link-Layer-Protokolle

- Typ des Paketes

Weitere Varianten, die nicht HDLC so ähneln, sind:

DDCMP (Digital Data Communication Protocol):

Dies ist das bei DECnet verwendete Protokoll. Der wesentlichste Unterschied ist, daß kein Bit-Stuffing sondern ein Längen-Feld verwendet wird. [Weck80]

BSC (Binary Synchronous Communication):

Dieser von IBM geschaffene Vorläufer zu HDLC unterstützt kein Sliding-Window-Protokoll und nur Halbduplex. Das Protokoll kann nur EBCDIC oder eine Variante von ASCII übertragen – daher ist kein Bit-Stuffing nötig. Die Datenrate erreicht maximal 9.6 Kbs.

LAP-D :

Dies ist der Data-Link-Layer für den D-Kanal von ISDN – siehe Kap. 5.5. Das Protokoll wird festgelegt im äß ISO Standard Q.921[12] [Kano86]. Ähnlich wie bei der HDLC Variante NRM müssen vom LAP-D mehrere Anschlüsse resp. Stationen bedient werden, allerdings ist dies nicht mehr länger im Master-Slave-Verfahren möglich. Gemäß OSI-Konvention wurde das Adressfeld in einen Terminal Endpoint Identifier (TEI[13]) und einen Service Access Point Identifier (SAPI) unterteilt. Der SAPI qualifiziert den Typ des möglichen Transfer Service; z.B.:

- unacknowledged service – wird in HDLC Überwachungspaketen versteckt
- acknowledged service
- Kommunikation auf Basis X.25 – siehe dazu auch Kap. 7.6

Weiterhin gibt es die Möglichkeit des Broadcast und einen Naming-service – siehe Kap. 6.5.1. Die Information ist auf 260 Bit begrenzt.

MTP Level 2:

Das Message Transfer Part (Level 2) Protokoll ist die zweite HDLC-Variante von ISDN. Es ist der DL-Teil des Protokolles SS7 – siehe Kap. 7.6. Es gibt ein weiteres von LAP-D abweichendes DL-Protokoll bei ISDN, weil man sich für die Übertragung über große Distanzen Verbesserungen einfallen ließ. Eine Verbesserung ist das wiederholte[14] Senden von bisher noch nicht bestätigten Paketen, falls zeitweise keine Pakete für die Übertragung vorliegen (PCR: Preventive Cycle Retransmission). Eine andere Verbesserung sind Fehler-Meldungen an obere Layer, wenn auf dem Data-Link-Layer häufig Wiederholungen nötig waren [Moda90].

---

[12]früher: I.441 und I.440
[13]Jedes Endgerät hat mindestens einen TEI
[14]soll nach CCITT-Vorstellungen bei Verzögerungen von mehr als 15ms verwendet werden

6.4 Logical Link Control

Vergleicht man die MAC-Sublayer Protokolle mit den umfassenden Data-Link-Layern, so erkennt man, daß dem MAC-Sublayer das Sliding-Window Protokoll fehlt; dies macht jedoch nur Sinn auf Basis von Connections. Der LLC-Layer ([IEEE84] und ISO8802/2) bietet folgende Services an:

- unacknowledged connectionless Service
- connection-oriented Service
- acknowledged connectionless

Die MAC-Pakete werden erweitert um:

DSAP	SSAP	Control	MAC-Paket
8 bit	8 bit	16 bit	

Da die SAP's mit dem ISO Modell übereinstimmen sind sie LSAP's. Die LSAP's bezeichnen entweder aktuelle Connection-Identifikationen – haben die Form *X0XXXXXX* – oder unterschiedliche Network-Layer-Protokolle – z.B. *01111111* für ISO und *01100000* für IP.

Die connection-oriented Services entsprechen den HDLC-Operationen mit einer Window-Größe von 128. Alle Service-Typen unterstützen zusätzlich:

- Abfrage der unterstützten Typen der anderen Station
- Abfrage ob andere Station aktiv ist

In allen ISO orientierten Standards werden Protokolle durch Status-Diagramme erläutert. Dazu wird in Kapitel 8 noch ein ausführlicheres Beispiel gezeigt werden.

Da die Nutzung von Ethernet vor dem Inkrafttreten des LLC-Standards begann, gibt es kaum reale Netze, die das obige Format unterstützen – weder DECnet noch üblicherweise IP. Wenn es für IP unterstützt ist, heißt es üblicherweise ISO1.

6.5 Protokolle an der Schnittstelle von DL zu NL

IEEE bezeichnet diese Protokolle auch als Sub-Network-Access-Protokoll.

6.5.1 Naming Services

Die Naming-Services liefern für NL-Namen die zugehörige DL-Adresse. Dies kann dann problematisch[15] sein, wenn mehrere DL-Adressen zu einem Rechner zugehörig sind – siehe

---

[15]Das Problem besteht hauptsächlich aus der Entscheidung, welche der momentanen Adressenabbildungen gewählt werden sollen. Wenn man dann den Fall betrachtet, daß ein Interface zeitweise ausfällt, obwohl das andere noch erreichbar ist – typischer Fall beim Umschalten im Fehlerfall bei FDDI (siehe Kap. 6.1.2.2), so ergibt sich eine zeitweise falsche Abbildung und eine nicht notwendige Unerreichbarkeit – sogenanntes „Black Hole" [Katz90].

6.5. Protokolle an der Schnittstelle von DL zu NL

auch als Beispiel FDDI in Kap. 6.1.2.2. Im Regelfall gibt es aber genau eine DL-Adresse pro NL-Adresse.

Folgende Varianten sind erwähnenswert:

Address-Resolution-Protokoll (ARP) [Plum82]):

Dabei sendet eine Station einen NL-Namen als Broadcast[16] aus. Dies ist die Sichtweise des Data-Link-Layer; im NL wird dieses als Adresse angesehen. Die Station mit diesem Namen antwortet mit ihrer DL-Adresse. Das Protokoll ist bedarfsorientiert – im Gegensatz zum informationsorientierten Hello-Protokoll von DEC. Die Konsistenz der Einträge wird durch Time-Out-Verfahren realisiert – d.h. ältere Einträge werden regelmässig entfernt[17]

Reverse-Address-Resolution-Protokoll (RARP) [Finl84]):

Dabei sendet eine Station ihre DL-Adresse aus und eine andere Station antwortet ggf. mit ihrem NL-Namen. Dieses Protokoll wird häufig für Rechner genutzt, die über das Netzwerk booten. Diese Rechner kennen zu Beginn der Boot-Phase nur die meist vom Ethernet-Interface abrufbare DL-Adresse.

Hello-Protokoll [Digi82]:

Hierbei sendet die Station regelmässig ihre Ethernet-Adressen aus. Somit sind alle erreichbaren Stationen bekannt. Bei DEC wird (in Abweichung zu IEEE Festlegungen) die Ethernet Adresse vom Rechner auf die Karte heruntergeladen.

Terminal-Identifier-Zuweisung [Kano86,Stal89]:

Ein neu in ein ISDN-Netz hinzugekommenes Device sendet ein Nachfrage-Paket[18] für seine Adresse aus, und NT1 resp. NT2 antwortet mit einer eindeutigen neuen Identifikation. Diese Zuweisungen können auch manuell durchgeführt werden; dies sind dann die TEI-Nummern 0 bis 63. Für die automatische Zuweisung werden die Nummer 64 bis 126 verwendet.

Im Rahmen von ARP resp. RARP hat IEEE erkannt, daß sie für IP-Protokolle mehrere LSAP ($>= 3$) zuordnen müßte. Da das ihren Nummernkreis zu weit einschränkte, hat IEEE 1987 ein erweitertes LLC-Format geschaffen. Dies ist bekannt als Sub-Network-Access-Protocol-Format SNAP oder als ISO2. Dabei zeigt die Kennung *01010101* des LSAP's an, daß am Ende des Paketes eine weitere 5 Byte lange Unterscheidung für den Typ erfolgt. Der Typ kennzeichnet dann zum Beispiel, ob es sich um ein ARP Paket handelt – siehe auch [Reyn87].

ISO bezeichnet übrigens Ethernet-Adressen als SNAP (Sub-Network-Point-of-Attachement-Address) [Hage89]; dies rührt daher, daß ISO zuerst nicht an Rundspruchnetz-Adressen gedacht hatte. ISO hat bis heute keinen solchen Naming-Service auf diesem Layer vorgestellt, diese Funktion findet sich im Network-Layer – siehe Kap. 7.6.

---

[16]Die Wiederholungsrate für das Nachfragen ein und derselben Adresse muß beschränkt werden
[17]Varianten sind auch Poll ohne Antwort oder Fehlermeldungen von DL resp. NL
[18]gekennzeichnet durch TEI-Wert 127 und SAPI-Wert 63

6.5.2 Sonstige Protokolle

Erwähnenswert sind noch die Multi-Link Protokolle. Diese Protokolle basieren auf mehreren Point-to-Point Links, die parallel geschaltet sind. Beispiele für diese Protokolle sind die Standards:

- Multilink Procedure (MLP, ISO 7498)
- Transmission Group Control (IBM)
- Link-Set's bei ISDN [Moda90]

Diese Protokolle sind die statische Variante von dynamischen Verfahren zur Lastverteilung im NL.

Die Verfahren wenden die Vergabe einer zusätzlichen Sequenznummer an, um Pakete am Ende wieder korrekt einordnen zu können. Bestätigungen werden auf dieser Ebene nicht verwendet, da die Übertragung über die Einzellinks mit einem umfassenden Data-Link-Layer-Protokoll erfolgt. Wenn jedoch ein Link heruntergeht, ist ggf. die gesamte Übertragung unterbrochen.

In der Literatur werden an dieser Stelle noch weitere Protokolle aufgeführt – Boot- oder Maintenance-Protokolle. Sie werden dem DL zugeordnet, weil sie keine Leistung des NL oder DL nutzen, gleichwohl sind sie vom Typ her dem AL zuzuordnen.Ein Beispiel für ein solches Protokoll ist DEC's DDCMP im Maintenance Mode.

6.6 Bridges

Ursprünglich setzte man Bridges ein, um die Längenbegrenzung von LAN's zu überwinden. Eine Bridge verbindet zwei – ggf. auch mehrere – LAN's gleichen Typs. Jede Bridge besteht aus zwei Stationen – auf jedem LAN eine. Im allgemeinen Fall empfängt jede Station alle Pakete auf ihrem zugeordneten LAN und übergibt sie an das andere – dieser Fall heißt promiscuous (unterschiedsloser) Mode.

Die Möglichkeit zur Weitergabe ist beschränkt, weil die Last auf den beteiligten Netzen eine Weitergabe zeitweise verhindern kann und das Speichervermögen der Bridges begrenzt ist – die zweite Bedingung ist nicht allein ausschlaggebend (siehe [Nagl87]). Hinzu kommt, daß z.Z. eine Bridge nicht die volle Last eines 10 Mbps-Netzes weitergeben kann – im Regelfall wird der Durchsatz desto geringer desto kleiner die Pakete sind.

Die meisten heutigen Bridges beinhalten aber weitere Funktionen und diese eröffnen neue – nicht ursprünglich im DL geplante – Möglichkeiten:

Verkehrsminimierung:

Dies geschieht durch das sogenannte Filtering oder transparent Modus [Bara64,Hawe84]. Die Idee ist, daß nur solche Pakete auf die andere Netzseite weitergegeben werden müssen, deren Empfänger auch auf der anderen Netzseite angesiedelt ist.

Eine Bridge heißt self-learning, wenn sie die Adressen auf jeder Netzseite selbständig erfasst und für die Entscheidung der Weitergabe verwendet. Aus dieser Adressliste

6.6. Bridges

werden Adressen, die während einer gewissen Zeit nicht mehr in einem Teil bemerkt wurden, wieder entfernt. Pakete mit nicht bekannten Empfangsadressen werden immer weitergereicht.

Manche Bridges kombinieren eine Vielzahl von Bridges in einem Gerät; d.h. diese Bridges verzweigen zu n Netzen. Das Verbreitungsverfahren für diese Bridges ist analog dem genannten, wobei ein Paket mit unbekannter Adresse an alle n Netze (flooding) und eine bekannte an maximal ein Netz weitergereicht wird.

Zugriffssicherheit:

Der Betreiber kann eigene Zusatzfilter (Masken) aktivieren. Die Gründe für das Setzen von solchen Masken sind häufig die Abgrenzung von Netzteilen aus Sicherheitsgründe resp. Betriebsgründe – z.B. Broadcast-Sturm-Verhinderung.

Fehlertoleranz:

Zur Verbesserung der Ausfallsicherheit würde man häufig gerne mehrere Wege zu einer Destination nutzen können. Dies ist gemäß ISO normalerweise Aufgabe des NL. Trotzdem hat IEEE – einmal zusammen mit DEC und einmal mit IBM – dies auf dem obersten Sublayer von Layer 2 definiert.

Wenn n Wege zu einer Destination existieren, werden auch mit Filtering aus einem abgesendeten Paket schließlich n Pakete das Ziel erreichen. Existiert kein Filtering oder sind noch Bridges im Flooding-Mode, so werden unendlich viele Pakete an der Destination eintreffen. Dies gilt, weil zyklische Wege genutzt werden können.

Die Verfahren müssen unerwünschte Wege unterdrücken. Standardisierte Verfahren sind spanning-tree (IEEE 802.1) und source-routing (IEEE 802.5). Beide Verfahren liegen so nahe an Routing-Verfahren, daß sie im Kapitel 7.3 behandelt werden.

Überbrückung von längeren Distanzen:

Hierbei werden geteilte Bridges – d.h. ein Teil auf jeder Netzseite mit einem anderen Kommunikationsmedium (seriell, T1, ...) dazwischen – eingesetzt. Dies ist nicht standardisiert und man muß im Regelfall immer Paare von Geräten gleicher Hersteller einsetzen.

Weiterhin würde man sich Bridges von einem IEEE-Netz zu einem anderen wünschen. Dies birgt jedoch eine Reihe von Problemen:

- unterschiedlicher Paket-Aufbau (benötigt Anpassungen)

- unterschiedliche Paketgrößen: Die Größen variieren zwischen 1518 und 5000 Bytes. Damit müßten zu große Pakete segmentiert werden. Dies ist keine Aufgabe des DL.

- Prioritäten: Token Bus enthält Prioritäten für Pakete – diese gehen verloren

- Acknowledgement: Token-Ring liefert Acknowledge für die Ablieferung an der Destination. Unklar ist, wie die Bridge dies umsetzen soll.

- unterschiedliche Geschwindigkeiten: Dies ist kein grundsätzlich neues Problem für Bridges; es erhöht nur die Wahrscheinlichkeit eines Paketverlustes

- Bit-Ordnung: Die Bit-Ordnung[19] ist unterschiedlich (FDDI, Token Ring: höchstwertiges Bit links; Ethernet, Token Bus: höchstwertiges Bit rechts). Daher müssen die Bridges zwischen den ungleich geordneten Medien die Bit-Ordnung ändern. Dies ergibt jedoch Probleme bei Protokollen, die Hardware-Adressen in Datenpaketen versenden müssen. Typische Beispiele für solche Protokolle finden sich in Kap. 6.5.1 [Katz90].

Im Regelfall ist es daher nicht möglich, die unterschiedlichen IEEE-Netze mit Bridges zu verbinden ([Bern85], [Tane89], pp.327-331).

---

[19]Diese bezeichnet man auch mit Little resp. Big Endian – siehe Kap. 10.2.

Kapitel 7

Network-Layer

> AN EINEN FLUSS GEREIHT,
> WAS STILLE RINGS GEBEUT!
> DANN BRINGT AN FERNEN ORT
> DAS GANZE RASCH EUCH FORT.
>
> FRIEDRICH HAUG, 1761-1829

Der Network-Layer basiert auf den Leistungen des Data-Link-Layer, um effizient Daten zwischen – durch DL's verbundenen – Rechnern zu übermitteln. Dabei muß er sich unterschiedlichen Typen von DL's und verschiedenen Topologien so anpassen können, daß der Transort-Layer möglichst davon nicht berührt wird.

Erst wenn ein Protokoll einen Netzwerk-Layer hat, ist es in der Lage, ein „Internet" zu formen. Unter einem „Internet" versteht man die Verbindung von vielerlei unterschiedlichen Netzteilen mit diversen Rechnern, Knoten und anderen Komponenten in ein einheitliches übergreifendes Netzwerk.

Will man einem Netzwerk eine logische – von der physikalischen ggf. abweichende – Struktur geben, so hat auch dies im NL zu geschehen. Daher hat dieser Layer eine wichtige Gliederungsfunktion. Gründe für eine solche Gliederung werden im Kapitel 7.3.3 behandelt.

Rechner, die über einen gemeinsamen Data-Link Layer erreicht werden, formen aus Sicht des NL ein Subnetz.

Die Verwendung des NL macht im Regelfall nur dann Sinn, wenn Rechner in verschiedenen Subnetzen miteinander kommunizieren. Gleichwohl wird oftmals für jede Kommunikation der NL aus Transparenzgründen eingesetzt.

Ein Rechner, der mindestens zwei andere Rechner an unterschiedlichen Subnetzen durch seinen NL verbindet, nennen wir im folgenden Knoten. Dies ist bewußt keine Standardnomenklatur, um die ansonsten ungleich verwendeten Bezeichnungen vorerst zu vermeiden. In Kapitel 7.5 werden dann die allgemein gebräuchlicheren Begriffe eingeführt.

Wiederholt tritt in diesem Layer die Kontroverse End-to-End oder Hop-to-Hop auf; dabei versteht man unter End-to-End, daß gewisse Funktionen – meistens Validierungen – nur beim endgültigen Absender resp. Empfänger durchgeführt werden. Unter „Hop-to-Hop" findet eine Überprüfung bei jedem auf dem Weg vom Absender zum Empfänger passierten Knoten statt.

In den folgenden Kapiteln wird oftmals das Internet Protokoll IP (ARPA) als Beispiel behandelt werden. Da ISO auf diesem Layer am weitesten zurückhängt und wichtige Standards erst zur Zeit entstehen, wird ISO hier nur in den Kapiteln 7.5 bis 7.6 auftreten; auch die ISO Terminologie wird in diesem Layer kaum zu finden sein.

IP und andere Herstellernetze (DECnet) verwenden in diesem Layer einen connectionless-Service. Dies steht im Kontrast zu ISO und auch CCITT. IP hatte in seiner Anfangszeit einen connectionfull-Service unterstützt, dies jedoch vor ca. 10 Jahren aufgegeben und in den TL verschoben. Dies spiegelt eine alte Kontroverse über den Ort der Connection-Behandlung wieder [Salt84].

7.1 Segmentation resp. Fragmentation

Subnetze verschiedener DL's verwenden üblicherweise unterschiedliche, maximale und minimale Paketgrößen (MTU: Maximum Transfer Unit). Daher ist der NL gezwungen, zu große Pakete in Teilpakete zu zerstückeln; dies nennt man Segmentation resp. Fragmentation. Der Wiederherstellungsprozeß heißt Reassembly.

Folgende beiden Lösungsvarianten existieren [Shoc79], die Varianten entsprechen dem vorher erwähnten End-to-End resp. Hop-to-Hop Alternativen:

1. Beim Absenden eine geeignete Paketgröße wählen. Dies funktioniert im Regelfall nur bei connectionfull-Service.

2. Beim Absenden das bestmöglichste Maß für das lokale Subnetz wählen und bei einem Knoten die Paketgröße ggf. geeignet anpassen. Die so weitergesendeten Pakete werden entweder

    a) beim nächsten Knoten wieder zusammengesetzt – sogenannte transparent fragmentation

    b) am Zielrechner wieder zusammengesetzt – sogenannte nontransparent fragmentation

Die Variante 2 ist nicht unproblematisch [Kent87], da

- Verlust eines Teilpaketes zum Gesamtverlust des Paketes führt

- Checksummen neu berechnet werden müssen

- das letzte Teilpaket im Regelfall ungenügend ausgenutzt wird

Bei der Variante 2a) muß erzwungen werden, daß alle Teilpakete zum gleichen nächsten Knoten fließen; weiterhin muß der folgende Knoten leistungsstark (Speicher) genug sein. IP verwendet die Alternative 2b). Die Fragmentierungstechnik 2) verlangt folgende zusätzliche Information in einem Teilpaket:

- eine Identifikation für die Zusammengehörigkeit zu einem Paket

- die Position im Paket

- Markierung für letztes resp. nicht-letztes Teilpaket

Zur Vermeidung von Fragmentierungen sind folgende Maßnahmen denkbar [Kent87] – siehe dort auch für weitere Variationen zum Thema:

- Testpakete mit Einschluß eines IP spezifischen „Don't Fragment" Flag absenden. Bei Nicht-Übermittelbarkeit erhält man einen Fehler mit dem Protokoll ICMP. Damit kann die maximal mögliche Paketgröße festgestellt werden.

- Kleinere Pakete senden – was auch immer das heißen mag.

- Routing-Protokoll-Information um MTU erweitern und verwendbar. machen

7.2 Regulationsverfahren

Die Regulationsverfahren entsprechen den Varianten im Kap. 4.6 und werden daher nicht weiter ausgeführt. Wir finden beispielsweise bei X.25 eine Flußkontrolle auf Hop-to-Hop Basis und bei IP ein Line-bezogenes Regulierungsverfahren mit ICMP (Internet Control Message Protocol). Bei ICMP enthält die Nachricht dann eine „Source Quench"-Angabe (Dämpfen).

7.3 Routing

Das Routing hat die Aufgabe, Pakete effizient vom Absender zum Ziel zuzustellen. Üblicherweise werden mit diesem Begriff zwei separate Funktionen zusammengefaßt:

- Beschaffen und Unterhalten von Zustellinformationen

- Ausnutzen der Zustellinformation für die Zustellung

Beim Routing werden oftmals graphentheoretische Verfahren angewandt, daher werden im folgenden einige Definitionen eingeführt [Dorf73].

Definition 1
Ein ungerichteter Graph $G = (V,E)$ besteht aus einer Menge von Knoten V und einer Menge E von ungeordneten Paaren (x,y) mit $x,y \in V$, den sogenannten Kanten.

Wenn eine Kante (x,y) existiert, so sind die Knoten x und y benachbart (adjacent). Eine Kante stellt in unserem Sinne eine physikalische Verbindung zwischen Knoten x und y dar. Die Darstellung der Kommunikation entspricht – wie man sieht – eher Point-to-Point Links. Für Netze mit MAC-Sublayern kann ein Knoten eine Menge von Subnetz-Hosts repräsentieren[1] oder Kanten werden nicht nur als Point-to-Point-Link, sondern auch als „Subnetz"-Link verstanden.

---
[1] Kante zwischen zwei Knoten entspricht dem NL eines Rechners

Definition 2

Eine Kantenfolge von x_1 nach x_n ist eine Folge von Kanten $(x_1, x_2)(x_2, ...)..(.., x_n)$. Ein Kantenzug ist eine Kantenfolge, in der alle Kanten voneinander verschieden sind. Ein Weg ist eine Kantenfolge, in der alle Knoten voneinander verschieden sind.

Bei der Kommunikation zwischen zwei Stationen wird immer angestrebt, daß die Kommunikation über einen Weg erfolgt.

Definition 3

Ein bewerteter Graph $G=(V,E,K)$ ist ein ungerichteter Graph G samt einer Funktion $K : E \times N$.

Die Kosten sind eine Schätzung für den Aufwand der Kommunikation über eine Kante. Bei den allermeisten Routing-Verfahren werden Optimalitätskriterien mitverwendet, die zum Teil auf den Kosten beruhen.

7.3.1 Routing Entscheidung

Unter Routing-Entscheidung wird die Auswahl der Kante für die Weitergabe eines Paketes resp. eines Teil eines virtuellen Circuits – siehe Kap. 4.7) – im NL verstanden. Die Entscheidung basiert auf Informationen, die gemäß Kap. 7.3.2 zur Verfügung stehen.

7.3.1.1 Verantwortung

Eine Routing-Entscheidung kann lokal in jedem NL oder zentral in einem ausgezeichneten Knoten stattfinden.

Eine zentrale Entscheidung wird beispielsweise im TYMNET (Tymshare Inc.) – dem X.25-Netz in USA – beim Aufbau eines virtuellen Circuit's gewählt ([Schw87], p.284).

Es kann auch vorkalkulierte Routing-Entscheidungen geben, die dann auf die Knoten „heruntergeladen" werden. Dies geschieht beispielsweise bei SNA, wobei jedoch auch eine Anzahl alternativer Entscheide zur Verfügung gestellt wird ([Meij87], p.51).

Durch die Variante der alternativen Wege ist ein gleitender Übergang zur lokalen Entscheidung – siehe oben – vorhanden. Bei einer wirklich lokalen Entscheidung gibt es für eine Menge von Knoten keine zentrale Instanz im Netz, die die Entscheidung alleine bestimmt.

7.3.1.2 Kriterien

Die Routing-Entscheidung kann auf zwei Kriterienklassen beruhen:

Vorgegebene fixe Entscheidungen:
> Hierbei werden Wege oder Teilwege zu Destinationen manuell eingetragen; dies wird auch als statisches Routing bezeichnet. Die Nachführung dieser Einträge ist lästig. Allerdings hat diese Variante Sicherheitsvorteile und berücksichtigt keine dynamischen Änderungen in den Netzen.

7.3. Routing

Berechnete Entscheidungen:

Diese Entscheidungen können auf einer Vielzahl von Kriterien beruhen:

- minimale Anzahl von passierten Knoten (Hops)
- minimale „Weglänge"
- Minimierung des Resourcenverbrauches
  - Gesamtlast
  - lokale Last
  - Warteschlangengröße für ausgehende Pakete
  - Verzögerung
  - CPU-Verbrauch im NL
  - Fehlerraten
- Maximierung des Durchsatzes
- gleichmäßige Auslastung der Resourcen
- Reaktionszeit
- administrative Einschränkungen
- Verrechnungsargumente

Häufig sind in den Verfahren beide Kriterienklassen zugelassen, wobei fixe Entscheidungen Priorität über den berechneten haben, wenn für die Destination beide Informationen zur Verfügung stehen.

Diese Zielvorstellungen werden noch dadurch kompliziert, daß eigentlich verschiedene Typen von Verkehr nach verschiedenen Zielvorstellungen zu behandeln wären, diese Typen aber teilweise im NL nicht mehr als solcher Typ erkennbar sind. Dieser Nachteil ist bedingt durch das strikte Layering. Nachfolgend sind die wesentlichsten Verkehrstypen und die zugehörigen Anforderungen genannt [Gerl86]:

Real-Time-Traffic:

(Real-Time-Anwendung, aber in Zukunft mehr und mehr isochroner Verkehr: Sprache, Video)

garantierte Transferrate und Verzögerung, Fehlerraten sind nicht so wesentlich

Bulk-Traffic:

(große Datenmenge)

gute Transferrate nur über längere Zeit benötigt, Fehlerrate nicht zu hoch

Interactive-Traffic:

(Rechner-Rechner/User, typisch in online Anwendungen)

niedrige Verzögerung, Fehlerrate nicht zu hoch

Weiterhin müssen Zielvorstellungen aus der Sicht des Netzbetriebes nicht konstant bleiben. Zum Beispiel verwenden die Knoten im Internet neuerdings bei geringer Last die Zielvorstellung „kurze Reaktionszeit" und bei hoher Last „Minimierung der Gesamtlast" [Khan89]. Kritisch dabei ist, daß der Übergang von der einen Zielvorstellung zur anderen „smooth" erfolgen muß, um starke Oszillationen in der Routing-Information zu vermeiden.

Definition 4
Die Länge eines Weges von x_1 nach x_n mit $W = (\{x_1, x_2\}, \ldots \{x_{n-1}, x_n\})$ ist $\sum_{e \in W} k(e)$.

Definition 5
Sei $x_1, x_n \in V$ und $M(x_1, x_2) = \{W_i \mid W_i$ ist Weg von x_1 nach $x_2\}$, dann ist $W_{min} \in M(x_1, x_2)$ ein kürzester Weg von x_1 zu x_2 wenn $\sum_{e \in W_{min}} k(e) \leq \sum_{e \in W_j} k(e)$ mit $W_j \in M(x_1, x_2)$

Beim „shortest-path"-Routing wird der Weg mit den geringsten Summanden der Teilschätzung – der sogenannte kürzeste Weg – ausgewählt. Häufig wird als Schätzung ein Wert von 1 verwendet; dann ist ein kürzester Weg derjenige, mit einer minimalen Anzahl von dazwischenliegenden Knoten d.h. geringste Anzahl von Hops.

Falls der Graph und seine gesamte Information an einer Stelle verfügbar ist, kann die Berechnung mit dem Algorithmus von Dijkstra [Dijk59] wie folgt durchgeführt werden – für analoge Programme siehe [Dorf73].

Verfahren 1

Initialisierung:

$T = \emptyset$:   Kanten des Teilgraphen, der für die kürzesten Wege benutzt wird

$P = \{x\}$ mit $x \in V$, x beliebig : Knoten von denen aus die kürzesten Wege gesucht werden sollen

$C_x = 0$ und n bezeichne die Anzahl der Knoten

$C_j = \infty$ für alle $j \in \{1, ..n\} - \{x\}$

Durchführung des Verfahrens:

1) Bestimme $M = \min_{j \in P}(C_j + k(j,i))$ mit $i \in V$, $i \notin P$

2) Füge einen der Knoten $i \notin P$, der die Eigenschaft $C_j + k(j,i) = M$, $j \in P$ erfüllt, zu P hinzu, setze $C_i = M$ und $T = T \cup \{(j,i)\}$

3) Wenn $\mid P \mid = n$ dann Ende, sonst Fortfahren unter 1)

Beispiel zu Verfahren 1

Das Beispiel verwendet den in Abbildung 7.1 angegebenen Graphen. Das Verfahren wird durchgeführt für den Knoten *1*.

7.3. Routing

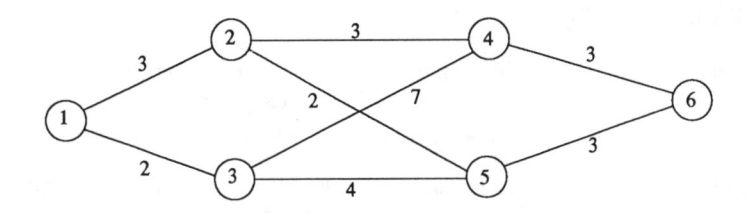

Abbildung 7.1: Beispiel-Graph

Initialisierung

$T = \emptyset, P = \{1\}, C_1 = 0, C_{2,3,\ldots 6} = \infty$

1. Schritt

$M = 2, i = 3, T = \{(1,3)\}, C_3 = 2, P = \{1,3\}$

2. Schritt

$M = 3, i = 2, T = \{(1,3), (1,2)\}, C_2 = 3, P = \{1,3,2\}$

3. Schritt

$M = 5, i = 5, T = \{(1,3), (1,2), (2,5)\}, C_5 = 5, P = \{1,3,2,5\}$

4. Schritt

$M = 6, i = 4, T = \{(1,3), (1,2), (2,5), (2,4)\}, C_4 = 6, P = \{1,3,2,5,4\}$

5. Schritt

$M = 8, i = 6, T = \{(1,3), (1,2), (2,5), (2,4), (5,6)\}, C_6 = 6, P = \{1,3,2,5,4,6\}$

Die Idee des Algorithmus ist, daß unter der Annahme „alle in P liegenden Knoten sind die Knoten mit kürzesten Wegen untereinander" eine kürzeste Verlängerung zu einem weiteren Knoten keine Verbesserung finden kann. Dies gilt unter der Annahme von positiven Kosten, dies wurde in Definition 3 vorgegeben.

Die Komplexität des Algorithmus ist $O(n^2)$. Werden die Wege von allen Knoten zu allen anderen berechnet, so ist die Komplexität $O(n^3)$.

7.3.1.3 Eindeutigkeit

Die gefällte Entscheidung muß nicht eindeutig sein. Wir werden Verfahren kennen lernen, die Pakete identisch auf mehreren Kanten weiter leiten. Dabei muß natürlich Sorge getroffen werden, daß die Pakete nicht mehrfach von der Enddestination interpretiert werden.

Bei anderen Verfahren wird mit dem Argument „Lastverteilung" die Entscheidung zufällig unter gleichen Alternativen gewählt.

7.3.1.4 Fehlerbehandlung

Im Rahmen der Routing-Entscheidung muß man sich auch mit Irrläufern auseinandersetzen. Ein Irrläufer ist ein Paket, das sich allem Anschein nach in einer Schleife (loop) befindet. Um zu erkennen, daß ein Paket diese Eigenschaft erfüllt, verwendet man:

- **Time-Out-Verfahren:** Jeder Knoten auf dem Weg zieht eine feste Zeiteinheit von einem dem Paket beigegebenen Time-to-Live Wert ab
- **Hop-Count:** Jeder Knoten erhöht den Hop-Count im Paket

Ein so identifizierter Irrläufer wird entfernt. Gegebenenfalls wird eine Fehlermeldung zurückgesendet; diese Variante kann problematisch sein wegen einer dadurch möglichen Reproduktion des Fehlers.

Um Fehler zurückzumelden, wird in IP das Protokoll ICMP (Internet Control Message Protocol) verwendet. Dieses Protokoll meldet

- unerreichbare Ziele
- Paket Timeout's
- Choke-Paket (Source Quench)
- Mitteilung für bessere Wege

In anderen Protokoll-Architekturen ist dies – wenn überhaupt vorhanden – in das NL-Protokoll integriert. Aus Gründen der Modularisierung macht es vielleicht aber Sinn dies zu trennen.

7.3.1.5 Lokaler Entscheid bei MAC-Sublayer-Netzen

Diese Netze sind ein Spezialfall, da hier zunächst zu entscheiden ist, ob der Zielrechner im unmittelbar zu erreichenden MAC-Sublayer-Netz liegt oder ob dieses Netz über einen Knoten zu verlassen ist. Für diese Entscheidung gibt es zwei Varianten:

Adresskennung:
> Die Adressen sind so aufgebaut, daß an einem Teil der Adresse sichtbar ist, ob das Zielsystem im eigenen MAC-Sublayer liegt. Beispiel: Netz-Präfix bei (normalen) IP-Adressen

Verwaltungsinformation:
> Hierbei liegen dem Rechner Informationen über die im Subnetz befindlichen Systeme vor. Der Unterhalt dieser Informationen wird in Kap. 7.3.2.2 näher besprochen.

7.3.2 Routing Information und deren Verwaltung

Das vorige Kapitel hat gezeigt, daß die Routing Entscheidung auf Basis diversester Kriterien erfolgen kann. Dieses Kapitel behandelt, welche Typen von Routing-Informationen existieren und wie diese verwaltet werden können.

7.3. Routing

7.3.2.1 Typen von Routing-Information

Die Basis jeder Routing-Information ist die Gesamt- oder Teiltopologie des Netzes. Das Verfahren 1 arbeitet auf der Basis der Gesamttopologie.

Weiterhin kann jede der Zielvorstellungen aus Kap. 7.3.1 entsprechende Informationen beitragen. Bei fast allen Routing-Verfahren – Ausnahme siehe Kap. 7.3.3 – wird mindestens eine Schätzung für die Weglänge mitgeführt.

Ein weiterer Typ von Routing-Information sind die mitgeführten Adressen, die sich durch ihren Feinheitsgrad unterscheiden. Mitgeführte Adressen können auf der Basis von Rechnern (Host-Route), Netzen und Mengen von Netzen – siehe dazu Kap. 7.3.3 – aufgebaut sein. Der übliche Fall der Routing-Information beinhaltet Netzadressen und evtl. noch Rechner-Adressen als Ausnahme.

7.3.2.1.1 Teiltopologie

Das nächste vorgestellte Verfahren verwendet nur eine Teiltopologie des Netzes. Hierbei wird nur die Information über den kürzesten Weg zwischen den Knoten verteilt und verwaltet. Im Verfahren 1 wurde die Gesamttopologie verteilt und an jedem Knoten daraus die kürzesten Wege berechnet.

Verfahren 2

Das Verfahren basiert auf dem Bellmann-Ford-Algorithmus [Bell58] und heißt auch Vector-Distance-Verfahren. Die als verteilter Algorithmus hier vorgestellte Variante stammt von [Bara64,Taji77]. Ein Beweis für das Verfahren findet sich in [Taji77].

Im Folgenden ist der Pseudocode samt Variablendefinition angeführt, wobei diese Definition für jeden Knoten x vorliegt:

$k(x_1, x_2)$: Kostenschätzung für Kante x_1 zu x_2 (sonst unendlich)

$C(ende, nachbar)$: ist die Kostenschätzung für den Weg vom gegenwärtigen Knoten x nach $ende$ über den x benachbarten Knoten $nachbar$

$next(ende)$: ist der benachbarte Knoten $nachbar$ des gegenwärtigen Knoten x mit der kleinsten Kostenschätzung zu $ende$; d.h.

$$\min_{(x, nachbar) \in V} C(ende, nachbar) = C(ende, next(ende))$$

$C^*(ende) = C(ende, next(ende))$

Die Anzahl der Knoten sind nicht notwendigerweise zu Beginn bekannt.

Knoten senden Nachrichten der Form *(<von mir erreichbarer Knoten>, <meine beste Wegschätzung>)*.

Initialisierung:

$C(ende, nachbar) = \infty$ wenn $ende \neq nachbar$
$C(x, x) = 0$
$C(ende, nachbar) = k(x, nachbar)$ wenn $ende = nachbar$. Somit ist $C^*(x) = 0$ und $C^*(nachbar) = k(x, nachbar)$

Zu Beginn resp. beim Aktivieren eines Knotens x sendet er auf allen seine Kanten zu anderen Knoten die Nachrichten $(ende, C^*(ende))$ für alle $C^*(ende) \neq 0$ aus.

Durchführung des Verfahrens:

Folgende Aktionen sind möglich, wobei die Aktionen jedoch nicht alternativ gedacht sind:

1) Ein Knoten x empfängt Nachricht $(ende, c)$ von Nachbarn $nachbar$
    a) $C(ende, nachbar) = c + k(x, nachbar)$
    b) Wenn $C^*(ende) \neq \min_{(x, nachbar) \in V} C(ende, nachbar)$, dann ändere $next, C^*$ und sende Nachricht $(ende, C^*(ende))$ zu allen Nachbarn

2) Die Kosten $k(x, nachbar)$ ändern sich. Neue Berechnung aller $C(ende, nachbar)$ für alle $ende$ und aller $next(ende)$ und C^*. Falls eine Änderung gegenüber altem Wert, sende Nachricht $(ende, C^*)$ zu allen Nachbarn.

3) Die Kosten $k(x, nachbar)$ ändern sich von ∞ auf endlichen Wert. Sende dem Knoten $nachbar$ $(ende, C^*(ende))$ für alle ihm bekannten fremden Knoten.

4) Falls ein Knoten eine gewisse Zeit keine Nachrichten mehr von seinem Nachbarn $nachbar$ empfängt, so setzt er für alle $ende$ $C(ende, nachbar) = \infty$.
Neue Berechnung aller $next(ende)$ und C^*. Falls eine Änderung gegenüber altem Wert, sende Nachricht $(ende, C^*)$ zu allen Nachbarn.

Beispiel zu Verfahren 2

Das Beispiel bezieht sich wiederum auf den Graphen in Abbildung 7.1.

Hier werde nun der Knoten *1* aktiv und sendet somit seine Nachbarn $(2,0), (3,2), (2,3)$.

Das Beispiel geht davon aus, daß der Algorithmus für die Knoten *2* und *3* korrekte Resultate bereits geliefert hat.

Für diese benachbarten Knoten tritt nun der Fall 1) ein; dies sei am Knoten *2* nachvollzogen:
$C_2(1,1) = 3, next_2(1) = 1, C_2^*(1) = 3$
$C_2(3,1) = 5, next_2(3) = 1, C_2^*(3) = 5$ wegen $5 < C_2^*(3) = 6$
$C_2(2,1) = 6$

Knoten *2* sendet die Nachricht $(1,3), (3,5)$ zu allen Nachbarn. Weiterhin ist der Fall 3) für den Knoten *2* eingetroffen und er sendet somit an den Knoten *1* zusätzlich $(4,3), (5,2), (6,5)$.

Der Knoten *1* bearbeitet diese Informationen unter dem Fall 1) und erhält:
$C_1(4,2) = 6, next_1(4) = 2, C_4^* = 6$
$C_1(5,2) = 5, next_1(5) = 2, C_5^* = 5$
$C_1(6,2) = 8, next_1(6) = 8, C_6^* = 8$

Analog hat auch der Knoten *3* seine Berechnungen durchgeführt und sendet an Knoten *1* die folgenden Nachrichten $(1,2), (2,5), (4,7), (5,4), (6,7)$. Dies resultiert noch in den folgenden Änderungen bei Knoten *1*:

7.3. Routing

$C_1(1,3) = 4$
$C_1(2,3) = 7$
$C_1(4,3) = 9$
$C_1(5,3) = 6$
$C_1(6,3) = 9$

Diese letzte Information ergibt keine Verbesserung eines kürzesten Weges und daher wird auch keine neuen Nachrichten ausgesandt.

Das Verfahren wird z.B. im RIP (Routing Information Protocol) von ARPA [Hedr88], XNS resp. Novell [Neib89] und DECnet (Phase IV) [Weck80] verwendet. Änderungen werden aber dort nicht sofort, sondern in regelmässigen Intervallen (circa. 120 sec.) ausgesendet, weil dies die übliche Möglichkeit ist, die Inaktivität eines Systemes festzustellen.

In jedem Knoten ist nur bekannt, was der geschätzte Aufwand der Kommunikation über jeden benachbarten Knoten zu einem anderen Knoten im Gesamtnetz ist. Es ist in einem Knoten nicht bekannt, wie nicht benachbarte Knoten miteinander verknüpft sind. Dies führt zu problematischen Konsequenzen im Falle von „schlechten Nachrichten" – siehe Abbildung 7.2.

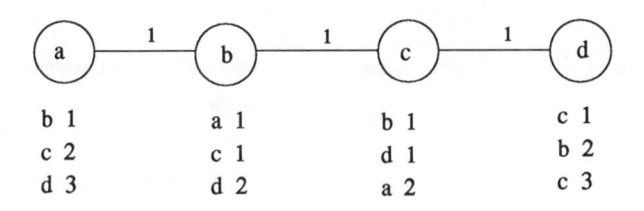

```
   a ——1—— b ——1—— c ——1—— d

   b 1     a 1     b 1     c 1
   c 2     c 1     d 1     b 2
   d 3     d 2     a 2     c 3
```

Abbildung 7.2: Routing Problem

Nun falle der Link (c,d) aus und somit ist k(c,d) unendlich. Sieht man jedoch die nächsten Iterationen, so ergibt sich:

1. a: $C^*(d) = 3$, b: $C^*(d) = 2$, c: $C^*(b) = 1$, $C^*(d) = 3$, $C^*(a) = 2$
2. a: $C^*(d) = 3$, b: $C^*(d) = 4$, c: $C^*(d) = 3$
3. a: $C^*(d) = 5$, b: $C^*(d) = 4$, c: $C^*(d) = 5$

usw.

Man beachte, was mit einem Paket von a nach d geschieht – es „loopt" sehr lange zwischen b und c.

Diese Situation tritt nur auf, wenn die Kosten steigen – siehe Beweis in [Jaff82]. Es gibt in der Literatur eine Unmenge von Verfahren, die in teilweiser Ignoranz von anderen Literaturstellen eine „neue" Lösung zu diesem Problem bringen:

- Begrenzung der maximalen Weglänge bis ein Knoten als unerreichbar deklariert wird (RIP, DECnet).

- Sende Updates bei steigenden Kosten sofort aus und nicht in regulären Intervallen.

- Sende niemals Routing-Information zurück zu der Stelle, die die Information geliefert hat (Split horizon, RIP) oder setze in diesem Fall jeden gelieferten Wert auf unendlich (Poisoned reverse).
  Dies liefert keine Lösung in komplizierteren Fällen – z.B. erweitere man den Graph um die Kanten (a,c) und (b,d) mit Kosten 1, ändere k(c,d) auf 10 ab und es falle der Link (b,d) aus.

- Führe die Updates geordnet im ganzen Netz aus mit dem Nachteil, daß bis Abschluß des Update-Verfahrens teilweise keine Pakete zugestellt werden können [Jaff82, Garc89] basierend auf [Chan82,Dijk80]. Das Verfahren für die Update-Koordination ist verwandt mit dem folgenden „Spanning-Tree" Verfahren.

Das „Spanning-Tree" Verfahren ist auch nur ein Teiltopologie-Verfahren. Hierbei geht man jedoch noch weiter und verwaltet nicht nur einen Teil der Topologie, sondern man nutzt auch nur einen Teil der Topologie. Man verschwendet also Netzresourcen, aber kann damit das Routing drastisch vereinfachen. Diese genutzte Teiltopologie ist der „Spanning-Tree".
Das Spanning-Tree Verfahren (s.a. Kap.6.6) wurde von IEEE im Standard 802.1 standardisiert.

Definition 6
$T(V', E')$ ist aufspannender Baum (Gerüst, spanning tree) eines Graphen $G(V, E)$, wenn $V' = V, E' \subseteq E$ und T ist Baum.

Definition 7
$T(V', E')$ ist ein Baum gdw.

- es gibt keinen Kantenzug von x zu x mit $x \in V'$ (zyklenfrei)
- es gibt einen Kantenzug für alle Paare x, y mit $x, y \in V', x \neq y$ (zusammenhängend)

Die Kanten $E - E'$ werden von dem Verfahren im Regelfall[2] nicht verwendet; die Kanten können jedoch im Fehlerfall genutzt werden – daher Backup-Kanten. $T(V', E')$ bleibt solange in Gebrauch, wie der Baum zusammenhängend bleibt. Ist er nach einem Ausfall nicht mehr zusammenhängend, so wird versucht einen maximalen aufspannenden Baum neu zu konstruieren.
Jeder Routing Entscheid wird lokal getroffen. Es wird jedoch zentral überprüft, ob die gesamthaften Routing-Entscheide beibehalten werden sollen.

Verfahren 3

Zum Aufbau des Spanning-Tree wird folgendes – hier stark vereinfachtes – Verfahren eingesetzt [Perl85]:

---

[2]Ausnahmen gibt es in Herstellerimplementierungen

Phase 1: Bestimmung der Wurzel

Alle Knoten senden ihre Identifikations-Nummer aus samt ihrer gegenwärtig angenommenen Länge zur Wurzel (initial 0). Sieht ein Knoten ein Paket eines anderen Knoten mit niedrigerer Identifikations-Nummer, so akzeptiert er diesen als Wurzel und sendet in der Folge seine Entfernung und die Identifikations-Nummer der angenommenen Wurzel aus. Empfängt er ein Paket mit geringer Entfernung zu seiner angenommenen Wurzel, so ersetzt er diese Längenangabe auch bei sich.

Nach einigen Iterationen sind allen Knoten im Netz die Wurzel und ihre jeweilige kürzeste Entfernung zur Wurzel bekannt.

Phase 2: Bestimmung des Vorgängers resp. der Nachfolger

Jeder Knoten sucht sich seinen Vorgänger auf dem Weg zur Wurzel. Kennt er mehrere Knoten mit gleicher kürzester Entfernung zur Wurzel, so wird der Knoten mit der kleinsten Identifikations-Nummer ausgewählt.

Jeder Knoten, der sich einen anderen Knoten als Vorgänger ausgewählt hat, teilt ihm das mit. Somit kennt ein Knoten auch seine Nachfolger.

Es gibt in der Literatur noch verteilte Algorithmen zur Bestimmung eines minimum-weight spanning-tree – d.h. die Summe über alle $k(i,j)$ des aufspannenden Baumes wird minimiert [Gall83]. Obiges Verfahren führt keine Kostenbetrachtungen durch. Um die entstehende Konfiguration zu beeinflussen, müssen die Identifikations-Nummern angepaßt werden.

Wenn der Spanning-Tree aufgebaut ist, kann ein Knoten jedes Paket auf allen Ästen außer der Empfangs-Kante weitersenden; dies führt dann zu keinen Loops. Durch zusätzliches Self-Learning – wie in Kap. 6.6 erwähnt – kann dies noch verbessert werden. Das Verfahren entspricht dem Standard 802.1.

Zur Überwachung des Spanning-Tree werden periodisch von der Wurzel des Baumes bis zu den Blättern hinunter Überwachungsnachrichten zu allen Nachfolgern gesendet. Wird dabei festgestellt, daß nicht mehr alle Nachfolger erreichbar sind, so läuft obiges Verfahren im Regelfall wieder erneut an. Für diesen Zeitraum ruht anderer Verkehr. Daher werden solche Verfahren in ihrer reinen Form nur in – hoffentlich weniger häufiger ausfallenden – lokalen Netzwerken eingesetzt. Knoten können dynamisch ohne Umkonfiguration hinzugefügt werden. Eine Verbesserung der Überwachung durch lokales Monitoring der an jedem Knoten bestehenden Kanten wird bei dem 100 Mb DEC Netz-Prototyp Autonet [Schr90] verwendet.

7.3.2.1.2 Volltopologie

In diesem Fall hält jeder Knoten die vollständige Topologie des Netzes und er berechnet daraus lokal die kürzesten Wege – z.B. mit dem Verfahren 1. Änderungen der Topologie müssen durch das ganze Netz verbreitet werden. Damit auch neu in das Netz kommende Knoten die bestehende Topologie erfahren, muß jeder Knoten in regelmässigen Abständen[3] seine Umgebungsinformation aussenden. Da diese Information von allen Knoten nach einer gewissen Verzögerung[4] bei einem neuen Knoten eintrifft, kennt er dann die komplette Topolgie des Netzes.

---

[3]ca. 60 Sekunden

[4]Diese Verzögerungszeit ist wegen der Laufzeiten ggf. länger als bei Teiltopologie-Verfahren. Während

Der Berechnungsaufwand bei Topologieänderungen läßt sich durch Einsatz des Shortest-Path-First (SPF) Algorithmus [McQu80] – oder auch Link State Alg. – verringern. Dieser Algorithmus legt die kürzesten Wege in Form eines Baumes ab – siehe auch den Baum T im Verfahren 1 – und kann dann diese Information bei einer Änderung wieder verwenden. Dieser Algorithmus wird seit 1980 im Internet verwendet.

Aber auch dieses Verfahren schließt Loops nicht vollständig aus. Der Grund ist nicht konsistente Information in den Netzknoten durch:

- falsche Reihenfolge von Update Pakete

- verlorengegangene Update-Pakete

- zeitweise vom Restnetz getrennte Knoten resp. Netzteile

Um diese Probleme zu lösen, wurden wieder diverse Verfahren vorgeschlagen [Perl83], z.B.

- Alterung von Update-Paketen durch Timer oder Hop-Count (ARPA)

- Sequenznummern zur Numerierung der Pakete (ANSI/ISO Intra Domain Routing, DECnet Phase V [Tsuc89b])

Zusätzlich zur Topologie wird man häufig die Resourcen der Kanten und Knoten als Routing-Information verteilen. Kennt man die Topologie, die genauen Kapazitäten aller Kanten und Knoten und das erwartete Lastaufkommen, so gibt es Verfahren, um optimale Routing-Entscheide zu treffen – für eine Übersicht siehe [Bert87] . Dies ist allerdings nur von theoretischem Interesse, denn in der Realität werden diese Verfahren nicht angewendet.

7.3.2.2 Verwaltung der Routing-Information

Es gibt eine Reihe von Charakteristika für die Verwaltung von Routing-Information:

1. **Flexibilität**

    Die Verwaltung variiert zwischen statisch – d.h. Änderungen nur durch manuell abgestimmte Verfahren (SNA) – und dynamisch – d.h. Änderung durch automatische Verfahren (DEC,IP,...)

2. **Ort der Verwaltung**

    Die Information kann zentral oder verteilt verwaltet werden. Bei der verteilten Verwaltung gibt es zwei Varianten:

    a) jeder Rechner im Netz verwaltet die Information

    b) jeder Knoten im Netz verwaltet die Information

---

dieser Zeit verbleiben die Kanten des neuen Knoten in einer „waiting"-Condition – d.h. außer den Routing-Updates wird keine Information übertragen

Diese Unterscheidung macht nur Sinn, wenn auch MAC-Sublayer-Netze im Gesamtnetz auftreten – dies ist heute der Regelfall. Allerdings gibt es auch die Möglichkeit, daß Rechner zwar mindestens zwei Schnittstellen zu verschiedenen Subnetzen haben, aber keine Knoten darstellen, da sie keine Pakete vermitteln. Diese Rechner werden als „Multihomed" bezeichnet.

Für den Fall a) gibt es als Beispiel das „source-routing" gemäß IEEE 802.5 – d.h. für den Token-Ring. Der Name „source routing" wird auch in anderen Protokollen verwendet und besagt, daß einem Paket explizit sein Weg mitgegeben wird. Ein Knoten im Netz entnimmt den nächsten Hop also dem Paket selber und sendet es an diesen Knoten – in anderen Netzen als Test-Paket für den Netzadministrator von Vorteil.

Das Verfahren in IEEE 802.5 basiert auf folgenden Prinzipien [Pitt87]:

- Jeder Rechner in einem Subnetz kennt alle Rechneradressen in seinem Subnetz
- Für Rechner außerhalb seines Subnetzes beschafft er sich den Weg zu diesem Rechner oder kennt den Weg bereits aus einer vorausgegangenen Beschaffungsphase.
- Zur Beschaffung sendet er ein „Discovery-Paket" aus. Dieses Paket enthält die Sender- und die Empfängeradresse. Als Resultat des Discovery-Paketes erhält der Sender eines oder mehrere Antwortpakete mit der Route zurück, wenn der Adressat erreichbar ist.

Die Funktionalität des Discovery-Paketes ist im Detail:

- Jeder Knoten im Ring nimmt ein Discovery-Paket auf und sendet es auf jedem seiner angeschlossenen Subnetze wieder aus. Vorher fügt er jedoch seine Knotenadresse und die Subnetzadresse, auf der das Paket weitergesendet wird, dem Paket hinzu.

  Ein Paket wird nicht von einem Knoten in ein Subnetz weitergegeben, wenn das Paket bereits dieses Subnetz durchlaufen hat.

- Ein Rechner im Ring nimmt das Discovery-Paket nur dann auf, wenn die Zieladresse seine Adresse ist. Je nach Typ des Discovery-Paketes sendet er nun die so empfangene Route direkt zurück oder schickt seinerseits ein Discovery-Paket mit der Zieladresse des nachfragenden Rechners aus (single route broadcast, multi route broadcast).

Je mehr parallel mögliche Wege zu Destinationen – nicht nur zur gesuchten – führen, desto mehr Pakete werden erzeugt. Im Falle von parallelen Knoten wachsen die Zahl der Discovery-Pakete exponentiell[5] mit der Zahl der parallelen Knoten. Als parallele Knoten werden solche Knoten bezeichnet, die genau dieselben Subnetze aus Fehler-Redundanz-Gründen miteinander verbinden. Dieses Verfahren ist problematisch bei

---

[5]Um dieses Problem wieder zu begrenzen wird in einzelnen Implementierungen – z.B. bei IBM – der Weg der Discovery-Pakete wieder eingeschränkt. Dies geschieht entweder durch ein Hop-Count, durch Ausfiltern von Discovery-Paketen an gewissen Knoten oder durch eigenes Routing-Verfahren (automatic single-route broadcast) [IBM89].

stoßweise beginnendem Verkehr auf dem Netz[6], Ausfall von Knoten und beim Wiederaufstarten von Verbindungen [Zhan86]. Ein Grund für dieses Verfahren war, die Implementierung auf den Knoten so einfach wie möglich zu gestalten.

Für den Fall b) „jeder Knoten im Netz verwaltet die Information" gibt es mehrere Varianten der Einbettung der Rechner in das Netz:

Kopieverfahren:
Die Rechner erhalten von den Knoten Kopien ihrer Informationen.

Defaultverfahren:
Der Rechner sendet alle externen Pakete an einen spezifischen Knoten.

In einem Fall ist diese Information statisch – bestenfalls können noch eine Reihe von Alternativen fest eingetragen werden.

Eigenes Protokoll:
Es existiert ein Protokoll, damit die Rechner den spezifischen Knoten erfahren. Dies wird für die ISO-Standards (8473, CD 10030) [Hage89] vorgeschlagen. Sowohl die Rechner wie auch die Knoten betreiben eine Variante des Hello-Protokolles. Dies stammt ursprünglich von DEC [Digi82] - siehe auch Kap.7.3.1. Dieses Protokoll verwaltet auch Rechneradressen aus dem DL (SNPA – Subnetwork Point of Attachement Address), aber nicht „bedarfsorientiert" wie bei ARP oder RARP.

3. **Aufwand für die Verwaltung**

Die allermeisten Verfahren verwenden ein eigenes Protokoll zum Austausch der Routing-Information. Die alternative Methode ist das „Backward-Learning" – siehe auch self-learning Bridges in Kap. 6.6). Sie geht auf Baran [Bara64] zurück. Dabei wird aus der in den Paketen enthaltenen Absenderinformation auf die Route zum Absender geschlossen. Dieses Verfahren registriert natürlich keine Veränderung zum Schlechten.

Ein zum Austausch der Routing Information eingesetztes Protokoll kann variieren im Bereich:

Flooding: Schicken aller Information durch das gesamte Netz; dies wird bei Updates in Volltopologieverfahren (SPF) verwendet.

Broadcast: Schicken aller Information zu allen Rechnern im Subnetz (RIP).

Selektiver Broadcast: Schicken aller Information zu allen bekannten Knoten im Subnetz (EGP).

Zum Erkennen der Knoten wird ggf. ein „Neighbour Acquisition Protocol" durchgeführt – siehe [McCo88].

Synchronisation der Updates: Durchlaufen des Graphen als aufspannender Baum [Dijk80], Verwendung von Zwei-Phasen-Transaktionsprotokollen [Colt89] – siehe auch Kap. 11.1.2 oder bestätigte Updates.

Routing-Information kann natürlich auch mit Papier resp. Mail übermittelt werden und ggf. manuell eingetragen werden (SNA). Dieses „Protokoll" ist relativ leicht zu implementieren und hat bei seltenen Änderungen sicher seine Vorteile.

---

[6]z.B. bei Arbeitsbeginn

7.3.3 Routing-Hierarchien

Bisher wurde beim Routing davon ausgegangen, daß das ganze Netz einheitlich mit dem gleichen Routing-Verfahren und der gleichen Routing-Information versehen wird.
Bei großen Netzen gibt es eine Reihe von Gründen, die gegen eine solche Lösung sprechen:

1. Die Routing-Updates werden immer belastender

2. Die Gliederung der Verkehrswege in Typen (Landstraße, Bundesstraße, Autobahn) wird nicht unterstützt. Bei großen Entfernungen ist auch die Akzeptanz für den längeren Aufbau einer Verbindung größer.

3. Organisationen sind nicht bereit, „Durchgangsverkehr" durch ihre Netze zu dulden resp. zu zahlen.

4. Je weiter man von einer Destination entfernt ist, desto gröbere Annäherungen sind in einer ersten Näherung akzeptabel.

5. Man will Verantwortlichkeiten für den Betrieb und Unterhalt von Mengen von Netzen in einer Hand zusammenfassen.

Daher macht es Sinn, das Netzwerk zu „clustern" – d.h. man faßt meist disjunkte Teilmengen des Netzes in einem Super-Subnetz zusammen. Routing-Information für Rechner in diesem Super-Subnetz wird nur noch gesamthaft einmal verteilt und alle nicht am „Rand" des S-Subnetzes liegenden Knoten werden nicht mit der umgebenden Infrastruktur behelligt. Diese Schachtelung muß durch eine oder ggf. mehrere Namenshierarchien unterstützt werden – siehe auch Kapitel 7.4.1.

Das Verfahren des Clustering ist vom Prinzip her beliebig wiederholbar, nur besteht häufig eine Limite – oft bei 2 oder 3 Schachtelungen – aufgrund existierender Namenskonventionen. Solche S-Subnetze heißen Area (DEC, OSPF), autonome Netzwerk (ARPA) oder Domain (ISO [Tsuc89]). Bei diesen Typen spiegelt sich die Schachtelung zumeist in der Topologie des Netzes wieder – dies muß und sollte im allgemeinsten Fall aber nicht so sein.

Es gibt zwei Ausprägungen des Clustering:

1. Jeder Knoten eines übergeordneten Cluster befindet sich auch in den untergeordneten Clustern. Einzelne Knoten des untergeordneten Cluster stehen dabei für Knoten in übergeordneten Clustern [Tsuc88]. Dies ist in der Variante 1 aus Abbildung 7.3 dargestellt.

2. Ein Knoten befindet sich immer genau in einer Ebene im Cluster oder an der Grenze von zwei Clustern. Dies ist der häufigste Fall in realen Routing-Verfahren – als Beispiel siehe Variante 2 in Abbildung 7.3.

Eine recht umfassende Diskussion über hierarchisches Routing und optimales Clustering findet sich in [Hago83] teilweise basierend auf Kleinrock [Klei77]. Das Optimalitätskriterium war dabei die minimale Größe der Routing-Information pro Knoten. Die Ergebnisse variieren dabei natürlich nach Wahl der Routing-Information. So hat Kleinrock [Klei77] für jeden Knoten als Routing-Information die Knoten seines Clusters und die Knoten auf

Variante 1 **Variante 2**

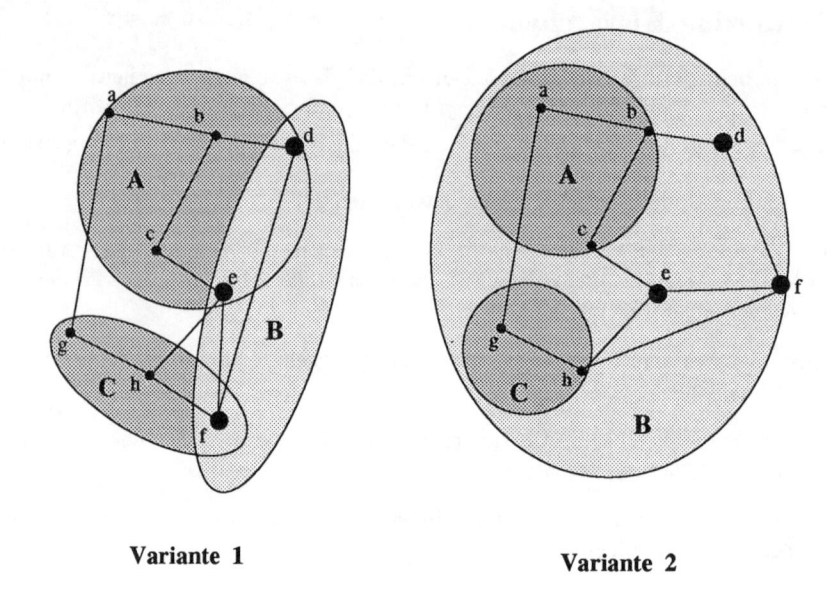

Abbildung 7.3: Beispiel für Clustering-Varianten

seinem Ast zur Wurzel inclusive allen Nachbarn auf diesem Ast als vorgesehen. Hagouel [Hago83] vermindert die Information derart, daß nur noch an den Randknoten eines Clusters die Informationen bis zur Wurzel vorhanden sind. Diese Variante entspricht auch mehr der heutigen Realität. Der Aufwand für den Unterhalt der Routing-Information wurde dabei nicht berücksichtigt; dieser ist aber zum Teil proportional zur Grösse der Routing-Tabelle. Kleinrock [Klei77] hat für seine Routing-Informations-Annahmen eine optimale Schachtelungstiefe von lnN mit N Anzahl der Knoten nachgewiesen.

Bei der Bildung von Clustern verschlechtert sich ggf. die optimal erreichbare Weglänge zwischen Knoten. Dies tritt u.U. wegen Nichtberücksichtigung von nicht in der Hierarchie liegenden Kanten ein – siehe beispielsweise die Kante (a,g) in Abbildung 7.3, Variante 2. In welchem Ausmaß die Pfad-Länge größer ist als das Optimum, hängt ab von

- der Größe des Netzes – Kleinrock zeigt auf, daß bei $N \to \infty$ die Pfadlängenvergrößerung immer mehr verschwindet.

- Ausmaß der Verknüpfungen im Graph – Je weniger Verbindungen es zwischen zwei Knoten gibt, desto schneller konvergiert das Pfad-Längen-Verhältnis.

Hagouel [Hago83] hat durch Simulationen für die Variante des Aufbaus der Routing Information gemäß Kleinrock aufgezeigt, daß bei ca. 30 Knoten pro Cluster etwa 35% schlechtere Wege entstehen. Bei seinen eigenen Varianten verschlechtern sich die Wege um etwa 60%.

Wenn man davon ausgeht, daß in realen Netzen die Durchsatzleistung der umfassenderen Netze (Autobahnen) besser wird als der evtl. point-to-point Verbindungen (Landstraßen),

7.3. Routing

so würde natürlich die Pfadlängenvergrößerung bald keine Rolle mehr spielen, sondern sich eher in das Gegenteil verkehren.

Andere Varianten für ein optimales Clustering basieren auf der Vorgabe von Verkehrsströmen zwischen den Knoten inclusive ihrer Verteilung und der Kapazität der Verbindungen. Wenn man solche Angaben hat, können Clustering-Verfahren mit dem Zielkriterium der optimalen Nutzung der Verbindungen in [Bert87], pp. 360-371 verwendet werden.

Wenn man Netze in der genannten Art und Weise strukturiert, muß man nicht auf jeder Ebene das gleiche Routing-Protokoll zum Einsatz bringen. Da häufig der Grund 3) resp. 5) beim Clustering eine wesentliche Rolle spielt, werden Institutions-übergreifend Routing-Protokolle verwendet. Für die sogenannten externen Routing-Protokolle siehe EGP – Exterior Gateway Protokoll (ARPA) und das Level-2 OSI-Protokoll IS-IS [Tsuc89]. Innerhalb einer Institution kann für die Zusammenfassung aber auch das gleiche Protokoll zum Einsatz kommen (Beispiel: OSPF [Colt89]).

Hierbei wird ein Routing-Protokoll in weiter Übereinstimmung mit der Literatur als externes bezeichnet, wenn die Zustellung gemäß dem durch die Schachtelung implizierten Baum nach erfolgt und die Verwaltungs-Information nur diesen Baum widerspiegelt. Der Baum kann dabei aber auch Cluster mehrfach als logisch kopierte Knoten enthalten und somit parallele Wege zu einem Cluster darstellen. Dies wäre in der Abbildung 7.3, Variante 2 für das Cluster A notwendig.

Durch diese Beschreibung sollte klar sein, daß ein Paket nur dann in ein Cluster gelangt, wenn in diesem oder darunterliegenden Clustern sein Ziel liegt. Somit werden Cluster, die Querverbindungen zu anderen Clustern gleicher Schachtelungstiefe haben, nicht durch Vermittlungsverkehr in ihrem Cluster behelligt. Die cluster-umfassende Vermittlungsinformation wird dies insofern widerspiegeln, als sie nur die Netze als erreichbar in einem Cluster ansieht, die zu diesem Cluster gehören. Dies kann erreicht werden durch Hinzufügen einer Cluster-Kennzeichnung für jeden Knoten. Bei ARPA ist dies der „Autonomous System Identifier". In der Abbildung 7.3, Variante 2 sieht daher der Knoten b den Knoten g als nicht erreichbar über sich an.

Da die Verwirklichung der Forderung 3) bei internen Netzen nicht wesentlich ist, erlaubt z.B. OSPF Teilstücke des übergeordneten Netzes durch ein untergeordnetes Netz – immerhin wohldefiniert – zu führen.

Das Protokoll EGP stellt keine zusätzliche Kostenschätzung mit der Erreichbarkeit zur Verfügung, weil Kostenschätzungen in nicht gemeinsam administrierten Netzen nicht abgestimmt sind – der eine verwendet Miles und der andere km. Für weitere Charakteristika von EGP siehe Kap. 7.3.2 resp. [McCo88].

Da die externen Protokolle keine Information über den inneren Aufbau eines S-Subnetzes haben, können Partitionierungen des S-Subnetzes durch nicht mehr funktionierende interne Verbindungen trotz ggf. mehrerer paralleler Wege in das S-Subnetz zur Nicht-Erreichbarkeit von Rechnern führen. Wenn in der Abbildung 7.3, Variante 2 die Verbindung von c nach b unterbrochen ist, dann ist der Verkehr zu anderen Empfängern in A nicht mehr möglich; jedoch können diese über b noch erreicht werden. ISO hat in ihren Protokollen für diesen Fall eine Erweiterung in Form einer Absprache der Knoten, die an der Schnittstelle zum S-Subnetz liegen, eingeplant. Diese Absprache führt dann dazu, daß bei Nichtzustellbarkeit von der einen Seite in das S-Subnetz hinein ein anderer paralleler Weg versucht wird.

7.4 Naming

Wie man aus den vorausgegangenen Kapiteln ersehen hat, sollte die Namensbindung im Regelfall hierarchisch sein und am besten möglichst tiefgehend strukturierbar in der Art

$$Neta.Netb.\ \ldots\ldots\ Netn.Rechner$$

In dieser Allgemeinheit ist es bedauerlicherweise nirgendwo vorgesehen. ISO hat folgende Struktur (ISO8348 Addendum 2, 1988):

$$\underbrace{Authority\ Format\ Identifier.\underbrace{Initial\ Domain\ Identifier}_{IDI}.}_{Initial\ Domain\ Part\ (IDP)}\underbrace{Domain\ Specific\ Part}_{DSP}$$

und ist dabei zunächst einmal auf öffentliche Betreiber ausgerichtet. AFI legt fest, welcher Typ von IDI folgt; AFI's werden von ISO oder CCITT – je nach Wertebereich – festgelegt. Allerdings gibt es auch die Nummer 49; diese erlaubt zwar eine beliebige lokale Nutzung der gesamten Restadresse, aber erlaubt auch keinen Anschluß an ein internationales ISO-Netz. Der AFI 39 ist den ISO Mitgliedsländern zugeordnet und ein spezieller IDI wird dann sicher DIN resp. SNV identifizieren. Die nationale Standardorganisation kann dann unter ihrer Hoheit, Vorschriften für den Aufbau der DSP erlassen und eine Registrierung durchführen. Eine Strukturierung des DSP ist als CD bei ISO [Tsuc89] (Längenangaben in Byte):

$$\underbrace{Rest\ LOC-AREA_2}_{AREA}\ Rechnerid_6\ Protokolltyp_1$$

Offen ist, ob der *Rest* noch unterteilt werden darf. Ist er nicht mehr unterteilbar, kann man innerhalb eines privaten Netzbetreibers nur eine Hierarchiestufe unterstützen. Ein Ausweg wäre dann noch die Form eines „Transparent Gateway" wie bei IP – siehe Kapitel 7.4.1. Eine stärkere Strukturierung hat das US GOSIP [FIPS90] bei ihrer Strukturierung des DSP vorgesehen:

$$DSP-Format-Identifier_1, Administrative-Authority_3, Reserved_2,$$
$$Routing-Domain_2, Area_2, Rechnerid_6, Protokolltyp_1$$

Dabei ist das *Reserved* Feld und ein Anteil der *Administrative-Authority* noch zur Verfeinerung der Routing-Hierarchien verwendbar.

IP hat grundsätzlich die Adressierung *Neta.Rechner*, wobei es drei[7] Typen – sogenannte Classes – dieser Struktur gibt:

A: 1 Bytes Netzadresse (inclusive 1 Bit Classerkennung), 3 Byte Rechneradresse

---

[7] es gibt noch zwei weitere Varianten Class D für Multicast und Class E für Testzwecke

7.4. Naming

B: 2 Bytes Netzadresse (inclusive 2 Bit Classerkennung), 2 Byte Rechneradresse

C: 3 Bytes Netzadresse (inclusive 2 Bit Classerkennung), 1 Byte Rechneradresse

Weitere nicht erwähnte Spezialfällen erlauben Broadcasts und dienen als Loopback-Adresse (Zurückbinden).

Diese Adressbereiche werden vom Internet NIC verwaltet und auf Anforderung werden eindeutige Adressen zugeteilt – zur Zeit teilt das NIC nur noch Class C Adressen zu.

Ein Rechner kann auch mehrere Adressen besitzen (Multihomed) ohne als Knoten zu funktionieren; meistens sind dafür Verfügbarkeitsgründe oder Strukturierungsmaßnahmen verantwortlich. Problematisch ist dann die Zuordnung vom Namen zur Adresse. Wenn der Multihomed-Rechner sich zusätzlich noch entschließt ein Paket auf einem Interface zurückzusenden, das nicht dem Namen entsprach, auf dem er es erhalten hat, kann es problematisch werden. Hier ist den Empfängern meist erlaubt, solche Pakete zu ignorieren. Dies ist eine Schwierigkeit bei der Nutzung von Class A Stationen bei FDDI – siehe auch Kap. 6.1.2.2. Diese Stationen können im Normalfall über zwei Adressen und im Fehlerfall über eine Adresse erreicht werden [Ross90].

7.4.1 Lokale Unterteilung einer Netzadresse

Ausgehend von der hierarchischen Unterteilung von Netzwerken ist die Idee in einem abgeschlossenen Netzteil[8] eine lokale Unterteilung einer Netzadresse so zu verwenden, daß intern diese eine Netzadresse wie viele Netzadressen erscheint.

Sieht man die obige Unterteilung der Netzadressen in IP würde man vermuten, daß man eine Class A Adresse gleichermaßen als viele (ca. 255) Class B Adressen ansehen könnte. Leider ist einer Adresse wegen der Classerkennung immer sofort anzusehen, ob sie eine Class A, B oder C Adresse ist. Und diese Logik ist auch in allen IP-Implementierungen fest eingebaut, um die Netzadresse und die Rechneradresse zu identifizieren. Nun hat man zum Trick „Subnetmask" [Mogu85] gegriffen: Alle Positionen mit einer binären 1 in der Maske spezifizieren die Netzadresse und alle mit 0 die Rechneradresse. Will man also in einer lokalen Unterteilung eine Class A Adresse wie eine Vielzahl von Class B Adressen behandeln, so wird man in der Unterteilung die Subnet-Mask 16 mal 1 und 16 mal 0 verwenden.

Diese variable Interpretation der Netz- und Rechneranteile ist unproblematisch, wenn alle IP-Implemetierungen im unterteilten Bereich den Mechanismus kennen. Man kann aber auch nur – umständlich – damit leben, wenn alle Knoten es verstehen. Details finden sich in [Come88] unter dem Stichwort „Proxy Arp".

Diese Form der Unterteilung kann man, falls der Adressbereich ausreichend ist, auch geschachtelt verwenden. Dies macht sich das Protokoll OSPF [Colt89] zu Nutze.

7.4.2 Nicht ausreichender Namensraum

Reicht der Namensraum nicht mehr aus oder sind die Adressbereiche nicht mehr disjunkt (haben ggf. auch unterschiedliche Adressformate), so müssen Namensabbildungen durchgeführt werden.

---
[8]könnte eigentlich logisch sein – zumeist aber auch physisch

Ein Beispiel dafür ist SNI (SNA Interconnection) – siehe [Meij87], pp. 143-153. Da in SNA ein Endpunkt (PU o. LU) nur adressiert werden kann, wenn auch die Route vordefiniert wurde und man bei Vereinigung zweier Netze sich häufig zunächst auf Verbindungen zwischen ausgewählten Systemen beschränken kann, geht SNI den folgenden Weg:

- beide Teilnetze legen einen gemeinsamen Gateway-Knoten und einen Gateway-Namensabbildungs-Rechner (SSCP: System Service Control Point) fest – der Einfachheit halber sind beide in unserer Betrachtung identisch.

- für über die Teilnetz-Grenzen erreichbare Systeme (besser LU's) werden aus dem jeweiligen anderen Teilnetz zulässige Namen gemäß den Konventionen jeder Netzseite festgelegt.

- die Namensabbildungen werden in dem Gateway SSCP abgelegt und jedes Paket an einen Rechner im anderen Teilnetz wird an den Gateway gesandt und von ihm abgebildet. Für jedes der Endsystems ist der jeweilige andere Namensraum nicht sichtbar.

Einen Vorteil dieser Methode gibt es und dieser wird von IBM propagiert: es ist bekannt welche Systeme aus unterschiedlichen Netzen – z.B. unterschiedlichen Organisationen – miteinander kommunizieren können. Allerdings ist dieses Ziel auch anderweitig – z.B. Filtering-Methoden auf dem NL – ohne diese Unterhaltskosten erreichbar.

Es gibt auch eine weitere Form von SNA-Netzen – sogenannte APPN-Netzwerke (Advanced-Peer-to-Peer), die besser kombiniert werden können. Die APPN-Netzwerke wurden 1986 für das System/36 eingeführt und erlauben auch dynamisches Routing. Allerdings wird nur ein eingeschränkte Funktionalität von SNA unterstützt[9].

7.5 Gateway versus Router versus Bridges versus Intermediate Systems

Dieses Kapitel soll zunächst den Begriff des Knoten – wie wir ihn bisher verwendet haben – der üblichen Terminologie anpassen.

Die Funktion einer Bridge – siehe Kapitel 6.6 – ist (ursprünglich) die Verbindung von DL-Netzwerksegmenten. Die Funktion eines Routers (TCP/IP oder DECnet Terminologie) oder Intermediate Systems (ISO Terminologie – abgekürzt IS) ist die Verbindung auf dem NL – also in etwa das, was wir als Knoten bezeichnet haben. Rechner, die keine Knoten sind, tragen bei ISO den Namen End-system (ES). Da die Protokolle in den Bridges zum Teil (Source Routing, Spanning Tree) aber dem Routing sehr stark ähneln, kann man Bridges auch als Knoten auffassen.

Wegen der Verwandtschaft von Bridges und Routers hat sich heute bereits der Name Brouter eingebürgert. Routers wurden früher – und manchmal auch heute noch – Gateways genannt; heute wird dieser Begriff eher bei der Verknüpfung und einer entsprechender Übersetzung von verschiedenen Protokollen auf höherer Ebene verwandt. Hier existiert aber auch der Name „Protocol Converter". Wenn die Übersetzung trivialerer Art ist und in etwa *1* zu *1* erfolgen kann, spricht man auch wieder von Bridges [Rose90].

---

[9]PU 2.1 und LU 6.2 – siehe auch Kap. 11.1.3.

7.6. Spezielle Netzwerk-Layer

Bridges und Routers sind potentielle Engpässe in Netzen. Es ist daher ratsam, für diese Funktion keinen General-Purpose Rechner zu verwenden – siehe auch Kap. 4.8.

Bridges sind generell wegen geringerer Komplexität etwas leistungsfähiger bei gleichem Preis – erreichbar ca. 15.000 Pakete pro Sekunde. Bei kleinen Paketen stellt diese Rate ein Problem dar.

Routers können im Gegensatz zu Bridges:

- verschiedene DL mit abweichenden Geschwindigkeiten unterstützen
- Routing-Hierarchien unterstützen
- Load-Balancing unterstützen
- Pakete in ein DL nur übertragen, wenn die Destination auf diesem Wege erreichbar ist

Bridges und Routers können ggf. zusätzlich zu allen vorgenannten Aufgaben noch weiterhin:

- Broadcasts auf Subnetze einschränken
- intelligentes Filtering unterstützen

Bei Gateways oder Routers spricht man von Half-..., wenn der Gateway oder Router in der „Mitte" getrennt wird und durch ein serielles resp. paralleles Verbindungsglied mit seiner anderen „Hälfte" verknüpft ist. Hierbei haben wir etwas Probleme mit der „Knoten"-Notation, aber die Lösung wurde bereits bei Einführung eines Knotens in Kapitel 7.3 erörtert. Ein Beispiel für einen Half-Gateway tritt bei X.75 (Kap. 7.6) auf.

7.6 Spezielle Netzwerk-Layer

Hier werden – soweit noch erforderlich – die wichtigsten Eigenschaften einiger NL vorgestellt.

7.6.1 ARPA

Das connection-less Internet-Protokoll IP samt seiner diversen Routing Protokolle wurde bereits ausführlich in den vorigen Kapiteln dargestellt, hier wird der Aufbau des Gesamtpaketes (Längenangaben in Bit als Subskript) angegeben:

$Version_4$, $Header\ Length_4$, $Type\ of\ Service_8{}^{10}$ *(Verläßlichkeit, Geschwindigkeit)*, $Gesamtlänge\ Paket_{16}$, $Paket\text{-}Identifikation_{16}$ *(notwendig im Falle einer Fragmentierung)*, $Don't\ Fragment\ Bit_1$, $More\ Fragment\ to\ Come\ Bit_1$, $Fragment\ Number_{13}$, $Time\text{-}to\text{-}Live\ Counter_8$, $Protokolltyp\ auf\ TL\text{-}Layer_8$, $Header\ Checksum_{16}$, $Source\text{-}Adresse_{32}$, $Destination\text{-}Address_{32}$, $Options\ (security,\ Source\text{-}Routing,\ ...)_{32}$, $Daten$

---

[10]soll in Zukunft auch in der Routing Information gehalten werden. Gedacht ist dabei an MTU oder eine Round-Trip Delay. Der Type of Service (TOS) wird somit den QOS ähnlicher

Insgesamt minimal 192 Bit groß – damit ist Padding beim Ethernet sicher niemals erforderlich. Das Paket enthält nur eine Header-Checksum, weil diese Berechnung an einem Knoten wegen der geringeren Größe schneller ausgeführt werden kann. Die Daten müssen auf einem höheren Layer per Checksum geprüft werden. Die maximale Größe der Daten ist nicht spezifiziert, aber eine maximale Größe von 576 Bytes wird empfohlen.

Das zur Fehlerbehandlung auf diesem Layer verwendete Protokoll ist ICMP (Internet Control Message Protocol). Es dient zur Meldung von Fehlern (Destination-unreachable, Redirect, Source-Quench, Time-Exceeded, Parameter Problem) und Anfragen (Echo, Timestamp, Address-Mask). Fehlermeldungen dürfen nicht als Ergebnis einer anderer ICMP-Message oder nach einem Broadcast- resp. Multicast geschickt werden.

Das gegenwärtig am meisten verwendete Routing-Protokoll bei IP ist RIP; dies hat folgende Charakterisika – zusammengefaßt aus den vorigen Kapiteln:

- lokale Verantwortung
- Zielkriterium: minimale Anzahl von Hops
- Eindeutiger Entscheid
- Time-Out-Verfahren
- Entscheid bei MAC-Sublayer: Adresskennung
- Teiltopologie-Verfahren
- dynamische, dezentrale Verwaltung auf Knoten und ggf. allen Rechnern
- eigenes Protokoll zum Austausch der Information (Broadcast)
- keine Routing-Hierachie

OSPF verbessert dies durch Volltopologie und der Unterstützung von Routing-Hierachien.

7.6.2 XNS

Das IP entsprechende Protokoll ist IDP (Internet Datagram Protocol). Die Adresse besteht aus zwölf Byte ($Net_{32}.Rechner_{48}.Prozeß_{16}$) und enthält auf diesem Layer bereits die Prozeß-Adresse (TSAP). Die Länge der Rechner-Adresse korrespondiert mit der Länge der Adresse des beim Xerox entwickelten Ethernet. In Abweichung zu IP wird eine Checksumme für das ganze Paket verwendet und die Größe des Paketes ist auf 546 Bytes begrenzt. Eine Fragmentierung des Paketes ist nicht möglich.

7.6.3 DEC

DECnet ([Schw87],pp.305-313) verwendet das Verfahren 2 auf zwei Ebenen – innerhalb einer Area und Area-übergreifend. Area übergreifender Verkehr gelangt erst zum Area-Knoten (Adresse 0), dann in das Area-übergreifende Netz und schließlich in das Area, wo sich der Zielrechner befindet – Adressen haben die Form 6 bit Area, 10 bit Rechner.

7.6. Spezielle Netzwerk-Layer

Die Matrix C(,,) trägt den Namen „Routing database" und next(,) den Namen „Forwarding database" – siehe Verfahren 2 in Kapitel 7.3.2.1. Der Hop-Count beschränkt einen möglichen Weg auf maximal 63 Knoten.

Es gibt zwei Typen von Paketen: „short format" mit 5 Byte Header für Point-to-Point Links und „long format" mit 21 Byte Header für MAC-Layer Subnetze.

7.6.4 X.25

Dieses Protokoll wurde von CCITT 1974 vorgeschlagen und ist zur Zeit sicherlich das WAN-Protokoll. Die Schnittstellen heißen gemäß Kapitel 6 DTE und DCE, Knotenrechner heißen DSE (Data Switching Exchange). Der DL basiert im Regelfall auf LAPB – aber man findet auch X.25 Implementierungen über Ethernet. X.25 kombiniert Leistungen des NL und TL in einem Protokoll.

X.25 stellt nur connectionfull-Services in zwei Varianten zur Verfügung:

virtual calls: Verbindungen können dynamisch auf- und abgebaut werden

permanent virtual calls: Fixe Verbindungen ohne die Möglichkeit des Auf- oder Abbaus, außer durch die PTT

Jede Verbindung kann auf einem von 4095^{11} Kanälen stattfinden, die in Bänder für permanente, ankommende, ankommende/abgehende^{12} und abgehende Verbindungen fix unterteilt sind.

Zum Unterhalt einer Verbindung werden folgende Varianten verwendet:

Call Request   (ISO: connect.request resp. connect.indication)
Call Accepted   (connect.response resp. connect.confirm)
Clear Request   (disconnect.request)
Clear Confirmation   (ISO erst im PL)

Die beim Aufbau einer Verbindung gewählte Kanalnummer des Initiierenden steht in keiner Beziehung zur Kanalnummer beim Gerufenen.

Dabei werden die Adressen im X.121 Format angegeben:

$$Ländercode_{3-Dezimal}.Netzwerk_{1-Dezimal}.Host_{10-Dezimal}$$

Weiterhin wird die maximale Paketlänge und die Window-Size vom Absender vorgeschlagen. Diese Werte kann der Empfänger bei seiner Antwort akzeptieren oder näher zum Default-Wert hin abändern – eingeschränkte Negotiation Phase. Ein „User-Data"-Feld kann beim Verbindungsaufbau zur Weiterleitung an einen spezifischen höhergelegenen Layer mitgegeben werden. Beim Aufbau der Verbindung spezifiziert der Absender seine Virtual-Circuit Nummer – CEP bei ISO.

Die Länder-PTT's stellen sogenannte Closed-User-Groups (CUG) zur Verfügung, so daß nur Benutzer bestimmter DTE-Adressen miteinander kommunizieren können – dies gilt jedoch nicht länderübergreifend.

---

[11] Der 4096.te Kanal – besser gesagt der 0.te – ist ein Dienstkanal, der zum Zurücksetzen aller virtuellen Verbindungen dient

[12] Hierbei können „Call Collisions" auftreten, die aber weitgehend dadurch vermieden werden, daß DCE resp. DTE das Band von unterschiedlichen Seiten her nutzen

Das Daten-Paket Format ist:

$Qualified\text{-}Data\text{-}Bit_1$ *(Dringlichkeit, wird verwendet vom TL), Bestätigungsanforderung (lokal, remote^{13})$_1$, Modulo-Typ$_2$ (für Sliding-Window), Virtual-Circuit-Nummer$_{12}$ (bestehend aus Subfeldern Group und Channel), Piggyback$_3$, More-Bit$_1$ (spezifiziert zusammenhängende Pakete), Sequence-Nummer$_3$*

Interrupts können ohne Bezug auf das Sliding-Window übermittelt werden, denn implizit wird mit jedem Kanal auch ein „Interrupt-"Kanal verbunden. Der Verkehr ist normalerweise gesichert, aber bei Fehlerfällen oder Überlast im Netz[14] können Pakete verlorengehen.

1980 führte CCITT einen connectionless-Service ein, der aber 1984 wegen Nicht-Verwendung wieder entfernt wurde. Statt dessen wurde 1984 das „fast-select"-Feature eingebaut; dieses Feature erlaubt dem Verbindungsaufbau und –abbau jeweils maximal 128 Byte Daten beizufügen – dies wird z.Z. hauptsächlich für Geldauszahlungsautomaten verwendet.

7.6.5 X.75

Auf diesem Standard basiert die Verknüpfung von Landes-X.25-Netzen. Die PTT's haben ihre X.25-Netze nicht direkt zusammengeschaltet, wegen

- Eigentümerrechten der Knotenrechner
- Abrechnungsgründen (connect time)
- Nicht-Standardisierung der internen Protokolle von X.25 (z.B. für DSE)

Die nur teilweise Standardisierung des NL-Layer scheint bei CCITT Tradition zu haben, denn für das SS7-NL-Protokoll von ISDN merkt [Hard89] (p.124) an, daß die Switches auch herstellerspezifische Teile beinhalten müssen, da der Layer nicht vollständig ausspezifiziert ist. ISDN hat fünf sogenannte Referenzpunkte[15] festgelegt, die als Übergänge zu anderen PTT's genutzt werden können.

Für die Übergänge werden zwei Rechner als Half-Gateways betrieben. Um die Abrechnung möglich zu machen, werden virtuelle Verbindungen Hop-zu-Hop über die Half-Gateways betrieben. Für jeden virtuellen Circuit wird zwischen den Half-Gateways das Protokoll X.75 zum Auf- und Abbau der Verbindung verwendet.

7.6.6 ISO

Die Routing-Protokolle zwischen IS und IS befinden sich – siehe Kap. 7.3 – noch in der Standardisierungsphase (DS 8473). Fest stehen jedoch die Services, die Pakettypen und das Routing zwischen ES/IS – siehe ISO 8348, ISO 9542 und CCITT X.213.

Folgende NL-Primitive gibt es:

---

[13]Remote im Sinne von entfernte resp. Gegenseite. Nur in diesem Fall wird die Ablieferung an der Destination zugesichert. Die Bestätigung erfolgt mit den HDLC Kontrollpaketen RNR (Receive Not Ready) resp. RR (Receive Ready).

[14]Reset Request

[15]K,L,M,S und P

7.6. Spezielle Netzwerk-Layer

- Aufbau analog wie in Kap. 4.4 mit Parameter für Sender-NSAP, Empfänger-NSAP, Acknowledge-Wunsch, Wichtige-Daten-Unterstützung, QOS und weitere Daten zur Identifikation

- Daten-Übertragung mit N-DATA.request und N-DATA.indication ggf. mit Acknowledgement[16] und Wichtige Daten-Angabe (Expedited Data)

- Fehlermeldung mit N-RESET samt Grund

Die beim Aufbau der Connection angegebenen QOS sind eine Unzahl von Leistungsparametern – wahrscheinlich wird in den Implementierungen nur ein Bruchteil verwendet werden:

- Fehlerratenvereinbarung beim Transfer resp. beim Ab- oder Aufbau und nach Art des Fehlers gestaffelt

- Durchsatz

- Verzögerung

- Priorität

- Kosten

- Protection Variante

Wie auch bei X.25 ist der Zustellweg im connectionfull Mode nach Verbindungsaufbau festgelegt und kann nicht dynamisch den Gegebenheiten angepasst werden.

ISO hat auch einen eigenen Standard (ISO 8881) zur Verwendung von X.25 über LAN's definiert; dieser COM-Service verwendet den LLC-Sublayer.

Falls der Service connectionless ist (ISO 8348, Add.1, ISO 8473) gibt es

- Übertragung analog zu Kap. 4.4 nur noch mit request und indication mit Parameter für Sender-NSAP, ggf. ein partieller Zustellweg, Empfänger NSAP, QOS[17] und Daten

- Zusätzliche Möglichkeiten (Facility, Report) der Abfrage von zulässigen QOS resp. der Meldung von Fehlern. Der Report wird ggf. vom Empfänger ausgelöst und liefert eine Meldung über den aufgetretenen Fehler; der Empfänger erhält jedoch keine Information, welcher request genau diesen Fehler ausgelöst hat.

Das ISO-Paket (N-PDU) besteht daher aus:

Protokoll-Spezifikation$_8$, Header-Länge$_8$, Version$_8$, Lebensdauer$_8$, Fragment-Erlaubt$_1$, Mehr-Fragment$_1$, Fehlerreport gewünscht$_1$, Daten/ Error-Pakettyp$_4$, Fragment-Länge$_{16}$, Checksum$_{16}$, Destination-NSAP Länge$_8$, Destination NSAP, Source-NSAP Länge$_8$, Source NSAP, Paket-Identifikation(optional)$_{16}$, Fragment-Nummer(optional)$_{16}$, Gesamt-Paket-Länge(optional)$_{16}$, Options (optional und unterteilt pro Option in Parameter Code, Länge und Wert), Daten

---

[16] ohne Sequenznummer, da diese Funktion eigentlich erst im TL
[17] ohne Durchsatz, Fehlerratenvereinbarung und Geschwindigkeit

Minimale Länge für ein N-PDU sind somit 128 Bit ohne jegliche Daten.

Die Routing-Protokolle zwischen End-Systemen und Intermediate-Systemen für CLM wurde im Standard 9542 im Jahre 1988 [ISO9542] festgelegt. Einen Überblick über die Funktionen und die Notwendigkeit ihrer Implementierung gibt die Tabelle 7.1. Die ersten drei Spalten bezeichnen Klassen von Funktionen. Die Klassenbezeichnungen haben folgende Bedeutung:

MIN: stellt das absolute Minimum dar

CI: Configuration Information

RI: Redirection Information

Zu jeder Klasse gehört ein Satz von notwendigen Funktionen in ES- und/oder IS-Systemen.

Die Funktionen in der Tabelle 7.1 zeigen auf, daß man keine Möglichkeit vorgesehen hat aus einer NSAP-Adresse abzuleiten, ob das zugehörige System im eigenen Subnetz ist.

Zusätzlich zum Begriff NSAP-Adressen tritt hierbei auch noch der Begriff NET (Network Entity Title) auf. Diese Adressform wird nur beim IS benötigt, weil ein NSAP eine Service an der Schnittstelle zum TL bezeichnet, aber bei einem Intermediate System der NL nicht verlassen wird. Dies ist ein Problem der Adressierung im OSI-Modell. Der Standard erwähnt an dieser Stelle erstmals für OSI Broadcasts auf Netzen, falls diese das unterstützen. Zusätzlich enthält der Standard Richtwerte für Timer. Der Paketaufbau findet sich im zugehörigen Standard; die Pakete tragen den Namen End-System-Hello (ESH) resp. Intermediate-System-Hello (ISH).

Dieser Layer wird bei ISO noch folgendermaßen unterteilt:

- Subnet-Independent-Sublayer: Dies ist der eigentliche NL.

- Subnet-Enhancement-Sublayer: Dieser Sublayer erweitert die Funktionalität des DL. Hier wird auch die Abbildung von DSAP's auf NSAP's gesehen – siehe auch Kapitel 6.5.

    In diesem Sublayer muß ggf. eine Anpassung von connectionless zu connectionfull vorgenommen werden, denn die ISO Protokolle eines Mode basieren auf dem gleichen Mode in dem darunterliegenden Layer. Da dies aber für viele DL meist nur einer der Modi ist, muß hier eine passende Emulation vorgenommen werden. Dies kompliziert die Übertragung und die diversen nötigen Anpassungen aber ungemein. Ein eher pragmatischerer Ansatz ist, die Übertragung irgendwie über die Teilstücke zu realisieren und ein hinreichend sicheres TL-Protokoll zu verwenden – siehe dazu auch [Rose90], pp. 76-84.

- Subnet-Access-Sublayer: Erledigt spezielle Charakteristika für einen DL.

    In diesem Sublayer wird das Problem der „Link-Etablierung" behandelt. Dieses Problem tritt auch bei anderen Protokollen auf, wird dort aber nicht einem speziellen Sublayer des NL (ggf. auch DL) zugeordnet. Der Aufbau eines Links ist je nach Topologie unterschiedlich:

7.6. Spezielle Netzwerk-Layer

MIN	CI	RI	Funktionsname	Bedeutung
	ES,IS		Report Configuration	Sendet Erreichbarkeitsinformation von ES resp. IS ab
	ES,IS		Record Configuration	Empfängt und verarbeitet Erreichbarkeitsinformation bei ES resp. IS
	ES,IS		Flush Old Configuration	Entfernt alte Erreichbarkeitsinformation – wird nur lokal durch Ablauf eines Timers ausgelöst
	ES		Query Configuration	Nachfrage über Erreichbarkeit eines NSAP's – wenn kein IS existiert oder bekannt
ES	ES	ES	Configuration Response	Antwort eines ES auf Query einer vorausgegangenen „Query Configuration"
			Configuration Notification	Transfer aller verfügbaren Erreichbarkeitsinformation bei Eintreten eines neues Systemes
		IS	Request Redirect	Mitteilung an ES, daß ein anderes IS einen besseren Weg für das Ziel-NSAP liefert. Gegebenenfalls kann auch eine Menge von NSAP's angegeben werden (mittels Adreßmaske). Damit können auch Routen zu Netzen und nicht nur zu einem Host übermittelt werden – siehe Kap. 7.3.2.1.
		ES	Record Redirect	Verarbeitet „Request Redirect"
			Refresh Redirect	Wird ein Datenpaket von einer Destination empfangen dessen Route mit einem „Request Redirect" eingetragen wurde, so wird die Lebensdauer für diesen Eintrag erhöht. Dies ist primär gedacht für Destinationen im eigenen Subnetz.
		ES	Flush Old Redirect	Löschen von alter Redirect-Information – wird nur lokal durch Ablauf eines Timers ausgelöst
	ES,IS	ES,IS	Error Handling	

Tabelle 7.1: Überblick über die Funktionen von ES/IS Routing

Baum, Bus, Ring:
Hierbei ist jeder Partner im Subnetz ohne weitere Aktionen erreichbar.

Meshed, Point-to-Point:
In solchen Topologien kann eine Verbindung entweder statisch, dynamisch-fix oder dynamisch-variabel sein. Dynamisch-fix ist ein Link, wenn er nur bei Nutzung aktiviert wird und das Zielsystem bei der Konfiguration des Links fixiert wird. Dynamisch-variabel ist ein Link, wenn das Zielsystem aus der Adresse des Paketes bestimmt wird; somit steht dieser Link für eine Menge von möglichen Verbindungen. Bei DECnet heißt dynamisch-fix DCM (Dynamic Connection Management) und dynamisch-variabel DA (Dynamically assigned).

Für weitere Details siehe den Standard oder [Pisc84] resp. [Stal87], pp.129-131.

7.6.7 ISDN

Die Grundtypen der Leistungen von ISDN variieren pro benutztem Kanal – siehe Kap. 5.5:

Kanal B: circuit-switched, packet-switched (X.25), semipermanent [18]

Dieser Kanal kann zum Unterhalt von mehreren Endgeräten mit geringerer Leistung ge-multiplext[19] werden oder es erfolgt ein Padding[20] (Auffüllen) der Frames mit Dummy-Information. Die Raten werden beim Aufbau einer Verbindung ausgehandelt und müssen bei den Teilnehmern identisch sein.

Kanal D: Signalisierung für Kanal B, Emergency-Services, Teletex, Videotex, Packet-switched Kontrollpakete

Kanal H: Wird nur auf Sonderwunsch für höhere Datenraten (384, 1.536, 1.920 Kb) eingerichtet. Es ist kein dezidierter Service vorgesehen.

Die ISDN-Protokolle weisen gegenüber den OSI-Protokollen einige grundsätzliche Unterschiede auf:

Multipoint/Multicast Verbindungen: Für Konferenzverbindungen werden Verbindungen mit mehreren Teilnehmern unterstützt.

Verknüpfte Protokolle: Der Auf- und Abbau von Verbindungen auf dem B-Kanal wird von einem separaten Protokoll auf dem D-Kanal durchgeführt. Beim analogen Telefon wird der gleiche Kanal für die Signalisierung für die Verbindung und für den Sprachverkehr gewählt. Dies wurde bei ISDN bewußt auf zwei Kanäle verteilt, damit während einer Übertragung auch noch weitere Signale unabhängig übersandt werden können; dies ist bei einigen ISDN-Dienstleistungen notwendig – siehe z.B. „Call-Waiting" bei den Benutzerdienstleistungen.

Das Protokoll des D-Kanales LAP-D – siehe Kap. 6.3 – wird nur bis zum nächsten PTT-Verteiler (LE: Local Exchange) geführt. Von diesem Verteiler bis zum Verteiler

---
[18]entspricht leased line oder virtual circuit
[19]8, 16, 32 Kb
[20]Variierbar in vielen Abstufungen von 0.6 bis 56 Kb

7.6. Spezielle Netzwerk-Layer

des Kommunikationspartners wird das Protokoll SS7 (Signaling System 7[21]) auf den unteren drei oder vier Layern verwendet. Das Prinzip wird in der Abbildung 7.4 festgehalten; dabei steht STP für „Signal Transfer Point" und ist ein Router bei ISDN.

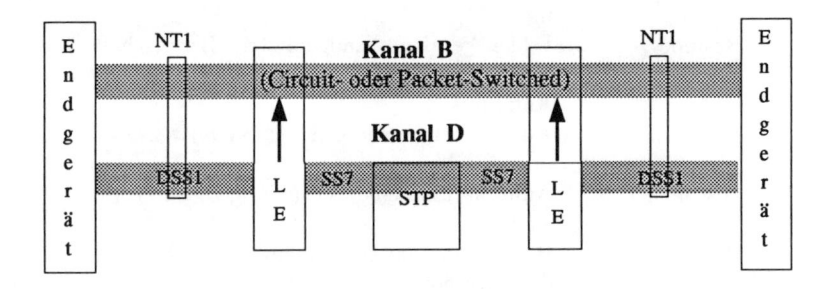

Abbildung 7.4: ISDN NL Prinzip

LAP-D wird zur Übertragung des Calls auf Layer 3/4 durch das Protokoll „Call Control" (I.451) angereichert; zusammen bezeichnet man dieses Protokoll als „Digital Subscriber Signaling" (DSS). Das Protokoll bezieht sich immer auf einen ausgezeichneten B-Kanal und kennt beispielsweise die in der Tabelle 7.2 aufgeführten Message-Typen – siehe auch [Stal89], pp. 305-309.

Das SS7-Protokoll besteht im NL (TL) aus drei Sub-Layern:

MTP Level 3: Übernimmt die Vermittlung zwischen Knoten

SSCP: Der Signaling Connection Control Part erweitert die interne Adressierung von MTP-Level-3-Adressen zu ISDN-Adressen – siehe weiter unten – und unterstützt vier Transportklassen:

0: Connectionless

1: Sequentialisiert Connectionless – hält die Reihenfolge der Pakete ein

2: Connectionfull

3: Flußkontrolliert Connectionfull

Die Connectionless-Services werden für spezielle Pakete beim Aufbau einer Verbindung – z.B. der Überprüfung der zulässigen Anrufer – verwendet.

ISUP: Das ISDN User Part[22] Protokoll übernimmt die Zustellung aller Dienstleistungen des Benutzers. Diese Dienstleistungen werden dem Benutzer durch den Protokollstack DSS angeboten; dazu gehört die Call-Control.

---

[21]Die Nummer 7 weist auf die Fortentwicklung gegenüber dem Vorgängerprotokoll CCS6 (Common Channel Signaling 6) hin [Moda90].

[22]Der Name „User Part" ist irreführend, denn dieser Teil hat nichts mit dem Benutzer zu tun, sondern der Name rührt aus der Nutzung von tieferliegenden Teilen des SS7-Protokolles her.

Typ	Bedeutung
Call Proceeding	Versuch des Verbindungsaufbaus von Endgerät zu Endgerät
Connect	Teilt rufendem Endgerät erfolgreichen Call mit
Resume	Früher gerufenes Endgerät teilt Bereitschaft zum Weiterführen eines unterbrochenen Rufes mit
Suspend	Aufforderung, eine Connection zeitweise zu unterbrechen
Disconnect	Aufforderung, eine Verbindung zu unterbrechen
Release	Bestätigung der Beendigung eines Abbruchs der Verbindung

Tabelle 7.2: Call Control Message Typen

Diese Call-Control-Nachrichten werden beim Übergang im LE in das „ISDN User Part Protokoll" (ISUP) abgebildet; so wird z.B. das „Connect" in das „Address Complete Message" (ACM) abgebildet [Moda90].

Die Benutzerdienstleistungen von ISDN[23] sind:

- Fax, Teletex, Videotex
- ISDN-Terminal
- Alarm- und Anzeigefunktionen – u.a. Anzeige des rufenden Teilnehmers beim Gerufenen[24] (CLIP: Calling Line Identification Presentation)
- „Intelligentere" Vermittlungsfunktionen wie
  - „Call Forwarding"
  - „Call Waiting" – d.h. einem bereits telephonierenden Teilnehmer wird der weitere Anruf angezeigt, und er kann sich, basierend auf der Angabe der Rufnummer, für einen Anruf entscheiden.
  - Automatischer Rückruf des Angerufenen, falls ein vorhergehender Anruf wegen besetztem Angerufenen nicht zustande kam.
  - „Closed User Group": wie bei X.25 können nur vorbestimmte Teilnehmer untereinander kommunizieren.
  - Zuteilung einer Rufnummer auf mehrere Endgeräte

---

[23]Neue Dienstleistungen werden natürlich individuell verrechnet – für US-Preise im ISDN-Vorläufer CLASS (Custom Local Area Signaling Service) siehe [Perr90].
[24]Da der Benutzer es aber vorzieht den Namen des Rufenden, statt dessen Nummer, angezeigt zu bekommen, hat Northern Telecomm (US) 1991 eine solche Eigenschaft für ihre Geräte angekündigt. Dies führt aber über ISDN hinaus, da es die Integration von Rechnern benötigt – siehe dazu auch Kap. 8.8.3.

7.6. Spezielle Netzwerk-Layer

Diese Dienstleistungen basieren aber teilweise – z.B. Fax – auf anderen Protokollen, die die ISDN-Übertragungsleistung nur nutzen.

Diese Leistungen wurden hier und nicht im Application-Layer eingeführt, weil der Benutzer dieser Leistungen nicht notwendigerweise an einem Rechner angesiedelt ist. Es gibt allerdings auch Leistungen von ISDN, die eher über Rechner realisiert werden. Diese finden sich in den Kapiteln 11.1 und 8.8.3.

Das im PTT-internen Netz genutzte SS7-Protokoll verwendet im DL das Protokoll MTP Level 2 – siehe Kap. 6.3 [Moda90,Stal89].

Die ISDN-Adressierung weicht von anderen Adressierungen erneut ab und ist:

(Country-Code, National-Destination-Code, Subscriber-Number)$_{\leq 15}$ ISDN-Subaddress$_{\leq 40}$

Kapitel 8

Transport-Layer

> VON PERLEN BAUT SICH EINE BRÜCKE
> HOCH ÜBER EINER GRAUEN SEE,
> SIE BAUT SICH AUF IM AUGENBLICKE,
> UND SCHWINDELND STEIGT SIE IN DIE HÖH'.
>
> DER HÖCHSTE SCHIFFE HÖCHSTE MASTEN
> ZIEHN UNTER IHREM BOGEN HIN,
> SIE SELBER TRUG NOCH KEINE LASTEN
> UND SCHEINT, WENN DU IHR NAHSTT, ZU FLIEHN.
>
> SIE WIRD ERST MIT DEM STROM, UND SCHWINDET
> SOWIE DES WASSERS FLUT VERSIEGT.
> SO SPRICH, WO SICH DIE BRÜCKE FINDET,
> UND WER SIE KÜNSTLICH HAT GEFÜGT.
>
> FRIEDRICH SCHILLER, 1759-1805

Dieser Layer realisiert die – soweit gewünscht – korrekte Übertragung zwischen (zwei) Prozessen und stellt hierbei die folgenden fakultativen Leistungen zur Verfügung:

- Verbindungsaufbau und -unterhalt

- Zustellung zu benannten Prozessen

- Multiplexing von Prozeßverbindungen

- Segmentieren von Daten in Pakete inclusive De-Segmentieren

Die korrekte Übertragung und der Verbindungsaufbau können auch vom NL – je nach Typ – erbracht werden. Da aber der NL zum Teil diese Leistungen nicht umfaßt, muß der TL sie komplett anbieten – im Falle von TCP/IP liefert IP keine der erwähnten Leistungen und TCP deckt den vollen Rahmen ab. Viele Argumente sprechen dafür, die korrekte Übertragung nur auf einem Layer und dann möglichst weit oben durchzuführen [Salt84].

Tanenbaum [Tane89] gibt noch einen weiteren Grund für die Verfügbarkeit der korrekten Übertragung und des Verbindungsmanagements auf diesem Layer an:

> Der NL befindet sich zum Teil noch unter der Oberhoheit der WAN Anbieter (z.B. PTT). Daher muß der Benutzer noch die Möglichkeit haben, seine eigenen Sicherungen selber darüber legen zu können.

Bis auf das Kapitel 8.6 befassen sich alle anderen im wesentlichen mit connectionfull-Services – das ist auch die Hauptaufgabe dieses Layers.

8.1 Adressenbildung im Zusammenspiel von Connections und Multiplexing

Diese Aspekte werden in diesem Layer zusammen behandelt, weil die Adressierung die Identifikation der Verbindungen unterstützen muß und die Verbindungen ihrerseits durch Multiplexing resp. Abspalten von Prozessen entstehen.

Zum Aufbau einer Verbindung auf dem Transport-Layer wird ein Service-Typ auf dem Zielsystem verlangt. Der Service-Typ entspricht häufig einem Service auf dem AL. Der Service-Typ ist durch ein TSAP (ISO), Port[1] (TCP) oder ein Object (DECnet) definiert und wird häufig durch Nummern adressiert. Die Zuordnung von Nummern zu Services ist entweder allgemein bekannt („well known ports") resp. standardisiert oder muß in einem Naming-Server abgefragt werden.

Eine Verbindung zu einem Service-Typ wird ggf. von vielen Nutzern parallel genutzt werden. Um die jeweiligen Verbindungen unterscheiden zu können, gibt es zwei Varianten:

1. *Host-Port-Zuordnung*

    Diese Variante wird in TCP [MIL-STD 1778] verwendet. Jede Verbindung wird identifiziert durch das Paar

    (Absenderadresse, Port beim Absender) (Zieladresse, Port beim Ziel)

    – gemäß ISO wäre das angenähert[2](Absender-NSAP, -TSAP) (Ziel-NSAP, -TSAP). Die Kombination (Rechneradresse, Port) heißt auch Socket. Man beachte, daß dieser Begriff in zwei Bedeutungen gebraucht wird – siehe Kap. 8.8.1.

    Um sicherzustellen, daß beim schnellen Auf- und Abbau von Connections – z.B. im Fall von unterliegenden NL-Problemen – Ports beim Absender nicht erneut auftreten, verlangt TCP einen sich mit der System-Zeit verändernden Bereich von Ports. Die Systemzeit wird wegen möglicher Rechnerabstürze verwendet. Somit sind die Absender-Ports keine Identifikation des Typs der Anfrage, sondern vielmehr ein Instrument für die Connection-Identifikation.

2. *Connection-Identifiers*

    Diese Variante wird in ISO und DECnet [Weck80] verwendet. Beim Aufbau einer Verbindung generiert jede Seite einen eindeutigen Connection-Identifier, den beide Teile in Zukunft in jedem Paket mitführen. Im ISO Jargon ist dies ein CEP (Connection Endpoint Identifier). Zumindest beim Aufbau der Verbindung werden die TSAP (Objekte im DECnet) mit angegeben.

Bei Variante 1) kann prinzipiell der Fall auftreten, daß zwei gleichzeitige, wechselweise Connection-„Aufbauten" zur gleichen Verbindung führen. Wegen der Regelung beim Adres-

---

[1]Die Bezeichnung Port tritt auch bei DECnet auf, ist aber dort nur eine Connection Identifikation.
[2]Die Korrespondenz ist nicht ganz richtig, da bei TCP die Absender-Ports zumeist eindeutig einem Absenderprozeß zugeordnet sind.

saten nur einen bekannten Service – und somit nur ein fixes Port – zu erreichen, ist dies in der Realität kaum denkbar. Diese Möglichkeit besteht bei Variante 2) nicht.

Bei Variante 1) ist es möglich, Paketen im Netz ihre Nutzung anzusehen, da die Port-Nummer einen Service bezeichnet und die Port-Nummer in jedem Paket enthalten ist. Dies hat den Vorteil von einer verbesserten „Filtering", aber auch sicherheitstechnische Nachteile.

8.2 Connection Management

ISO hat drei Typen von Unterstützung durch den NL für den Transport-Layer festgelegt:

Klasse A: akzeptable Rate von noch in Paketen enthaltenen Fehlern und von signalisierten Fehlern, Pakete werden in korrekter Reihenfolge abgeliefert – dies ist nur von connectionfull NL zu erwarten

Klasse B: akzeptable Rate von noch in Paketen enthaltenen Fehlern, jedoch unakzeptable Rate von signalisierten Fehlern, Pakete werden in korrekter Reihenfolge abgeliefert – dies ist nur von connectionfull NL zu erwarten

Klasse C: unakzeptable Rate von noch in Paketen enthaltenen Fehlern

Wie man erwarten kann, ist die Komplexität mit höher werdender Fehlerrate für den TL auch höher.

Vor dem Aufbau einer Verbindung gibt es in jedem Fall eine Negotations-Phase zum Austausch von Leistungsparametern. Bei ISO sind dies die gleichen QOS-Parameter wie in Kap. 7.6; die Fehlerratenfestlegung bestimmt dabei den Typ des Netzwerkes und somit auch die gültige Variante des Connection-Management TCP hat nur den Parameter „Maximum Accepted Paket Size".

Als weiterer Parameter tritt bei ISO die gewünschte und ggf. alternative Transportklasse auf. Die Transportklassen sind in Tabelle 8.1 aufgeführt, wobei man von dem Protokoll TP0 bis TP4 (Transport Protocol) spricht.

Klasse	Unterstützung NL	Name
0	A	Simple
1	B	Basic error recovery
2	A	Multiplexing
3	B	Error recov. and multiplexing
4	C	Error detection and recovery (entspricht TCP)

Tabelle 8.1: ISO Transportklassen

Die Tabelle 8.2 zeigt die mögliche Antwort eines Ziel-TSAP auf die Anfrage des Start-TSAP mit (preferred class, proposed alternative class). Wie man erkennt kann fast jeder Wunsch nach einer „preferred class" abgeschwächt (downgraded) werden.

Preferred class	Proposed alternative class					
	0	1	2	3	4	none
0	–	–	–	–	–	0
1	1 or 0	1 or 0	–	–	–	1 or 0
2	2 or 0	–	2	–	–	2
3	3,2,0	3,2,1,0	3 or 2	3 or 2	–	3 or 2
4	4,2,0	4,2,1,0	4 or 2	4,3,2	4 or 2	4 or 2

Tabelle 8.2: Mögliche Antwort beim Aufbau einer Session

8.2.1 Connection Management in Klasse A

Der Auf- und Abbau einer Verbindung ist hierbei noch relativ einfach. Folgende Zustände einer Verbindung sind zu unterscheiden:

idle:

Es existiert keine Verbindung und es existiert auch keinerlei Anforderung für eine solche.

outgoing (dis)connection pending:

Eine lokale Anforderung für einen Verbindungsaufbau (-abbau) besteht, aber sie wurde noch nicht von der Gegenseite bestätigt.

incoming (dis)connection pending:

Eine remote (entfernte, im Sinne von Gegenseite) Anforderung für einen Verbindungsaufbau (-abbau) besteht, aber sie wurde lokal noch nicht von ihr behandelt.

connection established:

Eine Verbindung besteht gegenwärtig.

Auf Basis dieser Zustände ergibt sich das in Abbildung 8.1 aufgeführte Zustandsdiagramm – ohne Berücksichtigung von Timeouts.

In TCP gibt es noch eine Variante des Zustands „outgoing connection pending":

listen:

Die lokale Bereitschaft für eine Verbindung besteht und ein für diese Verbindung vorgesehener Prozeß wurde etabliert resp. wartet. Ein möglicher Partner wird aber nicht benachrichtigt – d.h. es wird kein „Connect Request TPDU" abgesendet.

Die Aktion, die in diesen Zustand führt, heißt in TCP „passive open" im Gegensatz zum „active open" resp. "outgoing connection pending". Ein Time-Out, wie im Falle des Zustandes „outgoing connection pending" gibt es nicht.

8.2. Connection Management

```
                              IDLE
         connect.request ↓           connect.indication↑
    (-> connect.request TPDU)
                    disconnect.response↑
                              disconnect.confirm ↓
                           (-> disconnect.confirm TPDU)

  outgoing          outgoing dis-      incoming dis-       incoming
connection pending  connection pending connection pending  connection pending

              disconnect.request↓     disconnect.indication↑
           (-> disconnect.request TPDU)

     connect.confirm↑                    connect.response ↓
                                      (-> connect.confirm TPDU)
                          connection
                          established
                         Data.request
                         Data.indication
```

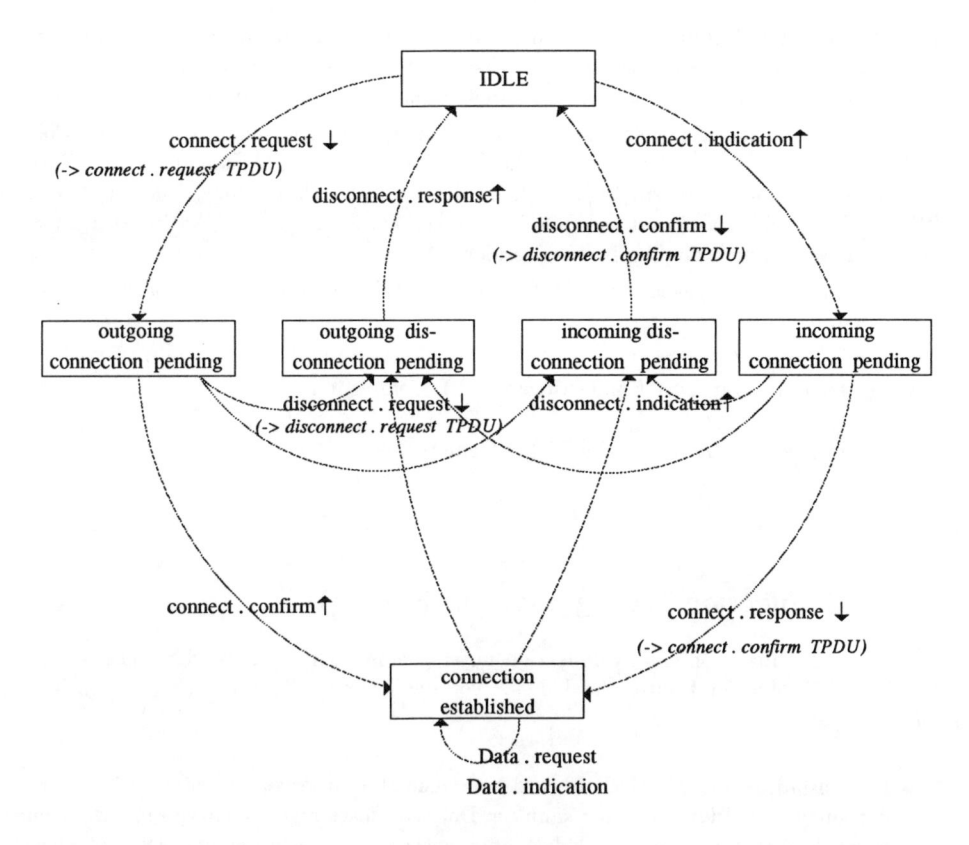

dabei bedeutet ↑ Nachricht vom Transport-User (PL)
                ↓ Nachricht zur Peer Entity
                -> Implizierte Data Unit zum NL

Abbildung 8.1: Zustandsdiagramm für den Session Auf- und Abbau bei TP0

Bei OSI gibt es den Zustand „listen" nicht, weil hier die Indication nach oben weitergereicht wird und ggf. von dort ein „disconnect.request" zurückkommt, wenn der gesuchte Service nicht verfügbar ist resp. kein passender Prozeß vorhanden ist oder gestartet werden kann.

Wenn zwei TL gleichzeitig zueinander eine Verbindung aufbauen wollen (Connection Collision), gibt es im OSI Ansatz zwei unterscheidbare Verbindungen – passend zu Kap. 8. Bei TCP ist das „Connect Confirm TPDU" (heißt dort SYN) identisch zum „Connect Request TPDU"; daher wird das Paket im Falle identischer Verbindungsidentifikationen nicht als neuer Request, sondern als Confirm verstanden.

Das Protokoll TP2 hat gegenüber TP0 folgende zusätzliche Funktionalität (siehe auch die Übersichtstabelle in Kap. 8.2.3):

- ggf. mehrere Transport Connections pro NL Connection

- ggf. mehrere TPDU unterschiedlicher Connections in einer NPDU

- optionale Eigenschaften aus TP3

8.2.2 Connection Management in Klasse B

Der Auf- und Abbau von einer Connection unterscheidet sich nicht von der Klasse A. Die Protokolle TP1 und TP3 unterscheiden sich von der Klasse A Transportprotokollen funktionell durch:

- Bei Ausfall der NL Verbindung wird eine neue ohne Intervention höherer Layer wieder aufgebaut. Dieser Versuch kann i.a. Datenverfälschungen nicht verhindern. Wenn nämlich eines der beteiligten Endsysteme zwischen den Bestätigungen (Data.Confirm) und dem Schreiben des Paketes auf permanenten Speicher – geschieht im Regelfall verzögert – heruntergeht, so können verlorengegangene oder duplizierte Pakete nicht ausgeschlossen werden ([Salt84], [Tane89], pp.409-411).

- *Numerierung der TPDU*

    Mit der Numerierung wird Flußkontrolle (nur TP3) und Acknowledgement (TP1 und TP3) erst möglich – Klasse A Protokolle enthalten dies nicht.

- *unterschiedliche Pakettypen*

    siehe Kap. 8.3

- *„eingefrorene Referenz"*

    Der TL darf seine Connection-Identifiers (CEP) erst nach einer „eingefrorenen" Zeit wieder benutzen. Dies dient der Eindeutigkeit von CEP's.

Das Protokoll TP3 unterscheidet sich von TP1 durch seine Flußkontrolle und seine Multiplexing Eigenschaften.

8.2.3 Connection Management in Klasse C

Beim Auf- und Abbau der Verbindung muß mit dem Verlust von Kontrollpaketen gerechnet werden. Die Behandlung fehlerhafter oder verlorengegangener Datenpakete wurde in Kap. 4.5 und hier noch einmal in Kap. 8.5 behandelt. Da die Ordnung der eintreffenden Pakete nicht mehr gewährleistet ist, können Datenpakete sowohl vor dem kompletten Aufbau einer Verbindung wie nach dem kompletten Abbau einer Verbindung beim Zielrechner eintreffen. Diese Situation wird von den TL-OSI-Protokollen nicht behandelt, wobei der zweite Fall kritischer ist, da dabei definitiv Pakete verloren gehen. OSI behandelt diesen Aspekt erst im Session-Layer. Da diese Leistung auch nicht vom TP4 Protokoll abgedeckt wird, gibt es eine US NIST TP4 Variante, die dies im TL durchführt.

Da sowohl der Connect.Request wie auch das Connect.Confirm verloren gehen können, benötigt man sicherlich einen Timeout für einen Connect.Request mit anschließender wiederholter Übersendung der Anfrage. Dies kann nun zu doppelten Request resp. Responses führen. Da jedoch die Zugehörigkeit durch die Connection-Identifikation erkennbar ist, können Duplikate leicht erkannt und ignoriert werden.

Falls nun ein „Duplikat" erst nach dem Ende der Verbindung für seinen „Doppelgänger" eintrifft, so kann fälschlicherweise versucht werden, eine neue Verbindung aufzubauen, obwohl das Partner-End-System dies nicht mehr wünscht. Dies wird erst dann problematisch[3], wenn der ursprüngliche Absender etwa zum Zeitpunkt der Ankunft des „Duplikates" eine erneute Verbindung zum gleichen Zielrechner aufbauen will. Wenn die Connection-Identifier dies erlauben – eher bei TCP denkbar, dann entsteht eine neue Verbindung. Diese neue Verbindung kann im Regelfall aber nicht sinnvoll ablaufen, da die Parameter für die Verbindung nicht korrekt abgestimmt sind – z.B. Window-Size, initiale Sequenznummer, QOS.

Um dieses Problem zu vermeiden, gibt es zwei Varianten:

Eindeutige Connection-Identifikation:

Hierbei muß der TL garantieren, daß eine Identifikation nicht zu einer früheren, jetzt bereits gelösten, Verbindung gehört – d.h. er muß sich alle alten Identifikationen merken. Da man diese Identifikationen für frühere Verbindungen nicht beliebig lange speichern möchte, erwartet man von den darunterliegenden Layern, daß Pakete nach einer bestimmten endlichen Zeit das Netz verlassen haben und somit diese Identifikationen sicher wieder verwendet werden können. Diese Variante wird im Regelfall nicht verwendet.

Zusätzliche Bestätigung beim Verbindungsaufbau:

Bei jedem Aufbau einer Verbindung wird der Erhalt des Response mit der Connection-Identifikation bestätigt. Bei ISO steckt die Bestätigung im ersten Daten-Paket, bei TCP ist dies ein separates Paket. Dies ist das sogenannte Three-Way-Handshaking Protokoll. Bei TCP wird in diesem Fall als Identifikation die initiale von jedem Partner vorgeschlagene Sequenznummer[4] für das Sliding-Window verwendet. Mit diesem

---

[3]Genaugenommen muß auch die Behandlung von erkannten Duplikaten in die Zustandstabelle in Abbildung 8.1 korrekt mitaufgenommen werden

[4]Bei TCP wird nicht die sonst verwendete Connection-Identifikation verwendet, weil ggf. diese Identifikation nicht eindeutig sein muß

Verfahren erweitert sich das Zustandsdiagramm in Abbildung 8.1 um einen Zustand „connection waiting for acknowledgement" mit einem entsprechenden Übergang zu „connection established".

Damit wird auch das Problem verlorengegangener Bestätigungen gelöst.

Zur Erzeugung der initialen Sequenznummer wird meist ein von der Systemzeit abhängiges Verfahren verwendet – zu einem Problem dieses Verfahrens siehe Kap. 8.5.

Die Behandlung des Connection-Abbaus muß nun auch verzögert eintreffende Datenpakete berücksichtigen. Daher muß nach dem Eintreffen des Disconnect-Wunsches beim Empfänger resp. nach dem Absenden beim Absender dieser erst dann in den Zustand „idle" gehen, wenn alle Acknowledgements für die Verbindung abgehandelt sind und die Bestätigung des Partners eingetroffen ist – für diesen Fall führt man einen Zwischenzustand ein. ISO TP4 hat im Unterschied zu TCP diesen Zwischenzustand nicht. Wenn die Bestätigung des Partners nicht innerhalb einer gewissen Zeitspanne eintrifft, wird die Verbindung bei TCP abnormal geschlossen. Der Variante ggf. noch weitere Wiederholungs- resp. Bestätigungspakete zu schicken führt nicht zu einer gesicherten Lösung des Problemes – sogenanntes Two-Army-Problem ([Tane89], pp.397-399).

Das Two-Army-Problem besteht aus der Situation dreier Heere. Zwei Heere haben die Armee des Gegners in einer Schlucht eingeschlossen. Die beiden Heere können nur gewinnen, wenn sie zum gleichen Zeitpunkt den Gegner in der Schlucht von beiden Seiten angreifen. Daher werden Boten hin und her gesandt, um den definitiven Angriffszeitpunkt zu vereinbaren. Jeder Bote kann jedoch vom Gegner abgefangen werden. Somit kann aber auch der eine Feldherr, der einen Boten zur Bestätigung der getroffenen Vereinbarung aussandte, nie sicher sein, ob seine Bestätigung angekommen ist. Auch das Wiederholen von Bestätigungen löst dieses grundsätzliche Problem nicht.

Der Unterschied zwischen Klasse B und TP4 besteht in:

- Übersendung TPDU's über mehrere existierende NL-Verbindungen

- Nutzung eines Sliding-Window Protokolles zur wiederholten Übertragung und zum ordnungsgemäßen Abliefern

- Überwachung der Aktivität einer Verbindung durch periodisches Senden eines Überwachungspaketes – auch bei TCP enthalten

Interessant sind noch die Anzahl der benötigten Timer in TCP:

Retransmission Timer: Erneute Übertragung für nicht bestätigtes Paket (dynamischer oder statischer Wert – TCP favorisiert dynamischen)

Reconnection Timer: Minimale Wartezeit zwischen erneutem Öffnen einer Verbindung zur gleichen Destination

Window Timer: Maximale Zeit für Acknowledgement und Credit Mitteilung – kann durch verlorengegangene Credit Mitteilung entstanden sein. Credit-Mitteilungen können verloren gehen, wenn sie sich nicht in einem „gesicherten" Datenpaket befinden. Dieser Timer bewirkt einen Retransmit eines alten Paketes.

8.2. Connection Management

Ungute Situationen können entstehen, wenn während der Übertragung die erlaubte Window-Größe verändert wird und dieses Paket verloren geht; daher wird bei TCP vorgeschlagen das Window nicht zu verkleinern. Bei TP4 ist dies nicht tragisch, da spezielle Sequenznummern auch die reinen Kontrollpakete verwalten.

Retransmit SYN Timer: Wartezeit, um erneutes Verbindungsaufbau-Paket zu senden

Give-up Timer: Wartezeit[5], bis Partner für „tot" erklärt wird

Die Tabelle 8.3 gibt einen Überblick über die Protokollelemente für TP0 bis TP4; dabei bedeutet $n = notwendig$ und $o = optional$.

Protokollelemente	Class 0	1	2	3	4
Connection Establishment	n	n	n	n	n
Connection Refusal	n	n	n	n	n
Zuordnung zu NL Verbindungen	n	n	n	n	n
Aufteilung in mehrere TPDU's	n	n	n	n	n
Zuordnung von TPDU's zu Connections	n	n	n	n	n
Übertragung einer TPDU	n	n	n	n	n
Normaler Abbau einer Connection	n	n	n	n	n
Behandlung von Fehlern	n	n	n	n	n
Aneinanderhängen von TPDU's zum TL-User		n	n	n	n
Beendigung Verbindung bei Fehler	n	n			
Numerierung von TPDU's			n	o	n	n
Expedited Data Transfer			o	o	n	n
Flow Control			o	n	n
Wiederaufsetzen nach neuer NL-Reset				n	n
Speicherung von TPDU's bis Eingang Bestätigung			n		n	n
Wiederaufsetzen nach vorzeitigem NL-Disconnect			n		n	n
Eingefrorene Referenz			n		n	n
Multiplexing			n	n	n
Nutzung mehrerer NL-Connections					n
Wiederholung nach Timeout					n
Reihenfolgerechte Einordnung der TPDU's					n
Timer für Überwachung von Inaktivität					n
TL Checksum					o

Tabelle 8.3: Überblick TP0 bis TP4

---

[5]ca. 4 Minuten

8.3 Pakettypen

Bisher gab es typischerweise zwei Typen von Paketen: Daten- und Kontrollpakete. In diesem Layer gibt es erstmals den weiteren Typ „Expedited Data" (Beschleunigte Daten) oder „urgent Data". Dieser Paket-Typ dient der Weitergabe von prozeßspezifischen Signalen über das Netz. Im Betriebssystem erwartet man, daß Signale „fast" unmittelbar vom empfangenden Prozeß bearbeitet werden. In einem Netzwerk muß das Signal zwangsweise in ein Paket verpackt werden. Damit aber am Zielsystem der „Unmittelbarkeit" Rechnung getragen wird, muß das Paket unterscheidbar sein.

Für TP0 muß dieser Service vom NL übernommen werden. TP2 bis 4 decken diese Funktionalität selber ab. Die Idee ist, daß solche wichtigen Daten nicht in der ordnungsgerechten Reihenfolge behandelt werden, sondern unter Umgehung der Warteschlangen unmittelbar. Der Empfänger kennt die Menge der überholten Daten im Falle von ISO nicht. Bei TCP wird dem Empfänger eines Paketes mitgeteilt, daß dringende Daten in dem nächsten Paket angekommen sind und ein Offset im Paketbeginn weist auf diese Stelle. Daher bereitet die Behandlung von expedited Daten bei ISO mehr Mühe; dies entspricht auch eher dem DECnet NSP Ansatz.

8.4 Spezielle Transport-Layer

Soweit nach den vorigen Ausführungen noch notwendig, werden hier die wichtigsten Eigenschaften einiger TL-Protokolle behandelt werden.

8.4.1 ISO

In ISO gibt es insgesamt 10 verschiedene Pakettypen leicht verschiedenen Aufbaus:

Typisches Connection Paket (Länge in Bit)

$Länge_8$, Typ_4, $Initial\text{-}Seq._4$, $Dest.\text{-}CEP_{16}$, $Source\text{-}CEP_{16}$, $Variabler\text{-}Part$, $User\text{-}Daten$

Typisches Daten Paket (gesamthaft maximal 8 KB)

$Länge_8$, Typ_4, $Destination\text{-}CEP_{16}$, EOT_1, $Sequence\text{-}No._{7-31}$, $User\text{-}Daten$

Im variablen-Part werden Optionen gesetzt; dies sind z.B.

- TSAP's
- maximaler Vorschlag für TPDU Größe
- Protokollversion
- Window-Size
- QOS-Vorschläge

Beim Connection-Paket darf der „User-data"-Bereich 32 Bytes nicht überschreiten; gedacht ist er als Authentisierung für den Connection-Aufbau z.B. Passwort. Das EOT wird verwendet, um in einen Block gehörende und dem TL so übergebene Daten auch wieder beim Empfänger ersichtlich zu machen.

8.4.2 ARPA

Bei dem ARPA Protokoll TCP gibt es nur ein Paket des folgenden Aufbau (Länge in Bit):
Source $Port_{16}$, Destination $Port_{16}$, Sequence-$No._{32}$, $Piggyback_{16}$, Length u. Typ_{16}, $Window_{16}$, $Checksum_{16}$, Urgent-$Offset_{16}$, Options

Beim Session-Aufbau wird auch die maximale Paketgröße (MTU)[6] ausgehandelt. Betont werden muß, daß OSI kein Piggyback-Verfahren verwendet. TCP verwendet keine Kennung für zusammengehörende Blöcke – daher sogenannte Stream-Übertragung. Allerdings kann vom Programminterface die Push-Option beim Absenden eines Paketes verwendet werden. Dies hat zur Konsequenz, daß der Sender alle zwischengespeicherten Daten heraussendet und der Empfänger diese Daten auf einmal weitergibt. Da aber in einem Paket mehrere „Pushes" zusammengefaßt werden dürfen, liefert dies keine allgemeine Lösung für Blöcke. Das Push soll vielmehr verwendet werden, um dem TL anzuzeigen, daß der höher liegende Layer „vorerst" nichts mehr zu senden hat – für Gründe siehe auch Kap. 4.8.

TP4 verwendet ein aufwendigeres Checksum-Verfahren und kann daher die Performance von TCP kaum erreichen. Dieses bessere Verfahren verhindert zwar das „Durchrutschen" von gewissen Octet-Vertauschungen, aber es ist unklar, ob diese Sicherheit wegen der bereits im DL betriebenen Checksum-Verfahren noch hier notwendig ist.

8.4.3 XNS

Das TCP entsprechende Protokoll ist SPP (Sequenced Packet Protocol). Im Vergleich zu TCP kann es eine Menge von Paketen zusätzlich zu einer „Message" zusammenfassen und diese dann dem höheren Layer sichtbar machen. Es gibt zwei verschiedene Zustellformen[7]:

byte-stream: Dies ist analog zu TCP.

packet-stream: Nur komplette Pakete werden vom oberen Layer akzeptiert resp. wieder an den oberen Layer abgegeben – entspricht in etwa ein explizitem „Push" bei TCP.

8.4.4 DECnet

Das Network-Service-Protokoll (NSP) ist die DECnet-Variante von TP4. NSP unterscheidet sich von TP4 [Digi87,Rana89] durch:

- Den Unterhalt von zwei logischen Verbindungen – Die eine vermittelt die Expedited-Data und die Flow-Control-Messages, während die zweite für den normalen Datenstrom zuständig ist.

- Die Möglichkeit der Flußkontrolle auf Basis von SPDU – d.h. der vom Session-Layer übergebenen Pakete; dies heißt Session-Flow-Control. Zusätzlich kann auch XON/XOFF verwendet werden.

- Segmentieren und Desegmentieren wird auch von NSP durchgeführt.

---

[6]default 512 Bytes
[7]Tatsächlich gibt es noch die kaum verwendete Zustellform „reliable Packet", die zwar Duplikate ausschließt, aber nicht die korrekte Reihenfolge zusichert.

8.4.5 IBM-PC Netz

Die Adressierung beim IBM-PC-Netz besteht nur in Namen von Services – siehe auch Kap. 8.8.2, soweit keine broadcasts verwendet werden. Diese Namen sind maximal 16 Zeichen groß und unterliegen geringen Einschränkungen[8]. Da das IBM-PC-Netz nur für Broadcast-Netze (Bus, Ring) nutzbar ist, kann jeder Rechner dann entscheiden, ob ein Paket für einen benannten Service von ihm zu behandeln ist.

8.5 Fehler- und Flußkontrolle

Im Kapitel 4.5 wurde bereits das den Protokollen TP4 und TCP zugrundeliegende Sliding-Window-Protokoll vorgestellt. Hier werden nun einige Verbesserungen und Verfeinerungen vorgestellt.

Das Verändern der Größe des Sliding-Window während der Übertragung ist zwar bei TCP und TP4 möglich, es ist jedoch wegen der ggf. nicht reihenfolgegerechter Zustellung der Pakete mit der Mitteilung über die Window-Größe problematisch. TP4 verwendet dazu eigene Sequenznummern. TCP hat als (letzte) Hilfe nur den Window-Timer – siehe Kap. 8.2.3.

8.5.1 Verzögerte Zustellung

8.5.1.1 Verzögerte Zustellung beim Empfänger

Zur Kontrolle der korrekten Reihenfolge von Paketen wurden Sequenznummern verwendet. Wenn nun, wie beim Connection-Management, Pakete über die Aktivphase der Verbindung im Netz verbleiben und erst bei einer erneuten Verbindung eintreffen, kann ein „altes" Datenpaket in die neue Übertragung hineinrutschen. Dies gilt besonders dann, wenn die Sequenznummern immer wieder beim gleichen Wert beginnen. TCP sieht ein 32 bit-Feld vor, das zu Beginn einer Verbindung vom Sender resp. Empfänger eine Clock-generierte initiale Nummer erhält.

Wenn nun die Sequenznummern die einzige Unterscheidung für alte und neue Pakete sind, dürfen die verwendeten Sequenznummern nicht näher zeitlich aufeinanderfolgend ausgesendet werden, als die „maximale Segment Lifetime" ist. Es gibt also „forbidden regions" zu jedem Zeitpunkt für die Sequenznummern – siehe [Suns78].

Da OSI einen größeren Wertebereich bei den CEP's hat, kann es sich auch einen geringeren Wertebereich bei den Sequence-Nummern leisten.

8.5.1.2 Verzögerte Zustellung beim Sender

Ein Sender kann willentlich die Absendung eines Paketes verzögern, um mehr Information in einem Paket zu transferieren – siehe Kap. 4.8. Wenn dies nicht durchgeführt wird, kann eine Situation im character-orientierten Applikationen auftreten, daß auf ein Zeichen vom Sender hin drei Antwortpakete – Bestätigung des Erhalts, Erhöhen des Windows und Ab-

---
[8] sie dürfen z.B. nicht mit IBM beginnen

senden des Echo's – folgen. Bei TCP ist die maximale Wartezeit auf 0.5 sec. begrenzt.

8.5.2 Performanceverbesserungen

Folgende Performanceverbesserungen werden in der Literatur vorgeschlagen:

Silly Window Syndrom [Clar82] :

Die Voraussetzung für das Auftreten dieser Situation ist eine relative langsame Verbindungsstrecke in Relation zum sendenden Rechner. Diese Problem entsteht nun durch Senden eines separierten einzelnen Paketes im Datenstrom – z.B. durch ein Push oder bedingt durch zu lange Pause im Datenstrom von oberen Layern. Wenn einmal so ein einzelnes Paket abgesendet wurde, wird die entsprechende Erhöhung des Windows auch nur dieses eine Paket betreffen und somit als Folge wieder nur ein Paket zu senden sein. Durch Häufungen dieses Ereignisses kann der TL nie eine Anzahl von Paketen auf einmal schicken, sondern er ist nur in der Lage nach jedem Acknowledge genau ein Paket zu senden und dann erneut zu warten.

Zur Vermeidung werden mehrere Varianten im [Clar82] vorgeschlagen, die das Window durch zeitweises längeres Warten beim Sender oder Empfänger wieder über einen „kritischen" Anteil des Gesamtwindows ansteigen lassen. Dies ist typischerweise in TCP heute enthalten.

Small Packet Problem [Nagl84]:

Für Terminalverbindungen werden typischerweise allein bei IP/TCP ca. 40 Bytes Overhead für 1 Byte Information in einem Paket transportiert. In manchen (Hersteller-)Netzen kann man eine Verzögerungszeit angeben, bis zu deren Ablauf alle Zeichen in ein Paket gesammelt werden.

Eine Alternative ist es in solchen Fällen, keine Daten mehr abzusenden, bevor nicht andere Daten auf der gleichen Verbindung zurückgekommen sind. Die Idee dabei ist, das solange kein Echo der vorangegangenen Information erfolgt ist, daß Übersenden von weiteren kleinen Paketen keinen wesentlichen Einfluß auf die mittlere Antwortzeit hat. Problematisch kann dies bei der Notwendigkeit von zwei oder mehreren abgesendeten Zeichen vor dem Echo sein.

Equilibrium Conservation (Gleichgewichtsbewahrung) [Jaco88]:

Unter dem Prinzip der „Equilibrium Conservation" wird der Versuch verstanden, die Übertragungsleistung des Gesamtnetzes in einen gleichmäßigen Flußzustand zu bringen. Dazu werden eine Reihe von Einzelmaßnahmen vorgeschlagen:

1. Slow-Start

    Hierbei wird das Window am Anfang nicht auf die volle mögliche Größe gesetzt, sondern das Window wächst zur maximal denkbaren Größe hin mit der Anzahl der Acknowledgements. Pro zusätzlichem Acknowledgement öffnet sich das Window jeweils um 1 mehr. Das Erhöhen der Window-Size ist nicht so gefährlich wie das Erniedrigen, denn es kann bei Verlust eines Paketes resp. bei falscher Ordnung der Pakete keinen Deadlock erzeugen.

2. Round-Trip-Timing

   Im Sliding-Window-Verfahren schickt der Sender nach einer Wartezeit eine Kopie eines vormals übersandten Paketes aus. Essentiell ist es also, daß der Sender eine möglichst gute Schätzung für die Round-Trip-Time pro Verbindung verwendet. In früheren Berechnungen [Post81] wurde ein fester Wert für die Standardabweichung vom dynamischen Mittelwert verwendet. Dies kann durch dynamische Berechnung der Standardabweichung aus der vorausgegangene Round-Trip-Time deutlich verbessert werden.

   Mit diesem Verfahren konnte in Einzelfällen auf 9.600 Baud point-to-point Links eine Verbesserung der Kapazität von 10% auf 90% verzeichnet werden. Die Ursache für diesen großen Unterschied liegt in der Variation der Paketgrößen, die auf diesen langsamen Verbindungen zu einer großen Round-Trip-Time Variation führte.

3. Fehlervariierende Window-Größe

   Wenn Time-Outs auftreten, obwohl die Round-Trip-Time korrekt berechnet wird, so liegt dies an einem überbelasteten Netz. In einem solchen Fall soll der Sender seine genutzte Window-Size verkleinern. Dies teilt er nicht dem Empfänger mit, denn dies könnte Probleme bei der Synchronisierung der Window-Size erzeugen. Zudem ist es nutzlos, da es nichts mit den Resourcen des Empfängers zu tun hat. Der Autor schlägt vor, die genutzte Größe bei einem Time-Out zu halbieren. Pro erhaltenes Acknowledgement soll sich die genutzte Windowgröße wieder um 1 erhöhen.

Zu einer Begründung der Vorschläge und zugehöriger Algorithmen siehe [Jaco88]. Diese Verfahren wurden für TCP in die Standards aufgenommen und in abgewandelter Form als optionale Elemente für die OSI-Protokolle durch das Implementor's Workshop erwähnt [Bola89].

Feedback Schema [Rama90]:

Beim Passieren eines überlasteten Knoten wird in den Paketen ein „Congestion-Avoidance" Bit gesetzt. Diese Information wird in den Bestätigungspaketen zum Absender wieder zurücktransportiert (feedback). Treten beim Absender für eine Verbindung mehr als 50% Bestätigungspakete mit einem gesetzten Bit auf, so reduziert der Sender sein Window, andernfalls vergrößert er es wieder.

Weitere Hinweise zur Performancesteigerung finden sich in [Lant85].

[Ches87] weist darauf hin, daß alle bisher erzielten Verbesserungen nicht Schritt halten können mit der Datenrate, die FDDI liefern kann. Typischerweise gelten heute noch folgende Daten für die maximale Übertragungrate auf verschiedenen Layern:

Layer 1: 10 Mbit

Layer 2: 6.7 Mbit

Layer 3: 4.5 Mbit

Layer 4: 2.8 Mbit

Layer 7: 1.2 Mbit

[Ches87] schlägt daher eine VLSI basierende Protokoll-Engine mit einem eigenen Protokoll (eXpress Transport Protocol: XTP) etwa auf Layer 3/4 vor. Angestrebte Geschwindigkeit auf diesem Layer sind 100 Mbit/sec.

Dahingegen weist Partridge [Part90] nach, daß bei Berücksichtigung neuester Prozessoren und bei Anreicherung von Routern resp. End-Systemen mit genügend Zwischenspeicher (> 15 MB) 1 Gigabit Durchsatz-Raten erreichbar sind.

8.6 Connectionless Transport Layer

Beim Connectionless-Service ist der Transport-Layer so gut wie leer; es werden lediglich TSAP's, ein Längenfeld und eine Checksum im Paket verwendet. Die wesentlichste Funktionalität ist dann nur noch das Multiplexing auf Port- resp. TSAP-Ebene. Das entsprechende Protokol bei ARPA ist UDP (User Datagram Protocol).

Das XNS-Protokoll PEX (Packet Exchange Protocol) ist eine interessante Erweiterung gegenüber anderen CLM-Protokollen. Dem Paket kann vom übergeordneten Layer ein eindeutiger Identifier hinzugefügt werden. Dann übernimmt PEX eine wiederholte Übertragung, wenn nicht nach einer beizufügenden Zeitdauer ein Antwortpaket mit dem gleichen Identifier eintrifft. Damit wird Funktionalität für Remote Procedure Calls – siehe Kap. 11.1.4 – in den TL verschoben.

8.7 Inter-Kommunikationsfähigkeit des ISO-Transport-Stacks

Es ist interessant für die heute existierenden – oft noch experimentellen – ISO-Varianten die Möglichkeiten zur Kommunikationsfähigkeit zu vergleichen; eine ausführlichere Diskussion findet sich in [Rose90]. Die wichtigsten heute existierenden Varianten sind:

1. X.25-Nutzer

    Verwendet wird als grundlegendes Network-Protokoll X.25 und darüber TP0 (TP2, TP4). Typische Vertreter sind X.400-Benutzer – siehe Kap. 11.2.3 – oder auch das englische JANET(Joint Academic Network).

2. COM-LAN

    Verwendet wird COM im LLC, X.25 über LAN (ISO 8881) und TP0.

3. CLM-LAN

    Verwendet wird eine connectionless LAN, der connectionless NL und TP4.

4. ISO-Emulation

    Verwendet wird eine ISO-Emulation basierend auf der TCP/IP-Kommunikationsleistung. Beispiele dafür werden im Kapitel 12 genannt.

Die Tabelle 8.4 zeigt die Möglichkeiten zur Kommunikation zwischen den verschiedenen Varianten auf.

	1	2	3	4
1	Ja	Ja	(b)	(a)
2	Ja	Ja	(b)	(a)
3	(b)	(b)	Ja	(a)(b)
4	(a)	(a)	(a)(b)	Ja

Tabelle 8.4: Interkommunikationsfähigkeit von verschiedenen ISO-Varianten

Die Angaben (a) resp. (b) bezeichnen Probleme, die bei der Kommunikation auftreten können:

(a) Das Problem sind die Adressen. Dies ist nur lösbar bei einer Konvention für die Abbildung von OSI-Adressen zu IP-Adressen. Dazu gibt es Vorschläge wie AFI, IDI und DSP gebildet werden können. DSP enthält dann im wesentlichen die IP-Adresse und das Port [Rose90], pp.112-113.

(b) Das Problem besteht in der Auswahlmöglichkeit von COM und CLM. Wenn eine Verbindung vom Partner 1) oder 2) aufgebaut wird, so wird dieser im Regelfall TP0 anbieten, da er über einen verläßlichen NL verfügt. Dies unterstützt aber sein gerufener Partner aus 3) resp. 4) nicht. Wenn umgekehrt ein Partner aus 3) resp. 4) eine Verbindung aufbaut, so wird er im Regelfall ein connectionless NL-Layer Protokoll auswählen. Dies unterstützt aber nun 1) resp. 2) nicht.

Wie man erkennt, ist die Auswahl „Preferred Class, Proposed Alternative Class" gemäß Tabelle 8.2 nicht ausreichend. Denn in die Auswahl müßte das NL-Protokoll mit einbezogen werden und somit NL plus TL zusammen ausgehandelt werden.

8.8 Programmschnittstelle

ISO bietet zum TL gegenwärtig keine Programmschnittstelle. Bei TCP/IP gibt es zwei alternative Schnittstellen:

- TCP/UDP-Schnittstelle in Anlehnung an den TCP-Standard [DoD83]

- Sogenannte „Socket-Library" – ursprünglich nur in der UNIX-Welt beheimatet – aber inzwischen fast überall verfügbar

Da die TCP/UDP-Schnittstelle im Standard nicht komplett spezifiziert ist und auch zunehmend weniger genutzt wird, wird sie hier nicht beschrieben.
Weiterhin stellen wir hier noch die Schnittstellen NETbios und die Schnittstelle zu ISDN vor.

8.8.1 Socket-Library

Die Socket-Library stellt Sockets für Programme zur Verfügung. Dieser Socket ist aber kein Socket im Sinne von TCP/IP, d.h. Port- und Host-Nummer, sondern repräsentiert eine Connection. In einem Initialzustand kann ein Socket auch eine noch nicht zustande gekommene Connection darstellen. Nach Zustandekommen der Connection ist der Socket ein Socket-Paar im Sinne von TCP/IP. Die Socket-Library stellt in einem UNIX-Rechner inzwischen auch ein Standardmittel zur Kommunikation zweier Prozesse dar. Bei der Kommunikation ohne Beteiligung des Netzes kann eine Connection auch ohne Zuweisung von Port-Nummern aktiv sein – dann kennt nur der Kernel die Zuordnung.

Folgende Systemcalls sind üblich [Stev90,Come88,Sun85a] – hier verkürzt dargestellt:

socket(Protokoll-Familie, Delivery-Typ)

Liefert einen connection_ident für einen Socket der Protokoll-Familie (z.B. AF_INET) und eines Typ (SOCK_STREAM für TCP) zurück. Kennt im gleichen Rechner ein anderer Prozeß die connection_ident, so kann er die connection_ident ohne die weiter angeführten Calls zum Senden und Empfangen verwenden.

bind(connection_ident,lokaler_port)

Bindet die Connection an einen lokalen Port – damit ist die eine Hälfte der Verbindung (lokaler Host, lokaler Port) definiert. Im Falle der Kommunikation auf der gleichen Maschine kann statt des lokalen Port auch ein Filename angegeben werden.

connect(connection_ident,remote_socket)

Versucht den Aufbau zu einem entfernten Socket. Wenn vorher ein bind stattgefunden hat, ist das lokale Port dadurch festgelegt. Andernfalls wird das lokale Port dynamisch vom Betriebssystem zugeordnet.

send, write, read, recf, reacv

Dies sind unterschiedliche Formen des Sendens und Empfangens.

sendto(connection_ident, remote_socket, data)

Schickt UDP Paket an entfernten Socket – lokaler Port wird vom Betriebssystem zugeordnet oder wurde vorher durch bind festgelegt.

listen(connection_ident, queue_size)

Reserviert einen Pufferbereich, um mehrere ausstehende Connection Wünsche in einer Warteschlange halten zu können. Setzt einen vorhergegangenen bind voraus.

accept(connection_ident, new_connection_ident)

Das aufrufende Programm erhält die erste wartende Connection unter der neuen Connection-Identifikation zurück. Falls keine connection wartend ist, blockiert der Aufruf bis zum nächsten Anfragewunsch für eine Verbindung. Dieser Aufruf ist nur sinnvoll nach listen. Somit können mehrere Verbindungen zum selben Port vom Programm unterschieden werden. Der Kernel kann die Verbindungen durch ihre unterschiedlichen Socket-Paare jeweils der betreffenden new_connection_ident zuordnen.

select(array_of_connection_idents, choosen_connection_ident, timeout)

Das aufrufende Programm wartet auf eine beliebige, der im array_of_connections_idents angegebene, *connection* und erhält die erste als choosen_connection_ident zurück, wenn nicht vorher der Timeout abläuft.

close(connection_ident)

Schließt eine Verbindung

Um wartende Programme nicht ständig als Prozeß im System halten zu müssen, gibt es zusätzlich auf UNIX-Systemen noch einen inetd (Internet Services Daemon), dem eine Anzahl von Ports und zugehörigen Programmen[9] zugeordnet werden können. inetd verhält sich wie der **accept**-Systemcall und reicht die Connection (in Form des Standardinputs und Standardoutputs) an den zum Zeitpunkt der Verbindungsaufnahme gestarteten Prozeß weiter, der das Programm ausführt. inet führt auch ein Multiplexing durch, da mehrere eintreffenden Verbindungen automatisch zu neuen Prozessen des gleichen Programmes führen.

Port-Nummern kleiner als 255 sind als well-known ports[10] vorgesehen und sollten nur für registrierte Dienste eingesetzt werden. Registrierte Services samt ihrer Port-Nummern finden sich im [Reyn87]. Über den reservierten Ports liegende Nummern werden vom Betriebssystem dynamisch zugeordnet und nach einer Zykluszeit neu verwendet.

UNIX OS 4 enthält eine Variante der Socket-Library (TLI: Transport Layer Interface), die sowohl zu TCP/IP wie auch OSI nutzbar ist [ATT88,Chap87]. TLI hat zwar ungefähr die oben erwähnte Funktionalität, aber es gibt einige Differenzen[11], die sich aus bereits erwähnten Unterschieden der unterliegenden Protokolle ableiten; den Calls ist jeweils ein t_ vorangestellt.

Das nachfolgende „C"-Programm realisiert einen einfachen Server-Prozeß, der als Antwort für eine aufgenommene Verbindung zurückmeldet, die wievielte Verbindungsaufnahme dies ist.

```
/* hansserver.c - main */
#include <stdio.h>
#include <sys/types.h>
#include <sys/socket.h>
#include <netinet/in.h>
#include <netdb.h>
/* ---------------------------------------------------------------------
   Program:  hansserver

   Purpose:  shows the use of the TCP/IP socket to build a very simple server

   Author:   Hans Barz, CIBA GEIGY
```

---

[9]statisch per File

[10]Auf manchen Rechnern wird noch ein zusätzlicher Bereich für Hersteller-spezifische Ports freigehalten.

[11]t_bind entspricht etwa dem listen, t_connect nur möglich nach Bindung an ein TSAP, t_accept können Partner unter Wartenden auswählen, User-data kann bei Verbindungsaufbau resp. -abbau verwendet werden, Record-Boundaries sind möglich, Urgent-Data kann nicht separat gelesen werden

8.8. Programmschnittstelle

```
Date:   May, 1990

  ----------------------------------------------------------------- */


#define BACKLOG  2   /* # of requests we're willing to queue  */

main(argc,argv) int argc; char **argv;
        /* std UNIX argument declaration  */

{

  int s, t;   /* socket descriptors */
  int j,k;    /* general purpose integer   */
  struct sockaddr_in sa, isa;    /* Internet socket address structure */

/*
This struct is defined in in.h as:
   struct sockaddr_in {
          short    sin_family;
          u_short  sin_port;
          struct   in_addr sin_addr;
          char     sin_zero[8];
   };
and in_addr is:
   struct in_addr {
          union {
                struct { u_char s_b1,s_b2,s_b3,s_b4; } S_un_b;
                struct { u_short s_w1,s_w2; } S_un_w;
                u_long S_addr;
          } S_un;
   #define s_addr  S_un.S_addr

*/

  char buf[20]; /* buffer space for communication message */


/*
  Build the socket structure. This is done in an incorrect way since
  the port information should be taken out of a system file by use of
  the system call getservbyname. Here we choose the port number 7001
  and specify that any system may call the service.
*/

  sa.sin_port = htons(7001);
  sa.sin_addr.s_addr = INADDR_ANY;
  sa.sin_family = AF_INET;
```

```c
/*
 Open a socket for incoming connections
*/

if((s = socket(PF_INET,SOCK_STREAM,0)) < 0)
   {
   perror("socket");
   exit(1) ;
   }

/*
 Bind the socket to the local port
 so we hear incoming connections
*/

if(bind(s,&sa,sizeof(sa)) < 0)
   {
   perror("bind");
   exit(1);
   }

/*
 Set maximum connections we will fall behind
*/

listen(s,BACKLOG);

/*
 Go into a loop waiting for new connections
*/

for(j=1;j!=6;j++)
   {
   k = sizeof(isa);
   /*
    We hang in accept() while waiting for new customers
   */

   if ((t = accept(s,&isa,&k)) < 0)
      {
      perror("accept");
      exit(1);
      }

   /* perform the actual service */

   read (t, buf, 10);
   sprintf(buf, "This is the %i. answer", j);
```

```
    write(t, buf, strlen(buf));
    close(t);
  }

/*
Hang up service
*/

  close(s);

}
```

8.8.2 NETBIOS

Die bei PC's gebräuchliche Netzwerkschnittstelle ist NETbios (Network Basic Input/Output System). Eine höhere Schnittstelle ist SMB – siehe Kap. 11.2.2.3.

Das verwendete NCB-Protokoll (Network-Control-Block) ist ein abgespecktes HDLC und enthält keine NL-Funktionalität. Seine Charakteristika sind max. Windowgröße 16, Sequenznummern 256, Piggyback, keine Checksum – man vertraut dem DL – und keine Urgent-Data-Funktionalität. Die Paketgröße kann max. 192 KB erreichen. Da der Pufferbereich aber von der Anzahl der bestehenden Sessions abhängt, werden beim Session-Aufbau ggf. auch kleinere Paketgrößen vereinbart. Das Protokoll ist unterschiedlich je nach verwendetem DL-Layer (Sytek PC-net oder Token-Ring[12]). Die Adressen bestehen beim Sytek PC-net aus 6 Byte DL-Adresse des Interfaces[13], einem 16 Byte Namen eines Service und ggf. 2 Byte Connection-Identifikation [IBM87].

Die Schnittstellen-Aufrufe fallen in die Gruppen Naming-service, Session-Service und Datagram-Service.

Der Naming-Service identifiziert Resources im Netzwerk und ist eigentlich dem AL zuzuordnen. Der Service basiert auf Broadcasts. Jeder Rechner unterhält in einer Zuordnungstabelle die bei ihm verfügbaren Services und eine lokale Identifikationsnummer. Die Aufrufe des Naming-Service sind:

add_name, add_group_name

   Fügt einen neuen Namen, wenn möglich, der Tabelle hinzu

delete_name

   Entfernt einen Namen

find_name

   Sucht einen Namen

---

[12]Das Protokoll heißt dann auch NETBEUI (Extended NETbios User Interface).
[13]nur 1'er im Falle von Broadcast

Das Hinzufügen eines Namens ist dann erfolgreich, wenn nach sechs wiederholten Broadcast-
„Add-Name"-Paketen[14] kein anderer Rechner Einspruch einlegt. Er wird nur Einspruch ein-
legen, wenn er selber bereits diesen Namen bei sich registriert hat. Dieses Protokoll ist nur
für lokale und fehlerfreie[15] Netze geeignet. Allgemein einsetzbare Naming Services finden
sich in Kap. 11.1.6.

Der Session-Service unterstützt Verbindungen. Dieser Service umfaßt die reihenfolgegerechte und zugesicherte Ablieferung von Daten. Im Folgenden werden die wesentlichsten
Aufrufe verkürzt dargestellt [IBM87], wobei die tatsächlichen Aufrufe keine Parameter mehr
haben, sondern den Schnittstellenbereich NCB (Network Control Block) nutzen:

`listen(name_id, allowed_remote_sys)`

>Bindet den aufrufenden Prozess als Server an den `name_id` – dieser muß zuvor durch
einen `add_name` Aufruf erzeugt worden sein – und spezifiziert die erlaubten Systeme,
die diesen Service rufen können. Entspricht dem `socket` und `bind` bei der Socket-
Library. Liefert eine Session-Number als Ergebnis zurück.

`call(name)`

>Verbindet den aufrufenden Prozeß als Client mit dem durch `name` benannten Ser-
ver. Dies entspricht in etwa dem `socket` und `connect` Aufruf bei der Socket-Library.
Liefert eine Session-Number als Ergebnis.

`send(session_number)` [16]

>Sendet maximal 192 KB über die mit der `session_number` bezeichnete Verbindung.

`receive(session_number)`

>Empfängt Daten bezüglich der bestehenden `session_number`.

`receive_any`

>Empfängt Daten alternativ für jede bestehende Session – entspricht somit einem all-
gemeinen `select` in der Socket-Library. Liefert zusätzlich die Session-Number zurück,
die diese Daten lieferte.

Jeder dieser Aufrufe kann mit `wait` (blockierend) oder `no-wait` aufgerufen werden. In vielen Fällen kann mit der blockierenden Variante auch noch ein Time-Out verbunden werden.

Die connectionless Services heißen Datagram-Services und es gibt keine Zusicherung über
den erfolgreichen Transfer. Die wesentlichsten Aufrufe sind [IBM87] – hier verkürzt dargestellt:

`send_datagram(name)`

>Schickt maximal 512 Byte zu einem benannten Service.

---

[14] abgesandt in jeweils einer halben Sekunde Abstand

[15] Man überlege sich, was bei einer zeitweisen Netzpartitionierungen passieren kann.

[16] Es gibt auch noch ein send_no_ack. Dies wird nur im Falle der Nutzung des Token Ring verwendet, da dieser eine Bestätigung selber durchführt – siehe Kap. 6.1.2.1. Somit werden aber auch unterschiedliche darunterliegende DL anders behandelt.

`receive_datagram(name_id)`
: Empfängt Datagrams

`send_broadcast_datagram, receive_broadcast_datagram`
: Sendet resp. empfängt Broadcast-Pakete

Für Programmbeispiele in „C" empfiehlt sich die Lektüre von [Schw88].

8.8.3 Schnittstelle zu ISDN

Diverse Hersteller (Siemens, IBM, AT&T) haben inzwischen entdeckt, daß der Anschluß von Rechnerdienstleistungen an ISDN ein Erfordernis der Zukunft ist. Die ersten Systeme werden beispielsweise einem Sachbearbeiter beim Aufnehmen des Telefons gle:chzeitig am Bildschirm die letzten Bestellungen des Kunden zeigen können. Durch diese Verbindung entstehen aus ISDN die sogenannten „Intelligent Networks"(IN)[Yu90,Ambr89].
Die Komponenten von IN sind:

STP: Signal Transfer Points sind die NL-Entities des SS7-Protokolles – siehe auch Kap. 7.6

SCP: Service Control Points sind die TL-Entities von IN. Die Schnittstelle kann mittels eines Service Logic Program (SLP) betrieben werden. Das Programm wird vom Service Logic Interpreter (SLI) betrieben.

FC: Functional Components sind AL-Entities verwandt. Diese Services werden als Bausteine von höheren Services – siehe auch CASE in Kapitel 11 – vorgesehen. Ein Beispiel für einen solchen in Entstehung begriffenen FC ist der „Interprocess Communication" FC.

IP: Die Endgeräte von IN tragen den Namen Intelligent Peripherals. Eine Einbettung in die OSI-Standards ist auch dabei nicht absehbar.

Im 1988 Standard von CCITT wurden zwei AL-Protokolle in ISDN aufgenommen. Das eine ist CCR – siehe Kap.11.1.2 – und das andere ist ROS – siehe Kap. 11.1.4.2. Dies ist ein Versuch, an der Rechnerschnittstelle auch auf höheren Layern ISO konform zu werden.

Diese Schnittstelle wurde bis heute nur für CICS (Customer Information Control System) – Monitor unter MVS – spezifiziert [Ambr89]. Parallel dazu haben diverse Hersteller (z.B. Hayes, Apple) eigene Programmschnittstellen zu ISDN entwickelt. Hier ist nicht absehbar, welche Schnittstelle in welchem Bereich zum Standard wird.

Kapitel 9

Session-Layer

> Ich bin ein armer Schmiedeknecht,
> hab keine Arm, zeig immer recht,
> hab keine Füss, muss immer gehen,
> und Tag und Nacht auf Schildwach stehen,
> und leg ich mich einmal zur Ruh,
> dann brummt noch jedermann dazu.
>
> Volksrätsel, Mecklenburg

Die Aufgabe des Session-Layers ist es, Ordnungsfunktionen für eine Verbindung – falls gewünscht – zu unterhalten. Die Ordnungskriterien sind

- Synchronisationspunkte für Recovery im Datenfluß zu markieren

- abgestimmte Einschränkungen der Rechte der beiden Partner zu unterhalten (Dialog Management)

- Bildung von Einheiten (Activity Management)

- gesicherter Abbau der Verbindung

Diesen Layer könnte man als IBM/CCITT-Layer bezeichnen, denn die Funktionalität in diesem Layer ist bei DECnet oder TCP/IP in höheren Protokollen verborgen, nur bei SNA (sog. Data Flow Control) und bei CCITT Teletex (T.62) gibt es einen Teil dieser Funktionalität.

Vereinzelt in der Literatur [Tane89] führt man in diesem Layer auch RPC (Remote Procedure Call) auf. Dies wird im unteren Teil des Applikations-Layer behandelt werden.

Das Kapitel basiert auf den Standards ISO 8326/8327 (Connection-full) und DIS 9548 (Connection-less). Die Connection-Aufbau Phase samt der Negotiation ihrer QOS läuft ähnlich wie in vorausgegangen Layern ab und wird hier nicht mehr weiter erwähnt – einzelne QOS finden sich in Kapitel 9.5. Eine Session kann auch aufgebaut werden bei einer bereits bestehenden Transport Verbindung. Dann muß Sorge getragen werden, daß nicht vorausgegangene Session-Aktivitäten den neuen Aufbau stören [Cane86] – siehe dort auch für Informationen zur Implementierung. Ausführlicher wurde noch die ISODE Implementierung des Session-Layers in [Rose90], pp. 211-223 dokumentiert.

9.1 Gesicherter Abbau

Wie bereits in Kapitel 8.2.3 erwähnt, schließt selbst die Transportklasse TP4 nicht den abgestimmten Verbindungsabbau der Kommunikationspartner mit ein. Somit könnten beim Abbau noch Informationen verloren gehen.

Der geordnete Abbau in diesem Layer besteht aus den folgenden Aktionen:

- S.Release.Request
    - .Indication
    - .Response
    - .Confirm

Hierbei kann der Empfänger bei einer Release.Indication auch den Abbruch negieren und die Session bleibt bestehen. Dies ist nur möglich, wenn der Empfänger im Besitz des „Release Token" ist – siehe Kap. 9.3). In SNA sind dies Shutdown-Anforderungen.

9.2 Synchronisation

Der TL stellt zwar einen gesicherten Übertragungsweg zur Verfügung, aber damit kann ein darüberliegender Prozeß nicht sicher sein, daß er oder sein Partner-Prozeß zu jedem Zeitpunkt die ankommende Information korrekt verarbeiten kann. Typische Beispiele dafür sind Hardwarefehler beim Schreiben auf Platte oder das Steckenbleiben von Papier im Drucker. Zur Vorkehrung für solche Ereignisse kann ein Prozeß Synchronisationsmarkierungen im Informationsfluß anbringen. Die Session-User-Prozesse speichern sich dann die Zustände zu den jeweiligen Synchronisationsmarkierungen.

Der Session-Layer liefert den aufrufenden Prozessen einheitliche Services zur Markierung an. Die Zustandsspeicherung ist Aufgabe der aufrufenden Prozesse. Jede Synchronisationsmarkierung trägt eine eindeutige Nummer (SPSN: Synchronisation Point Serial Number), deren Initialwert während der Negotiationsphase mitgeteilt wird. Je nach Typ des Verkehrs (duplex, halb-duplex) gibt es eine oder zwei solcher Nummern.

Es gibt zwei Varianten zur Synchronisationsmarkierung:

Minor Synchronisation: (S-SYNC.MINOR)

Diese Variante muß vom Empfänger nicht bestätigt werden – die Bestätigung ist optional. Der Sender stellt nach dem Absenden der Markierung nicht den Datenverkehr bis zur optional eintreffenden Bestätigung ein. Daher macht diese Variante macht nur Sinn, wenn der Datenstrom keine „expedited" resp. „urgent" Daten enthält[1] und der Synchronisationspunkt nur für die Daten angewandt wird, die vom Initiierenden abgesandt wurden. Würde der Datenstrom „urgent" Daten enthalten, so könnte reguläre Dateninformation durch Synchronisationspakete überholt werden und inkonsistente Checkpoints zur Folge haben. Höher liegende Layer – z.B. RTSE, Kapitel 11.1.5 – können ein „sliding-window"-Verfahren zum gesicherten rechtzeitigen Absenden einer Bestätigung bei Erreichen der maximalen „Window"-Größe einsetzen.

---

[1] dies kann während der Negotation ausgeschlossen werden

9.2. Synchronisation

Major Synchronisation: (S-SYNC.MAJOR)

Diese Variante schließt eine Bestätigung vom Empfänger mit ein. Daher wird diese Bestätigung auch als Checkpoint für den gegenläufigen Verkehr verwendet. Diese Synchronisation ist somit ein Checkpoint für den ganzen Dialog. Der Sender stellt nach dem Absenden seinen Datenversand ein. Der Empfänger antwortet mit zwei Bestätigungspaketen; das eine wird „expedited" und das andere normal zugestellt.

Nach Eintreffen des „expedited" Bestätigungspaketes gibt der wartende Sender bis zum Empfang des normal übersandten Bestätigungspaketes alle weiteren ggf. eintreffenden „expedited" Pakete nicht an den oberen Layer weiter. Dies ist notwendig, da das „expedited" Paket möglicherweise die regulär eintreffenden Daten überholt hat und das Akzeptieren dieses Paketes vor der Bestätigung eine inkonsistente Sicht der Dialoge erzeugen könnte. Dies ist anschaulich in der Abbildung 9.1 dargestellt. Die Annahme bei diesem Vorgehen ist, daß unterschiedliche „expedited" Pakete gleich schnell befördert werden.

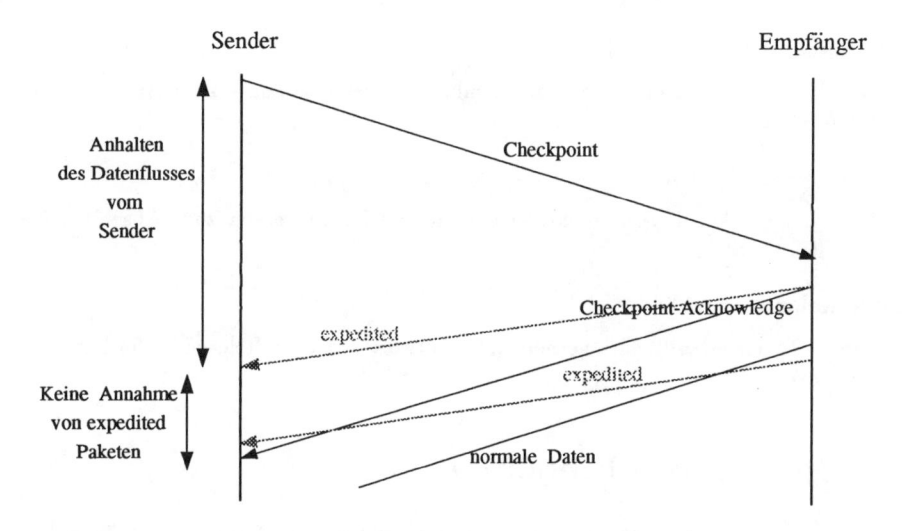

Abbildung 9.1: Situation mit „expedited" Paketen bei der Major Synchronisation

Mit jedem Major-Synchronisationspunkt wird einem Empfänger auch mitgeteilt, daß er nun nicht mehr Daten zu Synchronisationspunkten (major und minor) vor diesem Zeitpunkt halten muß.

Jeweils nur ein Teilnehmer einer Verbindung kann zu einem Zeitpunkt eine Synchronisation verlangen. Dieses Recht wird im folgenden Kapitel „Partnerrechte" behandelt.

Bei einer Re-Synchronisation (S.-RESYNCHRONIZE) wird von einem der Partner unter Bezugnahme auf einen früheren Synchronisationspunkt ein Zurückgehen auf einen alten Zustand verlangt. Problematisch wird es bei von beiden Partnern gleichzeitig ausgelösten RE-Synchronisationen – siehe [Know87].

9.3 Partnerrechte (Dialog-Management)

Beim Dialog-Management werden verschiedene Rechte durch Tokens verwaltet. Nur der Partner, der das jeweilige <Recht>-Token besitzt, kann entsprechende zugehörige Aktionen ausführen. Der Partner, der das Token nicht besitzt, kann das Token anfordern durch S-TOKEN-PLEASE.request (SIGNAL oder Bidder Request in SNA), diese Anfrage muß aber nicht positiv beantwortet werden.

Tokens werden übergeben durch S-TOKEN-GIVE oder S-CONTROL-GIVE. Bei der letzteren Variante werden alle Token-Sorten auf einmal übergeben.

Folgende <Recht>-Token kann es je nach Negotiations-Phase in einer Session geben:

Data-Token:

Das Data-Token kann auch bei jedem Partner vorhanden sein. Falls nur ein Token verfügbar ist, wird damit Half-Duplex kontrolliert.

Synchronize Minor Token:

Das Minor-Token gibt es maximal einmal und ist notwendig zum Absenden eines S-SYNC.MINOR.

Synchronize Major Token:

Das Major-Token gibt es maximal einmal und ist notwendig zum Absenden eines S-SYNC.MAJOR.

Release Token:

Dieses Token erlaubt eine verneinende Antwort auf eine Release Anforderung des Partners.

9.4 Bildung von Einheiten

Eine Einheit oder Activity ist eine nicht begrenzte Menge von Daten, deren Zusammengehörigkeit gekennzeichnet wird, damit haben darüberliegende Layer die Möglichkeit, daraus eine Transaktion zu formen. Zu Beginn einer Einheit (S-ACTIVITY-START.request) setzt der SL automatisch einen Major Synchronization Request ab; dazu ist natürlich das entsprechende Token notwendig. Das Ende einer Activity wird durch ein S-ACTIVITY-END signalisiert. Eine Activity kann vorzeitig beendet, zeitweise angehalten und wieder aufgenommen werden. Nach dem Anhalten können andere Daten übersandt werden. Daher erhalten Aktivitäten Identifikationen. Für die notwendige Zwischenspeicherung der Zustände ist ein höherer Layer verantwortlich.

9.5 Datentypen und Paketaufbau

Folgende Datentypen werden unterschieden:

9.5. Datentypen und Paketaufbau

Reguläre

Die analogen Datenpakete heißen „Normal Data Session Service Data Unit" (NSSDU). Die PDU's haben je nach Teil des Standards die Maximalgröße 512 oder sind unbegrenzt.

Expedited

Die analogen Datenpakete werden „Expedited Session Service Data Unit" (XSSDU) genannt. Sie sind maximal 14 Octets groß.

Typed

Diese Daten können auch ohne den Besitz des entsprechenden Tokens übersandt werden. Sie dienen im wesentlichen der Kontrollinformation für obere Layer. Sie werden im Regelfall nicht bestätigt. TSSDU's haben die gleichen Restriktionen wie NSSDU's.

Capability

Diese Daten können nur außerhalb von Aktivitäten gesendet werden und dienen der dynamischen Kontrolle resp. Konfiguration des Session-Layers

In diesem Layer gibt es aus Kompatibilitätsgründen zum Teletex-Standard 34 (!) diverse Pakettypen. Die Mischung mit dem Teletex-Standard hat nach Ansicht von Rose [Rose90] diesen Layer völlig überladen. Daher wird beim NIST Implementors Workshop diskutiert, ob man diesen Standard nur teilweise implementieren soll.

Ein typisches Datenpaket hat den folgenden Aufbau:

PDU-Typ	Paketgröße	Parameter	Daten
1 Byte	1 o. 3 Byte		

gesamthaft < 65 K

Dabei sind die Parameter jeweils Tripel bestehend aus Typ, Länge und Wert. Parameter können aber auch wieder in Gruppen zusammengefaßt sein, die eine Gruppenidentifikation und ein Gruppenlängenfeld besitzen. Folgende Parameter können auftreten:

Session Connection Identifier (SCI)

Der Wert wird zu großen Teilen vom Nutzer des Session-Layer vorgegeben und besteht max. aus 196 Bit – SL betreibt kein Multiplexing von Verbindungen.

SSAP, Initial Synchronisation, QOS

Diese Parameter werden nur beim Session Aufbau verwendet. Die meisten QOS werden dem TL weitergereicht; es gibt jedoch zwei SL-spezifische QOS. Der „Optimized Dialog Transfer" erlaubt den Transfer von mehreren SL-Primitiven in einem Datenpaket. Die „Extended Control" erlaubt das Löschen von Daten nach einer speziellen Indikation – für eine Nutzung siehe Kapitel 11.2.1.3.

Result

Hier werden Fehlerursachen mitgeteilt. Diese sind unterteilt in grundsätzliche – damit ist weitere Kommunikation sinnlos – und temporäre.

Positive oder negative Acknowledgement
   Das negative Acknowledgement enthält Gründe; dies ist implementationsabhängig.

Weiterhin gibt es noch Regeln, die Tanenbaum „bizarre" nennt, für das Zusammenhängen (concatenation) resp. Auseinandernehmen (segmentation) von SPDU's. An der Schnittstelle zum Transportsystem sollte korrekterweise versucht werden, möglichst große Pakete zu erzeugen, denn verkleinern kann es ja nach unterliegenden Bedürfnissen der TL resp. NL immer noch – dies scheint aber bei manchen Teletex-Geräten nicht möglich zu sein – siehe auch [Know87], pp. 201-203.

Eine letzte Klasse von Primitiven erlaubt die Weitergabe von Fehlermeldungen (Exception Report).

9.6 Klassen von implementierten Funktionalitäten

Die Klassen umfassen folgende Services resp. Funktionen:

Kernel
   Connection, Daten-Transfer, Geordneter Abbau, Abort

Basic Combined Subset (BCS)
   Kernel plus Daten Token

Basic Synchronized Subset (BSS)
   Kernel plus Synchronization Token, Release Token und Typed Data

Basic Activity Subset (BAS)
   Spezielle Kombination für CCITT

Kapitel 10

Presentation-Layer

> WAS FÜR EIN SCHNEIDER SCHAFFT,
> OB MEISTER ODER JUNGE,
> AUS VOLLER LEIBESKRAFT
> MIT NICHTS ALS SEINER ZUNGE?
>
> OTTO SUTERMEISTER, 1832-1901

Dieser Layer hat die Aufgabe unterschiedliche Datendarstellungen den beteiligten Prozessen anzupassen. Alle Services des Session-Layers werden unverändert an den Application-Layer weitergereicht. Anpassungen an Datendarstellungen sind notwendig wegen ASCII/EBCDIC, Byte ordering, 1- resp. 2-Komplement und verschiedenen Datentypen in Programmiersprachen.

Im Gegensatz zum Aufbau der Layer-spezifischen PDU's in den unteren Layern – siehe auch Kapitel 4.4 – werden die PDU in den oberen Layern nicht mehr geschachtelt, sondern nur noch aneinandergehängt (embedded). Analog gibt es keine Connections und kein Multiplexing mehr auf dem Presentation- und Application-Layer, sondern Connections werden allein auf dem Session-Layer gesamthaft für die drei oberen Layer behandelt. Die Negotiations-Phase findet auch nur einmal gesamthaft beim Aufbau der Session statt.

10.1 Darstellungs-Management

Zusammen mit der Negotations-Phase des Session-Layers wird zu Beginn einer Connection auch die Datendarstellung ausgehandelt. Es gibt folgende vier Grundtypen:

Universal: generell verfügbar

Application: für offiziell standardisierte Applikationen

Context-specific: innerhalb gewisser Teile einer Applikation gültig

Private: für private – nicht offizielle – Applikationen

Die Negotations-Phase umfaßt:

- Absprache über akzeptierte Datendarstellunge(n) – Im Regelfall ist dies nur eine Darstellung.

- Default Datendarstellung

- Akzeptierte mögliche Managementfunktionen

Die möglichen Managementfunktionen sind Änderungen an der Liste der akzeptierten Datendarstellungen während einer Session resp. Zurücksetzen auf einen früheren Wert. Diese Funktionen heißen „Abandon" für das Zurücksetzen auf letzten vereinbarten Wert und „Restart" für das Zurücksetzen auf einen gewissen Synchronisationspunkt. Da sich somit die vereinbarten Datendarstellungen über die Zeit ändern können, wurde festgelegt, daß expedited-Daten nur mit der default Datendarstellung interpretiert werden, denn bei „expedited" Daten kann durch das „Überholen" auch eine Datendarstellungs-Änderung „überholt" werden.

Die Management-Funktionen erfordern kein Token zum Übermitteln und werden als Typed-Data behandelt – siehe Kap. 9.5. Zum Teil werden für die Managementfunktionen Bestätigungen erwartet – siehe ([Stal87], pp.265/66).

10.2 Datendarstellung

Um die Daten auf verschiedenen Rechnern gleich interpretieren zu können, verwendet ISO die „Abstract Syntax Notation 1" (ASN.1). Diese basiert auf einem Teil des CCITT Mailing-Standards (X.409). Alternative Vorschläge gibt es von SUN „eXternal Data Representation" (XDR)[1] und Apollo „Network Data Representation" (NDR); zu einem Vergleich siehe [Part88]. MAP verwendet eine weitere Variante – GM Standard Message Format.

Die Datendarstellung ASN.1 besteht aus folgenden Teilen:

- kontextfreie Grammatik zur Definition von Datenstrukturen

- Festlegung zur Umsetzung von Datenstrukturen und Elementen in ein netzeinheitliches Format – sog. Transfer Syntax oder auch Basic Encoding Rules (BER)[2]

Ein netzeinheitliches Format wird auch von XDR vorgesehen, während NDR ein Betriebssystem-einheitliches Format wählt. Das Netz-einheitliche Format hat den Nachteil der definitiven Konversion in jedem Presentation Layer, während NDR den Nachteil hat, daß an jedem PL die Anpassung für $n-1$ andere Betriebssystem-spezifische Darstellungen ermöglicht werden muß.

Die Syntax zur Definition eines Moduls – das sind unter einem Namen zusammengefaßte Darstellungsdefinitionen – hat etwa den Aufbau wie in den nachfolgenden Abbildungen 10.1, 10.2 und 10.3[3].

---

[1] wurde auch als RFC 1014 von ARPA übernommen

[2] Gegenwärtig befinden sich auch andere Encoding Rules bei CCITT in Vorbereitung: PER (Packet Encoding Rules), CER (Confidential Encoding Rules), DER (Distinguished Encoding Rules) – wird verwendet um Klartext und verschlüsselter Text zusammen zu übertragen, siehe Kap. 14.2.5.

[3] für eine vollständige Liste siehe [Tane89],p.487 oder seine Quelle [ISO8824], Annex F

10.2. Datendarstellung

```
<module definition>   = <name> definitions ::= begin <module body> end
<module body>         = <assignment> ..... <assignment> | empty
<assignment>          = <name> ::= <typ>
<typ>                 = <primitivtyp> | <constructed typ> | <tagged typ>
<primitiv typ>        = integer | boolean | bitstring | octetstring | any |
                           2       1         3            4
                        <objid> | IA5String | Generalized Time | null | ........
                           22         23
```

Abbildung 10.1: Einfache ASN.1 Typen

Abbildung 10.1 zeigt beispielsweise die Definition von *integer* und *bitstring*. *any* ist die union von allen Typen und *null* ist ein nicht definierter Typ[4]. <objid> sind spezielle von den verschiedenen AL-Protokollen definierten Typen; die Namen der Typen sind gegliedert nach ISO und CCITT Studiengruppen und so kann jede Gruppe neue Typen definieren und mit einem Namen (resp. Nummer) versehen. So tragen zum Beispiel spezielle Typen für den FTAM-Standard – siehe Kap. 11.2.2.2 – den Präfix 1.0.8571 mit 1 für ISO, 0 für Standard und 8571 für die Nummer des FTAM Standards resp. seiner WG. Eine Klasse von <objid>'s kann in der Negotiation-Phase ausgehandelt werden. In den Änderungen des CCITT Standards im Jahre 1988 wurden auch real Typen und export- resp. import-Statements zum Hereinkopieren von Definitionen aus anderen Modulen aufgenommen. Eine weitere Zahl von Typen – enumerated type incl. subtypes wie in PASCAL oder boolean – sind hier nicht weiter ausgeführt worden. ASN.1 enthält zusätzlich auch einen Makro-Mechanismus[5].

Die unter den verschiedenen Typen aufgeführten Nummern werden noch später behandelt werden.

ASN.1 erlaubt – gemäß Abbildung 10.2 – auch die Konstruktion von zusammengesetzten Typen. Eine *sequence* ist eine geordnete Menge von einzelnen Definitionen, während *set* eine ungeordnete Menge ist. *sequence of* resp. *set of* ist eine (nicht begrenzte) geordnete resp. ungeordnete Menge eines Typs. *choice* ist die Auswahl aus einer Menge von Element Typen.

Diese Syntax wird – wie gewohnt – zur Definition der Datentypen und in leicht abgewandelter Form – nicht wie gewohnt – zur Definition der jeweiligen Ausprägung (Instanzierung) eines Datentyps samt seiner zugeordneten Werte verwendet. Die zweite Definition ist zusätzlich nötig, weil die erste Definition variable Teile enthält. Die erste Definition ist aber gleichwohl nötig, damit auf jeder Kommunikationsseite die korrekte alternative Datendefinition im jeweiligen Programm durchgeführt werden kann.

Zur Kennzeichnung bei der Übermittlung der syntaktischen Struktur werden die in der

---

[4]in XDR als opaque (undurchsichtig) bezeichnet
[5]Dieser ist nicht einfach zu implementieren, da die Makros in der Syntax der Sprache auftreten. Normalerweise kennt man Makros nur in einem Satz einer Sprache. Daher müsste bei dieser Form der Makros automatisch ein erweiterter Compiler erzeugt werden. Da die erweiterte Syntax aber nicht zwingend eine konfliktfreie Grammatik ist, kann im allgemeinen der Compiler nicht automatisch erzeugt werden[Alex91].

```
<constructed typ>    = <sequence> | <sequence of> | <set> | <set of> |
                       <choice>
<sequence>           = sequence { <element typ list> }
                       16
<sequence of>        = sequence of <typ>
                       16
<set>                = set { <element typ list> }
                       17
<set of>             = set of <typ>
                       17
<choice>             = choice { <element typ list> }
<element typ list>   = <named typ>, ..... <named typ>
<named typ>          = <name> <typ> [ optional | default <value> ]
                       | <typ> [ optional | default <value> ]
```

Abbildung 10.2: Konstruierte ASN.1 Typen

obigen Syntax beigegebenen Nummern (*Tags* – Etiketten) verwendet. Nun ist auch klar, warum *choice* in Abb. 10.2 und *any* in Abb. 10.1 keine Nummern besitzen, denn in einer Ausprägung einer Datenstruktur treten keine Alternativen mehr auf.

Die ASN-Deklaration dient der

- Deklaration der Datentypen in beteiligten Programmiersprachen. Im Falle der Nutzung aller Alternativen führt dies bei einfach strukturierten Sprachen zu einer Explosion der alternativen Definitionen.
  Eine Umsetzung der ASN-Notation in die reale Programmiersprachennotation muß aber jeweils durchgeführt werden – siehe als Hilfsmittel ISODE's posy [Rose90b, Rose87a,Part88].

- Generierung eines Umwandlungsprogrammes zur Übersetzung aller Varianten von Ausprägungen vom Programmkonstrukt in die ASN-Notation und vice-versa – siehe ISODE's pepy [Rose90b,Rose87a,Part88].

XDR und NDR basieren nur auf „C"-Datentypen. Dies hat den Vorteil, daß keine Abbildungen in die Datentypen einer Programmiersprache durchgeführt werden müssen. Diese Abbildungen sind bei ASN.1 durchzuführen, aber sie werden nicht von ISO festgelegt. Dies kann zur Konsequenz haben, daß die Portierung von Programmen auf unterschiedliche Rechner dann Probleme hat, wenn unterschiedliche ASN.1 Compiler verwendet werden. Dies paßt in das Bild der bisherigen Standardisierung, daß sich wenig um Programmschnittstellen gekümmert hat – siehe Kap. 3.2.

Wäre die Syntax nicht so variabel, wäre auch ein festes Umwandlungsprogramm möglich. Dies ist bei XDR oder NDR für C resp. Pascal durchgeführt worden – siehe rpcgen von SUN, Kap. 11.1.4.1.3.

Die Beschreibung der effektiv zu übertragenden Syntax ist notwendig, um die korrekte

10.2. Datendarstellung

Beschreibung beim Transfer zu ermöglichen. Bei XDR liegt es in der Verantwortung des Programmierers die Ausprägung korrekt zu benennen – durch Aufruf einer Folge von passenden Prozeduren zur Umwandlung.

Die Deklaration in ASN.1 erlaubt noch eine Kompression der übersandten Information durch ettiketierte (tagged) Typen – gemäß Abbildung 10.3.

<tagged typ>   = <tag> <typ> | <tag> implicit <typ>

<tag>   = [^{6} <class> <unsigned integer>]^6

<class>   = universal | application | private | <empty>

Abbildung 10.3: Tagged ASN.1 Typen

Der <tag> wird nun als Identifikation des <typ> beim Transfer verwendet. Wenn *implicit* angegeben ist, wird jegliche weitere Identifikation (wie der Typ zusammengesetzt ist) unterdrückt. Die <class>-Angabe besagt, aus welchem Bereich die <tag>'s stammen – siehe Kap. 10.1. Eine leere <class> kann nur innerhalb von bereits eindeutig definierten Strukturen verwendet werden; sie entsprechen dem Typ context-specific aus Kapitel 10.1. Diese *Tags* können dann auch zur Vermeidung der Angabe von optionalen Elementen dienen.

Tags werden in XDR nur bei union resp. choices verwendet. Daher wird die XDR-Variante auch als implizite Typbeschreibung und ASN.1 als explizite bezeichnet. Tagging impliziert eine Interpretation zur Laufzeit im Zielsystem. Compiler für parallel verteilte Programmiersprachen verwenden auch implizite Typbeschreibungen für die zwischen den Prozessen ausgetauschten Nachrichten – z.B. Conic [Slom87].

Die notwendigen Schritte bei der Verwendung von ASN.1 sind in der Abbildung 10.4 aufgeführt.

Jedes transferierte Datenelement in ASN.1 wird wie folgt „verpackt" übermittelt – die Verpackungsform heißt auch TLV (Typ, Length, Value) :

1) Syntaktischer Typ (Minimum 1 Byte)

     Class$_2$, Constructed/Primitive$_1$, Tag$_{\geq 5}$ (tiefgestellte Zahl bezeichnet Länge in bit)

     Die Class ist 00 für Universal, 01 Application, 10 Context specific und 11 Private. Constructed ist 1 und primitiv 0.

     Falls der *Tag* nicht 11111 ist, so ist der *Tag* die Nummer des zugehörigen Typs, andernfalls findet man die Nummer des *Tag* in den folgenden Bytes, solange dessen erstes Bit noch nicht 0 ist. Die Nummer des *Tag* entspricht der Angabe in der Syntax – Abbildungen 10.1, 10.2 – oder dem <unsigned integer> bei class 01 im Fall eines <tagged typ> – Abbildung 10.3.

2) Länge des Datenfeldes in Byte (Min. 1 Byte)

3) Datenfeld

ggf. 4) Längenbegrenzer: nur zulässig bei eingeschlossenen TLV-Elementen; ausgedrückt durch zwei 0 octets

---
^{6}Achtung:[resp.] ist nicht das syntaktische Zeichen für optional, sondern ist Term der Sprache

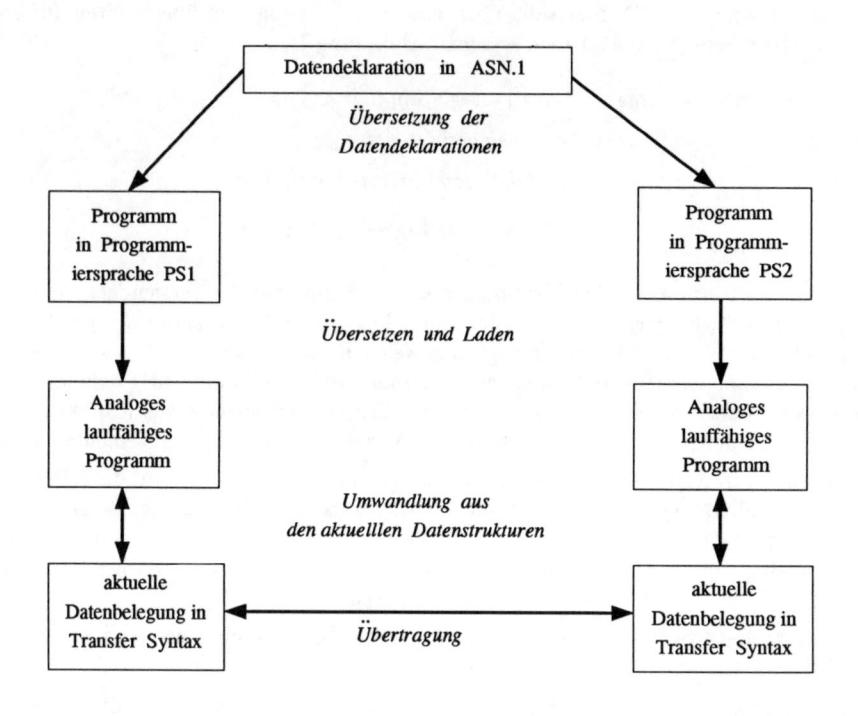

```
                    ┌──────────────────────────┐
                    │ Datendeklaration in ASN.1│
                    └──────────────────────────┘
                         Übersetzung der
                         Datendeklarationen

  ┌─────────────┐                              ┌─────────────┐
  │  Programm   │                              │  Programm   │
  │ in Programm-│                              │ in Programm-│
  │ iersprache PS1│                            │iersprache PS2│
  └─────────────┘                              └─────────────┘
                         Übersetzen und Laden

  ┌─────────────┐                              ┌─────────────┐
  │  Analoges   │                              │  Analoges   │
  │  lauffähiges│                              │  lauffähiges│
  │  Programm   │                              │  Programm   │
  └─────────────┘                              └─────────────┘
                         Umwandlung aus
                       den aktuelllen Datenstrukturen

  ┌─────────────┐                              ┌─────────────┐
  │  aktuelle   │                              │  aktuelle   │
  │Datenbelegung in│◄──────Übertragung───────►│Datenbelegung in│
  │Transfer Syntax│                            │Transfer Syntax│
  └─────────────┘                              └─────────────┘
```

Abbildung 10.4: Verwendung von ASN

10.2. Datendarstellung

Das folgende Beispiel aus dem Anhang des Standard X.409 besteht aus:

1. Beispiel eines Records für eine Person – siehe Abbildung 10.5

Name:	**John P. Smith**
Title:	**Director**
Employee Number:	**51**
Date of Hire:	**17 September 1971**
Name of Spouse:	**Mary T. Smith**
Number of Children:	**2**
Child Information	
Name:	**Ralph T. Smith**
Date of Birth:	**11 November 1957**
Child Information	
Name:	**Susan B. Jones**
Date of Birth:	**17 July 1959**

Abbildung 10.5: Beispiel eines Records für eine Person

2. Formale Beschreibung des Personen Records – siehe Abbildung 10.6. Dabei hat die Reihenfolge der Definitionen keine Bedeutung.

3. Formale Beschreibung des Beispiel aus 1) – siehe Abbildung 10.7

4. Darstellung des Beispiel-Records beim Transfer – siehe Abbildung 10.8

    Bei dieser Darstellung werden die Werte von Namen, Längenangaben und Werten von Zahlen hexadezimal mit zwei hexadezimalen Zeichen pro Octet gezeigt. Die Werte von Octet-Strings werden als Text mit einem Character pro Octet aufgeführt.

Bei der Übertragung von Zahlen steht das am meisten signifikante Bit links. Dies wird analog zur Byte-Ordnung bei Zahlen als „Big-Endian" – implementiert auf IBM 370 und Motorola – bezeichnet; im Gegensatz dazu steht das „Little-Endian"[7] – implementiert auf DEC und Intel.

Mit der in diesem Kapitel eingeführten Darstellung von Datenstrukturen und ihrer Übertragung über das Netz ist es im allgemeinen nicht möglich, „ver-pointerte" Strukturen zu transferieren – siehe Abbildung 10.9.

Dieses Problem tritt auch erneut bei Remote-Procedure Calls – siehe Kapitel 11.1.4 auf. Das Problem ist nur lösbar, wenn die Zusammenhänge der Gesamtstruktur in einem Objekt definiert wären, und dieses Objekt gesamthaft übertragen würde – siehe zu einer Methode im Zusammenhang mit abstrakten Datentypen [Herl82], alternativ könnte auch ein PL/1 area verwendet werden. Bei CCITT sind Arbeiten im Gange, dafür einen Standard zu schaffen (RDT: Referenced Data Transfer).

---

[7]Cohen [Cohe81] spielt mit den Ausdrücken Big- und Little-Endian auf Swift's „Gulliver's Reisen" an. In dem Buch wird der Krieg zwischen den Big-Endians und den Little-Endians geschildert, der ursächlich auf die Streitfrage zurückgeht, ob man Eier am runden oder spitzen Ende aufschlägt.

PersonnelRecord :: = [APPLICATION 0] IMPLICIT SET {
    Name,
    title [0] IA5String,
    EmployeeNumber,
    dateOfHire [1] Date,
    nameOfSpouse [2] Name,
    [3] IMPLICIT SEQUENCE OF ChildInformation DEFAULT {}}

ChildInformation :: = SET {
    Name,
    dateOfBirth [0] Date}

Name :: = [APPLICATION1] IMPLICIT SEQUENCE{
    givenName IA5String,
    initial IA5String,
    familiyName IA5String}

EmployeeNumber :: = [APPLICATION 2] IMPLICIT INTEGER

Date :: = [APPLICATION 3] IMPLICIT IA5String - - *YYYYMMDD*

Abbildung 10.6: Formale ASN.1 Beschreibung des Personen Record

{
    {givenName "John", initial "P", familyName "Smith"},
    title "Director",
    51,
    dateOfHire "19710917",
    nameOfSpouse {givenName "Mary", initial "T", familyName "Smith"},
    {
        {
            {givenName "Ralph", initial "T", familyName "Smith"},
            "19571111"},
        {
            {givenName "Susan", initial "B", familyName "Jones"},
            "19590717"}}}

Abbildung 10.7: Formale Darstellung des Beispiel-Records

10.2. Datendarstellung

```
Personnel
Record   Length Contents
60       8185
                Name    Length Contents
                61      10
                                IA5 String Length Contents
                                16         04     "John"
                                IA5 String Length Contents
                                16         01     "P"
                                IA5 String Length Contents
                                16         05     "Smith"
                Title   Length Contents
                A0      0A
                                IA5 String Length Contents
                                16         08     "Director"
                Employee
                Number  Length Contents
                42      01     33
                Date of
                Hire    Length Contents
                A1      0A
                                Date       Length Contents
                                43         08     "19710917"
                Name of
                spouse  Length Contents
                A2      12
                                Name    Length Contents
                                61      10
                                                IA5 String Length Contents
                                                16         04     "Mary"
                                                IA5 String Length Contents
                                                16         01     "T"
                                                IA5 String Length Contents
                                                16         05     "Smith"
                [3]     Length Contents
                A3      42
                                Set     Length Contents
                                31      IF
                                                Name    Length Contents
                                                61      11
                                                                IA5 String Length Contents
                                                                16         05     "Ralph"
                                                                IA5 String Length Contents
                                                                16         01     "T"
                                                                IA5 String Length Contents
                                                                16         05     "Smith"
                                                Date of
                                                birth   Length Contents
                                                A0      0A
                                                                Date       Length Contents
                                                                43         08     "19571111"
                                Set     Length Contents
                                31      IF
                                                Name    Length Contents
                                                                IA5 String Length Contents
                                                                16         05     "Susan"
                                                                IA5 String Length Contents
                                                                16         01     "B"
                                                                IA5 String Length Contents
                                                                16         05     "Jones
                                                Date of
                                                Birth   Length Contents
                                                A0      0A
                                                                Date       Length Contents
                                                                43         08     "19590717"
```

Abbildung 10.8: Darstellung der Beispiel-Records beim Transfer

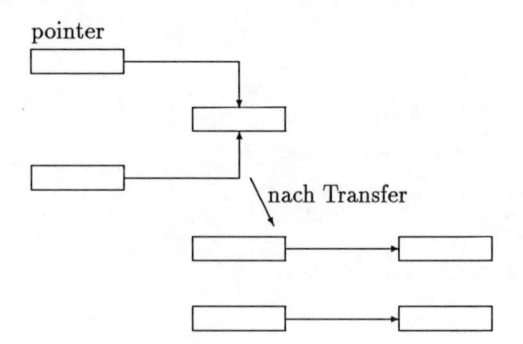

Abbildung 10.9: Übertragung von Strukturen mit Pointern

10.3 Datenpakete

Ein PPDU ensteht aus

- Datenpaketen, angereichert um die TLV-Benutzerdaten
- den Paketen „Alter-Context" und „Alter-Context ACK"

Analog werden Service-Requests an den Presentation-Layer nur zum relevanten Teil vom PL behandelt. Der andere Teil wird unbehandelt an den Session-Layer weitergereicht.

Für viele höhere Protokolle – z.B. CMIP (Kap. 13 oder ROSE, Kap. 11.1.4.2) – sind nur geringe Teile der Services dieses Layers notwendig. Daher gibt es einen Vorschlag für einen „lightweight" PL [Rose88], der nur die Services P-connect, P-U-Abort[8], P-P-Abort[9] und P-Data beinhaltet. Weiter wird dabei die Negotation Phase eingeschränkt und nur Teile der Funktionsklassen des SL – siehe Kap. 9.6 – unterstützt. Diese Variante wird in vielen testweisen CMIP-Implemetierungen zur Verkleinerung der Programme in Routers verwendet – siehe Kapitel 13.

---

[8]Diese werden vom PL-User ausgelöst.
[9]Gründe für diesen Abort gehen vom PL selber aus und sind z.B. begründet in unerwarteten PDU's oder Parametern.

Kapitel 11

Application-Layer

> Es steht ein gross geräumig Haus
> auf unsichtbaren Säulen,
> es misst's und geht's kein Wanderer aus,
> und keiner darf drin weilen.
> Nach einem unbegriffnen Plan
> ist es mit Kunst gezimmert,
> es steckt sich selbst die Lampe an,
> die es mit Pracht durchschimmert.
> Es hat ein Dach, kristallenrein,
> von einem einz'gen Edelstein,
> doch noch kein Auge schaute
> dem Meister, der es baute.
>
> Friedrich Schiller, 1759-1805

Der Application Layer stellt Benutzern oder Benutzerprogrammen Services zur Verfügung. Der AL unterteilt sich in:

CASE (Common Application Service Elements):

Dies sind Funktionen von generellem Interesse und bilden zum Teil auch den Unterbau für die folgende Gruppe.

SASE (Specific Application Service Elements):

Dies sind benutzerorientierte Funktionen, die CASE verwenden.

Eine Application-Entity besteht aus einer oder mehreren Application Service Elements (ASE). Eine Zuordnung ist – wie bei OSI gewohnt – immer genau einer anderen ASE zugeordnet.

11.1 CASE

Im folgenden werden eine Reihe solcher Services vorgestellt.

11.1.1 Association Control(AC)

Eine Association ist eine Connection auf dem Application Layer. Die Begründung für den Umstand, daß sie nicht „Connection" heißt, muß in der Tatsache liegen, daß oberhalb des Session-Layers keine separaten Connections mehr gebildet werden, sondern nur noch von einer Anreicherung resp. Konkretisierung einer bestehenden Connection gesprochen wird. Weiterhin erzeugt im Regelfall jedes Primitiv auf jedem der drei oberen Layer genau auch wieder ein Primitiv auf dem darunterliegenden Layer.

Die Association-Control gibt Applikationen die Hilfsmittel an die Hand für einen Aufbau und den Unterhalt einer Verbindung; die Applikationen müssen diese Hilfsmittel aber nicht verwenden.

Folgende Informationen sind in dem A-Associate-Request zulässig:

- Name der gerufenen und rufenden Applikation d.h. recipient (destination) application entity title
  Der Name der antwortenden Applikation (im Response) kann abweichen vom gerufenen Namen – somit können Klassen von zusammengehörenden Applikationen (generic titles) gebildet werden und eine spezifische antwortet.

  Der Application Entity Title besteht aus zwei Komponenten[1] dem Application Process Title und einem Application Entity Qualifier; die zweite Komponente bezeichnet einen speziellen Service des Application Process. Seitdem der OSI-Directory Service standardisiert ist – siehe Kapitel 11.1.6 – dürfen auch Distinguished Names (DN) verwendet werden; dies sind Namen gemäß dem Aufbau des Directory Service.

- Applikation-Kontext
  Dies sind abzustimmende Parameter und werden auf tieferen Ebenen als QOS bezeichnet.

- Benutzer-Information
  Gedacht primär für Benutzer-Zugriffsberechtigungen und Abrechnung.

Die Association-Control normiert nur die Pakete und die Parameter beim Aufbau, Abbau und Abbruch einer Verbindung zu einer Applikation.

11.1.2 Commitment, Concurrency and Recovery (CCR)

OSI (ISO 8649, 8650) hat die Synchronisation von Prozessen nicht in einem einzigen Layer abgehandelt, wie man dies vielleicht sinnvollerweise getan hätte. Vielmehr gibt es vier verschiedene Stellen, die dies behandeln:

- Session-Layer: liefert die Basis für Checkpoints

- RTSE: Veredelung der Session Layer Funktionalität – siehe Kap. 11.1.5

- CCR: liefert atomic Actions

---
[1]Eigentlich besteht er sogar aus vier Komponenten. Die beiden weiteren sind Connection-Identifiers für den Process Title und den Entity Qualifier.

11.1. CASE

- TP: Transaction Processing – siehe Kap. 11.1.3

Eine atomare Aktion ist eine Folge von Anwendungen von Funktionen, die entweder komplett oder gar nicht ausgeführt werden – dieser Begriff geht zurück auf [Lome77]. Die Funktionen sind Teil einer Applikation und werden durch Pakete resp. Services ausgelöst.

CCR^2 kann selbst die atomaren Operationen nicht implementieren, denn die ausgelösten Funktionen sind Teil der Applikation. CCR liefert nur die Verständigung der beiden Applikationen auf Basis des Zwei-Phasen-Commit-Protokolles:

1. Master sendet einem oder mehreren Slaves) eine eindeutige Identifikation, anschließend Transaktionsdaten und abschließend die Kennzeichnung für das Ende der Transaktion. Der Master speichert sich diese Information auf permanentem Speicher. Man beachte, daß im Application Layer die Kommunikation zunehmend unsymmetrischer wird d.h. dem Client-Server-Modell ähnlicher wird – siehe Kapitel 3.2

2. Jeder Slave führt – wenn er kann – die Folge von Aktionen aus[3], aber betrachtet sie nicht als definitiv. Daher bleibt der Zustand vor Ausführung der Aktionen noch gültig. Weiterhin wird vorläufig keine weitere Änderung an dem noch gültigen Zustand resp. der relevanten Teile akzeptiert – dies kann noch besser implementiert werden. Der Slave teilt dem Master mit, ob er die Aktionen ausführen kann oder nicht.

3. Der Master erhält von den Slaves die Information, ob sie die Aktionen ausführen können oder nicht. Wenn alle Antworten positiv sind, sendet der Master ein „commit" bezüglich der Identifikation, andernfalls ein „rollback". Er speichert die abgesendeten Nachrichten und wartet jeweils auf ein Acknowledge und wiederholt ggf. „beliebig" lange die Nachricht.

4. Der Slave erhält ein „commit" resp. „rollback" und aktiviert den neuen resp. den alten Zustand. Nach Zustandsänderung schickt er die Bestätigung an den Master.

5. Hat der Master alle Bestätigungen erhalten, ist für ihn die Aktion beendet und er kann die gespeicherten Nachrichten löschen.

Analog gibt es folgende Primitive:

C-Begin.Request

Als wesentliche Parameter hat dieses Primitiv eine Kennzeichnung für die Transaktion, einen Branch-Identifier und einen Heuristic-Timer. Der Branch-Identifier ist gedacht für mehrfach geschachtelte atomare Aktionen zur Identifikation der Position in der Schachtelung und der Heuristic-Timer spezifiziert nach welcher Zeit trotz fehlender Bestätigung fortgefahren wird.

C-Prepare

Kennzeichnung für das Ende der Transaktion gemäs 1) – die Aktion kann ausgelassen werden, wenn die Applikation es aus den Daten ableiten kann.

---
[2]CCR wird recht umfangreich in ([Know87], pp.236-256) geschildert.
[3]Alternativ kann er auch die Aktionen abspeichern, wenn er sicher ist, daß er die Folge im momentanen Zustand anwenden kann.

C-Ready resp. C-Refuse

siehe 2)

C-Commit resp. C-Rollback inclusive jeweils des **.confirm**

siehe 3) bis 5)

Bei Ausfall und nachfolgendem Wiederaufstart eines Rechners sendet dieser ein C-restart mit allen beim C-Begin mitgeteilten Informationen samt der als nächstes erwarteten Aktion aus.

Das CCR-Protokoll verwendet vom SL folgende Leistungen:

- Typed Data

- Major Synchronize und Resynchronize

Das „Major Activity Token" muß beim Master vorliegen. Das C-Begin resp. C-Commit setzt einen S-SYNC-MAJOR und C-Refuse resp. C-Rollback, C-restart einen S-Resynchronize ab. Alle anderen Kontrollpakete werden als typed data versandt.

Auch ISDN hat eine Variante dieses Protokolles 1988 aufgenommen; dort wird es mit Transaction Capabilities (TC) bezeichnet.

Zum tieferen Verständnis der Protokolle empfiehlt sich die Lektüre über Distributed-Database Protokolle z.B. in [Bern81].

11.1.3 Transaction Processing

Dieses Protokoll basiert auf IBM LU 6.2 – auch bekannt unter „Advanced Program to Program Communication„ (APPN). Wegen zu starker Ähnlichkeit mit dem IBM-Protokoll – und dem damit evtl. verbundenen Vorsprung für IBM – wurde ein CD (ISO 9579) bereits einmal verworfen. Zur Zeit existiert eine neue Version, über die es keine nennenswerte Literatur gibt – als einziges Exemplar siehe [Mant89].

Da das Protokoll auf LU 6.2 basiert[4], sind hier die wichtigsten Eigenschaften von LU 6.2 angegeben – siehe auch ([Meij87], pp. 115-142; [Jose83]) :

1. Programmschnittstelle – definiert als eine Anzahl von sogenannten „Verbs". Die exakten Programmschnittstellen weichen auch bei IBM-Implementierungen voneinander ab, implementieren aber immer die Funktionalität der „Verbs".

2. Halb-duplex-Verbindung – analog wie mit dem Data-token im SL realisiert – siehe auch Kap. 9.3

3. synchrone Kommunikation mit einem oder mehreren Partnern

4. logische Einheiten – sog. „connections" – über mehrere Pakete hinweg. Unterhalb dieser Begrenzung können noch Record-Boundaries unterstützt werden.

---

[4]Hier wird die Funktionalität der auf PU 2.1 basierenden Variante dargestellt. Wenn LU 6.2 auf PU 2.0 basiert, schränkt die Master-Slave-Beziehung die Funktionalität mit ein.

11.1. CASE

5. Voralloziierte Anzahl von Verbindungen – diese heißen „conversations". Bei Verbindungsaufbau wird eine der vorher alloziierten „conversations" verwendet. Dies ist wohl begründet in der Schwerfälligkeit der Prozeßgenerierung in Mainframe-Umgebungen.

6. Zwei-Phasen-Commit Protokoll
In Erweiterung zu CCR wird auch ein höheres Konstrukt (SYNCPT: Sync-Point) unterstützt, das implizit alle Requests zwischen dem jetzigen und dem letzten SYNCPT als Transaktion behandelt und die entsprechenden Aktionen (Begin, Response, Commit) auslöst. Das Protokoll umfaßt auch einen lokalen Resource-Manager, der angegebene Devices „lock"-en kann. Weiterhin werden geschachtelte Transaktionen ermöglicht.

Auf Basis LU 6.2 hat IBM ihre verteilten Applikationen wie SNADS (SNA Distribution Services) zur asynchronen Verteilung von Datenobjekten oder DDM (Distributed Data Management) für ein verteiltes File-System implementiert.

Basierend auf LU 6.2 wurde die weitere Schnittstelle „Common Programming Interface for Communication" (CPI-C) bei IBM innerhalb von SAA (System Application Architecture) definiert[IBM90]; diese ist jedoch noch nicht in größerem Rahmen verfügbar.

11.1.4 Remote Procedure/Operation

Die offizielle Einordnung von Remote Procedure resp. Operation in dem OSI Stack weicht in verschiedenen Quellen voneinander ab; man findet sie vom SL bis zum AL.

11.1.4.1 Remote Procedure

Remote Procedure wurden erstmals für XNS zu Beginn der 80'er Jahre implementiert [Birr84], in der Literatur sind sie erstmals 1976 [Whit76] zu finden. Bei OSI ist ein entsprechender Standard basierend auf dem ECMA-Standard 127 (Sept. 1989) in Vorbereitung; der Standard ist erstaunlich gut lesbar.

RPC basiert auf unsymmetrischer Kommunikation und unterscheidet zwei Teilnehmer:

Client: initiiert im Regelfall synchrone Abfrage in Form eines Procedure Call

Server: bearbeitet Anfrage und liefert Ergebnis zurück

In Bearbeitung einer Anfrage kann ein Server wiederum andere Abfragen aussenden und wird dadurch zu einem Client auf einer tieferen Ebene – „cascading remote procedure calls".

Im Idealzustand soll ein RPC identisch zum Gebrauch und zur Definition einer nur lokal verfügbaren Prozedur sein. Sowohl für den Gebrauch als auch für die Definition läßt sich dies nur mit Einschränkungen realisieren. Diese Einschränkungen werden wir noch im Detail diskutieren. Zum Schluß des Kapitels über RPC werden dann Hilfsmittel für die Nutzung durch den Programmierer vorgestellt.

11.1.4.1.1 Definition

Jede Prozedur muß um einen Client-Stub (Stub: Stummel) und einen Server-Stub erweitert werden.

Client-Stub:

> Übernimmt den Aufruf des Client, führt die Kommunikation mit dem Server-Rechner durch und liefert die transferierten Ergebnisse an den Client ab. Für den Client repräsentiert er den Server.

Server-Stub:

> Übernimmt die vom Client-Stub überlieferten Daten, formt einen lokalen Procedure-Call daraus, ruft die Prozedur auf und übermittelt die als Ergebnis des lokalen Aufrufes erhaltenen Daten an den Client-Stub ab. Für den Server repräsentiert er den Client.

Die Abbildung 11.1 veranschaulicht eine erste Näherung an das Verhalten; dabei bezeichnen die Nummern die Reihenfolge der ablaufenden Aktionen zwischen Client, Client-Stub, Server-Stub und Server.

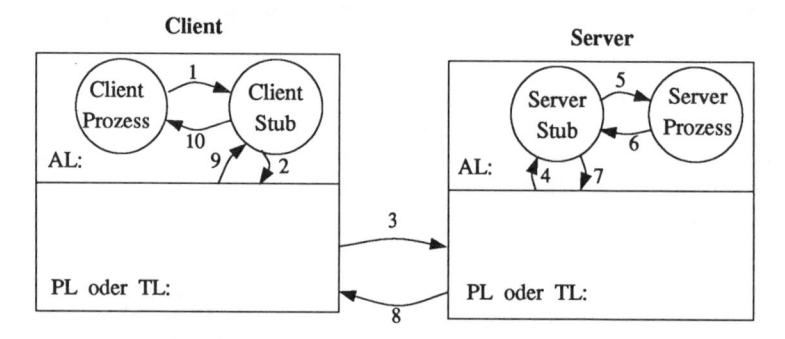

Abbildung 11.1: Grundsätzlicher Ablauf der Client-Server Kommunikation mit RPC

Das Fehlen von shared-memory impliziert, daß die Prozedur keine globalen Variablen aus dem aufrufenden Programm verwenden kann. Alle Informationen müssen mit Parametern übergeben werden.

Die Übertragung von Referenz-Parametern bereitet Probleme und wird in vielen Implementierungen ausgeschlossen. Das Problem bei Referenz-Parametern ist, daß der Kontext der Nutzung nicht bekannt ist (Beispiel: verkettete Liste). Ein i.a. fehlerhafter Ansatz ist, das referenzierte Objekt zu kopieren und dieses dem Server zu übermitteln – siehe auch Kap. 10.2. Falls jedoch ein verteiltes shared-memory vorhanden ist, so ist dieses Problem zu lösen. Es gibt erste Ansätze shared-memory durch eine weitere Software-Schicht zu emulieren; dies ist in einem Übersichtspapier [Stum90] beschrieben.

11.1.4.1.2 Gebrauch

Hat man einen Prozeduraufruf – wie oben vorgestellt – definiert und die passenden Stubs erzeugt, so kann die Nutzung noch durch das Binding-Verhalten und das Fehler-Verhalten von einem lokalen Prozeduraufruf variieren.

Binding Verhalten:

Lokale Prozeduren werden im Regelfall zur Link-Zeit mit dem aufrufenden Programm verbunden. Hierbei gibt es natürlich auch Varianten in interpretierten und objektorientierten Sprachen; auch dynamic-link Varianten weichen von dieser Regel ab – z.B. in SUN OS4. Da das Binding bei RPC in jedem Fall später erfolgt, gibt es im Protokoll auch einen Versionsbezeichner für die Prozedur.

Folgende Varianten sind beim Binding-Verhalten zu unterscheiden [Bers87] :

Naming: Beim Aufruf wird der bedienende Rechner bestimmt. Die Information kann entweder lokal in einem File liegen oder durch einen lokalen resp. verteilten Naming-Service beschafft werden. Naming-Services werden im Kapitel 11.1.6 eingehend behandelt.

Activation: Der Server Prozeß plus Server Stub sind entweder ständig existent (pre-activation) oder werden erst bei Aufruf von einem Scheduler aktiviert (auto-activation) – analog inet bei Berkeley-Socket Library (Kap. 8.8.1).

TSAP Bestimmung: Der port/TSAP des Server Stub kann entweder vorbestimmt sein, durch den Naming Service verwaltet werden oder beim Server vor Durchführung des effektiven Aufrufes erfragt werden. Die auskunftgebende Instanz nennt man Portserver resp. Portmapper.

Ein Überblick über die Verfügbarkeit der Varianten gibt die Tabelle 11.1.

RPC Variante	Naming	Activation	Port Bestimmung
SUN RPC [Sun85,Corb90] – auch ARPA-Protokoll (RFC 1057)	host file/ yellow pages (siehe Kap. 11.1.6)	pre-activation	portserver agent auf Server-Rechner
Xerox [Borr84]	Name service (Grapevine)	auto-activation	portserver agent auf Server-Rechner
DEC RC [Bers87] (nur DEC intern)	Naming Service	pre-activation	portserver agent auf lokalem Rechner; mit Verbindung zu Portserver auf Server-Rechner
OSI CD	not covered	not spezifiziert	not covered

Tabelle 11.1: Varianten der RPC Implementierungen

Im allgemeinsten Fall gibt es also nach dem Schritt 1 und vor dem Schritt 2 eine Reihe von in der Abbildung 11.2 beschriebenen Schritten. Diese aufwendige Lösung wird man natürlich nur einsetzen, wenn sie von der Performance her verkraftbar ist.

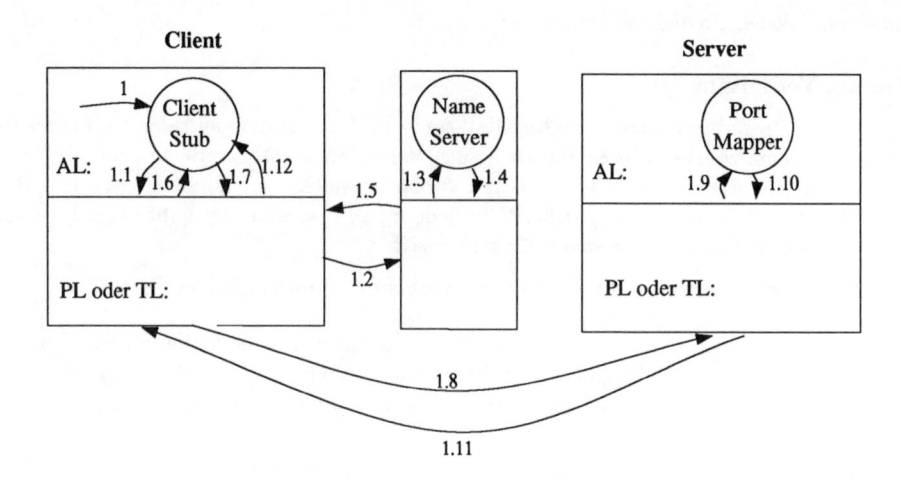

Abbildung 11.2: Komplexeste Binding Lösung beim RPC

Fehler-Verhalten:

Bei einem lokalen Prozeduraufruf gibt es folgende Ausführungsvarianten nach einem Aufruf

- korrekte Beendigung samt evtl. Zurückgabe der Resultate
- Beendigung mit Fehlermeldung
- keine Beendigung bedingt durch Endlos-Schleife oder Deadlock
- Absturz des Rechners und des Hauptprogrammes incl. Prozeduraufruf

Bei einem remote Prozeduraufruf gibt es zusätzlich noch die Alternativen:

a) keine Beendigung bedingt durch Netzunterbruch oder Server-Absturz

b) Absturz des Hauptprogrammes mit noch existierendem Prozeduraufruf

Für beide dieser Varianten sollte eigentlich ein Transaktionskonzept verwendet werden – siehe Kap.11.1.2 resp. 11.1.3. Jedoch war dies wohl zu aufwendig[5] und so hat man Zwischenvarianten „erfunden". Diese wurde dann mit einer eigenen Nomenklatur versehen:

idempotente Prozedur: Resultat wird durch mehrfachen Aufruf nicht verändert, daher ist eine Transaktion überflüssig

exactly once Semantik/ most once S./ at least once S. : Alle diese bedeuten genau das, was man vom Namen her erwartet. Für die erste ist ein Transaktionskonzept erforderlich.

Im Falle b) entstehen „orphans" (Weise) oder bei geschachtelten RPC's auch „grand-grand-... -orphans". Zur Entfernung der orphans gibt es folgende Varianten:

---

[5]SUN braucht RPC z.B. für ein verteiltes File-System

11.1. CASE

extermination: Die Aufrufe werden aufgezeichnet und nach einem Wiederaufstart explizit gelöscht.

expiration: Die Aufrufe besitzen eine Lebensdauer.

reincarnation: Die Zeit wird in Epochen eingeteilt und Aufrufe aus alten Epochen werden entfernt (diskreter Time-Out).

Dies ist im Detail in [Shri82] beschrieben. Zur Erzeugung von Fehlerredundanz schlägt [Coop84] vor, die remote Procedure-Calls mehrfach an Server auszusenden. Diese Erzeugung und Verwaltung der replizierten Calls kann in dem Client-Stub verborgen werden und muß dem Programmierer nicht sichtbar sein.

Implementiert sind in keinem der käuflichen Systeme derartige Fehlerbehandlungsverfahren.

11.1.4.1.3 Hilfsmittel

Zur Erleichterung für den Programmierer gibt es sogenannte „stubcompiler„ resp. "stubgenerator". Diese verwenden eine Schnittstellenbeschreibungs-Sprache (IDL: Interface Description Language – Courier, IDN: Interface Definition Notation – OSI, RPCL: RPC Language – SUN). In der Schnittstellenbeschreibung wird festgelegt:

- Name der Prozedur

- Typen aller Parameter bezogen auf die jeweilige Datenpräsentation – siehe Kapitel 10

- ggf. Angabe, ob der Parameter zur Wertübermittlung oder zur Wertrücknahme zur Prozedur verwendet wird. Dies hat den Vorteil, daß nur die tatsächlichen notwendigen Daten konvertiert und übertragen werden. Ein Beispiel dafür findet sich in AMOEBA [Mull90].

- ggf. Vergabe von Nummern und Version zur Identifikation der Prozeduren

Als Beispiel sei hier der Stub-Compiler „rpcgen" von SUN vorgestellt. Die Nutzung des Stub-Compilers samt Ein- und Ausgabefiles ist in Abbildung 11.3 dargestellt. Für weitere Details zu rpcgen siehe [Sun88].

Das File rem_load.x enthält den Schnittstellenbeschrieb:

```
program rem_load_prog {
   version rem_load_vers {
      int rem_load (void) = 1;   /* procedure number 1 */
   } =1 ; /* version number 1 */
} = 0x20000001 ; /* program number 1 */
```

Die hierbei verwendete Programm-Nummer stammt aus einem Wertebereich, der Anwendern zugeordnet wurde. Wenn ein Server „zurückrufen" soll, kann der Client dynamisch eine Programm-Nummer erzeugen, ein entsprechendes Programm auf seiner Seite für den Callback[6] installieren und dem Server beim Aufruf die Programm-Nummer mitteilen.

Das File rem_load.h enthält die gemeinsamen Deklarationen für Server- und Client-Stub:

---

[6]Dies wird auch als linked Operation bezeichnet.

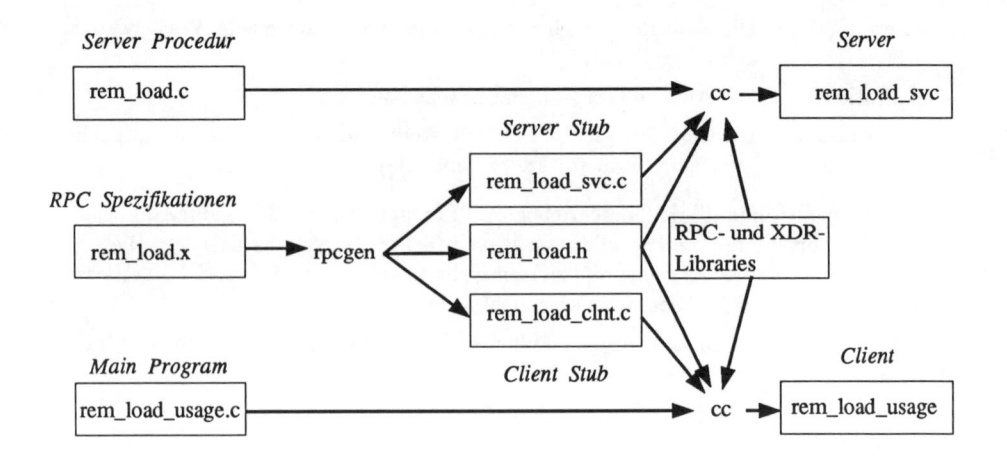

```
        Server Procedur                                        Server
        ┌──────────┐                                        ┌──────────────┐
        │rem_load.c│──────────────────────────→ cc ──→│rem_load_svc  │
        └──────────┘                  Server Stub       └──────────────┘
                                   ┌──────────────┐
                                   │rem_load_svc.c│
        RPC Spezifikationen      ↗ └──────────────┘ ↖
        ┌──────────┐           ↗  ┌──────────────┐ ↘  ┌──────────────┐
        │rem_load.x│──→ rpcgen ──→│ rem_load.h   │    │RPC- und XDR- │
        └──────────┘           ↘  └──────────────┘ ↗  │  Libraries   │
                                 ↘┌──────────────┐↗   └──────────────┘
                                   │rem_load_clnt.c│
        Main Program              └──────────────┘     Client
        ┌──────────────┐            Client Stub      ┌──────────────┐
        │rem_load_usage.c│──────────────────────→ cc ──→│rem_load_usage│
        └──────────────┘                              └──────────────┘
```

Abbildung 11.3: Verwendung von rpcgen

```
#define rem_load_prog ((u_long)0x20000001)
#define rem_load_vers ((u_long)1)
#define rem_load ((u_long)1)
extern int *rem_load_1();
```

Das File **rem_load_cntl.c** hat das folgende Aussehen, dabei wurden die automatisch erzeugten Teile um Kommentare erweitert:

```
#include <rpc/rpc.h> /* Standard RPC library */
#include <sys/time.h>
#include "rem_load.h"

/* Default timeout, kann durch clnt_control() geaendert werden */
static struct timeval TIMEOUT = { 25, 0 };

int *
rem_load_1(argp, clnt)
 void *argp;
 CLIENT *clnt;
 /* das aufrufende Programm muss diese Variable setzen - z.B. durch
    Aufruf von clnt_create. Nach Durchfuehrung des Calls koennen
    ggf. Error-Conditions basierend auf diesem clnt handle geprueft
    werden. */
 {
   static int res;

   if (clnt_call(clnt, rem_load, xdr_void, argp, xdr_int, &res, TIMEOUT)
       != RPC_SUCCESS)
 /* ruft die remote procedure rem_load auf, wendet auf die Input-
    Parameter argp xdr_void (in diesem Fall dummy Prozedur zur xdr
```

11.1. CASE

```
        Wandlung) an. Das Resultat wird in in res zurueckgeliefert,
        wobei zuvor xdr_int angewandt wurde. Der Abruf wird abgebrochen,
        falls der TIMEOUT ablaeuft. */
            {
            return (NULL);
            }
        return (&res);
    }
```

Das File rem_load_svc.c enthält den Server-Stub und ist ungleich komplizierter. Zur Vereinfachung wurden hier schon etliche Teile entfernt, die für diesen einfachen Fall überflüssigerweise generiert werden.

```
#include <stdio.h>
#include <rpc/rpc.h>  /* Standard RPC library */
#include "rem_load.h"

static void rem_load_prog_1();

main()
{
    SVCXPRT *transp; /* Struktur fuer Verwaltung der Kommunikationsdaten */

    (void)pmap_unset(rem_load_prog, rem_load_vers);
    /* loescht Reste vorangeganger Server fuer diesen Service */

    transp = svcudp_create(RPC_ANYSOCK);
    /* schafft einen Socket fuer Service und initialisiert transp */

    if (transp == NULL) {
     (void)fprintf(stderr, "cannot create udp service.\n");
     exit(1);
                }

    if (!svc_register(transp, rem_load_prog, rem_load_vers, rem_load_prog_1,
                        IPPROTO_UDP)) {
    /* assoziiert rem_load_prog samt rem_load_vers mit der Service Prozedur
       rem_load_prog_1 am Port transp mit dem Protokoll udp */

      fprintf(stderr,
              "unable to register (rem_load_prog, rem_load_vers, udp).\n");
      exit(1);
                                        }

    svc_run();
    /* Endlos Schleife, die bei jedem eintreffenden Auftrag rem_load_prog_1
       ruft */

    fprintf(stderr, "svc_run returned\n");
    exit(1);
```

}

```
static void
rem_load_prog_1(rqstp, transp)
struct svc_req *rqstp;
/* Typ der Prozedur, Pointer auf Input- und Output-Argumente */
SVCXPRT *transp;
{
   int argument;
   char *result;
   bool_t (*xdr_argument)(), (*xdr_result)();
   /* Umwandlungsfunktionen, die eine boolschen Return-Code haben */
   char *(*local)();
   /* Pointer auf Service-Funktion */


   xdr_argument = xdr_void;
   xdr_result = xdr_int;
   local = (char *(*)()) rem_load_1;

   if (!svc_getargs(transp, xdr_argument, &argument)) {
               svcerr_decode(transp);
               return;
                                                        }
   /* Wendet die passenden xdr-Funktionen auf Input-Argument an */

   result = (*local)(&argument, rqstp);
   /* Ruft die Service-Funktion auf. In diesem Fall rem_load_1 */

   if (result != NULL && !svc_sendreply(transp, xdr_result, result))
     { svcerr_systemerr(transp); }

   /* Sendet die Resultate zurueck, nachdem zuvor die xdr-Funktion(en)
      auf sie angewandt wurde. */
}
```

11.1.4.2 Remote Operations

Der Vor- und der Nachteil von RPC ist die Eigenschaft „stateless" des Servers. Der Server kennt keinen Zustand und jeder RPC muß die gesamte Information als Parameter mittragen[7]. Dies hat zur Konsequenz:

- weniger Overhead beim Server

- höherer Kommunikationsaufwand für Parameter

---

[7]Dies ist natürlich nur begrenzt richtig, denn der Aufrufende kann eine Identifikation mitgeben und der Server kann den Zustand bis zum nächsten Aufruf bei Beendigung der Prozedur auf permanenten Speicher legen. Dies wäre die Emulation eines Zustandes.

- Ausfall des Servers kann „überlebt" werden

- geringerer Kommunikationsaufwand durch die Nutzung von connectionless Services – RPC ist fast immer so implementiert

Ist die Rekonstruktion des Zustandes durch große Parameterwerte zu aufwendig – CPU- und/oder Netzwerk-Last – so empfehlen sich Remote Operations. Diese können leicht verstanden und implementiert werden wie Operationen auf abstrakten Datentypen oder Objekten [Onio89]. Ein solches Objekt hält dann für die Zeitdauer seiner Existenz[8] einen Zustand, der durch darauf folgende Operationen auf dem Objekt genutzt wird. Ein typisches Beispiel für die Notwendigkeit solcher Aktionen sind Aktionen auf Text-Retrieval-Datenbanken, wobei nachfolgende Anfragen Einschränkungen auf vorhergehende Resultate sind.

Remote Operations (ROS) wurden von der CCITT 1984 im Standard X.219, X.229 festgelegt und in den ISO 9072 Standard übernommen. Diese Standards umfassen keine Unterstützung für Stub-Verwendung oder gar die Nutzung von Naming-Services, sondern beschreiben nur die syntaktischen Varianten des Aufrufes – d.h. Name, Parameterliste, Resultate und Fehlermeldungen – sowie die zugehörigen PDU in ASN. Genutzt wird ROS zur Zeit hauptsächlich innerhalb vom X.400 Mailing – siehe Kap. 11.2.3. Weitere nutzende Protokolle sind der Directory-Service (Kap. 11.1.6) und Remote Database Access (Kap. 11.2.4). 1988 hat ISDN einen Teil der Remote Operations in seinen Standard übernommen [Moda90] – dort als Component Sublayer (CSL) bezeichnet (CCITT Q.771-Q.774).

Es fehlt jegliche Beschreibung einer standardisierten Programmschnittstelle. ISODE bietet eine solche Schnittstelle incl. eines Stub-Compilers an [Rose90].

11.1.5 Reliable Transfer Service

RTS ist eine geringfügig angereicherte Wiederholung der Session-Layer-Synchronisations-Möglichkeiten, die vom AL somit auch direkt angesprochen werden können. Andernfalls wären sie nicht unmittelbar von SASE nutzbar. Die entsprechenden Standards sind ISO 9066, resp. CCITT 218, 228.

Zur Vereinfachung der Nutzung der diversen Tokens gibt es hier ein „Ober"-Token: das „Turn". Der Besitzer des „Turn" besitzt alle Tokens. Daher wird das RT-Turn-Please direkt auf das S-Token-Give – siehe Kapitel 9.3 – abgebildet.

RTS implementiert auch den bereits in Kapitel 9.2 aufgeführten Window-Mechanismus zum rechtzeitigen Absenden von Checkpoints. Das Window wird beim Session-Aufbau vereinbart.

11.1.6 Naming Service (Verzeichnisdienst)

Naming wurde bereits in Kapitel 4.3 und im DL resp. NL behandelt. Die hier gewählte Unterteilung in Konsistenz, Struktur von Naming-Services und Unabhängigkeit von unterliegenden Layern basiert auf den Überlegungen im Kapitel 4.3.

---

[8]nach dem Binding – analog der Creation eines neuen Objektes in einer PS

Im AL sind umfangreiche Naming-Services enthalten. Die ersten Naming-Server wurden in den Jahren 1979-81 bei Xerox und bei ARPA entwickelt [Oppe83,Mock88,Birr82,Bloo86]. Bei ARPA heißt dieser Service Domain-Service oder auch Bind-Service[9]. Für den X.500 Directory Service siehe [Plat89],pp. 209-236, [Huit88] resp. die zugehörigen Standards CCITT X.50x resp. ISO 9594-x.

Rudimentäre Naming-Server gibt es auch in PC-Netzwerken, dort allerdings durch Broadcasting im ganzen Netzwerk gelöst – siehe NETbios in Kap. 8.8.2.

1. **Konsistenz**

    Ein Naming-Service könnte sicherlich durch eine verteilte Datenbank im Netz angeboten werden. In einer Datenbank werden Daten zu jedem Zeitpunkt konsistent gehalten – dies ist bei Bankkonten wesentlich, aber nicht notwendigerweise bei Auskunftssystemen für Namen. Zum Beispiel ist die Telefonauskunft ein weit verbreitetes inkonsistentes Auskunftssystem. Da verteilte Datenbanken in großen Netzen einen sehr hohen Overhead zur Konsistenzerhaltung haben, hat man bei allen Naming-Services auf diese Forderung verzichtet; man strebt aber an, daß der Zeitraum für eine Inkonsistenz zeitlich begrenzt und bekannt ist.

    Cheriton [Cher90] weist am Beispiel von Internet-weiten File-Bäumen darauf hin, daß unterschiedliche Erwartungen an die Konsistenz vorliegen; im lokalen Bereich soll dies besser sein als im „weltweit" umfassenden Netz. Die Anforderungen an die Performance sind im lokalen Bereich wesentlicher als im Wide-Area-Netz. Betreibt man einen Naming-Service landes- oder kontinentweit so ist die Stabilität der wesentlichste Faktor.

2. **Struktur von Naming-Services**

    Die meisten Naming-Services basieren auf einer Hierarchie von Naming-Servern, die sich dann analog im Namensaufbau niederschlägt. Jeder Naming-Server ist für eine Domain (ISO X.500: einen Kontext) verantwortlich. Auskünfte für Namen, die nicht seiner Domain zugehörig sind, leitet er im Regelfall entweder

    a) an den Naming-Server seiner übergeordneten Domain weiter. Dies gilt nur wenn aus dem gesuchten Namen hervorgeht, daß er nicht selber oder ein ihm untergeordneter Naming-Server zuständig ist.

    b) an den Naming-Server einer untergeordneten Domain weiter. Dies geschieht nur wenn ersichtlich ist, daß der gesuchte Name der Sub-Domain zugehörig ist.

    Daher muß ein Naming-Server den Naming-Server der übergeordneten Domain (superior reference – OSI) und die Naming-Server der untergeordneten Domains (subordinate references – OSI) kennen. Beim Domain-Service wird diese Information in der Konfiguration jedes Naming-Servers eingetragen.

    Jeder Naming-Server ist für ein Präfix des Namens zuständig, der ein Objekt im Namensraum kennzeichnet. Besteht der Name wie z.B. beim X.400-Mailing aus teilweise unabhängigen (nicht geordneten) Attributen, so muß entweder eine Ordnung über

---

[9]Dies hat nichts mit dem Binding beim RPC (Kap. 11.1.4) oder mit dem Aufruf **bind** (Kap. 8.8.1) gemein.

11.1. CASE

den Attributen die Feststellung der Verantwortung der über- resp. untergeordneten Naming-Server erlauben oder man gibt diese Kriterien in der Konfiguration ein.

Im ARPA Domain Naming-Service (DNS) hat ein Name den Aufbau

$$a.b.c.d. \dots \text{ mit } a,b,c,d,\dots \text{ ein Text-String}$$

Der Root-Domain-Server ist für alle Namen vor dem ersten . zuständig.

Eine Anfrage[10] geht von einem sog. Resolver-Prozeß (X.500: Directory User Agent – DUA) des Rechners aus, an dem der Benutzer den Namen verwendet. Er sendet die Anfrage an einen ihm bekannten Naming-Server (X.500: Directory System Agent – DSA). Nach obigem Verfahren wird die Anfrage nach Möglichkeit bis zum zuständigen Naming-Server weitergeleitet. Dieser Naming-Server beantwortet die Frage und schickt die Antwort auf dem Anfrageweg (reference path, OSI) zurück. Dieser Anfrageablauf heißt bei OSI „Chaining".

Die starre Zuordnung des Naming-Server für ein Präfix des Namens wird bei X.500 nicht mehr gefordert – siehe den Namensteil „Org. Unit=3" beim Naming-Server „DSA 3" in Abbildung 11.4. In dieser Abbildung lehnt sich die Namenshierachie

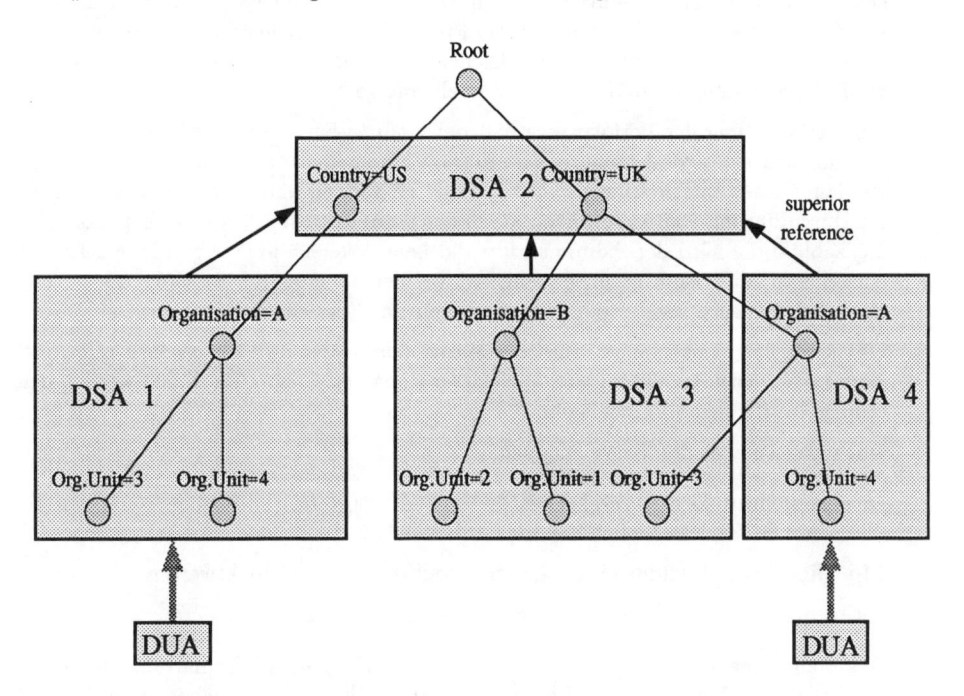

Abbildung 11.4: Beispiel für eine X.500-Directory-Struktur

„Country= ..., Organisation=..., Organisational-Unit=..." an die Namen beim X.400-

---
[10]Beim Domain-Naming-Service sind keine Wildcard-Anfragen zulässig – jedoch bei X.500 vorgesehen [Huit88].

Mailing an – siehe Kap. 11.2.3; dies kann aber auch eine andere Hierachie sein. Der Namens-Hierachie übergelagert, zeigt die Abbildung die Naming-Server-Hierachie DSA1, DSA2, usw. . Die anfragenden User-Agents kommunizieren mit den DSA's.

In Erweiterung zum ARPA Domain-Service hat X.500 noch die folgenden weiteren Abfrage-Varianten:

Multicasting:
> Hier leitet ein Naming-Server eine Frage an mehrere andere Naming-Server weiter, wenn die Anfrage nicht eindeutig auf einen Nachfolger resp. den Vorgänger hindeutet. Ergebnisse müssen ggf. noch entsprechend zusammengeführt und aufbereitet werden.

Referral:
> Hier antwortet der DSA auf eine Frage mit dem Hinweis, doch einen anderen DSA direkt vom DUA aus zu konsultieren. Hoffentlich endet dies nicht in einer unendlichen Verweiskette.

Im X.500-Standard ist keine Replizierung der Daten beschrieben und es existiert auch kein Protokoll dafür – diskutiert werden solche Erweiterungen für X.500 in [Benf89]. Der Domain-Server von TCP umfaßt ein Protokoll zum Abgleich von Namensinformationen von Naming-Servern einer gleichen Domain. Pro Domain werden aus Zuverlässigkeitsgründen mindestens zwei unabhängige Naming-Server gefordert.

Zur Verbesserung der Performance hält der Domain-Service alte Namensinformationen in Caches[11]. Jede Namensauskunft trägt eine Lebensdauer mit sich, die besagt, wie lange diese Information in Caches gehalten werden darf. Dies ist wesentlich für die Durchführung von Änderungen durch den Administrator. Vor einer geplanten Namensabbildung wird der Administrator die Lebensdauer dieser Abbildung sehr kurz einstellen. Damit kann er sicher sein, daß bei der dann später stattfindenden Änderung, keine falsche veraltete Information mehr im Netz ge-„cache"-t wird.

OSI kann zur Performanceverbesserung sogenannte Querreferenzen zum relevanten Naming-Server unterhalten; auch die Verwendung von Caches für X.500 werden neuerdings in [Benf89] vorgeschlagen.

OSI unterscheidet drei Service Typen:

Interrogation: Lesen, Vergleichen[12], Auflisten von relativen Namen – d.h. ein Teil eines Namens bezüglich der Hierachie, Suchen

Modification: Hinzufügen, Entfernen, Modifizieren von Objektwerten

Interruption: Unterbrechung vorangegangener Requests

Das Management des Naming Service – d.h. Zugriffskontrollinformation, Aufbau der Struktur eines Namens – ist nicht im Standard enthalten. Zur Sicherheit des Zugriffes der DUA werden Passwörter und Public-Key-Encryption – siehe Kapitel 14.2.2 – vorgesehen.

---

[11]Untersuchungen im Internet haben gezeigt, daß nach einer notwendigen Stabilisierungszeit von 18 Stunden etwa 60% der benötigten Information im Cache liegt.
[12]erlaubt den Zugriff auf Werte eines Objektes ohne Bekanntgabe

Jede Domain resp. jeder Kontext kann die ihm zugehörige Information in eigener Regie ohne Zustimmung der übergeordneten Domain verwalten.

Der „yellow pages"-Service (YP) von SUN [Weis85] ist ein gegliederter, nicht hierarchischer, vollständig replizierter Naming-Server. Gegliedert heißt, daß er eine Menge unabhängiger Namensabbildungen (maps) unterstützt. Auch die anderen vorher genannten Services sind gegliedert[13]. Eine Menge von Namensabbildungen ist in einer Domain verfügbar, aber es gibt keine Kommunikation zwischen Domains. Bei den YP wird die Namenssuche auch nur lokal durchgeführt. Änderungen von Namen können nur beim sogenannten Master durchgeführt werden. Dieser verteilt seine Information in der Domain.

DEC hat zur Zeit einen nicht gegliederten, zweistufig hierarchichen Naming-Service (Distributed Directory Service: DDS). Die in der Hierachie höher liegenden Naming-Server heißen „World Search Node". Modifikationen können bei allen Mitgliedern des Naming-Service eingegeben werden.

Weiterhin unterstützt DEC einen Naming Service (DNS: Distributed Naming Service), der eine aufgeteilte, teilweise replizierte Datenbank implementiert. Namen werden hierarchisch verwaltet und es gibt die Möglichkeit von Querverweisen („soft links"). Dieser Naming Service umfaßt Zugriffskontrollmöglichkeiten, konfigurierbare Konsistenzkontrolle und verwendet einen virtuellen Ring, an dem die Konsistenzkontrolle[14] entlang läuft. Um Updates auf mehreren Baumebenen zu synchronisieren, verwendet jeder Master Timestamps[15]. In Phase V von DECnet wird dieser Service zur Verteilung von Rechneradressen automatisch genutzt werden.

3. **Unabhängigkeit von unterliegenden Layern**

Alle vorgenannten Naming-Server sind unabhängig von unterliegenden Layern. Auch kann ein Rechner gleichzeitig für eine oder mehrere Domains zuständig sein. Dies gilt nicht bei YP und DDS.

11.2 SASE

11.2.1 Virtuelles Terminal

Ein virtuelles Terminal ist gemäß Schicker/Duenki [Schi76] ein abstrakter Bildschirm mit mindestens einem Input-Device und ggf. einem zusätzlichen Drucker mit einer Reihe von Charakteristika. Die Abbildung vom virtuellen Terminal auf das tatsächliche Terminal ist dann ein lokaler Prozeß.

Es gibt eine Reihe von Protokollen für virtuelle Terminals – als Überblick siehe [Day80]:

- PAD (Protocol Assembler Disassembler) CCITT (X.29, X.28, X.3)

- Telnet (ARPA)

---

[13]Recht restriktiv definierbare Typen von Resource Record – RR – beim DNS oder vollständig frei in ASN.1 definierbare Objektklassen bei X.500.
[14]Durchgeführt vom Skulker (Drückeberger) Prozeß
[15]monoton wachsende Zeitmarkierungen – abgesehen von einem Modulo-Wert

- VT (Virtual Terminal) ISO 9040

- X-Windows: MIT-Vorschlag für netzwerkweit betriebene graphische Terminals

Nur das VT ist ein vollständiges virtuelles Terminal im Sinne von Schicker/Duenki [Schi76], da die Abbildung tatsächlich weitgehend frei lokal gewählt werden kann.
Folgende Typen von Terminals existieren beim Benutzer und sollen von diesen Protokollen unterstützt werden:

scroll mode (Listen-Modus):

> Jedes empfangene Zeichen wird immer an der nächsten Position angezeigt. Eingegebene Zeichen werden unmittelbar oder am Zeilenende übertragen. Wenn eine neue Zeile begonnen wurde, kann der Inhalt der vorausgegangenen Zeile nicht mehr geändert werden.

page mode (Seiten-Modus):

> Ein empfangenes Zeichen kann auf jeder Position der „Seite" (üblicherweise 80 Zeichen auf 25 Zeilen) gezeigt werden. Die Position wird durch – vom Terminaltyp abhängige – vorab übermittelte Escape-Sequenzen festgelegt. Eingegebene Zeichen werden unmittelbar abgesendet. Dies ist das übliche Terminal für DEC- oder UNIX-Systeme.

form mode (Formular-Modus), data entry mode, block mode:

> Eine gesamte „Form" wird dem Terminal übersandt. Das Terminal umfaßt noch einen Mikroprozessor. Die Form enthält nicht nur die Zeichen für den gesamten Bildschirm, sondern auch Parameter für jede Position, z.B. „änderbar", „zu überspringen" und Darstellungsparameter. Die gesamte Form kann lokal editiert werden und wird im Regelfall – Ausnahme für Interrupt – gesamthaft übersandt. Dies ist das typische IBM-Terminal (3270 und verwandte).

graphic mode:

> Bit-mapped oder vektor-adressierbares (z.B. Tektronix 4xxx) Terminal.

Videotex/teletex mode:

> gemischter Graphik- und Text-Modus, optimiert für die Darstellung an einem Fernsehschirm

11.2.1.1 PAD

Die von der CCITT festgelegten Protokolle – auch XXX genannt – können nur auf Basis eines unterliegenden X.25-Netzes ablaufen und zerfallen in folgende Teilkomponenten:

X.28: Spezifiziert Kommunikation zum Starten/Beenden einer Verbindung und zum Setzen von Parametern zwischen Terminal und PAD

X.3: Spezifiziert die möglichen Parameter des PAD

11.2. SASE

X.29: Spezifiziert das Protokoll zwischen zwei PAD's auf Basis von X.25

Es gibt keine eigentliche Negotations Phase, obwohl jeder PAD den anderen um die Angabe seiner Parameter anfragen kann.

Folgende X.3 Parameter sind wesentlich:

- Zulassen von Änderungen von X.3 Parametern der PAD durch lokale Kommandos (X.28)

- Lokales Echo des PAD – Da die PAD Parameter während einer Session mittels X.29 geändert werden können, kann die remote Seite das Echo während der Verbindung umschalten. Dies ist sinnvoll bei Passwörtern.

- Ursache für das Absenden eines Paketes. Dies kann alternativ bei jedem Zeichen, jeder Zeile, speziellen CTRL-Zeichen oder nach einem Timeout festgelegt werden.

- Verhalten bei Out-of-Band Signalen (Break)

- Automatisches Folding

- Line-Feed resp. Carriage-Return Abstimmung

- Delete-Zeichen Vereinbarung

Übersandte Zeichen werden als IA5 (International Alphabet 5 – ASCII) dargestellt.

Als virtuelles Terminal kann nur die Zeichendarstellung inclusive der Parameter für die Darstellung spezieller Zeichen angesehen werden.

11.2.1.2 VT

Das VT-Modell von ISO 9040/9041 ([McLe86,Know87] pp. 325-351) basiert auf den in der Abbildung 11.5 vorgestellten Komponenten.

Das „Display-Object" ist ein 1-, 2- oder 3-dimensionales Array, wobei das dreidimensionale Array für Displays mit Window-Unterstützung bei mehrere virtuelle Screens oder Page-Mode-Terminals mit Speicher für mehrere Seiten dient.

Jedem Element des Array's können eine Reihe von Wiedergabe-Parametern (Renditions) wie Font, Farbe und Darstellungsart (Invers, Blinking, etc.) zugeordnet werden. Im erweiterten Satz des Standards können umfangreiche Rechte für die Manipulierbarkeit von Unterteilungen des Arrays gleichermaßen gehalten werden (Entry Rules Control Object – ERCO); auf diesen basieren dann auch noch gewisse Fehlermeldungen im Falle einer Verletzung.

Jeder Partner unterhält ein „Conceptual Communication Area" (CCA), das die obigen Objekte, abgestimmte Parameter und weitere Verwaltungsinformation unterhält – quasi der komplette Zustand des lokalen abstrakten Terminals.

Zu der weiteren Verwaltungsinformation gehören folgende Merkmale:

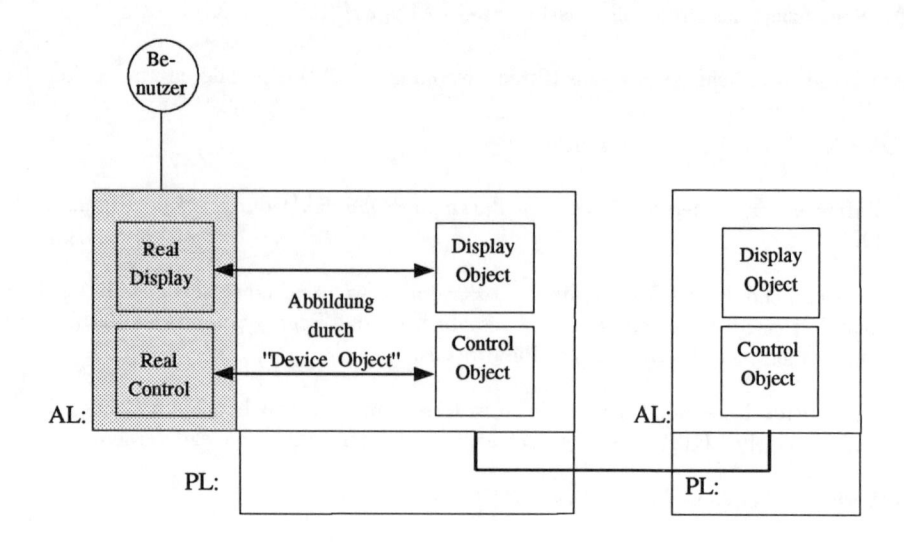

Abbildung 11.5: Übersicht Bestandteile VT

A(synchronous) Mode:

> Erlaubt beiden Partnern gleichzeitiges Absenden von Informationen – typischerweise DEC, UNIX. Dabei müssen zwei Display-Object's pro Partner gehalten werden. Eines davon ist der Eingabe zugehörig und das andere der Ausgabe, denn lokal wird keine Abgleichung der beiden Objekte unterstützt.

S(ynchronous) Mode:

> Erlaubt im Regelfall nur abwechselndes Absenden von Information – typischerweise block-mode. Dabei braucht nur eine Struktur pro Partner unterhalten zu werden. Nach Übermittlung einer Struktur ist diese zunächst bei beiden gleich. Die alternierende Arbeitsweise wird mit dem Zugriffs-Token WAVAR (Write-Access Variable) realisiert.

einfache delivery control:

> Hierbei werden alle Änderungen am lokalen Display-Object benutzer-gesteuert nach einem speziellen Zeichen dem Partner übermittelt. Aber dem lokalen VT steht es frei, die Änderungen auch schon vorher zu übermitteln.

quarantine (isolierte) delivery control:

> Wie bei der „einfachen delivery control", jedoch ohne die Möglichkeit der selbständigen vorausgegangenen Übersendung.

echo control:

> Hierbei wird der Partner bestimmt, der das ggf. Echo erzeugen soll – siehe weiter unten.

11.2. SASE

Das Control-Object erlaubt nicht nur das Ansteuern spezieller Lampen und Piepser, sondern schließt auch Interrupt-Tasten und ihre Reaktionen auf andere Control-Objects (triggers) mit ein. Diese Information kann dann auch ohne das Token übermittelt werden. Man vergleiche dazu das Token-Konzept inclusive der Verwendung von Typed Data im Session-Layer.

Im Device-Object werden die Spezifikationen des entsprechenden Terminals festgehalten, dies sind u.a. :

- mögliche Character-Sets
- mögliche Fonts
- Zeilen- und Spaltenanzahl

Einen guten Überblick über die möglichen Werte gibt die „Default Parameter Liste" in Tabelle 11.2 – entnommen [McLe86].

In der Negotations-Phase können auch mehrere Sätze von virtuellen Terminals auf einmal ausgehandelt werden; während der Session kann dann schnell von einem Typ auf den anderen umgeschaltet werden.

Die Negotations-Phase durchläuft folgende Schritte (Multiple Interaction Negotation), wobei die zugehörigen Primitive erwähnt sind:

1. Beginn der Negotations-Phase – im A-mode „gewinnt" einer der Partner den Beginn, im S-mode wird es vom Token-Halter initiiert.

2. optional: Aufforderung an den Partner seinen Wert für den mitgelieferten Parameter zu übersenden (VT-NEG-INVITE)

3. Vorschlag für einen oder mehrere Parameter wird abgesendet (VT-NEG OFFER)

4. **a)** Akzeptieren eines Vorschlages (VT-NEG-ACCEPT)

    b) Ablehnen eines Vorschlages (VT-NEG-REJECT) und ggf. Fortfahren unter 3)

5. Beenden der Negotiation Phase (VT-END-NEG)

Man beachte, daß dabei häufig Tupel von zueinander abgestimmten Parametern übersandt werden. Zum Beispiel wird man beim Echo-Verhalten nur maximal einen Partner das Echo ausführen lassen.

Im Telnet – siehe Kapitel 11.2.1.3 – sieht das wie folgt aus:

will oder won't (Code 251,252)

    bedeuten gewünschtes Verhalten des Senders

do oder don't (Code 253, 254)

    bedeuten gewünschtes Verhalten des Empfängers

Display Object Default Parameters

Name	no default	
Access Rights	no default	
Dimensions	2	
bound	x: unbounded	y: unbounded
forward	x: no constraint	y: no constraint
backward	x: 0	y: 0
absolute	x: not permitted	y: not permitted
windows	x: 1	y: 1
Erase Capability	no	
	Capability	*Assignment*
Repertoire	1	ISO 646
Font	1	device dependent
Foreground Color	1	device dependent
Background Color	1	device dependent
Emphasis	1	normal

Control Object Default Parameters

Name	no default
Access Rights	not-subject-to-access-control
Trigger	not selected
Category	boolean
Repertoire	ASN.1 visible string
Size	16

Device Object Default Parameters

Name	no default
Default C.O. access	not-subject-to-access-control
Default C.O. trigger	not selected
Default C.O. initial value	false
Repertoire Assignment	device dependent
Font Assignment	device dependent
Emphasis Assignment	device dependent
Foreground Color Assignment	device dependent
Background Color Assignment	device dependent
Minimum Line Length	no default
Minimum Page Length	no default
Control Objects	no default
Display Object	no default
Termination Events	no default
Termination Length	no default
Termination Timeout	no default
Termination C.O.	no default

Tabelle 11.2: Default Settings für das ISO VT

11.2. SASE

Somit bedeutet das Senden von „won't echo" plus „don't echo", daß der Sender kein Echoing wünscht (z.B. beim Passwort). Die Bestätigung dieses Wunsches geschieht beim Telnet mit dem gewünschten Verhalten aus Sicht des Bestätigenden. Die Bestätigung lautet somit „won't echo" plus „don't echo".

Analog ist, nach der Nachricht „will echo" plus „don't echo" die folgende Nachricht „won't echo" plus „do echo" eine Bestätigung.

Bei der Datentransferphase wird eine spezielle Position auf dem Screen durch seine (x,y)-Koordinaten bezeichnet. Lokal werden dann diese (x,y)-Koordinaten auf die richtigen Escape-Sequenzen für das lokal bekannte Terminal umgesetzt. Die remote ablaufende Applikation adressiert das Terminal, wie ein virtuelles[16] und am remote System wird dann eine Umwandlung auf das tatsächliche durchgeführt. Damit ist es nicht notwendig, daß die Applikation den tatsächlichen Terminaltyp des Benutzers kennt.

Obwohl VT bereits seit längerem standardisiert wurde, kann man die Implementierungen heute noch an einer Hand aufzählen. Dies liegt an der hohen Flexibilität und Mächtigkeit des Standards. Das OSI Implementor's Workshop [Bola89,Bola89a] hat eine Reihe von Profilen zur Vereinfachung für die Implementierung vorgeschlagen und diese werden wohl als erste zur Verfügung stehen:

Telnet Profile: Damit wird das Telnet Protokoll – siehe Kapitel 11.2.1.3 – nachgebildet.

Transparent Profile: Dient der Übertragung uninterpretierter Zeichensequenzen.

Form Profile: Dieses Profile ist gedacht für Form-Mode Terminals mit der Möglichkeit der Feld-Validierung und Kontrolle (erlaubte/nicht erlaubte Zeichen).

X3 Profile: Damit wird das XXX-Protokoll – siehe Kap. 11.2.1.1 – nachgebildet.

Ein weiteres Problem bei virtuellen Terminals ist das Attention resp. Interrupt Handling. Dies wird im Telnet behandelt werden.

11.2.1.3 Telnet

Das ARPA Telnet Protokoll [Davi77] behauptet zwar auch von sich ein NVT (Network Virtual Terminal) zu sein, es ist dies aber in viel geringerem Sinne wie das im vorausgegangenen Kapitel eingeführte VT.

Telnet ist ein virtuelles Terminal für ein scroll-mode Terminal. Die einzigen Zeichen, die auf eine netzwerkeinheitliche Darstellung abgebildet werden, sind:

- erase character resp. line

- interrupt process – Dies ist eine Verbesserung gegenüber dem PAD.

Zusätzlich werden bei Telnet die Daten nicht in einer ISO-Darstellung – zum Beispiel IA5 – transportiert, sondern in der Netascii-Darstellung [Post83] (abgewandeltes ASCII).
In [McLe86] wurde aufgezeigt, daß VT Telnet vollumfänglich emulieren kann.

---

[16]Ggf. gibt es aber auch remote eine Umwandlung von irgendeinem bekannten in ein virtuelles und dann kann die Applikation das bekannte Terminal verwenden.

Da Telnet auch für page-mode Terminals verwendet wird, muß die Applikation im Server das Terminal kennen und unterstützen können. Form-mode Terminals kann Telnet in seiner Basisfunktionalität nicht unterstützen. Es gibt jedoch zwei Varianten, die auch den Form-Mode unterstützen:

- remote Emulator-Variante:

  Auf dem Server wird das Form-Mode-Terminal emuliert und der Client betreibt nur ein scroll-mode Terminal. Dabei schickt der Client jedes Zeichen zum Server, der wiederum jede Änderung am lokalen Screen veranlaßt. Der Remote-Rechner muß die lokale Screen Steuerungs-Sequenzen kennen.

- lokale Emulator-Variante (tn3270 [Mins87,Mins87a]):

  Beim Client wird das Form-Mode-Terminal emuliert. Der Client unterhält eine Telnet Verbindung zum Server, dem bei der Negotation-Phase bekannt gemacht wird, daß remote ein Form-Mode-Terminal verfügbar ist und daher bei jeder Kommunikation einen kompletten Screen inklusive Zugriffsinformation (LU2) transferiert.

Form-Mode Emulatoren sind erfahrungsgemäß sehr CPU-intensiv – ca. 0.3 bis 0.5 MIPS pro Session.

Für diverse PC-Netze und PC's gibt es für Host-Verbindungen unterschiedliche Varianten der 3270 Anbindungen – siehe dazu [Siko88].

Im Telnet gibt es eine kaum verwendete Option zur Vermeidung des Echo's über das Netz. Dabei wird mit Ausnahme von Interrupts lokales Echo verwendet. Mit der immer stärkeren Nutzung als Page-Mode-Terminal ist diese Variante aber kaum mehr in der Realität nutzbar. Daher wurde nunmehr eine verbesserte Variante [Borm89] vorgeschlagen, die alles was lokal „echo-fähig" ist, lokal abwickelt und nur gewisse Zeichen zum Server sendet. Auch kann dabei der Server den Modus ändern, wenn gewisse Applikationen aufgerufen werden – z.B. zeichenorientierter Editor.

Wenn ein Interrupt[17] auftritt, müßte eigentlich folgendes ablaufen [Schi76]:

1. Der lokale Telnet client sendet ein „ATTENTION" Paket ab – dies wird als „urgent" – siehe Kapitel 8.3 – Daten behandelt.

2. Der Telnet server empfängt es und sendet unmittelbar – falls dies das neueste ATTENTION war – ein urgent PURGE OUTPUT an den client zurück. Auf dem Server wird jeder noch gehaltene Output gelöscht. Danach sendet er ein VERIFY PURGE.

3. Der client löscht nach Erhalt des urgent übersandten PURGE OUTPUT allen noch eintreffenden resp. vorhandenen Output bis das VERIFY PURGE eintrifft.

Bei Telnet wird dies erst in einer kürzlich erfolgten Erweiterung [Borm89] korrekt behandelt.

Für Telnet und LAT – siehe weiter unten – gibt es eine Vielzahl von sogenannten Terminalservern. Dies sind spezielle Rechner, die nur diese Protokolle implementiert haben, und

---

[17]Dies ist ggf. nicht so trivial zu erkennen und Client und Server müssen sich darüber geeignet informieren, welche Zeichen sie als Interrupt interpretieren.

11.2. SASE

die für eine Vielzahl von direkt angeschlossenen Terminals den Zugang zu Telnet oder LAT ohne Belastung eines General-Purpose-Rechners erlauben.

Bei DEC gibt es statt Telnet zwei Protokolle:

- CTERM (Command Terminal Module):

    Dies ist das voll auf DECnet aufbauende Terminalprotokoll von DECnet – benutzerseitig auch durch das Kommando „set host" bekannt. Für weitere Details siehe [Rana89].

- LAT (Local Area Terminal) [Mann86,Rana89]:

    Das Protokoll wurde explizit für Terminalserver eingeführt und hat aus Performancegründen keinen Network-Layer und nur einen geringfügigen TL. Da man mit den ersten Implementierungen des NVT-Protokolles auf einer PDP-11 große Performanceprobleme hatte, wurde nicht nur der Network-Layer ausgelassen, sondern man optimierte das Protokoll auch in anderer Hinsicht. So liefern die Terminalserver ihre Daten alle 80 Millisekunden ab und Daten aus verschiedenen Sessions werden gesammelt zur Übersendung in einem Paket.

11.2.1.4 X-Window

Zur Unterstützung von Graphik-Terminals und darunter ablaufenden Window-Applikationen gibt es den vom MIT auf Basis TCP/IP oder DECnet entwickelten „Quasi"-Standard X-Windows [Sche86]. Der Code ist offengelegt und kann bezogen werden – dies gilt jedoch nicht für zusätzliche Herstellertools (Openlook,...), die auf X-Windows basieren. ANSI ist gegenwärtig dabei, dies als OSI-Standard „weiter zu entwickeln"; problematisch stellt sich dabei der fehlende SL und PL dar.

Eine Applikation auf einem remote Rechner – Achtung: client genannt – kann Fenster über das Netz auf einem Rechner mit Pixel-Graphik plus einem Satz von Text-Fonts unterhalten. Die Applikation kennt nicht die genaue Ansteuerung des lokalen Bildschirmes[18], denn sie kommuniziert nur unter Verwendung des X-Protokolles mit einem pro Window zugehörigen Prozeß – Achtung: server genannt. Der Server präsentiert dann die Information in dem Window, nimmt den Input per Mouse oder Tastatur entgegen und leitet ihn an den Client weiter.

Zusätzlich gibt es den Window-Manager-Prozeß; er verwaltet die Resource Bildschirme und ist daher bei jeglichen Operationen zu konsultieren, die nicht nur den Inhalt einzelner Windows betreffen – z.B. Verschiebeoperationen, Schließen oder Öffnen des Windows. Er verwaltet auch die Schaffung von neuen Windows und daher auch das Hauptmenü. Der Window-Manager kann auf einem beliebigen Rechner liegen – ist zumeist aber beim lokalen System angesiedelt. Auf einem Bildschirm können natürlich X-Windows von Clients auf unterschiedlichen Rechnern ablaufen.

Kommunizieren müssen

- der Client mit dem Server

---

[18]Allerdings kennt sie Rahmenbedingungen

- der Client mit dem Window-Manager

- ggf. der Client mit einem anderen Client

Nachteilig ist zur Zeit, daß komplette Pixel-Informationen über das Netz geleitet werden. Das Window-System NEWS von SUN sendet hingegen eine Postscript Beschreibung. Dies verkleinert den Kommunikationsaufwand und erhöht den Berechnungsaufwand dezentral. Solch eine Erweiterung ist auch für X-Windows im Gespräch.

Inzwischen gibt es etliche X-Window-Terminals, die als „Spezial"-Rechner die X-Window-Server Prozesse ausführen können.

11.2.2 File-Transfer und File-Access

Zunächst werden die verschiedenen Varianten von File-Transfer und File-Access überblickweise dargstellt. Anschließend werden die bekanntesten Protokolle der jeweiligen Gattung im Detail vorgestellt werden. Folgende Varianten existieren:

File-Transfer:

Hierbei wird das komplette File vor Nutzung explizit vom Benutzer transferiert und physisch in das lokale File-System übernommen.

Über „un-echte" Netzverbindung:

Als eine un-echte Netzverbindung wird eine physische und/oder logische Terminalverbindung verstanden. Auf dieser Basis kommunizieren dann zwei explizit an jedem Ende aufgestartete Programme miteinander – z.B. Kermit [daCr87]. Die Funktionalität leidet jedoch unter der Terminalverbindung:

- Sie ist nicht für Endbenutzer empfehlenswert, wegen der teilweise diffizilen Parametersettings.
- Systemnachrichten zu Benutzern stören die Kommunikation.
- Automatisierte Versionen basieren auf nicht immer zutreffendem Standard-Login Prozedere.
- Geschwindigkeit ist limitiert durch typische Terminalraten (Zeilenlänge, Baudrate).

Über echte Netzverbindungen:

Hier erfolgt die Kommunikation auf Basis von Programmschnittstellen zu ISO-Layer 4 bis 6 zwischen speziellen Prozessen – siehe dazu Kapitel 11.2.2.1.

File Access:

Der Zugriff zu dem auf einem anderen Rechner liegenden File erscheint dem Benutzer und dem Benutzerprogramm funktionell wie ein Zugriff zu einem lokalen File. Eine Einbindung in das lokale File-System findet bestenfalls durch einen Hinweis statt. Das File selber ist nicht Teil des lokalen File-Systemes.

11.2. SASE

Remote-Disk-Access:

Streng genommen ist dies kein Filezugriff, da er nur auf flach strukturierte Disk-Blocks möglich ist. Ein Beispiel ist die – in neueren Releases nicht mehr verwendete – SUN Network Disk [Wals85]. Es gibt keine Standardprotokolle für diese Form.

File-Block-Level:

Hierbei wird jeder durch einen Client benötigte Block eines Files zum Client transferiert. Das Zurückschreiben geschieht automatisch. Dies schließt auch die Verwaltung (Create, Delete, ...) von Files mit ein. Dies ist der häufigste Fall eines File Access oder auch Distributed File Systems – siehe Kapitel 11.2.2.2.

File-Level:

Hierbei wird beim Zugriff vom Client auf einen Teil des Files das ganze File transferiert. Es mag auf den ersten Blick wie ein Rückschritt gegenüber der vorigen Variante aussehen, aber

- bei vielen Einzelzugriffen zu diversen Blöcken ein und desselben Files ist es effizienter
- das Cache-Konsistenz-Problem wird einfacher [Giff88].
  Dies ist ein häufiges Problem in verteilten Anwendungen. Auf der einen Seite versucht man möglichst viele der gelesenen Blöcke in einem lokalen Cache zu halten, um die Performance zu verbessern. Je mehr jedoch in lokalen Caches gehalten wird und je mehr parallele Benutzer es gibt, desto größer wird die Wahrscheinlichkeit, daß ein Benutzer einen Block ändert[19] und damit die Blöcke in den anderen Caches ungültig macht. Wenn nun das ganze File gehalten wird, ist es sehr viel einfacher beim Zurückschreiben eine neue konsistente Version zu erstellen.

Diese Variante wird wegen des hohen Initialaufwandes und des hohen lokalen Speicheraufwandes selten implementiert – eine Implementierung ist Cedar [Giff88] oder Andrew [Saty90]. In einer Erweiterung von Andrew – dem sogenannten AFS3 [Saty90] – wird das Caching zeitlich so ausgedehnt, daß zeitweise vom verteilten File-System getrennte Clienten („Portable Computer") eine File-Kopie weiter verwenden können. Beim späteren Wiederanschluß an das File-System wird ein Abgleich[20] durchgeführt.

Die Cache-Konsistenz führt unmittelbar zum Problem der File-Konsistenz, allerdings kann auch ein unterbrochener File-Transfer zu einer File-Inkonsistenz führen. Die verschiedenen File-Transfer resp. File-Access-Varianten unterscheiden sich im Ausmaß der erreichbaren Konsistenz.

---

[19]Dieses Problem kann bei mehreren Lesern und einem Schreiber resp. bei mehreren Schreibern auftreten.
[20]Soweit dies möglich ist.

11.2.2.1 File Transfer im ARPA Modell

TFTP:

Der Trivial File Transfer [Soll81] ist ein ungesicherter Übertragungsprotokoll mit einem für Endbenutzer ungeeigneten Interface. Das Protokoll kennt keine Benutzeridentifikation und kann auf alle in einem Rechner allgemein lesbaren Files zugreifen. Damit ist das File für die erreichbare Kommunikations-Welt lesbar. Die Einschränkung auf den Zugriff in ein Directory ist bei neueren Varianten möglich.

Seinen Nutzen findet dieses Protokoll hauptsächlich, um Information beim Booten eines Rechners (Workstation, Terminalservers) zu übertragen. Es ist so simpel aufgebaut, daß es in jeden EPROM aufgenommen werden kann.

FTP:

Für den Transfer werden die Daten im Regelfall in die Netascii-Darstellung umgewandelt – analog wie bei Telnet. Varianten ohne Umwandlung sind binary/image und auf EBCDIC-Rechnern ist auch die Variante EBCDIC wählbar. Es gibt im Standard einige zusätzliche Optionen, die aber fast nie in Implementierungen vorzufinden sind:

Logical Byte Size: Erzwingt Einhaltung der Byte Größe beim Transfer

Record Structure: Erlaubt durch Mitführen eines End of Record Markers die Wiederanlage in der gleichen Record-Struktur

Block Mode: Transferierte File Blöcke werden numeriert und ein Wiederaufsetzen kann nach dem letzten geschriebenen Block fortfahren. Üblicherweise müssen sonst File-Transfers komplett wiederholt werden.

Compressed: Komprimiert Daten bei der Übertragung

FTP hat üblicherweise keine Programmschnittstelle. Nach Aufbau einer TCP-Session zum angegebenen Host wird im Regelfall eine Benutzeridentifikation durchgeführt. Der FTP-Server Prozes muß aktiv sein (port 21) oder von inet gestartet werden – siehe Kap. 8.8.1. Die Variante ohne Benutzeridentifikation inclusive Passwortüberprüfung ist bei Installation wählbar – sog. „anonymous file transfer". Der „anonymous file transfer" ist die übliche Variante im Internet zur Verteilung von allgemein zugänglicher Information resp. Programmen.

Nach dem Quasi-Login stehen dem Benutzer einige Operationen zur Verfügung:

File-Übertragung:
Ein oder mehrere Files können in jeder Richtung transferiert werden. Dazu wird eine parallele TCP-Verbindung aufgebaut. Dies erleichtert die Kontrolle im Falle eines benutzergesteuerten Abbruches. Außerdem sind die Charakteristika der zweiten Verbindung anders und können so besser optimiert werden.

File-Management:
Files und Directories können geschaffen resp. entfernt werden. Man kann sich im Directory Baum bewegen und sich Directories zeigen lassen.

Modus-Einstellung:
> Der Benutzer kann Übertragungsformen, File-Namen-Abbildungen und die Wahl der Umwandlungstabelle[21] abändern. Unangenehm ist das Anpassen von File-Formaten bei der Übertragung, da die Vielzahl der File-Formate und ihre Charakteristika vom Endbenutzer zumeist nicht durchschaut werden.

11.2.2.2 File Access bei OSI

Das allgemeinste Protokoll ist FTAM (OSI 8571.1 bis 5, File Transfer and Access Method). Das Protokoll enthält den File Transfer und den File Access in einem Standard, der 9 Unterteilungen hat, von denen 8 optional implementiert werden können. Tanenbaum [Tane89] bemerkt dazu

> „This organization reduces the number of possible combinations to 2^8"

Dieses Statement ist übertrieben, denn – wie wir noch sehen werden – macht FTAM ohne die Kombination einiger Unterteilungen überhaupt keinen Sinn. Daher reduziert sich die Zahl der sinnvollen Alternativen beträchtlich.

Analog wie beim VT wird jedes File mit allen seinen Attributen in einem „virtual Filestore" vor seinem Transfer abgebildet. Am Zielsystem kommt es als virtuelles File an, das dann ggf. in ein lokales Fileformat umgewandelt wird. Aufgrund der Diversität der auf dem Markt befindlichen Filesysteme und dem Anspruch von OSI, alle möglichen Varianten in ihrem virtuellen File-Store darstellen zu können, ist ein riesiger Standard entstanden. Dies gilt, obwohl viele spezifische Ausprägungen von File-Systemen noch nicht im Standard aufgenommen sind, aber der Standard basiert auf einem Modell, das geeignet ist, alle möglichen Varianten ausdrücken zu können.

Bisher wurden nur die Operationen auf einem flachen, nicht strukturierten File-System standardisiert; in den ISP's zu FTAM wurde aber ein einfaches Directory hinzugefügt[Truo90]. Das im weiteren erläuterte zu Grunde liegende Modell erlaubt Erweiterung für Directories ohne grundsätzliche Probleme. Diese Erweiterungen werden in nächster Zeit in einem Appendix zum FTAM-Standard erwartet.

Eine Implementierung dieses virtuellen File-Stores auf vielen Systemen würde auch dazu führen, daß übliche Programme auf dem virtuellen File-Store arbeiten könnten. Damit könnte die durch unterschiedliche File-Strukturen eingeschränkte Portabilität von Programmen in standardisierten Programmiersprachen deutlich verbessert werden. Einen Überblick über den Aufbau von FTAM gibt die Abbildung 11.6.

Zunächst ist ein Überblick über die Elemente des virtuellen File-Stores angebracht – siehe auch neben dem Standard [Know87,Hens89,Lewa83]:

File-Struktur:
> Jedes File (File Access Data Unit: FADU) besteht aus einem Knoten-Namen plus (optional) einer Data-Unit (DU). und ggf. untergeordneten FADU's. Eine DU ist nicht mehr weiter unterteilbar. Je nach Typ gibt es Einschränkungen für die Eindeutigkeit

---
[21]Dabei können in manchen Implementierungen eigene Abbildungen von lokalen Zeichensätzen zu Netascii festgelegt werden.

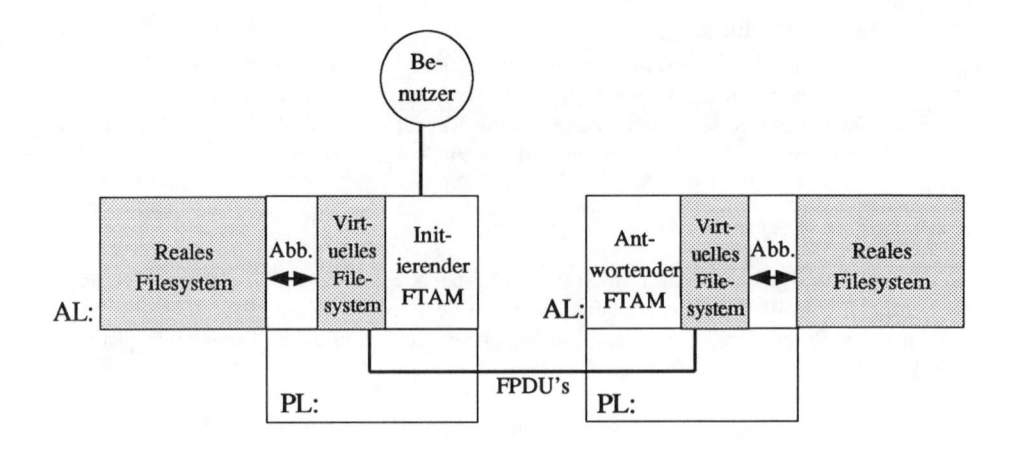

Abbildung 11.6: Überblick über das FTAM-Speicherkonzept

von Knoten-Namen d.h. gesamthaft eindeutig oder eindeutig bezüglich der Position im Baum. Der Knoten-Name kann auch leer sein.

Zusätzlich ist eine Ordnung (Pre-Order) über den Knoten des Baumes definiert; dabei dient eine Reihe von Elementen in den FADU's zur Kennzeichnung der Ordnung – z.B. next.

Beispiel:

unstrukturiertes File: 1 FADU mit einer DU

sequentielles File: 1 FADU ohne DU und viele unbenannte FADU's mit genau einer DU

Auf der File-Struktur ist eine Menge von Operationen zulässig:

extend: Anhängen von Daten zu einer Data-Unit

insert: Einsetzen einer neuen FADU – hierbei wird die dafür notwendige Hierarchie-Information in spezielle Typen gemäß ASN-Syntax mitgereicht

replace: Ersetzen einer FADU durch eine andere

read: Lesen einer ganzen FADU – d.h. rekursives Durchlaufen des Baumes, Lesen aller DU's einer FADU, Lesen aller DU's auf einem Level einer FADU, konkateniertes Lesen aller DU's einer FADU, Lesen genau einer DU einer FADU oder Lesen einer ganzen FADU ohne DU's

locate: Aufsuchen einer gewissen FADU innerhalb einer übergeordneten FADU

File-Attribute:

Jedes FADU kann viele Attribute haben, deren wichtigste sind:

- Name

- Erlaubte Aktionen auf einer FADU (Operationen, Lesen/Schreiben von Attributen)
- Zugriffskontrolle (Passwörter für alle oder einzelne Aktionen)
- Accountinginformation
- Zeitangabe für Creation, Modification, Lesezugriff, Attributsänderung
- Eigentümer
- Identifikation des zuletzt Zugreifenden
- Verfügbarkeit – Auch Bänder sind in manchen Betriebssystemen wie Files zu behandeln, jedoch gibt es dann zumeist gewisse Einschränkungen.
- Dokument-Typ (nicht modifizierbar)
- Filegröße und maximale Filegröße

Dokument-Typen und Constrained-Set:

Die Definition der File-Struktur ist so allgemein gehalten, daß es viele Varianten gibt, die in realen Betriebssystemen nicht auftreten. Man hat daher eine Liste von möglichen Baumstrukturen (Constrained Set) und Data-Unit-Strukturen plus Baumstrukturzugehörigkeiten (Dokument-Typen) standardisiert. Aus diesem Grund ist auch ein Dokumenttyp eines einmal geschaffenen Files nicht mehr änderbar.

Die wichtigsten bisher standardisierten Constrained Sets [Bola89,Bola89a] sind – wobei zu jedem eine Anzahl von zulässigen Operationen festgelegt sind (hier nicht weiter spezifiziert):

unstrukturiertes File:	1 FADU mit einer DU
sequentielles File:	1 FADU ohne DU und viele unbekannte FADU's mit einer DU
geordnetes sequentielles File:	wie unter sequentielles, aber FADU's benannt
geordnetes hierarchical File:	keine Einschränkung mit Ausnahme der Eindeutigkeit aller Namen von untergeordneten FADU's
general hierarchical File:	wie geordnetes hierarchical File, jedoch alle FADU's haben den gleichen Dokument-Typ

Bisher wurden in der FTAM Phase 2 [Bola89] folgende standardisierten Dokument-Typen festgelegt:

FTAM-1: unstrukturierter File mit DU aus IA5 Zeichensatz plus weiterer spezieller[22]

FTAM-2: sequentielles File mit DU aus IA5 Zeichensatz plus weitere spezieller

FTAM-3: unstrukturiertes File mit Binärdaten

NBS-6: sequentielles File, wobei die DU's pro File eindeutig entweder zu Integer, Bitstring, IA5, Graphic, usw. in ASN.1 festgelegt sind

---
[22] Bisher ist keine Unterstützung von nationalen Zeichensätzen vorgesehen.

NBS-7 (random access): sequentielles File mit in der Knotensequenz adressierbaren FADU's der DU's

NBS-8 (indexed file): geordnetes sequentielles File, aber die FADU's der DU's stellen Schlüssel (aus einem gewissen Alphabet) dar; die DU's sind wie bei NBS-6 aufgebaut

NBS-9 (File Directory File): unstrukturiertes File, dessen DU's Beschreibungsobjekte für Files enthält

Weitere Profile (FTAM-4, NBS 10-12) wurden in der FTAM-Phase 3 [Bola89a] festgelegt.

Bei einem File-Transfer oder File-Zugriff befindet sich eine FTAM-Session in einem der folgenden vier Zustände, wobei die weiter unten angegebenen immer die weiter oben angeführten voraussetzen:

association: Verbindung der zwei FTAM's ist etabliert, die Negotation hat stattgefunden. Der Benutzer ist identifiziert.

selection: Ein bestimmtes FADU wurde ausgewählt und die Attribute sind zugreifbar.

open: Zugriff auf FADU's eines Files und seine DU's ist möglich – man beachte, daß pro offenem File eine Connection resp. Association vorhanden sein muß.

data-transfer: Transfer von Daten ist möglich.

Für die Übergänge zwischen den Phasen und den jeweils zu übermittelnden Parametern enthält der Standard genaue Spezifikationen.

Beim Zugriff auf FADU's (innerhalb einer selection resp. open) kann eine Reihe von alternativen Lock-Versionen verwendet werden (exklusiver, shared read/write); diese Variabilität ist mit den File-Systemen üblicher BS nicht möglich.

Weiterhin gibt es Zuverlässigkeitsvarianten für die Durchführung von Änderungen oder beim Daten-Transfer (nur innerhalb open) – die Implementation verwendet dazu RTSE:

Recovery für eine Phase: Datenzustände beim Eintritt in die Phase werden abgelegt und erst beim Ende entfernt; der Zustand zu Anfang der Phase kann wieder angenommen werden.

Checkpoints innerhalb einer Phase: Datenzustände in der Phase werden abgelegt und unterbrochene Transfers können am letzten Checkpoint wieder aufgenommen werden.

In den verschiedenen Service-Klassen (Functional Unit's: FU's) Transfer (**T**), Access (**A**), Management (**M**) und Unconstrained (**U**) gibt es die in der Tabelle 11.3 dargestellten Services, deren Funktion sich aus der vorherigen Einführung ergibt. Dabei bedeuten die Kürzel N: Notwendig, O: Optional, -: Nicht verfügbar und X: wenigstens eines aus der Klasse Read oder Write muß verfügbar sein.

Diese Varianten wurden von den OSI Implementor's Workshop überarbeitet und es entstanden folgende Klassen:

11.2. SASE

Funct. Unit	Service Klassen					ISP Klassen		Services	Service Elemente
	T	A	M	TM	U	T.3	A1.3		
Kernel	N	N	N	N	N	N	N	Regime establishment Orderly regime release Disorder regime release File selection File de-selection	F-Initialize F-Terminate F-Abort F-Select F-Deselect
Read	X	N	-	X	O	N	N	Start of Read Data Unit Transfer End of Data Transfer End of Read Cancel Data Transfer File Open File Close	F-Read F-Data F-Data-End F-Transfer-End F-Cancel F-Open F-Close
Write	X	N	-	X	O	(N)	N	Start of Write Data Unit Transfer End of Data Transfer End of Write Cancel Data Transfer File Open File Close	F-Write F-Data F-Data-End F-Transfer-End F-Cancel F-Open F-Close
File access	-	N	-	-	O	-	N	Locate Erase	F-Locate F-Erase
Limited File Management	O	O	N	N	O	O	O	File creation File deletion Read attributes	F-Create F-Delete F-Read-Attrib
Enhanced file management	O	O	N	N	O	-	-	Change attributes	F-Change-Attrib
Grouping	N	O	N	N	O	O	O	Begin of Grouping End of Grouping	F-Begin-Group F-End-Group
Recovery	O	O	-	O	O	O	O	Regime Recovery Checkpointing Cancel Data Transfer	F-Recovery F-Checvk F-Cancel
Restart data	O	O	-	O	O	O	O	Restart data transfer Checkpointing Cancel Data Transfer	F-Restart F-Check F-Cancel
Bemerkungen						kein locking kein insert	opt. locking		

Tabelle 11.3: Beziehung zwischen FTAM-Klassen, FTAM-Services und Service-Elementen

Simple File Transfer:

> Klasse T .3 (NIST OIW) auf unstrukturierten Dokumenten und einfachen File-Directory

Positional File Transfer:

> Klasse T .3 (NIST OIW) auf unstrukturierten Dokumenten, sequentiellen Dokumenten und einfachen File-Directory

Positional File Access:

> Klasse A1.3 (NIST OIW) auf allen definierten Dokument-Typen

File Management:

> Die Klasse M1.3 (nicht in der Tabelle 11.3 aufgeführt) umfaßt Limited und Enhanced File Management sowie mindestens eine der Klassen T resp. A.

Es steht zu erwarten, daß die Klassen des OSI's Implementor's Workshop als erste verfügbar sein werden.

Ein Problem bei der Einführung von FTAM wird es sein, daß übliche Programme nicht unmittelbar auf den virtuellen Speicher zugreifen können. Zudem beginnt OSI erst jetzt mit der Definition eines Programminterface zu FTAM [Fong89]. Daher muß das File auf der Empfängerseite wieder in ein lokales File-Format umgewandelt werden – entweder bei einem separaten File-Transfer oder jeder File-Block beim Zugriff. Im Standard ist nicht enthalten, daß sich der Benutzer das File bei der Übertragung in ein von ihm gewünschtes Format anlegen kann. Die Abbildung vom virtuellen File-Store in den realen ist Sache der Implementierung.

Die ersten industriellen Versionen von FTAM werden in Kürze verfügbar werden. Die zunächst geplanten Versionen unterstützen aus den oben angeführten Gründen nur den File-Transfer und auch nur beschränkt Directories.

11.2.2.3 Andere File Access Protokolle

11.2.2.3.1 NFS

Das unter heterogenen Betriebssystemen am weitesten verbreiteste Protokoll für File Access ist von PC-typischen abgesehen – siehe dazu beispielsweise [Hurw85] – das Network-File-System (NFS) von SUN [Sand85]. Im Gegensatz zu FTAM implementiert NFS nur das (relativ einfache) UNIX-File-System über das Netz – d.h. der virtuelle File-Store ist das UNIX-File-System; zudem sind die Möglichkeiten etwas eingeschränkt (z.B. beim File locking). Daher können andere kompliziertere File-Systeme NFS kaum nützen. Somit sind fast alle Implementierungen auf anderen Betriebssystemen mit Ausnahme von MS/DOS resp. OS2 nur Server – d.h. sie emulieren das UNIX File-System auf ihrem Betriebssystem. Einen Überblick über die Anbindung in das lokale Filesystem gibt die Abbildung 11.7. Dem Benutzer erscheinen fremde Filesystem wie ein eigenes, da fremde Directories in die lokalen durch Nutzung des virtuellen Filesystemes eingehängt werden.

Da NFS auf stateless RPC – siehe Kap. 11.1.4 – aufgesetzt ist, gewährt es keinerlei Lock-Funktionalität und kein Recovery resp. Checkpointing. NFS verwendet zudem kein voll-

11.2. SASE

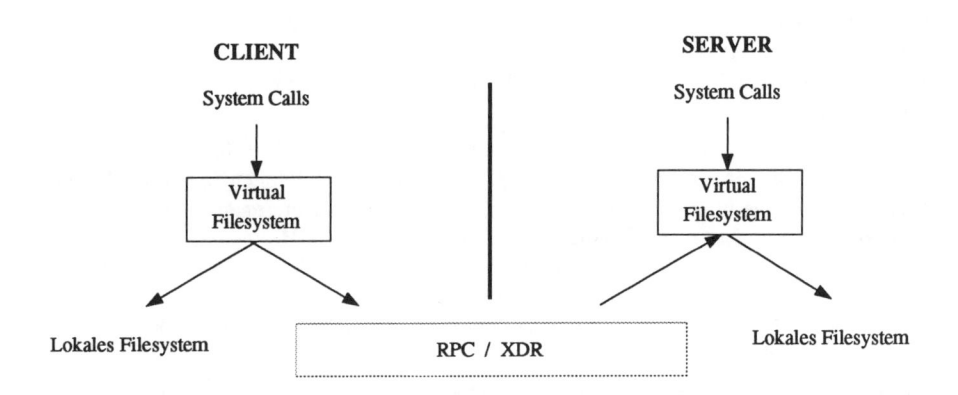

```
         CLIENT                              SERVER
       System Calls                        System Calls
            ↓                                    ↓
     ┌──────────────┐                    ┌──────────────┐
     │   Virtual    │                    │   Virtual    │
     │  Filesystem  │                    │  Filesystem  │
     └──────────────┘                    └──────────────┘
        ↙       ↘                           ↙       ↘
Lokales Filesystem   ┌────────────────────┐     Lokales Filesystem
                     │     RPC / XDR      │
                     └────────────────────┘
```

Abbildung 11.7: Anbindung NFS in das lokale Filesystem

ständig gesichertes Protokoll[23], um Performance für diskless Workstations zu erhalten – dies ist mit FTAM vorläufig nicht erreichbar. Detaillierte Performanceuntersuchungen zu NFS finden sich in [Lazo86].

Während bei FTAM das Caching implementationsabhängig sein wird, so gibt es bei NFS Parameter für jedes genutzte externe (ge-mounted) Filesystem, um das Caching zu steuern. So wird normalerweise ein lokal beschriebener Block nach 30 Sekunden zum Server zurückgeschrieben und ein beim Server neu beschriebener Block nach spätestens 3 Sekunden wieder aufgefrischt [Giff88]. Die Konsistenzerhaltung von Caches in verteilten Umgebungen ist zur Zeit häufig Gegenstand der Forschung – siehe beispielsweise [Giff88,Webe89].

11.2.2.3.2 DECnet

DECnet [Weck80,Rana89] hat als einer der ersten ein Distributed File System implementiert. Es wird das DAP (Data Access Protocol) zur Kommunikation zwischen dem FAL (File Access Listener) und den NFAR's (Network File Access Routines) verwendet. Dieses Protokoll ist jedoch sehr viel mehr auf die VMS-Umgebung ausgerichtet und unterstützt so z.B. File-Locking mit optionalem Warten. Es ist ein connectionfull-Protokoll.

Bei DAP muß der Zielrechner, bei dem das File liegt, explizit benannt werden. Es gibt daher noch die auf DAP basierende Applikation DFS (Distributed File System), die das Einhängen von fremden File-Systemen in das lokale erlaubt.

11.2.2.3.3 SMB

Das „Server Message Protocol" ist das auf Netbios basierende – siehe Kap. 8.8.2 – PC-Protokoll, das unter anderem auch File-Access[24] erlaubt [IBM85]. Die andere wesentliche Leistung des Protokolles ist der Druck-Service über das Netz – siehe auch Kap. 11.2.4. Da

---
[23]kein TCP, sondern UDP plus eigener Checks
[24]Die entsprechende PC Literatur bezeichnet auch Resource-Sharing und Data-Base-Sharing als Leistung des Protokolles. Für diese Services enthält das Protokoll aber keine Anteile, sondern diese werden nur implizit über den File-Access zur Verfügung gestellt.

dieses Protokoll nicht auf Presentation Services beruht, ist es begrenzt auf PC-Umgebungen. Die Komponente „Virtual Filesystem" aus Abbildung 11.7 heißt bei diesem Protokoll „Redirector", wobei die Funktionalität sich nicht nur mehr auf File-System spezifische System-Calls beschränkt.

Das neu geschaffene „Protokoll" LAN-Manager von Microsoft [Micr90] ist zu großen Teilen kein Protokoll, sondern stellt die in OS/2- und DOS-Umgebungen fehlende Multiuser-Fähigkeit incl. eines überwachenden Superuser in Server-Umgebungen – und Server sind Multiuser-Umgebungen – zur Verfügung. Protokolle im LAN-Manager sind im wesentlichen Named Pipes, Remote-Kopierprogramme und Mail-Slots (NPMS: Named Pipes / Mail Slots), wie sie sich auch in anderen Betriebssystemen (UNIX, VMS) finden. Weiterhin gibt es noch ein IBM-Produkt des Namens LAN-Manager; dies es etwas völlig anderes und wird in Kapitel 13.1 behandelt.

Analoge Aussagen treffen auch für das NetWare-Betriebsystem von Novell zu [Gohr89].

11.2.3 Mailing

Das Mailing wird hier mit dem Haupt-Augenmerk hinsichtlich des CCITT-Standards X.400 betrachtet. Dabei darf nicht übersehen werden, daß es eine sehr große Zahl von Hersteller-Mailing-Systemen gibt (DEC's VMSmail, PROFS, ...). Wahrscheinlich gibt es auch mehr Mailing-Systeme als File-Systeme, da auch Anwendungssoftware eigenes Mailing besitzt (IMS-Mail, All-in-One-Mail, ...). Daher ist auch das Kapitel 11.2.3.5 über Gateways eingefügt worden. Im folgenden wird nur an einigen Stellen auf das ARPA-Mailing-Protokoll SMTP (Simple Mail Transfer Protokoll) Bezug genommen.

Der CCITT-Standard X.400 plus Zusätze wurden im Jahr 1984 standardisiert. Die Entstehungsgeschichte dieses Standards wird in [Neuf83] diskutiert. Im Jahre 1988 wurde er deutlich erweitert (inzwischen gibt es 22 Sub-Standards) – siehe Abbildung 11.8; bei ISO tragen sie die Nummern 10021-x. Bei CCITT wird die Bezeichnung MHS (Mail Handling System) und bei ISO MOTIS (Message Oriented Text Interchange System) verwendet.

X.400 wurde im neuen Standard in die oberen Layer von OSI eingepasst und verwendet nun RTSE, ACSE plus ROSE. Im Einsatz befindliche X.400 Implementierungen verwenden zur Zeit den Presentation-, Session- und Transportlayer. Der Transportlayer ist in heutigen Implementierungen zumindest immer X.25 angereichert um TP0 – siehe Kap. 12.3 – und seltener auch ein reiner ISO-Stack. Die Bevorzugung von X.25 erklärt sich aus dem notwendigen Anschluß an die Landes-PTT's.

Ein umfassendes Buch zum X.400-Mailing ist [Plat89], das jedoch in X.400 auftretende Probleme nicht behandelt.

Existierende Mailing Systeme wurden bereits in Kapitel 2.2 eingeführt.

11.2.3.1 Mailing-Struktur

Im Gegensatz zu den bisher betrachteten Applikationen hat das Mailing Batch-Charakter – d.h. es ist nicht erforderlich und manchmal auch gar nicht möglich eine Mail unmittelbar zuzustellen. Damit benötigt das Mailing einen im Hintergrund laufenden Prozeß, der die Mail bei Gelegenheit zustellt. Der im Hintergrund ablaufende Prozeß – Message-Transfer-

11.2. SASE

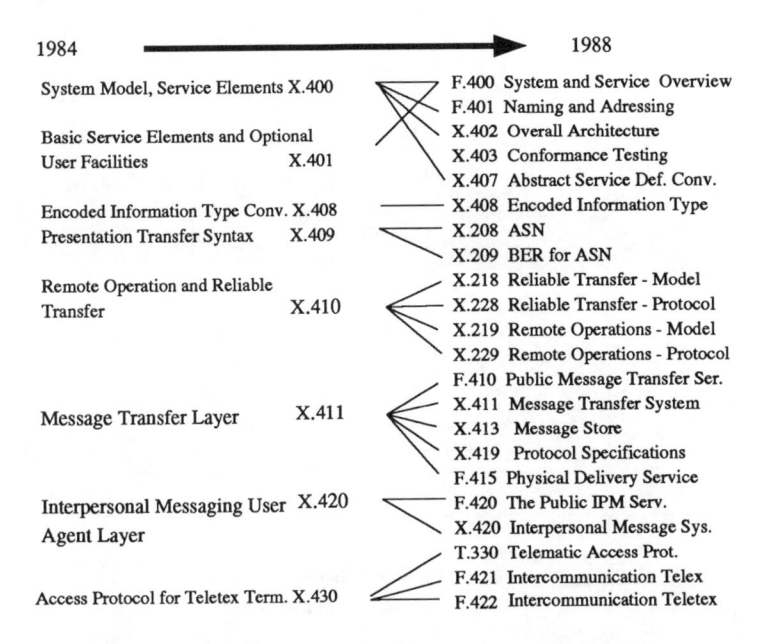

```
1984                                              1988
System Model, Service Elements X.400        F.400  System and Service Overview
                                            F.401  Naming and Adressing
Basic Service Elements and Optional         X.402  Overall Architecture
User Facilities                  X.401      X.403  Conformance Testing
                                            X.407  Abstract Service Def. Conv.
Encoded Information Type Conv. X.408        X.408  Encoded Information Type
Presentation Transfer Syntax   X.409        X.208  ASN
                                            X.209  BER for ASN
Remote Operation and Reliable               X.218  Reliable Transfer - Model
Transfer                       X.410        X.228  Reliable Transfer - Protocol
                                            X.219  Remote Operations - Model
                                            X.229  Remote Operations - Protocol
                                            F.410  Public Message Transfer Ser.
                                            X.411  Message Transfer System
Message Transfer Layer         X.411        X.413  Message Store
                                            X.419  Protocol Specifications
                                            F.415  Physical Delivery Service
Interpersonal Messaging User   X.420        F.420  The Public IPM Serv.
Agent Layer                                 X.420  Interpersonal Message Sys.
                                            T.330  Telematic Access Prot.
Access Protocol for Teletex Term. X.430     F.421  Intercommunication Telex
                                            F.422  Intercommunication Teletex
```

Abbildung 11.8: Übersicht MHS 1984 gegenüber MHS 1988

Agent (MTA) in X.400 – muß also Nachrichten bis zur endgültigen Übersendung zwischenspeichern.

Das analoge gilt auch für das Lesen und Bearbeiten der Mail durch den Benutzer. Auch hier muß die eingetroffene Nachricht zwischengespeichert werden. Diese Aufgabe wird vom User-Agent übernommen. Bei häufiger Nicht-Erreichbarkeit eines resp. mehrerer User-Agent(s) wird ein Zwischenspeicherprozeß (Message Store: MS) dazwischengeschaltet[25]. Der User-Agent ist zumindest für die Ein- und Ausgabe der Nachrichten in Interaktion mit dem Benutzer zuständig; ausgehende Nachrichten werden sofort an den nächsten MTA übersandt. Der Standard beschreibt zwar die Funktionalität des Mailing-Systems, aber nicht die Benutzeroberfläche – an dieser Stelle ist X.400 „virtuell". Statt eines User-Agent kann es einen Schnittstellen-Prozeß (Access Unit: AU) geben, der die Mail zu resp. von anderen PTT-Diensten transferiert – z.B. Telefax, Telex – oder gar zur physischen Post (Physical Delivery Access Unit: PDAU). Das X.400 Modell wird durch die Abbildung 11.9 veranschaulicht.

Für die Übertragung der Mail zwischen MTA's gibt es zwei im folgenden aufgeführte Varianten [Kill87]. Wir bezeichnen dabei den MTA als Start-MTA, der die Mail vom User-Agent erhielt, und den MTA als Ziel-MTA, der die Mail dem UA – resp. AU, MS – abliefert.

Direktablieferung:

Dabei übermittelt der Start-MTA dem Ziel-MTA die Mail direkt. Das unterliegende Netzwerk verbirgt jegliche Strukturierung des Netzes. Dies wird beim SMTP oder auch beim Xerox Mail-System Grapevine [Birr82] verwendet. Interessant ist an dieser

---

[25]Der MS übernimmt keine intelligentere Ablage – z.B. Folders. Allerdings sind entsprechende Erweiterungen im Gespräch.

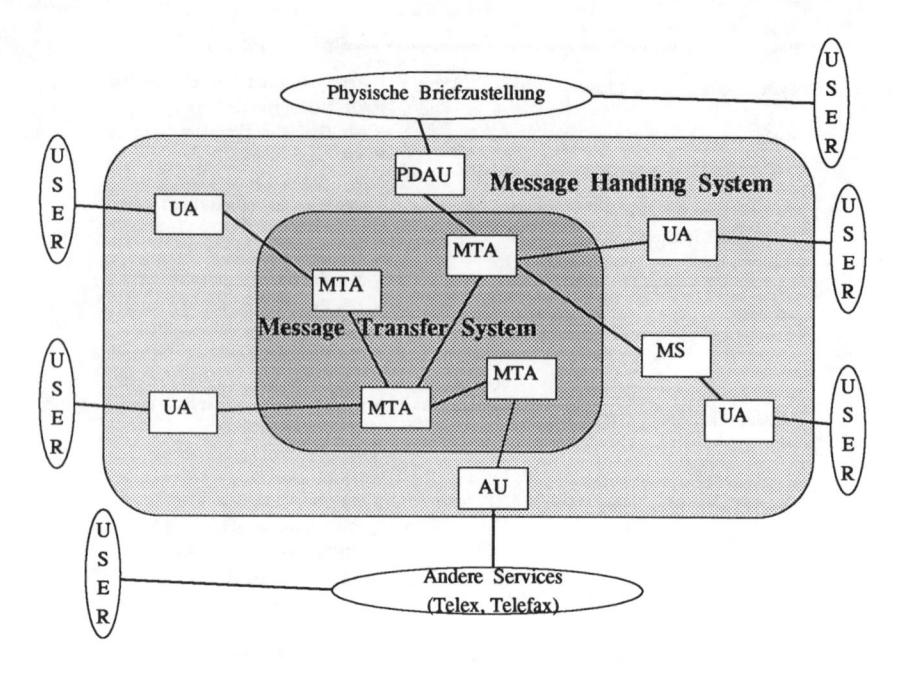

Abbildung 11.9: Übersicht MHS

Stelle die Korrespondenz zum sich recht schnell ausbreitenden FAX[26]. Der Benutzer ist beim FAX nach dem Ende der Übertragung sicher, daß seine Nachricht beim Empfänger eingetroffen ist.

Ablieferung mit Zwischenspeicher:

Dabei können zwischen dem Start-MTA und dem Ziel-MTA beliebig viele Zwischenstationen (MTA's) liegen. Nur bei der Übertragung zwischen jeweils zwei MTA's wird das Netzwerk als ein unstrukturiertes angesehen. Dies bedeutet aber auch, daß erneut Routing-Information vorhanden sein muß – siehe Kapitel 11.2.3.3. Die CCITT hat die auf den ersten Blick seltsam anmutende Variante aus folgenden Gründen ausgewählt [Kill87]:

- wegen der Adressierungsform: Man hat sich entschlossen Adressen zu verwenden, die in keinem Zusammenhang zu anderen Netzwerkadressen stehen. Da bis zur Einführung von Naming-Services (z.B. X.500) auch keine Abbildung der X.400-Adressen zu NL-Adressen bekannt ist, hat man diese Zustellung durch statische Route-Angaben in den MTA's zu erledigen. Die sich daraus ergebenden Konsequenzen sind im Kapitel 11.2.3.4 dargestellt.

---

[26]Es gibt natürlich noch eine Reihe weiterer Gründe für die schnelle Ausbreitung von FAX: Menge der Telefonanschlüsse – siehe Kap. 2.2, die Möglichkeit der Graphikübermittlung und die Einfachheit der Bedienung, die dem Telefon bei der Adressierung und den Verfahren zum Auffinden der Adresse so stark gleicht.

11.2. SASE

- zur Unterstützung der Autarkie von Einheiten: Dies ist sinnvoll um Konversionen (Namenskonversionen, Verschlüsselungen) nur an definierten MTA's durchführen zu müssen. Dies wäre allerdings auch durch mehrstufiges Routing denkbar gewesen, wobei allerdings die Konversionen nicht batchmäßig behandelbar wären.

- aus Kostengründen: Damit brauchen Verbindungen nicht permanent unterhalten zu werden resp. relativ häufig aufgebaut zu werden.

- zur Kostenberechnung – Bei Direktzustellung sind die Kosten pro Brief kaum berechenbar, vielmehr könnten nur noch Übertragungskosten in Rechnung gestellt werden.

Auch in uucp-Netzen (UNIX-to-UNIX-copy) wird dieser Weg gewählt. Dort ist die Ursache jedoch das Fehlen von Routing-Protokollen auf tieferer Ebene. Bei uucp werden oft source-routes[27] verwendet.

Bei X.400 gibt es folgende Protokolle:

P1: Kommunikation zwischen MTA's (verwendet RTSE, ACSE)

P3: Kommunikation zwischen MTA und UA resp. AU, MS (verwendet ROSE, ACSE)

P7: Kommunikation zwischen UA und MS (verwendet ROSE, ACSE)

(P2: Kommunikation zwischen UA's

Dies wurde im 1984 Standard als Protokoll aufgeführt. De facto war es aber nie ein Protokoll, sondern nur eine Beschreibung der Struktur einer Message. Diese Strukur heißt auch Interpersonal Message (IPM). Im 1988 Standard erhielt das „Protokoll" dann die Standard-Nummer X.420. Als Erweiterung dieser Struktur ist X.435 für EDI auf dem Weg zu einem Standard.)

Der Aufbau einer Message genügt etwa der Syntax in Abbildung 11.10. Beim <body part>

```
<message>        ::= <envelope><IPM content>
<envelope>       ::= <Start-MTA> <Ziel-MTA> ....
                     Dies ist MTA-spezifisch
<IPM content>    ::= <IPMS-Heading><body>
                     Dies ist UA-spezifisch
<IPMS-Heading>   ::= <Message Ident> <Adressat> <Absender> <Subject>
                     Dies ist UA-spezifisch
<body>           ::= <body part> [ <body> ]
<body part>      ::= <IA5text> | <telex-text> | <telefax-text> | ....
```

Abbildung 11.10: Prinzipieller Aufbau einer X.400 Mail

wurde aber nur die genannten Typen standardisiert, die anderen Teile tragen den Vermerk

---
[27]Allerdings gibt es im uucp-Netz auch Rechner mit teilweiser Routing-Information. Diese ist jedoch nicht unbedingt einheitlich, was manchmal zum Verlust von Mail führt.

„for further study". Implementiert ist häufig nur <IA5text>. Man beachte, daß der Inhalt auch syntaktisch klar von den postalischen Angaben getrennt ist. Bei X.400 wird getrennt zwischen der Information im Brief und der Information auf dem Briefumschlag. Weiterhin kann der Inhalt aus mehreren unterschiedlichen Typen – <body part>'s – aufgebaut sein.

11.2.3.2 Mailing-Dienste

Insgesamt bietet MHS 93 Services an [Schi89]. Die wichtigsten davon sind:

- alternate subscriber: Weitersendung an Stellvertreter

- auto-forwarding: Automatische Weiterleitung auch bei Abwesendheit des Empfängers

- blind-copy: Verdeckter zusätzlicher Empfänger

- body-part encryption: Verschlüsselung des Inhalts

- conversion statements: Erlaubte oder erzwungene Konversionen für eine Nachricht

- deferred delivery: Verzögerte Zustellung

- latest delivery: Verfallsdatum nach der keine Zustellung mehr zulässig ist

- security labeling: Sicherheitsklassen

- delivery/non-delivery notification: Mitteilung an Absender über erfolgte Zustellung resp. Nicht-Zustellung

- urgent/normal/non-urgent: das Implementor's Workshop [Bola89] hat folgende Zustellzeiten festgelegt: $\frac{3}{4}$ Std. bei urgent, 4 Std. bei normal und 24 Std. bei non-urgent in 95% aller Fälle

- reply: Möglichkeit der Beantwortung ohne Neu-Adressierung

- reporting: Aufzeichnen von Zustellwegen

- stored message handling: Behandlung der Abspeicherung von Nachrichten

- distribution list: Verteilerliste (offengelegte, nicht-offengelegte)

- user capability registration: Registration der akzeptierbaren Typen – <body part>'s – bei den User-Agents und ggf. Zurückweisung bei der Ankunft

- encodes information type: Darstellung des Typs des <body>

Die Aufnahme der Distribution-Lists in den 1988 Standard erlaubt dann auch den Unterhalt von Bulletin/Blackboard-Services – wie z.B. USEnet über uucp oder BITnet-Diskussionslisten. Diese Erweiterung erlaubt jedoch noch keine bessere Verarbeitung solcher „Massenpost". Weiterhin unterstützt sie keine erweiterte Gruppen-Kommunikation (CSCW: Computer Supported Cooperative Work) – z.B. Computer-Conferencing, Computer-Brainstorming, Computer-Auktionen. Diese erweiterte Funktionalität wird gegenwärtig von OSI als neuer möglicher AL-Service diskutiert.

11.2.3.3 Adressierung

Die Adressierung hat – wie wir auch schon früher gesehen haben – einen Bezug zur Strukturierung des Netzes. X.400 sieht folgende Strukturierung vor:

- Jeder MTA, UA oder AU ist eindeutig einer Management-Domain zugeordnet
- Eine Management-Domain ist eine administrative (ADMD) – d.h. eine öffentliche – oder eine private (PRMD).
- Management-Domains können durch Definition von Wegen zwischen MTA's verbunden werden. CCITT hat Verbindungen zwischen PRMD's untereinander nicht berücksichtigt.
- Jede Management-Domain ist eindeutig einem Land zugeordnet.

X.400-Adressen (sogenannte O/R-Adresse d.h. Originator/Recipient-Adresse) unterteilen sich in alternative Adressformen. Die verbreiteste sogenannte **mnemomic** Adressform unterteilt sich in:

country name Der Name kann entweder als Text-string mit dem ISO-Standard 3166 oder numerisch mit dem CCITT-Code X.121 angegeben werden.

administration-domain-name in der Schweiz ARCOM, in Deutschland DBP

private-domain-name registriert bei einer ADMD

organization-name

organizational-unit-names maximal 4 dieser Namen sind zulässig

personal-name: surname, given-name, initials, generationals

domain-defined-attributes Nutzbar für nicht offizielle Adressformen

Die anderen Adressformen sind:

numeric: *country, administration, numerischer Tastenfeld-Wert*

terminal: *country, administration, network address, terminal-address*

postal: *country, administration, postal-address-information*

Während bei älteren Mailing-Systemen die Adressen primär Rechner- oder Route-bezogen waren, sind sie bei X.400 administrativ orientiert. Administrations-orientierte Adressen bieten den Vorteil, daß ein externer Adressat durch Verwendung eines Teiles der spezifischen Felder immer eine Person in einer Firma erreicht, auch wenn diese Person in der Zwischenzeit seinen Stammrechner und die Useridentifikation wechselt. Diese Variante erlaubt auch eine Hauspost, wobei sie jedoch neue Zustellwege oder geänderte interne Adressen per Hand nach-adressieren muß.

Ein häufig stark unterschätzter Faktor beim Aufbau von X.400-Systemen – resp. mit X.400 verbundener Systeme – ist der Aufwand für die Registrierung und das Aktualisieren der X.400 Adressinformation für jeden Benutzer. Zudem muß auch eine Suchmöglichkeit für die Adressen bestehen, auch wenn X.500 noch nicht zur Verfügung steht.

11.2.3.4 Routing

Der X.400 Standard hat bis heute keine Festlegungen für das Routing getroffen. Innerhalb einer PRMD wurde ausdrücklich gesagt, daß dies nicht im Standard behandelt wird. Im Bereich der ADMD werden nur vage Hinweise aufgeführt. Jedoch wird darauf verwiesen, daß der X.500-Directory-Standard die Information bereitstellen soll. Dies ist natürlich für ein flexibles Zustellwesen allein nicht ausreichend. Denn es ist weder das Beschaffen der Zustellinformation noch das Ausnutzen der Zustellinformation für die Zustellung definiert; mit X.500 wird allein der Unterhalt resp. die Verteilung der irgendwie gearteten Zustellinformation gegeben sein – siehe auch Kapitel 7.3.

Der hierarchische Aufbau der Adressinformation führt nun in den meisten Fällen auch zu einem hierarchischen Zustellweg. Die heutigen X.400 Implementierungen lassen meist nur genau diese Zustellung mit geringen Variationen pro Produkt zu. Dies bedeutet, daß jeder MTA seinen über ihm liegenden, die auf der gleichen Stufe liegenden und unter ihm liegenden MTA's kennt. Für die PTT's ist dies ausreichend. In einer größeren Organisation ist dies aber nur durchführbar, wenn alle Rechner im Netz mit den gleichen (OSI)-Protokollen und jeweils einer voll funktionsfähigen X.400 Implementierung ausgerüstet sind. Falls nämlich nur administrative Daten in der Adressinformation vorhanden sind, so ist auch der Zustellweg durch diese administrative Information vorbestimmt. Somit gelangt die Mail für zwei Personen in einer Gruppe von Personen immer am gleichen Ziel-MTA an. Nur wenn das Netz in einem Idealzustand ist, kann dieser MTA auch seine Mail an einen beliebigen ggf. unterschiedlichen UA abliefern, denn die zwei Personen in einer Gruppe können ihre Mailbox an völlig unterschiedlichen Systemen haben.

Da sich kein Netz einer größeren Organisation heute und auch mittelfristig in einem solchen Idealzustand befindet, ist man daher gezwungen, Teile der eigentlich rein administrativen Adresse für Routing-Information zu verwenden (Beispiel: VMS-MTA, IBM-MTA, ...).

Die heutigen Implementierungen der MTA's lassen das Routing auf gewissen implementierungsabhängigen Adreßfeldern zu. Der OSI Implementor's Workshop [Bola89] hat nun festgelegt, daß alle Implementierungen den *organization name* zulassen[28] müssen.

11.2.3.5 Gateways

Dieses Kapitel ist ein Spezialfall der in Kapitel 12.2 behandelten Überlegungen für Gateways im allgemeinen. Hier werden hauptsächlich die Probleme der Adressierung behandelt.

Vollständige X.400-Netze sind heute sicherlich der Ausnahmefall. Der übliche Fall ist ein kleines X.400-Netz mit Gateways zu anderen Mail-Systemen, die heute noch eine viel größere Ausdehnung besitzen.

An einem Gateway muß eine Abbildung von einer Adresse in eine andere stattfinden. Eine andere Variante ist die hier nicht näher behandelte Address-Encapsulation, d.h. man schleppt in der X.400-Adresse (z.B. im Domain Defined Attribute) auch die Adresse des anderen Netzes mit – siehe dazu auch [Zatt88]. Abbildungen müssen zusätzlich zu den X.400-Adressen in allen oder dem jeweiligen Gateway gehalten werden. Nicht zu verges-

---

[28]Der Workshop hat zusätzlich noch in einer Klasse 2 die *organizational-unit-names* und in Klasse 3 außerdem noch den *personal-name* aufgenommen. Diese Klassen von MTA's müssen aber noch vernünftig kombiniert werden, um die Erreichbarkeit aller Benutzer garantieren zu können.

sen ist, daß diese Abbildungen wegen laufender Änderungen auch einen stetigen, nicht zu unterschätzenden Unterhaltungsaufwand benötigen.

Die Address-Encapsulation fällt mit der Adress-Abbildung zusammen, wenn man die Elemente der alten Mail-Adresse voll als Teil einer X.400-Adresse anerkennt. Dies gilt beispielsweise bei der Umsetzung von ARPA Domain-Adressen [Croc82,Henk87] – bspw. smith@R-D.salford.AC.UK wird umgesetzt in Country=UK, ADMD=BT, PRMD=AC, Organisation=salford, Org-Unit=R-D, Surname=smith.

Eine Address-Encapsulation ist nur dann machbar, wenn eine Organisation neben X.400 nur ein einziges anderes zu unterhaltendes Mail-Netz hat. Hat sie jedoch einige Mail-Systeme, so gerät diese Abbildung zu X.400 schnell ins Wanken. Im Regelfall kann man bei größeren Organisationen davon ausgehen, daß komplette Adressabbildungen unterhalten werden müssen. Dies bedingt aber bereits vor der breitflächigen Einführung von X.400 eine X.400 Adressregistrierung. Allerdings ist dies dann die Basis für ein später einführbares X.500 Directory.

Hat eine Organisation für alle Teilnehmer X.400 Adressen geschaffen, so kann sie diese auch für ein anderes Mail-System verwenden, wenn das andere Mail-System mit so langen Namen auskommt. Zum Beispiel:

country=de, admd=dbp, prmf=hmi, org-unit=vax-mts, surname=henken

wird umgesetzt zu

henken@vax-mhs.hni.dbp.de

Zu X.400 haben mehrere Hersteller einen Vorschlag für ein Programm-Interface eingebracht [Koor91]. Dieser Zugriff soll anderen Programmsystemen den Zugriff auf den UA oder den MTA erlauben.

11.2.4 Sonstige Protokolle

Es gibt eine Reihe weiterer hier nicht vorgestellter OSI-Protokolle, die entweder weniger wichtig sind oder sich in einem erst vorläufigen Zustand befinden:

JTM:

Der ISO Standard 8831, 8832 über „Job-Transfer and Manipulation" legt die Abgabe von Batch Jobs samt Rückübermittlung der Resultate fest. Dieser Standard ist ein IS; allerdings findet man kaum Implementierungen. Für weitere Details siehe [Know87], pp.302-326.

RDA:

Dieser Standard „Remote Database Access" wurde von ECMA initiiert und erlaubt den Zugriff von relationalen Datenbanken unterschiedlicher Herkunft auf gleiche Art und Weise über das Netz. Befindet sich im Zustand eines Draft Proposal (ISO 9579); der endgültige Standard wird 1991 erwartet. Der Standard verwendet weitgehend bestehende Standards wie z.B. CCR – siehe Kap. 11.1.2 – für verteilte Transaktionen. Zu diesem Standard existieren die beiden Alternativen ASP (Advanced SQL Protocol) von IBM und eine Variante von RDA, die von einer Gruppe von Datenbank-Herstellern (SQL Access Commitee) geschaffen wird.

Vergeblich sucht man ein standardisiertes Druck-Protokoll, daß den Druck-Output an alle möglichen im Netz angeschlossenen Drucker erlauben sollte. Beispiele für solche Protokolle finden sich reichlich in PC-Netzen oder auch beim XNS Printing Protokoll. Diese Situation hat manchmal zur Entwicklung von eigenen Protokollen geführt [Wagn90].

Bei Tunnels gibt es zwei Varianten für die Adressierung resp. des Routing:

fix: Hierbei wird in Tabellen fix eingetragen, welche NL-Adresse des überliegenden Netzes an welche NL-Adresse des unterliegenden Netzes gesendet werden soll. Der einfachste Fall ist das Übersenden an genau einen anderen Rechner (richtungabhängig). Beispiele dafür sind IP über SNA oder DECnet.

variabel: Hier gibt es eine eindeutige Abbildung zwischen den NL-Adressen auf den unterschiedlichen Layern. Dieses Verfahren wird im „Experimental OSI-based Network" (EON)[Hage89a] durchgeführt; dieses Netz verwendet als unterliegendes Netz das Internet. Hierbei wird die IP-Adresse in die NSAP-Adresse an eine bestimmte Position eingesetzt und kann analog auch wieder gewonnen werden. Dieses Vorgehen kann leicht in experimentellen Netzwerken verwendet werden, aber in produktiven stehen diesem Ansatz bereits bestehende Namenskonventionen im Wege. Aber man sollte bei Einführung von OSI-Netzwerken erwägen, ob dieses Vorgehen in der jeweiligen Umgebung machbar ist.

Kapitel 12

Koexistenz verschiedener Protokoll-Suiten

> MEIN ERSTES IST NICHT WENIG,
> MEIN ZWEITES IST NICHT SCHWER,
> MEIN GANZES LÄSST DICH HOFFEN,
> DOCH TÄUSCHT ES MANCHMAL SEHR.
>
> PAUL HEYSE, 1830-1914

Mit der sich anbahnenden Weiterverbreitung der OSI-Protokolle wird auch die Frage der Migration von einem heutigen Protokoll auf die OSI-Protokolle zunehmend wichtiger werden. Der Einsatz von OSI-Protokollen sollte aber nicht Selbstzweck sein, sondern macht nur Sinn unter dem Hintergrund [Rose90]:

> Before users will transit from the Internet Suite of protocols to the OSI suite, they will have to see added value in OSI applications. **Users are interested in services, not protocols.**

Eine Umstellung eines Netzes samt seiner Protokolle und Applikationen kann aber nicht von einem Tag auf den anderen erfolgen, sondern es muß einen mehr oder weniger langen Zeitraum der Koexistenz von mindestens zwei Protokoll-Stacks geben. Auch heute gibt es schon die Notwendigkeit der Koexistenz von Protokollen, wenn z.B. ein Protokoll-Stack nicht die Leistung eines anderen erbringt oder wenn man ein Protokoll nicht zu einem Standard über allen erreichbaren Rechnern machen kann resp. will. Dieses Kapitel behandelt im folgenden die möglichen Formen der Koexistenz.

12.1 Parallele Protokoll Stacks

Bei diesem Ansatz werden beide – ggf. noch mehrere – Protokoll-Suiten parallel in jedem Rechner unterhalten. Diesen Ansatz verfolgt beispielsweise DEC in der Phase V des DECnet [Digi87]. Beide Stacks werden solange unterhalten bis alle Systeme mit dem „alten" Protokoll auf das „neue" migriert sind. Dieser Übergang kann aber durchaus länger dauern, da nicht alle Geräte mit dem neuen Stack ausgerüstet werden. Auch können kleinere Rechner – z.B. PC's – ggf. nicht in der Lage sein, beide Stacks zu einem Zeitpunkt zu unterstützen. Der Unterhalt beider Protokoll-Stacks stellt einen nicht zu unterschätzenden Aufwand für den Netzwerkbetrieb dar.

Bei parallelen Stacks besteht die Frage, welche unterliegenden Layer sie gemeinsam nutzen. Dieses Schnittstelle bezeichnen wir als Verzweigungspunkt. Da meist das Medium für beide Protokoll-Stacks gemeinsam genutzt wird – man möchte im Regelfall nach beendeter Umstellung nicht eines der Medien stillegen[1], wird der unterste mögliche Verzweigungspunkt der Physical- resp. Data-Link-Layer sein. Der oberste mögliche Verzweigungspunkt bestimmt sich aus der Ähnlichkeit der beiden Protokoll-Stacks. Wenn der eine Stack OSI ist, so wird er sicherlich unterhalb des Presentation-Layers liegen, denn kein anderer Stack verwendet ASN.1. Je höher oben der Verzweigungspunkt angesiedelt ist, desto geringere Aufwände entstehen für den Unterhalt – z.B. Network-Management incl. Adressen – und desto geringer ist der Aufwand für die endgültige Umstellung. In der Phase V von DECnet [Digi87] hat man sich entschieden, diesen Verzweigungspunkt an die obere Schnittstelle des Transport-Layers zu legen; dieser Ansatz wird auch implizit von TLI – siehe Kapitel 8.8.1 – verwendet.

Unterhalb des Verzweigungspunktes können nun entweder Protokolle aus einem oder beiden Stacks zur Verfügung stehen. Sinnvollerweise hat man dort Protokolle aus beiden Stacks alternativ zur Verfügung, da sonst alle Systeme in einem Netz wiederum gleichzeitig geändert werden müssten. Dies hat DEC für ihre Phase V aus so entschieden. Vom TL bis zum DL stehen OSI-Protokolle und DECnet-Protokolle zur Auswahl.

Der Ansatz von DEC hat zum heutigen Zeitpunkt zwei Probleme:

Noch nicht vollständig spezifizierter ISO NL:

DEC verwendet daher in diesem Layer eine Annäherung an die geplanten ISO-Routing-Protokolle. Daher können Übergänge zu anderen ISO-Netzen ggf. nur durch statische Routeneinträge bewerkstelligt werden – siehe Kap. 7.3.1 – und haben die entsprechenden Nachteile.

Entscheid über die Verwendbarkeit von unterliegenden Protokollen:

Wenn zwei DEC-Applikationen – z.B. DQS: Distributed Queing Service – miteinander kommunizieren wollen, so können sie das „alte" DECnet Transportprotokoll NSP (Network Service Protokoll) resp. ein TPx-Protokoll verwenden. Die gleiche Entscheidung steht nochmals auf dem Data-Link-Layer bei der Auswahl von HDLC versus DDCMP – siehe Kapitel 6.3 – an. Da dem initiierenden Rechner nicht bekannt ist, ob der Endnoten resp. der Weg zum Endknoten die verschiedenen Protokolle unterstützt, muß er dies geeignet ermitteln. Dazu hat DEC ihre eigene Session-Control[2] um die Verwendung des DEC-Naming-Service – siehe Kapitel 11.1.6 – angereichert. Der Naming-Service unterhält die Informationen, welche der möglichen Protokolle vom Endsystem unterstützt werden[3]. Diese Protokoll-Information nennt DEC „Tower".

---

[1]Allerdings wäre aber eine geplante andere Nutzung eine denkbare Alternative.
[2]Liegt oberhalb des TL, aber die Funktionen sind nicht dem SL von ISO vergleichbar. Hier werden Benutzerabbildungen und Zugriffsrechte in der Phase IV durchgeführt.
[3]Das Migrationskonzept von DEC erwartet, daß in einer ersten Phase die Router auf beide Protokollstacks umgerüstet werden. Daher ist nur die Frage der vom Endsystem unterstützten Protokolle wesentlich.

Für den Hersteller offeriert der höhere Verzweigungspunkt die Möglichkeit, einen großen Teil seiner herstellerspezifischen Protokolle unterhalb dieses Punktes in einem der nächsten Releases auszumustern.

12.2 Gateways

Die vorigen Lösungsvarianten lieferten keine Möglichkeiten, daß unterschiedliche Applikationsprotokolle (z.B. FTAM und FTP) miteinander kommunizieren. Inwieweit dies durch Gateways möglich ist, wird in diesem Kapitel diskutiert.

12.2.1 Application Gateways

Hierbei werden einzelne Applikationen aufeinander abgebildet. Beispiele für solche Gateways sind X.400 zu Hersteller-Mail-Systemen (DEC, IBM, UNIX) – siehe auch Kap. 11.2.3.5 – oder FTP zu FTAM[4].

Rose [Rose90] unterscheidet Gateways in

staging (etappenweise): Zwischenresultate werden erst komplett abgewartet, bevor sie das andere Protokoll zur Bearbeitung erhält.

Dies ist das typische Vorgehen bei Mailing-Gateways. Wenn man dieses Vorgehen auf interaktive Anwendungen – z.B. FTP – ausdehnt, so treten auf den einzelnen Protokoll-teilen längere Inaktivitäten auf. Dann können Timer betroffen werden und z.B. zu einem vorzeitigen Abbrechen der Verbindung führen. Auch ist bei diesem Verfahren der Aufwand zum Zwischenspeichern erheblich.

in-situ (unmittelbar): Die Daten werden „on the fly"[5] angepasst und weitergegeben.

Die erreichbare Funktionalität des Gateways kann maximal nur aus dem Schnitt der Funktionalität der beiden Applikationen bestehen. Daher ist im Regelfall ein Gateway nie transparent für einen Benutzer, denn er verliert gewohnte Teile seiner Funktionalität und er muß ggf. auch noch gewisse Konventionen resp. Namensfestlegungen der anderen Applikation kennen. Der Unterhalt von Gateways stellt sowohl von der Performance her als auch vom Know-How des Betreibers gewisse Anforderungen. Daher werden Gateways meist an zentraler Stelle unterhalten. Eine Anpassung bei den Endpunkten der Verbindung ist zumeist nicht erforderlich – höchstens zur Verbesserung des Bedienungskomforts des Endbenutzers.

12.2.2 Transport Gateways resp. Bridge

Ein Gateway auf einer tieferen Ebene als der Application-Layer macht nur dann Sinn, wenn die darüberliegende Applikation und die ggf. dazwischenliegenden Layer die gleichen Protokolle verwenden. Daher bringt ein TP4 zu TCP Gateway alleine überhaupt nichts. Sind die höheren Protokolle aber gleich, so sind auch die Schnittstellen zu den tieferen Layern

---
[4]Dies existiert als public-domain Produkt vo NIST.
[5]analog einer UNIX pipe

sehr ähnlich. Daher wird man dort nur solche Protokolle aufeinander abbilden, die sich sehr ähneln. Daher müßte man korrekterweise von Bridges sprechen. Üblich sind solche Gateway/Bridges nur auf dem Transport-Layer, daher ist dieses Kapitel auch so überschrieben.

Dieser Ansatz wird sowohl in der DECnet Phase V – siehe Kapitel 12.1 – wie auch in ISODE (ISO Development Environment) [Rose90b] verwendet. Die Abbildung 12.1 spiegelt den Ansatz von ISODE wieder. Zur Angleichung von TCP an TPx wird die OSI-TL-

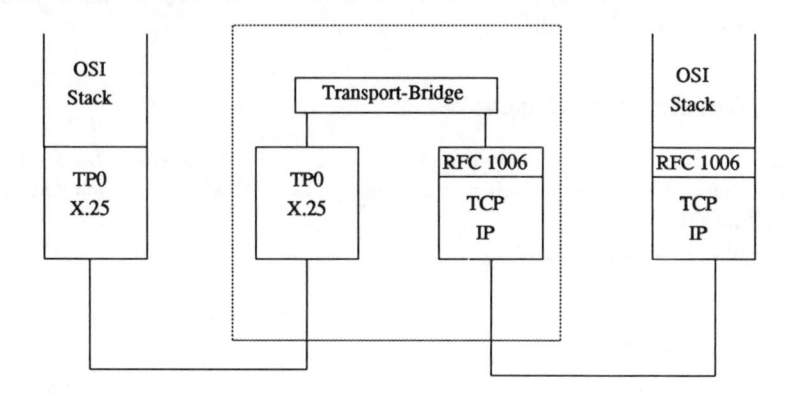

Abbildung 12.1: Transport Gateway

Schnittstelle zu TCP basierend auf dem RFC 1006 [Rose87a] verwendet. Charakteristika dieser Anpassung sind:

- Zerlegen und Zusammenfügen von Blöcken (TPDU-Größe max. 64 K) mit expliziten Grenzen
- Übersenden von expedited Data auf der gleichen Verbindung

12.3 Tunnels

Das Verfahren des „Tunnel" oder der Mutual-Encapsulation kann an der Schnittstelle NL zu DL resp. TL zu NL eingesetzt werden. Dabei behandelt ein NL-Protokoll ein anderes NL-Protokoll wie ein DL-Protokoll.

Dies wurde erstmals mit IP und dem XNS-Vorläufer PUP (PARC Universal Packet) 1979 durchgeführt [Shoc81]. Bei Hersteller-Protokollen ist dies nur dann möglich, wenn der Hersteller keine Leistungen seines – dann nicht mehr vorhandenen – DL direkt aufruft.

Funktionell wird das folgende Vorgehen gewählt:

Bezeichne P(A) das Paket, das entsteht, wenn die Daten A durch das Protokoll P über ein Netz transportiert werden. Das Paket mit den Daten A ist bei Nutzung von IP und Ethernet auf dem Kabel durch Ethernet(IP(A)) sichtbar.

12.3. Tunnels

Existieren nun NL-Protokolle IP und XNS mit zugehörigen Netzen, so kann ein Paket A durch Ethernet(XNS (IP (A))) resp. Ethernet(IP(XNS (A))) im XNS- resp. IP-Netz transportiert werden.

Die Abbildung 12.2 veranschaulicht das Vorgehen. Dabei symbolisiert der schwarze Kasten, daß die Behandlung des NL-Protokolles XNS eine spezielle Erweiterung der NL-Implementierung von IP sein muß.

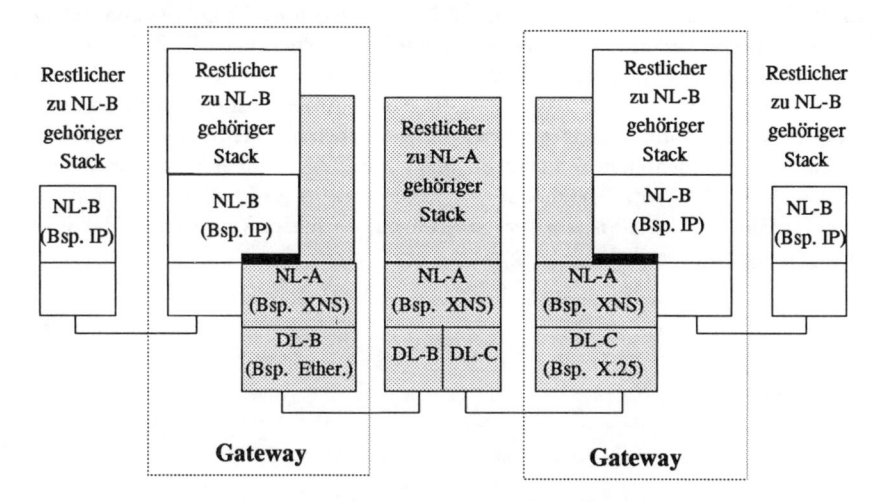

Abbildung 12.2: Konzept des Tunnel's

Die Encapsulation in das XNS- resp. IP-Paket wird von einem dezidierten Gateway vorgenommen, der beide Protokolle implementiert hat. Ein gleichartiger Gateway kann das Paket *XNS(IP(A))* wieder in ein Paket *IP(A)* umwandeln und über ein IP-Netz weiterleiten. Wenn der empfangende Gateway auch der Adressat des IP-Paketes ist, kann er das Paket im eigenen Protokoll-Stack weiterverarbeiten. Andernfalls wird dies am IP-Endrechner ablaufen, ohne daß dieser IP-Knoten von der Existenz des XNS-Netzes Kenntnis erhält.

Bei diesem Vorgehen werden keine Gateways verwendet und es wird auch kein Protokoll auf ein anderes abgebildet. Daher ist es auch durch den aufgeführten Fall nicht möglich, daß ein nur XNS-„sprechender"-Rechner mit einem nur IP-„sprechenden"-Rechner kommunizieren kann.

Auf diesem Prinzip basierend gibt es heute Implementierungen von IP auf Basis von X.25, DECnet und SNA. Jede Encapsulation sollte aber standardisiert sein, denn man kann unterschiedlich einbetten. Für IP auf X.25 und OSI's CLNP auf X.25 (ISO 8878) wurde die Encapsulation standardisiert.

Eine analoge Lösung gibt es auch um NETbios auf Basis von TCP/IP zu betreiben – der dazugehörige Standard ist RFC1002 [DARPA87].

Bei ISO ist diese Möglichkeit in der Dreiteilung des NL-Layers gemäß dem Kapitel 7.6 enthalten. Der sogenannte „Subnet-Enhancement-Sublayer" kann die Funktionalität eines beliebigen Protokolles als normiertes DL-Protokoll dem Subnet-Independent-Sublayer präsentieren.

Bei Tunnels gibt es zwei Varianten für die Adressierung resp. des Routing:

fix: Hierbei wird in Tabellen fix eingetragen, welche NL-Adresse des überliegenden Netzes an welche NL-Adresse des unterliegenden Netzes gesendet werden soll. Der einfachste Fall ist das Übersenden an genau einen anderen Rechner (richtungabhängig). Beispiele dafür sind IP über SNA oder DECnet.

variabel: Hier gibt es eine eindeutige Abbildung zwischen den NL-Adressen auf den unterschiedlichen Layern. Dieses Verfahren wird im „Experimental OSI-based Network" (EON)[Hage89a] durchgeführt; dieses Netz verwendet als unterliegendes Netz das Internet. Hierbei wird die IP-Adresse in die NSAP-Adresse an eine bestimmte Position eingesetzt und kann analog auch wieder gewonnen werden. Dieses Vorgehen kann leicht in experimentellen Netzwerken verwendet werden, aber in produktiven stehen diesem Ansatz bereits bestehende Namenskonventionen im Wege. Aber man sollte bei Einführung von OSI-Netzwerken erwägen, ob dieses Vorgehen in der jeweiligen Umgebung machbar ist.

Kapitel 13

Network Management

> ZWEI SIND, DIE NEBENEINANDERSTEHEN,
> UND ALLES GANZ GUT UND DEUTLICH SEHN,
> DOCH IMMER EINS DAS ANDERE NICHT,
> UND WÄRS BEIM HELLSTEN TAGESLICHT.
>
> VOLKSRÄTSEL, MECKLENBURG

Bevor die einzelnen Methoden und Standards erläutert werden, soll der Unterschied zwischen einem Computernetzwerk-Management und einem Straßennetzwerk-Management aufgezeigt werden.

Im Straßennetz gibt es folgende Organe zum Management:

- Polizei ist verantwortlich für die kurzfristigen Aktionen im Straßenverkehr – d.h. Behandlung von Unfällen, Sicherheit und Umleitungen zur Durchsatzverbesserung

- Straßenverkehrsbehörden sind für die mittel- und langfristigen Aktionen zuständig – d.h. Ausbau zur Durchsatzverbesserung resp. der Sicherheit

- Gesetzgeber ist für die Rahmenbedingungen und auch für die Finanzierung zuständig

Bei Computernetzen wird unter Network Management zur Zeit noch hauptsächlich die Stabilität des kurzfristigen Betriebes verstanden, daher kann man diese Aktivität am besten mit der Straßenverkehrs-Polizei vergleichen. Im Unterschied zu den „Netzwerk-Polizisten" steht aber der Straßenverkehrs-Polizei ein Heer von Problemmeldern zur Verfügung – Betroffene, Vorbeikommende und Zeugen, die auch meistens unabhängig[1] vom Straßenverkehrs-Netz Störungen melden können. Auf ein Straßennetz übertragen sind Fehlermeldungen in Rechnernetzen, etwa der Gestalt „Herr Meier ist von Stuttgart nach Zürich gefahren, aber nicht angekommen", aber nicht der trivialen Art „An der Kreuzung .... ist ein Unfall passiert".

13.1 Netzwerk Operation

Dies realisiert im wesentlichen die Polizeifunktionen im Netz. Der Name dieses Unterkapitels wurde wegen des „Network Operation Center" im Internet gewählt.

---
[1] Dies kann in Computernetzen oft nur durch Einsatz separater Meldewege erreicht werden

Daher führt man beim Computer Netzwerk-Management an jeder Kreuzung eine Art Streckenposten ein, der den Verkehr beobachtet und seine Beobachtungen entweder automatisch oder auf Abruf weitergibt.

Der Urvater aller dieser Protokolle ist NETview von IBM [Kany88], das jedoch eher auf sternförmige Netze[2] ausgelegt ist. Die Notwendigkeit für ein solches Produkt war bei IBM wegen der hohen Verfügbarkeitsanforderungen früher als bei anderen Herstellern oder gar in universitären Netzen notwendig. Die wichtigsten herstellerunabhängigen Protokolle sind:

CMIP: Common Management Information Protocol von ISO – CD 9595, 9596. Dies ist noch verfügbar. Die IEEE 802.1 Arbeitsgruppe hat kürzlich ein CMIP ähnliches Protokoll für den LLC-Layer vorgeschlagen [IEEE90]; möglicherweise wird dies die erste CMIP Implementation werden.

SGMP: Simple Gateway Monitoring Protocol [Case88] – auch RFC 1028. Dies ist operationell im Internet. Als Vorschlag gibt es auch noch das Protokoll HEMS (High Level Entity Management System) für TCP/IP von [Part88] – auch RFC 1021, 1022, 1024, 1076.

SNMP: Simple Network Management Protokoll [Case89] ist eine geringfügige Erweiterung von SGMP hinsichtlich von Datendefinitionen gemäß CMIP. Bis zur Einführung des nächsten Protokolles in dieser Liste der angestrebte Standard für TCP/IP.

CMOT: CMIP over TCP/IP ist das langfristig angestrebte Protokoll für TCP/IP [Warr89]

OMAP: Der Operation, Maintenance and Administration Part ist das ISDN-Protokoll (CCITT Q.791) und wird z.Z. im wesentlichen für Routing-Kontrolle eingesetzt [Moda90].

Weitere in Entwicklung befindliche Standard-Protokolle befassen sich mit der automatischen Konfiguration resp. der Aufnahme von Rechnern in das Netz ohne manuelle Konfigurationsarbeiten. Ein Beispiel für ein solches Protokoll ist Appletalk [Mins89]. Ansätze dafür befinden sich in diversen Boot-Protokollen, die beim Hochstarten eines Rechners automatisch Daten und Programme laden.

13.1.1 Strukturierung und Identifikation der Objekte

Jegliche Information, die in einem Netz unterhalten wird resp. anfällt, muß netzwerkweit eindeutig von ihrer Bedeutung her erkennbar sein. OSI gliedert die Information innerhalb einer Baumstruktur. Dieser Baum heißt Management Information Tree (MIT) resp. Management Information Base (MIB). Einzelne Objekte in diesem Baum werden durch einen festgelegten Object-Identifier in ASN.1 beschrieben. Der Objekt-Identifier setzt sich zusammen aus einer Folge von durch „." getrennter Nummern, wobei jede Nummer eindeutig eine Knoten in der jeweils betrachten Ebene des Baumes festlegt – analog einem absoluten

---

[2]Durch die gegenwärtigen Erweiterungen durch das IBM-Produkt LANmanager – nicht zu verwechseln mit dem Microsoft LANmanager – werden auch lokale Netze in nicht mehr zwingend zentraler Weise unterstützt.

13.1. Netzwerk Operation

File-Namen aus einem File-Baum. So haben alle SNMP-Objekte das Präfix (Directory) 1.3.6.1.2.1[3] - siehe auch Kap. 10.2. Darunter finden sich die durch Nummern bezeichnete Objekte:

system: Identifikation des Systemes (Anzahl der Objekte: 3)

interfaces: Aufzählung der Interfaces in einer Tabelle – d.h. *sequence-of* in ASN.1 – mit diversen Informationen (z.B. Typ, MTU, Pakete in/out) pro Interface (Anzahl der Objekte: 22)

at: Abbildung IP-Adressen zu Subnetwork-Adressen (3)

ip: IP spezifische Information (z.B. Router ja/nein, entfernte Pakete wegen IP-Fehler, Anzahl Reassembled Pakete) in einer Tabelle pro Adresse und Tabelle der Routing-Einträge (z.B. nächster Hop, Routing Protokoll) (33)

icmp: ICMP Statistiken (26)

tcp: Tabelle aller gegenwärtig unterhaltenen TCP-Verbindungen und weitere Information (z.B. Typ der TCP Implementierung, Timeout-Werte) (17)

udp: Fehlerinformation für das UDP Protokoll (4)

egp: Informationen für das Exterior Gateway Protokoll und Tabelle für die bekannten Nachbarn (6)

SGMP [Case88] hatte nur die ASN.1 Typen *octet-string* und *integer* miteingeschlossen; dies wurde in SNMP [McCl89] erweitert um *object-identifier*, *null* und *sequence-of* – siehe Kapitel 10.2. Dahingegen erlaubt CMOT/CMIP den vollen ASN.1 Umfang.

McClorghie [McCl89] berichtet, daß die wesentlichste Arbeit bei der Festlegung von SNMP die möglichst redundanzfreie Definition der unterschiedlichen Objekte war. Wegen Performance- resp. Speicherplatzbegrenzungen in Routers/Bridges wollte man möglichst wenig Objekte verwalten müssen. Da die bestehenden Netzimplementierungen aber auch bereits in der Vergangenheit eigene Objekte zu ihrer Überwachung definiert haben, sind herstellerspezifische Objekte nicht vermeidbar und werden auch heute schon für erweiterte Objektsätze von SNMP verwendet. Allerdings kann nur der Hersteller oder dessen Monitor die Bedeutung der Objekte korrekt verarbeiten.

Die vorerwähnte Management Information Base wird inzwischen als MIB-I bezeichnet, da bereits ein Nachfolger MIB-II mit etwa 50% mehr Variablen vorgeschlagen wurde [Rose90a]. Diese Erweiterung unterstützt Tabellen mit zwei Indizes zum besseren Auffinden auch umgekehrter Adreßabbildungen und den Unterhalt von SNMP eigener Information.

Bisher gibt es auch keine Programmschnittstelle zu diesen Protokollen. Es sind bei ARPA Arbeiten im Gange, eine Programmschnittstelle festzulegen, die sowohl zu CMOT, SNMP und CMIP funktionieren soll – sogenanntes MSI: Management Service Interface.

CMOT umfaßt Information aus jedem Layer in der MIB. Layer-spezifische Protokolle heißen Management-Protokolle. Weiterhin gibt es noch Layer-übergreifende Protokolle zur Kontrolle der gesamten MIB von einem System Management Application Process (SMAP) aus.

---

[3]ISO:1, ORG:3, DOD:6, INTERNET:1, MGMT:2, MIB:1

Die in der MIB verwaltete Information fällt in folgende Klassen:

1. Konfigurationsangaben

2. Statusangaben

3. Sicherheitsinformation (Key-Management, Aufzeichnungen von Verstößen, Zugriffsparameter)

4. Performanceangaben und Statistiken

5. Abrechnungsangaben[4]

NETview deckt den Bereich 1) bis 3) gründlich ab; OSI umfasst alle 5 Bereiche, aber die Detailinformationen wurden noch nicht festgelegt.

13.1.2 Services

Die wichtigsten OSI-Services sind auf diesem Layer – für weitere siehe [Coll89]:

Daten Abfrage und Manipulation

- M-Confirmed-Get: Holt einen Wert
- M-(Confirmed)-Set: Setzt einen Wert
- M-Confirmed-Create: Schafft neues Objekt
- M-Confirmed-Delete: Enfernt bestehendes Objekt

Die beiden letzten Varianten gibt es nicht in SNMP. Die Definition von Objekten kann nicht durch einen Protokoll-Service geschehen.

Das Verändern eines Wertes resp. das Schaffen und Entfernen benötigt eine Überprüfung der Rechtmässigkeit; diese Überprüfung ist z.Z. mit SNMP noch nicht vollumfänglich möglich.

Event-Report, Alerts (Alarmbereitschaft), Alarms

- M-(Confirmed)-Event-Report: Berichtet Ereignisse zu einem oder mehreren anderen Systemen

SNMP erlaubt nur bei wenigen Ereignissen (Restart, Link-Failure, Authentication-Failure, EGP Neighbour Loss) eine gleichartige Nachricht. Bewußt wurde dort auf sogenannte Alarms bei Überschreitung eines Grenzwertes (Threshold-Alarms) im Gegensatz zu OSI verzichtet. Dies geschah aus der Befürchtung heraus „event-storms" auszulösen. Alarme sollen bei diesen Fällen vom abholenden Monitor-System ausgelöst werden. Man bezeichnet daher SNMP auch als „polling-based management"im

---

[4]Dies ist üblicherweise keine Aufgabe der Polizei, sondern einer weiteren Behörde

Gegensatz zu CMOT/CMIP „event-based management". Auch NETview ist „event-based".

Direct-Control

– M-(Confirmed)-Action: Spezielle benannte Aktionen (z.B. Self-Test) können ausgelöst werden

Auch dies ist in SNMP nicht enthalten. SNMP möchte bewusst die Routers resp. Bridges entlasten, da diese häufig bereits heute schon Performance-Engpässe haben.

Manche SNMP Implementierungen legen zur besseren späteren Weiterverarbeitung (z.B. Statistiken) alle erhaltenen Werte in Datenbanken ab.

13.1.3 Protokolle

OSI's Management-Protokolle basieren auf ROSE und ACSE. SNMP basiert auf IP/UDP plus einem Authentication Layer.

Viele Hersteller haben weitere eigene Network-Management-Protokolle, z.B. DEC: NICE (Network Information and Control Exchange), NMCC(Network Management Control Center) [Sylo88,Rana89], HP: OpenView und Tandem: DSM [Mean89]. NMCC sammelt nicht nur die Netzwerk-Information an einer Stelle, sondern stellt die zusammengefaßte Information über ein weiteres Protokoll NMCC-Benutzern an unterschiedlichen Orten zur Verfügung, ohne daß die gesamte Information auch zu den Benutzern fließen müßte. Bei heutigen SNMP-Implementierungen ist der Ort der Anzeige auch der Ort des Sammelns der Information. In Phase V soll NICE durch CMIP ersetzt werden.

Ein von OSI nicht aufgegriffenes Problem ist die Integration und die Abgrenzung zum Host-Operating-System. Wenn die Netzwerkbetreiber unterschiedliche Personen wie die Systembetreiber sind, so ist nicht klar, wer berechtigt ist an den Parametern des Netzes in einem Host zu drehen. Es wäre vorteilhaft, die Hersteller würden klare Grenzen ziehen und diese auch in den Möglichkeiten für die Zugriffsrechte im Operating-System einbauen.

13.2 Netzverwaltungsbehörde

Diese hat die Aufgaben der Straßenverkehrsbehörde und ggf. in Bezug auf Geldmittel auch die des Gesetzgebers. Im Internet ist dies das Network Information Center (NIC).

Diese Aufgaben enthalten nun üblicherweise keine Protokolle mehr, sondern besteht in etwa aus folgenden administrativen Aufgaben:

- Verdichten, Speichern und Aufbereiten der Performance- und Statistikangaben der Netzwerk-Operation zur Voraussage und Planung zukünftiger Ausbauten

- Gliederung des Netzes in funktionstüchtige, effektiv administrierbare, leicht erweiterbare und mit einem „guten" Verkehrsfluß ausgestattete Einheiten. Dabei müssen Überlegungen aus den Routing-Hierachien gemäß Kapitel 7.3.3 einfliessen.

- Organisation des Netzwerk-Betriebes

- Organisation der Netzwerk-Planung

- Erstellen und Unterhalten eines Netzwerk-Administrations-Manuals. Eine Vorlage für den Inhalt eines solchen Manuals ist [Stin90].

- Schnittstelle zu Projekten

- Verwaltung von Adressen und Namen – Soweit es zur eindeutigen Erreichbarkeit notwendig ist.

- Festlegung von einsetzbaren Fabrikaten und Protokollen resp. deren generelle Auslegung

- Definition der Aufgaben und Schnittstellen zu untergeordneten Behörden – Dies ist analog der möglichen Unterteilung der Routing-Hierachien gemäß Kapitel 7.3.3 machbar.

- Festlegung von Sicherheitsnormen und notwendiger Auditing-Maßnahmen

Kapitel 14

Sicherheit

> EIN GEBÄUDE STEHT DA VON URALTEN ZEITEN,
> ES IST KEIN TEMPEL, ES IST KEIN HAUS,
> EIN REITER KANN HUNDERT TAGE REITEN,
> ER UMWANDERT ES NICHT, ER REITET'S NICHT AUS.
>
> JAHRHUNDERTE SIND VORÜBERGEFLOGEN,
> ES TROTZTE DER ZEIT UND DER STÜRME HEER,
> FREI STEHT ES UNTER DEM HIMMLISCHEN BOGEN,
> ES REICHT IN DIE WOLKEN, ES NETZT SICH IM MEER.
>
> NICHT EITLE PRAHLSUCHT HAT ES GETÜRMT,
> ES DIENET ZUM HEIL, ES RETTET UND SCHIRMET,
> SEINESGLEICHEN IST NICHT AUF ERDEN BEKANNT,
> UND DOCH IST'S EIN WERK VON MENSCHENHAND.
>
> FRIEDRICH SCHILLER, 1759-1805

Die Diskussion über Sicherheit ist sicherlich kein Spezifika von Netzwerken. Allerdings wird gerade in jüngster Zeit sehr häufig über Netzsicherheit diskutiert. Die Gründe dafür sind:

- Durch den Zusammenschluß von Rechnern werden nicht nur die Möglichkeiten der Kommunikation für den Benutzer größer, sondern auch der „Einbrecher" hat die Möglichkeiten leichter diverse Rechner zu erreichen.

- Gleichzeitig fehlt es bei den Betreibern und Benutzern von bisher abgeschotteten Systemen an Verständnis für die globalen Zusammenhänge und den sich daraus ableitenden Pflichten.

- Das fehlende Verständnis von Netzen schlägt in eine Katastrophenstimmung bei der Beurteilung der Netzsicherheit um.

Daher kann man die Sicherheit nicht nur durch technische Maßnahmen in den Griff bekommen, sondern man muß auch „Werbung" dafür machen.

ISO hat seine Architektur-Standards um eine „Security-Architecture" angereichert (IS 7498-2). Der Standard behandelt die möglichen Maßnahmen Layer-bezogen; das Vorgehen wird im Kap. 14.3 diskutiert werden. Vorher war bereits das DoD – wie man es von einer militärischen Behörde erwarten kann – aktiv, um ihre Netzsicherheit zu verbessern (siehe Kap. 14.2.8).

Dieses Kapitel führt zunächst in die Risiken ein und diskutiert in Kap. 14.2 mögliche Verfahren.

Dieses Kapitel kann in keiner Weise viel umfassendere Literaturstellen wie z.B. [Davi84] ggf. auch [Muft89] und für allgemeinere Belange[Carr87] ersetzen.

14.1 Risiken

Für jeden betrachteten Fall müssen die Objekte festgestellt werden, für die man „Sicherheit" erreichen will. Diese Objekte bestehen meistens aus:

- Daten
- Software
- Hardware (Rechner, Netze) incl. ihrer Leistung
- ggf. Personen

Die drei Risiko-Typen sind:

Verlust: Objekte können zerstört werden oder verloren gehen. Dies ist besonders kritisch bei Objekten, die nicht wiederbeschaffbar sind.

Verfälschung: Objekte können in ihrem Inhalt resp. in ihrer Funktion geändert werden.

Entwendung: Objekte können von Unberechtigten entwendet[1] resp. eingesehen werden.

Der Schutz vor Entwendung von Daten wird häufig auch als Datenschutz bezeichnet.

Jedes Risiko kann zu einem Schadensfall führen. Schadensfälle können klassifiziert werden in primäre Schäden (unmittelbar entstehende personelle, materielle und finanzielle Schäden) und Folgeschäden (mittelbar enstehende personelle, materielle und finanzielle Schäden z.B.: Prozeßkosten, Imageverlust, Betriebsausfall, Notfallbetrieb).

Die Ursachen für diese Risiken sind:

1. Beabsichtige Aktionen von Mitarbeitern (offen oder verdeckt)
2. Unbeabsichtigte Aktionen von Mitarbeitern
3. Zufällige Ereignisse (Hardwareausfälle, Softwareausfälle, Umgebung)
4. Beabsichtigte Aktionen von Außenstehenden (offen oder verdeckt)
5. Unbeabsichtigte Aktionen von Außenstehenden

Bei allen Sicherheitsmaßnahmen findet ein Abwägen von unterschiedlichen Interessen statt:

---

[1] Da ein Objekt nicht nur durch seinen Gegenstand, sondern auch durch seine Leistung definiert wird, schließt eine Entwendung auch eine unberechtigte Benutzung der Leistung mit ein

Einschränkung von Risiken: Risiken für die zu schützenden Objekte sind einzuschränken.

Benutzbarkeit der Objekte: Die Objekte sollen innerhalb ihres Rahmens so leicht benutzbar wie irgend möglich sein.

Realisierbarkeit: Die Maßnahmen sollen mit vertretbarem Personalaufwand, Investitionsaufwand und Wartungaufwand realisierbar sein.

Die unterschiedlichen Interessen müssen gegeneinander abgewogen werden. Dabei müssen auch Einschätzungen über den Benutzerkreis getroffen werden. Man kann Benutzern mehr (denkbar bei Angehörigen einer Firma) oder weniger (denkbar bei Studenten) resp. überhaupt nicht (denkbar bei allen X.25-Benutzern weltweit) trauen. Es gibt eine Reihe von Modellen, die das Abwägen solcher Sicherheitsbelange unterstützen – sogenannte Risikoanalysen – und die dann als Ergebnis eine gewisse Ereigniswahrscheinlichkeit haben. Wie bei allen Modellen können die Ergebnisse nur so gut wie die Qualität der Annahmen sein – und die sind im Regelfall fragwürdig.

Eine andere Variante ist es, die möglichen Verluste im Schadensfall zu analysieren und diese Beträge den Aufwänden für Sicherheit – oder auch Versicherung gegen Schadensfälle – entgegenzuhalten.

14.2 Sicherungsdienste und zu Grunde liegende Mechanismen

Da Netzwerk-Sicherheit nicht trennbar von der Sicherheit der Rechner im allgemeinen ist, müßten hier auch die folgenden Dienste behandelt werden:

- Sicherheit des Personals
- Physische Sicherheit (Zugangsüberwachung, Kontrolle und Instandhaltung von Betriebsbedingungen)
- Unterhalt von Fallback-Lösungen (Contingency)
- Organisatorische Maßnahmen (Verantwortlichkeiten, Dokumentation)
- Sicherheit eines einzelnen Rechners (Zutritt, Abgrenzung Benutzer und Programme, Sicherstellung, Zuverlässigkeitsmaßnahmen)

Alle diese Dienste werden hier nicht behandelt; diese Dienste werden ausführlich in [Carr87] behandelt.

Dienste fallen in die folgenden Kategorien:

vorbeugend: Vermeidung von Risiken durch einmalige oder ständige Aktionen

überwachend: Entdeckung von Risiken durch stichprobenartige oder ständige Aktionen

wiederherstellend: Behebung von Schadensfällen

14.2.1 Verschlüsselung (Encipherment, Encryption)

Verschlüsselung bedeutet das eindeutige Umsetzen eines Klartextes (plaintext) durch ein Verschlüsselungsverfahren in einen verschlüsselten Text (ciphertext) samt anschließendem Zurück-Umsetzen (decryption) des Textes in den gleichen Klartext. Wie der Name bereits sagt, benötigen alle nicht trivialen Verfahren einen Schlüssel. Der Schlüssel steuert die Umsetzung. Da der Schlüssel auf beiden Seiten (Empfänger und Sender) benötigt wird, muß der Schlüssel geeignet übermittelt werden (Key Management).

Bei den Verschlüsselungsverfahren behandeln wir hier nur den „Data Encryption Standard" (DES) vom NIST und „Public Key"; für eine leicht zu lesende Einführung in andere Verfahren siehe [Tane89], pp. 496-520.

14.2.1.1 DES

Dieser Standard wurde so entwickelt, daß die Methode leistungsfähig in Hardware auszuführen ist. Da die Verschlüsselungsverfahren recht CPU-intensiv sind, ist dies für interaktiven Verkehr absolut notwendig.

DES verwendet eine Folge von hintereinandergeschachtelten Permutationen und Exclusive-Or Operationen bezüglich eines 56 Bit-Schlüssels. 64 Bit Klartext werden nach 16 Iterationen in 64 Bit verschlüsselten Text umgewandelt. Dabei ist jedes entstehende Bit funktional abhängig von jedem Bit des Klartextes und jedem Bit des Schlüssels. Die Qualität der Verschlüsselung ist abhängig von der Wahl des Schlüssels[2]. Für den Beschrieb des Algorithmus siehe [Tane89], p.506.

Der Aufwand, den Schlüssel durch Berechnung zu finden, wird bei Einsatz einer speziell für diesen Zweck konstruierten Maschine auf ca. 20 Stunden gerechnet. Die ursprüngliche von den Entwicklern und Herstellern geforderte Schlüssellänge von 128 bit wurde durch Einspruch der US National Security Agency verhindert. Damit sollte wohl erreicht werden, daß auch eine Verschlüsselung nicht mehr vom Geheimdienst zu entschlüsseln ist.

Dieses Verfahren[3] muß aber noch weiter für einen praktischen Einsatz verbessert werden, denn identische Klartext-Stücke in einem Gesamtext werden – falls sie an die gleiche 64 bit Grenze fallen – gleich verschlüsselt. Wenn nun bekannt, ist welche typischen Worte wiederholt in einem Text auftauchen, kann die Analyse stark vereinfacht werden – sog. Codebook-Analyse.

Daher wird die Eingabe- oder Ausgabeinformation der Decodierung noch bezüglich des letzten 64-Bit Wortes mutiert (durch XOR). Somit ändert sich die Verschlüsselung gleicher Worte in Abhängigkeit des umgebenden Textes fortlaufend – siehe Abbildung 14.1. Offen verbleibt nun, wie das erste 64-bit Wort verschlüsselt wird. Wenn die zu Beginn benutzende Sequenz immer gleich wäre, könnte der Anfang jedes Textes ggf. einer Analyse unterworfen werden. Daher wird zu Beginn der Kommunikation ein zufällig ausgewählter verschlüsselter 64-bit Wert übersandt – sogenannte Initial Variable (IV).

Da im Regelfall nicht immer genau 64-bit Worte übermittelt werden – man denke auch an zeichenorientierte Eingabe, gibt es folgende Varianten:

---

[2] Es sind eine Anzahl von sogenannten schwachen Schlüsseln bekannt.
[3] Dieser Modus ohne Änderung heißt auch ECB: Electronic Codebook.

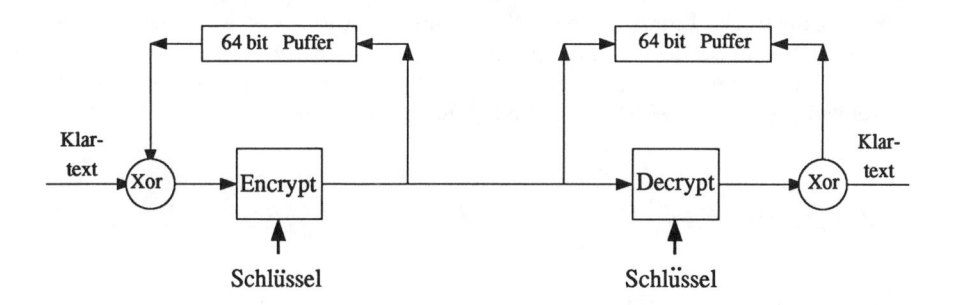

14.2. Sicherungsdienste und zu Grunde liegende Mechanismen

Abbildung 14.1: Zusatzverschlüsselung zur Vermeidung der Codebook-Analyse

CBC (Cipher Block Chaining) : Auffüllen des Wortes auf 64 bit (Padding)

CFB(Cipher Feedback)[4]: Jedes auftretende Bit wird in ein Schieberegister eingeschoben[5]. Die letzten 64 bit zusammen ergeben die Eingabe für die DES-Verschlüsselung. Die letzten 8 bit der Ausgabe der Verschlüsselung werden durch Exklusives-Or mit dem nächsten ankommenden Byte verknüpft. Dieses letzte Byte wird übertragen[6] und an der Gegenseite analog behandelt.

Die Eigenschaften dieser Varianten werden im Kap.4. von [Davi84] ausführlich behandelt.

14.2.1.2 Schlüsselverteilung

Zur Encryption resp. Decryption werden an den Endpunkten der Kommunikation Schlüssel benötigt. Diese können auf mehreren Wege verteilt werden.

14.2.1.2.1 Hierachie von Schlüsseln

Dabei wird die Mitteilung über einen neuen Schlüssel durch einen anderen Schlüssel verschlüsselt. Die Basis bei dieser Überlegung ist, daß die Qualität eine Schlüssels durch den Gebrauch schlechter wird. Die Ursache für den „Verschleiß" ist die immer besser werdende Chance der Entschlüsselung. Es wird daher eine Hierachie von Schlüsseln verwendet, wobei jeder „über" dem anderen liegende Schlüssel zur Kommunikation von einem neuen Wert des darunterliegenden Schlüssels verwendet wird. Der „Wurzel"-Schlüssel (Master-Key) wird auf einem anderen Übermittlungsweg zugestellt.

Dies ist wohl die heute häufigste angewandte Variante.

14.2.1.2.2 Auswahlvariante

Der Sender schickt eine Unzahl von unterschiedlichen Schlüsseln und zugehöriger Num-

---
[4]Variante ist OFB: Output Feedback
[5]Genaugenommen nach der Verschlüsselung
[6]und ins Register eingeschoben

mern, die jeweils mit einem anderen Schlüssel[7] bearbeitet wurden, als separate Einheiten an den Empfänger. Der Empfänger entschlüsselt durch „brute force" genau eine dieser Einheiten und teilt dem Sender die entschlüsselte Nummer im Klartext mit. Ab dann können sie beide den zur Nummer zugehörigen Schlüssel verwenden. Der „Einbrecher" sieht sich dem Problem gegenüber gestellt, die richtige Einheit zu identifizieren, um den Schlüssel zu finden.

14.2.2 Public Key

Die zugrundeliegende Idee wurde 1976 von Diffie und Hellmann [Diff76] vorgeschlagen. Dabei nutzen der Sender und der Empfänger unterschiedliche, aber im Zusammenhang stehende Schlüssel. Mit dem einen Schlüssel – bezeichnen wir ihn als E – kann verschlüsselt werden und mit dem anderen – bezeichnen wir ihn als D – kann entschlüsselt werden. Wenn es nun fast unmöglich ist, D aus E zu berechnen, kann jeder Teilnehmer T eines Netzes seinen Verschlüsselungs-Schlüssel E_T als sein Kennzeichen bekanntgeben. Seinen Entschlüsselungs-Schlüssel D_T behält er für sich. Wenn nun irgendein Teilnehmer im Netz die Nachricht x an T senden will, so verwendet er den bekannten Schlüssel E_T für die Verschlüsselung der Nachricht an T. Nun kann auch nur T mit seinem Schlüssel D_T die Nachricht entziffern – d.h. $D_T(E_T(x)) = x$.

Ein Berechnungsverfahren für solche Schlüssel ist das 1978 veröffentliche RSA-Verfahren (Rivest, Shamir, Adelmann). Die Berechnung ist in der Darstellung 14.2 wiedergegeben.

Bestimmung der Schlüssel

Sender	Öffentlichkeit	Empfänger T
		Bestimmt zwei Primzahlen $p, q > 10^{100}$
		$m = p \cdot q$
		Suche d, e mit
		d prim[8] bzgl. $p - 1$
		e prim bzgl. $q - 1$
		$d \cdot e = 1 \, mod((p-1) \cdot (q-1))$
$E_T = (m, e)$	$E_T = (m, e)$	$D_T = (m, d)$

Verschlüsselung

Nachricht x		
$y = x^e \, mod \, m$	y	$x = y^d \, mod \, m$

Abbildung 14.2: Schema des RSA Verfahrens

Ein Beweis für dieses Verfahren – d.h. auch warum $x^e \, mod \, m$ invers zu $y^d \, mod \, m$ ist – wird hier nicht angegeben; dazu siehe [Davi84].

---

[7]Von diesem Schlüssel ist ein Teil bekannt, so daß er einfacher entschlüsselbar ist als ein normaler.
[8]Kein Faktor gemeinsam bzgl. ...

14.2. Sicherungsdienste und zu Grunde liegende Mechanismen

Mit diesem Verfahren kann jede Ziffer, die kleiner als m ist, eindeutig verschlüsselt werden. Das Verfahren basiert darauf, daß die Faktorenzerlegung von großen Zahlen – d.h. in diesem Fall p, q – als höchst aufwendiges[9] Rechenproblem bekannt ist. Allerdings kann nicht bewiesen werden, daß es kein besseres Verfahren gäbe; die einzige Sicherheit ist, daß ein solches Verfahren seit einigen hundert Jahren gesucht wird.

Für andere Verfahren zur Generierung solcher Schlüssel siehe [Davi84].

14.2.3 Authentication (Beglaubigung)

Jede Methode, die eine Zusicherung über den korrekten Kommunikationspartner macht, wird als Authentication-Methode bezeichnet. Dies beginnt sicherlich mit der Vergabe von Passwörtern, kann ein Rückruf-Verfahren (Callback) bei Telephonverbindungen, die Verwendung von Smart-Cards (Scheckkarten-Sicherheitsrechner) mit Terminal-Anschluß oder kann auch das vorher erwähnte Public-Key Verfahren sein. Der Public-Key wird so verwendet, daß überprüft wird, ob der Empfänger auch einen irgendwie gearteten Wert wieder auf Basis seines privaten Schlüssels entschlüsseln kann. Damit hat der Empfänger seinen Nachweis erbracht.

Das zur Zeit größte Netz mit einem einheitlichen Authentication Verfahren ist SWIFT[10] (Society for Worldwide Inter-Bank Financial Telecommunication) mit über 1.000 verschiedenen Bank-Organisationen in ca. 50 Ländern. Jedes Bank-Institut teilt sich einen Schlüssel (kein Public-Key-Verfahren) mit je einem anderen Bank-Institut. Der Algorithmus zur Verschlüsselung wurde nicht veröffentlicht. SWIFT kennt den jeweiligen Schlüssel der beteiligten Institute nicht. Es hat lediglich Richtlinien zur Kommunikation der Schlüssel erlassen.

Nach Aufbau einer Verbindung muß noch verifiziert werden, ob alle dann auf dieser Verbindung folgenden Pakete tatsächlich vom gleichen Partner kommen. Dazu müssen den Paketen Sequenz-Nummern hinzugefügt werden, die verschlüsselt kommuniziert werden. Dies kann durch das Verfahren zur Encryption aller Pakete geschehen, oder durch ein weiteres Verfahren für die Sequenz-Nummern. Bei SWIFT wird die Datenübertragung durch das SWIFT-Netzwerk bis zu einem geschützten Interface (SID: SWIFT Interface Device) geführt. Die Kommunikation zwischen den Interface-Devices wird von der SWIFT-Organisation durchgeführt und diese verwenden ein eigenes Verfahren resp. eigene Schlüssel um die Abfolge der Pakete zu kontrollieren – diese Verschlüsselung erfolgt zusätzlich zur Verschlüsselung durch die Bank-Institute zur Erkennung des Partners.

14.2.4 Signaturen (Unterschriften)

Signaturen sind solche Nachrichten mit denen der Empfänger nachweisen kann, daß der Absender ihm tatsächlich diese Nachricht übersandt hat. Damit soll erreicht werden, daß

---
[9] Bei der Annahme von 128-bit arithmetischen Einheiten mit 10 MHz arbeitend, benötigen 600.000 dieser Elemente ca. 2.2 Jahre um eine Zahl mit 100 Stellen in ihre Faktoren zu zerlegen. Hat die Zahl 200 Stellen, so benötigen ca. 5 Millionen dieser Elemente 860.000 Jahre.

[10] Ein anderes solches Netz ist CHAPS – Clearinghouse Automated Payment System. Für die Unterschiede siehe [Davi84], pp. 297-306.

- der Empfänger nicht vorgeben kann, daß ein Sender ihm eine gewisse Nachricht gesandt hat

- der Sender nicht vorgeben kann, daß er eine gewisse Nachricht nicht gesandt hat

Auch dafür kann das Public-Key Verfahren angewandt werden, wenn es die zusätzliche Eigenschaft besitzt, daß $E_T(D_T(x)) = x$ ist. Gilt dies, so kann der Sender S eine Nachricht x für T verschlüsseln mit $E_T(D_S(x))$. Bei Erhalt speichert sich T nun $D_S(x)$ und x – dies kann er mittels $E_S(x)$ entschlüsseln – ab. Der Empfänger selber kann $D_S(x)$ aus x nicht erstellen, da D_S ihm nicht bekannt ist. Daher kann er durch Vorweisen von $D_S(x)$ klar machen, daß tatsächlich S ihm dies zugestellt hat.

Dieses Verfahren und seine Varianten haben den Nachteil, daß sie nur unter der Voraussetzung gelten, daß der Schlüssel D_S geheim ist. Ist dieser Schlüssel bewußt oder unbewußt bekannt geworden, kann er nicht zur oben genannten Argumentation herbeigezogen werden. Gleichermaßen tritt dieses Problem bei Änderung von geheimen Schlüsseln auf.

Sinnvoller sind dann Verfahren, die eine dritte überwachende Stelle[11] hinzuziehen.

14.2.5 Notarization (Notarielle Beglaubigung)

Der „Notar" ist eine spezielle Stelle im Netz, die auf Anfrage Nachrichten samt ihrem Sender und ggf. dem Datum mit einem nur ihm bekannten Schlüssel verschlüsselt. Tauscht nun ein Sender S mit einem Empfänger E eine Nachricht aus, so schickt der Sender die Nachricht zuerst zum Notar – verschlüsselt mit einem ihnen beiden bekannten Schlüssel oder durch ein Public-Key-Verfahren. Der Notar verschlüsselt die Nachricht mit seinem nur ihm bekannten Schlüssel und sendet sie S zurück, der sie seinerseits E übermittelt und abspeichert. E speichert sich die Nachricht ab und sendet sie zur Entschlüsselung dem Notar. Der Notar entschlüsselt sie, merkt sich die Entschlüsselung für E und sendet die Nachricht dann unter Verwendung des gemeinsamen Schlüssel des Notars resp. von E zurück. Die notariell verschlüsselte Nachricht kann nun von beiden Seiten zum Nachweis der tatsächlich übersandten Nachricht dienen, denn der Notar kann jederzeit die von ihm verschlüsselte Nachricht auf Anfrage wieder entschlüsseln.

Außer Nachrichten können auch Schlüssel durch eine zentrale Stelle notariell beglaubigt werden; dies wird im Schlüssel-Management-Verfahren von NBS resp. NIST verwendet.

14.2.6 Traffic Padding (Verkehrs-Füllsel)

Auch ohne Feststellung des Inhalts von Nachrichten kann man alleine durch die Aufzeichnung der kommunizierenden Gesprächspartner, ihres ausgetauschten Informationsvolumens und zeitlicher Koinzindenzen von Verbindungen Rückschlüsse ziehen. Beim Traffic-Padding werden entweder Datenpakete durch Dummy-Information auf eine fixe Größe erweitert – dafür gibt es im PL ein „Padding Count Field" – oder es wird Dummy-Traffic zwischen diversen Endpartnern erzeugt.

---

[11]Dies können auch mehrere hintereinandergeschaltete Stellen sein – siehe Rechtswesen: notarielle Beglaubigung, Legalisierung.

14.2.7 Routing Control

Wie bereits im Kap. 7.3.3 behandelt wurde, können die sogenannten externen Routing-Protokolle dafür sorgen, daß bei der Beschilderung von Wegen nur gewisse Information von außen über existierende Wege akzeptiert werden.

14.2.8 Zugriffskontrolle

Unter Zugriffskontrolle wird die Unterteilung von Komponenten des Netzes und der Art der Wirkung untereinander verstanden. Man unterscheidet die Komponenten in die Subjekte (aktive Teile) und die Objekte (passive Teile). Die erzielbaren Wirkungen der Subjekte auf Objekten heißen Rechte.

Die Prinzipien der Zugriffskontrolle sind gleich wie in bekannten Betriebssystemen und werden hier lediglich auf das Netz erweitert. Dies hat aber teilweise größere Konsequenzen wie man sich das unmittelbar vorstellt. Dies soll am Beispiel der NCSC[12]-Sicherheits-Vorschriften (sogenanntes „Orange-Book") [DoD85,DoD87] für Rechner und Netze aufgezeigt werden. Ein Übersichtartikel über die DoD-Prinzipien ist [Clar87].

Beim DoD-Modell sind die Basisobjekte die Dokumente mit sensitiver Information. Jedes Dokument ist nach seiner Entstehung in eine Geheimhaltungsklasse[13] qualifiziert worden. Das Orange-Book fordert nun unter der „Erhaltung der Sensitivität" (mandatory access control), daß jedes zugreifende Subjekt (Person resp. in seinem Auftrag gestartetes Programm) mindestens auch in die gleiche Geheimhaltungsklasse fällt und das Subjekt keinen Teil des Dokumentes in eine niedigere Geheimhaltungsklasse transferieren[14] kann. Das DoD-Modell erwartet, daß diese Zusicherung vom Betriebsystem gegeben wird und qualifiziert gemäß diesem Anspruch Betriebsysteme in die folgende Kategorien[15]:

C: pro Subjekt bestimmbarer Zugriffsrechte auf Objekte mit der Möglichkeit, Verletzungen zu protokollieren

B: umfaßt Klasse C und Erhaltung der Sensitivität

A: umfasst Klasse B und die Eigenschaften aus Klasse B müssen durch ein mathematisches Verfahren verifiziert worden sein

Heute übliche Betriebsysteme (MVS, VMS, UNIX, ...) erfüllen nur die Klasse C[16], weil das Betriebsystem die Erhaltung der Sensitivität nicht zusichern kann.

Auf Netze übertragen gibt es aber nun im Regelfall kein einheitliches Betriebsystem, daß eine solche Zusicherung geben kann. Erschwerend kommt hinzu, daß es ggf. sehr viele Stellvertreter eines Benutzers geben kann (Prozesse auf verschiedenen Layern, Intermediate

---

[12] National Computer Security Center des US Department of Defense
[13] Die Geheimhaltungsklassen sind: Top Secret, Secret, Confidential, Unclassified. Zusätzlich kann auch noch die Zugehörigkeit zu bestimmten Behörden in einem weiterem Feld (PAF: Protection Authorization Flag) dargestellt werden [StJo88].
[14] Ab und zu ist es sicherlich notwendig nur Teile eines Dokumentes zu verwenden, die eine niedrigere Sicherheitsstufe haben können. Dies geschieht aber in kontrollierter Weise durch speziell ausgewiesenene „Down-Qualifying"-Editoren.
[15] Dies ist nur die Grobstruktur. Tatsächlich gibt es die Kategorien D, C1, C2, B1, B2, B3, A1
[16] genauer gesagt Klasse C2

Systems auf dem Kommunikationsweg). Daher fordert das DoD-Modell, daß die Netzkomponenten als Subjekte zu behandeln sind und zu einer definierten Sensitivitätsklasse zugehören. Somit erhält dann ein Router dieser Sicherheitsklasse keine Pakete einer höheren Sicherheitsklasse von einem Rechner dieser höheren Sicherheitsklasse. Dies ist Teil des IP-Standards [DoD83a] und muß bei Einsatz in DoD-Umgebung mitgeliefert werden. Das DoD hat in seinem GOSIP (Vers. 2.0) – siehe Kap. 2.1 – festgelegt, daß diese Möglichkeiten auch für ISO weiter gelten müssen.

Dabei entstehen aber zwangsläufig logische Bereiche von ineinandergeschachtelten „Sicherheits-Netzen". Das sogenannte MILNET im Internet – siehe Kap. 2.2 – ist der äußerste Kreis der militärisches DoD-Netzes[17].

Diese Methode ist auch sinnvoll zur Begrenzung des „Trojanischen Pferd"-Effektes. Dieser Effekt entsteht, wenn sich ein Unberechtigter in einen Rechner eines Netzes eingeschlichen hat und dann von dort aus weitere Rechner des Netzes angreift. Durch die Grenzziehung kann der Schaden auf die Sicherheitsklasse des bereits infiltrierten Netzes begrenzt bleiben.

14.2.9 Datenintegrität

Unter Datenintegrität werden alle Verfahren verstanden, die durch die Anwendung von Fehlerkontrollen – siehe Kap. 8.5 und Kap. 4.5 – kontrolliert werden.

14.2.10 Aufzeichnung

Dabei wird jede Information, die auf einem Kanal fließt, aufgezeichnet und entweder ständig oder in gewissen Intervallen analysiert. Dieses Verfahren wurde von Stoll [Stol88] erfolgreich zur Entdeckung eines deutschen Hackers im amerikanischen Internet eingesetzt.

14.3 Verwendbarkeit der Dienste auf verschiedenen Layern

ISO hat im Standard „Security-Architecture" (IS 7498-2) die Verwendbarkeit der verschiedenen Sicherheitsdienste auf den Layers wie in der Tabelle 14.1 angegeben.

Viele der Dienste müssen – zum Teil spezifisch pro Layer – noch standardisiert werden. Abgesehen von bereits erwähnten Standards in Kap. 14.2 wurden bereits standardisiert:

Encryption:

> **Layer 1:**
>> Für diesen Layer hat NIST (FIPS 1026) einen auf DES basierenden Standard abgeliefert. Der Standard beinhaltet die Beschreibung für synchrone und asynchrone Datenübertragung. Zu Beginn der Übertragung wird immer der IV übermittelt. Weitere Teile des Standards beschreiben die Möglichkeit ein Break (Out-

---

[17]Bei Hacker-Angriffen auf die „sogenannten" militärischen Netze wurden nach in der Öffentlichkeit bekanntem Wissen auch nur diese Netze erreicht.

14.3. Verwendbarkeit der Dienste auf verschiedenen Layern

	PHY	DL	NL	TL	SL	PL	AL
Encryption	X	X	X	X	X	X	X
Signaturen			X	X			X
Zugriffskontrolle			X	X			X
Daten-Integrität			X	X			X
Authentication			X	X			X
Traffic-Padding	X		X			X	X
Routing-Control	X		X				X
Notarization							X

Tabelle 14.1: Sicherungsdienste pro Layer gemäß ISO-Standard

of-Band-Signal) zu senden und zeitweise in einen Bypass-Modus für Klartext-Übermittlung zu wechseln. Die Durchführung der Encryption geschieht in einer Einheit DEE (Data Encipherment Unit), die physisch zwischen DTE und DCE geschaltet[18] ist.

Layer 2:

Für diesen Layer existiert ein ANSI Standard (X3.105-1983), der für mehrere Data-Link-Layer definiert ist. Hier behandeln wir nur die für HDLC verwendbaren Teile. Zu HDLC siehe auch Kap. 6.3. Es gibt zwei wesentliche Varianten für HDLC:

Information Field Encryption:

Hierbei wird nur das Feld mit den Daten verschlüsselt. Bit-Stuffing geschieht wie üblich. Daher könnte man sich diese Form über dem DL angesiedelt vorstellen. Allerdings muß vor dem Datenfeld der IV übermittelt werden (Länge 64 bit).

Full-Frame Encryption:

Dies hat den Aufbau:

| Flag | IV | Enc(Adresse) | Enc(Kontrolle) |
| 8 bit | 64 | 8 | 8 |

| Enc(Daten) | Enc(Check) | Enc(Flag) |
| | 16 | 8 |

Hier erfolgt Bit-Stuffing in den Daten, aber nicht für die encrypted Daten. Diese Verschlüsselung ist also eher unterhalb des DL angesiedelt. Da das Ende der Verschlüsselung mit dem Ende des Frames einhergeht und erst nach Entschlüsselung das Flag erkannt wird, kann ein Übertragungsfehler die Verschlüsselung unendlich lange am Laufen halten. Daher hat man mit der Übersendung von 32 1-er das definitive Ende der Verschlüsselung in dieser HDLC-Erweiterung festgelegt.

Weitere Details finden sich dazu in [Davi84], pp.354-356.

---

[18]DEE kann auch in DTE oder DCE integriert sein

Die beiden vorgenannten Varianten erlauben keine End-to-End Encryption. Für die Layer PL, TL und NL sind Standards in Vorbereitung. So hat zum Beispiel NIST und NCSC (National Computer Security Center) die connectionless Protokollfamilie SDNS[19] (Secure Data Network System) vorgeschlagen. Die connectionfull Variante wurde von CCTA eingebracht und heißt EESP (End-to-End Security Protocol). Im AL-Protokoll MHS aus dem Jahre 1988 – siehe Kap. 11.2.3 – ist Encryption enthalten.

Signaturen:

Dies wurde im Standard X.509 von CCITT (resp. ISO 9594 gemäß [Bola89a]) standardisiert und es gibt eine Reihe von anderen Standards, die es in der Planung haben (IEEE 802.10 LAN Security Group: Secure Data Exchange (SDE), EDI: Electronic Data Interchange).

Zugriffskontrolle:

Regelungen finden sich hierzu nur im DoD Orange-Book [DoD85,DoD87]. Verschiedene andere Militärbehörden von NATO-Länder haben Varianten dazu standardisiert.

Im Rahmen von FTAM sind diverse Zugriffsrechte auf File-Ebene standardisiert worden – siehe auch Kap. 11.2.2.2.

Daten-Integrität:

Fehlerbehandlungsverfahren sind in diversen Standards im NL, TL und AL enthalten.

Traffic-Padding:

Dies wurde im ISO PL vorgesehen.

Routing-Control:

Dies ist im ARPA-Standard EGP – siehe Kap. 7.3.2 resp. [McCo88] – enthalten.

Diese Liste spiegelt nur sehr ungenügend die momentanen Aktivitäten in den Standardgruppen wieder, die z.Z. in fast alle Standards Sicherheitselemente aufnehmen. So erwähnt [Siud91] etwa 40 (!) solcher Arbeitsgruppen bei ISO, CCITT, ECMA, ANSI, ARPA etc.

---

[19]Die verschiedenen Protokollvarianten tragen den Namen SP3N, SP3A, SP3I, SP3D, SPX, SP4, SP4C, SP4E. Alle mit der Nummer 3 beziehen sich auf den NL; die anderen auf den TL.

Literaturverzeichnis

[Alex91]   F. Alexandre, P. Malisse; An ASN.1 Macro Parser Prototype; Proc. IFIP MHS and AL Communication Protocols 1990, North Holland, to appear 1991

[Ambr89]   W.D. Ambrosch, A. Maher, B. Sasscer (eds.); The Intelligent Network; Springer Verlag, 1990

[Ande81]   T. Anderson, P.A.Lee ; Fault Tolerance: Principles and Practice; Prentice Hall, 1981

[Andr83]   G.R. Andrews, F.B. Schneider; Concepts and Notations for Concurrent Programming; ACM Computing Surveys, 15, 1, 1983, pp. 3-43

[ATT88]   AT&T; UNIX System V Network Programmer's Guide; Prentice Hall, 1988

[Bara64]   P. Baran; On distributed communication networks; IEEE Transaction on Communication Systems, CS-12, March, 1964, pp.1-9

[Barz89]   H.W. Barz; Notable Abbreviations in Telecommunications; ACM SIGCOMM, 19, 2, 1989, pp.67-85

[Back88]   F. Backes; Transparent Bridges for Interconnection of IEEE Lans; IEEE Network, 2, 1, 1988, pp.5-9

[Bell58]   R. Bellmann; On a Routing Problem; Quarterly of Applied Mathematics, 16, 1958, pp. 87-90

[Bell84]   W.H. Bellchambers, J. Francis, E. Hummel, R.L. Nickelson; The International Telecommunication Union and Development of Worldwide Telecommunications; IEEE Communications Magazine, 22, 5, 1984, pp. 72-83

[Benf89]   S. Benford; Navigation and Knowledge Management within a Distributed Directory Service; in [Stef89], pp. 143-161

[Bern81]   D.A. Bernstein, N. Goodman; Concurrency Control in Distributed Database Systems; ACM Computing Surveys, 13, 2, 1981, pp. 185-221

[Bern85]   J.A. Berntsen, J.R. Davin, D.A. Pitt, N.G. Sullivan; MAC Layer Interconnection of IEEE 802 Local Area Networks; Computer Networks and ISDN Systems, 10, 1985, pp.259-273

[Bers87]   B.N. Bershad, D.T. Shing, E.D. Lazowska, J. Sanislo, M. Schwartz; A Remote Procedure Call Facility for Interconnecting Heterogenous Computer Systems; IEEE Transactions on Software Eng, SE-13, 8, 1987, pp. 880-894

[Bert87]   D. Bertsekas, R. Gallager; Data Networks; Prentice Hall, 1987

[Bic90]   L. Bic, A.C. Shaw; Betriebsysteme; Carl Hanser Verlag, 1990

[Birr82]   A. Birrell, R.Levin, R.M. Needham, M.D. Schroeder; Grapevine: An Exercise in Distributed Computing; Communications of ACM, 25, 4, 1982, pp.260-274

[Birr84]   A. Birrell, B. Nelson; Implementing Remote Procedure Calls; ACM Trans. on Computer Systems, 2, 1, 1984

[Blac88]   U. Black; Physical Level: Interfaces and Protocols; Comp. Soc. Press, 1988

[Bloo86]   J.M. Bloom, K.J. Dunlap; Experiences Implementing BIND, A Distributed Name Server for the DARPA Internet; USENIX Conf., 1986, June, pp. 172-181

[Bogg80]   D.R.Boggs; PUP: An Internetwork Architecture; IEEE Trans. on Communication, COM-28, 4, 4, 1980, pp. 612-624

[Bogg88]   D.R. Boggs, J.C. Mogul, C.A. Kent; Measured Capacity of an Ethernet: Myths and Reality; ACM SIGCOMM 1988, pp. 222-234

[Bola89]   F.E. Boland, Ed.; Stable Implementation Agreements for Open Systems Interconnection Protocols; Ver.2, Ed.1; 1989, IEEE Comp. Soc. Press

[Bola89a] F.E. Boland, Ed.; Working Implementation Agreements for Open Systems Interconnection Protocols; Vol.2, No.1; 1989, IEEE Comp. Soc. Press

[Borm89]   D. Borman (ed.); Telnet Linemode Option; RFC 1116, Network Working Group, 1989

[Broo83]   G. Broomell, J.R. Heath; Classification Categories and Historical Development of Circuit Switching Topologies; ACM Computing Surveys, 16, 1, 1984, pp. 4-41

[Burr83]   W.E. Burr; An Overview of the proposed American National Standard for Local Distributed Data Interfaces; CACM, 26, 8, 1983, pp. 554-561

[Byrn89]   W.R. Byrne, T.A. Kilm, B.L. Nelson, M.D. Soneru; Broadband ISDN Technology and Architecture; IEEE Network, Jan., 1989, pp. 23-28

[Carr87]   J.M. Carroll; Computer Security; Butterworths, 1987

[Carg89]   C.F. Cargill; Information Technology Standardization: Theory, Process and Organizations; Digital Press, 1989

[Cane86]   F. Caneschi; Hints for the Interpretation of the ISO Session Layer; Computer Communication Review, ACM SIGCOMM, 16,4, 1986, pp. 34-72

[Case88]   J.D. Case, J.R. Davin, M.S. Fedor, M.L. Schoffstall; Introduction to the simple Gateway Monitoring Protocol; IEEE Network, 2, 2, 1988, pp. 43-49

[Case89]   J.D. Case, M. Fedor, M.L. Schoffstall, C. Davin; Simple Network Management Protocol (SNMP); RFC 1098, Network Working Group, 1989

[Chap83]   A.L. Chapin; Connection and Connectionless Data Transmission; Proc. of IEEE, Vol. 71, 1983, pp. 1365-1371

Literaturverzeichnis 219

[Chap87] D. Chappel; Guide to the transport layer interfaces for UNIX users; Data Communication, 1987, 7, pp. 139-144

[Chap89] A.L. Chapin; Status of the OSI Standards; Comp. Communication Review, 19, 2, 1989, pp.49 -66

[Chap89a] D. Chappel; Components of OSI: A taxonomy of the players; ConneXions, 3, 12, 1989, pp. 2-10

[Chan82] K.M. Chandy, J. Misra; Distributed Computations on Graphs: Shortest Path Algorithms; Communications ACM, 25, 11, 1982, pp.833-837

[Cher88] D.R. Cheriton; Exploiting Recursion to simplify communication architectures; Stanford, STAN-CS-88-1213, 1988

[Cher90] D.R. Cheriton, T.P. Mann; Decentralizing a Global Name Service for Improved Performance and Fault Tolerance; ACM Transact. on Comp. Systems, 7, 2, 1989, pp. 147-183

[Ches87] G. Chesson; Protocol Engine Design; 1987 Summer Usenix Conf., pp. 209-215

[Clar82] D.D. Clark; Window and Acknowledgement Strategy in TCP; RFC 813, Network Working Group, 1982

[Clar82a] D.D. Clark; Modularity and Efficiency in Protocol Implementation; RFC 817, Network Working Group, 1982

[Clar87] D.D. Clark, D.R. Wilson; A Comparison of Commercial and Military Computer Security Policies; IEEE Symp. on Security and Privacy, 1987, pp. 184-194

[Cohe81] Cohen, D.; On Holy Wars and a Plea for Peace; IEEE Comp. Magazine, 10, 14, 1981, pp.48-54

[Coll89] W. Collins; OSI Management Service Elements, Protocols and Application Layer Structure; in [Mean89], pp. 119-131

[Colt89] R. Coltun; OSPF: An internet routing protocol; ConneXions, 3, 8, 1989, pp.19-25

[Come88] D. Comer; Internetworking with TCP/IP: Principles, Protocols and Architecture; 1988, Prentice Hall

[Coop84] E.C. Cooper; Circus: A Replicated Procedure Call Facility; 4th Proc. on Reliability in Distr. Software and Database Syst., 1984

[Corb90] J. Corbin; The Art of Writing Distributed Applications Using Remote Procedure Calls; to appear 1990, Springer

[Croc82] D. Crocker; Standard for the format of ARPA Internet text messages; RFC 822, Network Working Group, 1982

[Curr88] W.S. Curr; LANs Explained: A guide to local area networks; Ellis Horwood Limite, 1988

[daCr87] F. da Cruz; Kermit: a file transfer protocol; Digital Press Bedford, MA, 1987

[DARPA87] Defense Advanced Research Projects Agency, NetBIOS Working Group; Protocol standard for a NetBIOS service on a TCP/UDP transport: Detailed specifications; RFC 1002, 1987

[Davi77] J. Davidson et. al.; The Arpanet Telnet Protocol: Its Purpose, Principles of Implementation and Impact on Host Operating Design; 5th Data. Comm. Symposium, 1977

[Davi84] D.W. Davies, W.L.Price; Security for Computer Networks; 1984, J. Wiley & Sons

[Day80] J.D. Day; Terminal Protocols; IEEE Transactions on Comm, COM-28, 4, 1980, pp. 585-593

[Deci86] M. Decina; CCITT Recommendations on the ISDN: A Review; IEEE Journal on Selected Areas in Comm., SAC-4, 3, 1986, pp. 320-325

[Diff76] W. Diffie, M.E. Hellman; New Directions in Cryptography; IEEE Trans. on Information Theory, IT-22, 1976, pp. 644-654

[Digi80] Digital, Intel, Xerox ; The Ethernet; Version 1.0, 1980

[Digi82] Digital Equipment Corporation; DECnet: DIGITAL Network Architecture (Phase IV); May 1982, Order No. AA-N149-TC

[Digi83] Digital Equipment Corporation; NSP Functional Description; 1983, Order No. AA-X439/T-TK

[Digi87] Digital Equipment Corporation; DECnet: Digital Network Architecture (Phase V); Sep. 1987, Order No. EK-DNAPV-GD

[Dijk59] E. Dijkstra; On two problems in connection with graphs; Numerische Mathematik, 1, 1959, pp. 269-271

[Dijk80] E. Dijkstra, C.S. Scholten; Termination Detection for Diffusing Computations; Information Processing Letters, 11, 1, 1980, pp. 1-4

[DoD83] Department of Defense; Transmission Control Protocol; MIL-STD 1778, 1983

[DoD83a] Department of Defense; Internet Protocol; MIL-STD 1777, 1983

[DoD84] Department of Defense; Military Standard: File Transfer Protocol; MIL-STD-1780, 1984

[DoD85] Department of Defense; Trusted Computer System Evaluation Criteria ; DoD 5200.28-STD, 1985

[DoD87] Department of Defense; *Draft*, Trusted Network Guideline; 1987

[Dorf73] W. Dörfler, J. Mühlbacher; Graphentheorie für Informatiker; Walter de Gruyter, 1973

[Farb84] G. Färber; Bussysteme: Parallele und serielle Bussysteme in Theorie und Praxis; 1984, Oldenbourg Verlag

[Finl84] Finlayson, Mann, Mogul, Theimer ; A Reverse Address Resolution Protocol; RFC 903, Network Working Group, 1984

[FIPS90]   FIPS Government Open Systems Interconnection Profile (GOSIP), Vers 2.0, NTIS, 1990

[Fong89]   K. Fong, J. Reinstedler; The Development of an OSI Application Layer Protocol Interface; ACM Comm. Rev, 19, 3, 1989, pp.21-57

[Frei87]   B. Freisleben; Mechanismen zur Synchronisation paralleler Prozesse.; Informatik Fachberichte 133, Springer Verlag, 1987

[Fren90]   K.A. Frenkel; The Politics of Standards and the EC; CACM, 33, 7, pp. 40-51

[Gall83]   R.G. Gallager, P.A. Humblet, P.M. Spira; A Distributed Algorithm for Minimum-Weight Spanning Trees; ACM Trans. on Programming Languages and Systems, 5, 1, 1983, pp.66-77

[Garc89]   J.J. Garcia-Luna-Aceves; Loop-Free Internet Routing and Related Issues; ConneXions, 3, 8, 1989, pp. 8-18

[Gerl86]   M. Gerla; Routing an Flow Control in ISDN's; in [Kuhn86], pp. 643-647

[Garc89a] J.J. Garcia-Luna-Aceves; A Minimum-hop Routing Algorithm Based on Distributed Information; Computer Networks and ISDN Systems, 16, 1989, pp. 367-382

[Gibs90]   R.W. Gibson; IEEE Project 802 Standards Efforts; IEEE Computer, 1990, Aug., pp. 84-89

[Giff88]   D.K. Gifford, R.M. Needham, M.D. Schroeder; The Cedar File System ; CACM, 1988, 31, 3, pp. 288-298

[Gohr89]   H.-G. Göhring, E. Jasper; Der PC im Netz; DATACOM, 1989

[Hago83]   J. Hagouel; Issues in Routing for large and dynamic networks; Ph.D., Columbia University, 1983

[Hage89]   R. Hagens; Components of OSI: ES-IS Routing; ConneXions, 8, 1989, pp.46-51

[Hage89a] R.A. Hagens, D.A. Borman, C. Partridge; Use of the Internet as a subnetwork for experimentation with the OSI network layer; RFC 1070, Network Working Group, 1989

[Hand89]   R. Händel; Evolution of ISDN Towards Broadband ISDN; IEEE Network, Jan., 1989, pp. 7-13

[Hamm86]   J.L. Hammond, P.J.P. O'Reilly; Performance Analysis of Local Computer Networks; 1986, Addison Wesley

[Hard89]   S. Hardwick; ISDN Design: A Practical Approach; Academic Press, 1989

[Hawe84]   B. Hawe, A. Kirby, B. Stewart; Transparent Interconnection of Local Area Networks with Bridges; Journal of Telecomm. Networks, 3, Summer, 1984, pp. 116-130

[Hedr88]   C. Hedrick; Routing Information Protocol; RFC 1058, Network Working Group, 1988

[Held89]   G. Held; Data and Computer Communications: Terms, Definitions and Abbreviations; J. Wiley and Sons, 1989

[Henk87]   G. Henken; Mapping of X.400 and RFC Addresses; Computer Networks and ISDN Systems, 1987, pp. 161-164

[Hens89]   J. Henshall, S. Shaw ; OSI Explained: End-to-End Computer Communication Standards; Ellis Horwood Lim., 1989

[Herl82]   M. Herliky, B. Liskov; A value transmission method for abstract data types; ACM Transact. on Prog. Languages, 4, 4, 1982, pp. 527-551

[Hert90]   E. Herter, W. Lörcher; Nachrichtentechnik; C. Hanser Verlag, 1990

[Hert91]   E. Herter, M. Graf; Optische Nachrichtentechnik; C. Hanser Verlag, wird erscheinen 1991

[Huit88]   C. Huitema; The X.500 Directory Service; Computer Networks and ISDN Systems, 16, 1988/89, pp. 161-166

[Hurw85]   M. Hurwitz; MS-DOS 3.1. Makes it Easy to Use IBM PC's on a network; Data Communications, 14, 12, 1985, pp. 223-227

[IBM85]   IBM; IBM Personal Computer Seminar Proceedings; IBM, G320-9319-00, Vol.2, No.8-1, 1985

[IBM87]   IBM; NETBIOS Application Development Guide; IBM, S68X-2270-00, 1987

[IBM89]   IBM; LAN Manager V2.0 and LAN Manager Entry V1.0 Installation Guidelines; IBM, GG24-3388-00, 1989

[IBM90]   IBM; Comon Programming Interface Communication Reference; IBM, SC26-4399-02, 1990

[ISO7498]   ISO

- 7498 : Information Processing Systems − Open Systems Interconnection − Basic Reference Model; 1984
- 7498 (Addendum1) : Connectionless-mode transmission; 1987
- 8348 (Addendum 2) : Network Layer Addressing; 1988
- 7498 (Addendum 3) : Naming including Addressing; Draft

[ISO8824]   ISO; Specification of Abstract Syntax Notation One (ASN.1); 1987

[ISO9542]   ISO; Telecommunications and information exchange between systems − End System to Intermediate system routeing exchange protocol for use in conjunction with the Protocol for providing the connectionless network service; 1988

[IEEE84]   IEEE; Logical Link Control; IEEE, 1984

[IEEE86]   IEEE; Carrier Sense Multiple Access with Collision Detection (CSMA/CD): Access Method and Physical Layer Specifications; IEEE, 1986

[IEEE88]   IEEE; Supplements to Carrier Sense Multiple Access with Collision Detection; IEEE, 1988

[IEEE90]	IEEE Network Management Task Group; IEEE 802.1B Draft Standard: LAN/MAN Management; Mar. 1990
[Jaco88]	V. Jacobson; Congestion Avoidance and Control; ACM SIGCOMM 1988, pp. 314-329
[Jako87]	K. Jakobs; OSI Addressing Strategies; Computer Communication Review, ACM, 17, 3, 1987, pp. 7-12
[Jaff82]	J.M. Jaffe, F.H. Moss; A Responsive Routing Algorithm for Computer Networks; IEEE Trans. on Communications, COM-30, 7, pp. 1758-1762
[Jain87]	R. Jain, K.K. Ramkrishnan, D.M. Chin; Congestion Avoidance in Computer Networks with a connectionless network layer; DEC, TR-506, 1987
[Jose83]	G. Joseph; An Introduction to Advanced Program-to-Program Communication (APPC); GG24-1584-0, July 1983, IBM INternational System Research, Raleigh
[Juli86]	U. de Julio; Layer 1 ISDN Recommendations; IEEE Journal on Selected Areas in Comm., SAC-4, 3, 1986, pp. 349-354
[Kano86]	S. Kano; Layers 2 and 3 ISDN Recommendations; IEEE Journal on Selected Areas in Comm., SAC-4, 3, 1986, pp. 355-359
[Kany88]	D. Kanyuh; An integrated network management product; IBM Systems Journal, 27, 1, 1988, pp. 45-59
[Katz90]	D. Katz; The Use of Connectionless Network Layer Protocols over FDDI Networks; ACM SIGCOMM, 20, 3, 1990, pp. 32-45
[Khan89]	A. Khanna, J. Zinky; The Revised ARPANET Routing Metric; ACM SIGCOMM 1989, pp. 45-56
[Kent87]	C.A. Kent, J.C. Mogul; Fragmentation Considered Harmful; ACM SIGCOMM, 1987, pp. 390-401
[Kill87]	S.E. Kille; MHS Use of Directory Service for Routing; IFIP 6.5. International Working Conf. on Message Handling Sys., München, 1987, pp. 3.3.1-3.3.7
[Klei77]	L. Kleinrock, F. Kamoun; Hierachical Routing for large Networks: Performance evaluation and optimization; Computer Networks, 1, 1977, pp. 155-174
[Know87]	T. Knowles, J. Larmouth, K.G.Knightson; Standards for Open Systems Interconnection; 1987, BSP Professional Books
[Koor91]	N. Koorland; The OSI and X.400 API's: An Overview; Proc. IFIP MHS and AL Communication Protocols 1990, North Holland, to appear 1991
[Kuhn89]	P.J. Kühn (ed.); Kommunikation in verteilten Systemen; Springer, 1989
[Kuhn86]	P. Kühn; A Challenge for Computer Technology; Elsevier Science Publisher, 1986
[Kuro84]	J.F. Kurose, M. Schwartz, Y. Yemini; Multiple Access Protocols and Time Constrained Computations; ACM Computing Surveys, 16, 1, 1984, pp. 43-70
[Lang84]	A. Langsford; The Open System User's Programming Interface; Computer Networks, 8, 1984, pp. 3-12

[Lant85]   K.A. Lantz, W.I. Nowicki, M.M. Theimer; An Empirical Study of Distributed Application Performance; IEEE Trans. on Software Engineering, SE-11, 10, 1985, pp. 1162-1174

[Lamp81]   B.W. Lampson, M. Paul, H.J. Siegert (Ed.); Distributed Systems – Architecture and Implementation ; LNCS 105, 1981, Springer Verlag

[Lauc86]   A.G. Lauck, D.R. Oran, R.J. Perlman; A Digital Network Architecture Overview; Digital Technical Journal, 3, 1986, pp. 10-23

[Lazo86]   E.D. Lazowska, J. Zahorjan, D.R. Cheriton, W. Zwaenepoel; File Access Performance of Diskless Workstations; ACM Transact. on Comp. Sys., 4, 3, 1986, pp. 238-268

[Leon85]   J. Leong; Nuts-and-bolts guide to Ethernet installation and interconnection; Data Communications, 1985, 9, pp. 267-276

[Lewa83]   D. Lewan, G. Long; The OSI File Service; Proc. of IEEE, 71, 12, 1983, pp. 1414-1419

[Lewa87]   C.Lewart; Modem Handbook for the Communications Professional ; 1987, Multiscience Press

[Lohs85]   E. Lohse; The Role of the ISO in Telecommunications and Information System Standardization; IEEE Comm. Magazine, 23, 1, 1985, pp.18-24

[Lome77]   D.B. Lomet; Process Structuring, Synchronisation and Recovery Using Atomic Actions; ACM SIGPLAN, Conf. on Language Design for Reliable Software, 1977, pp. 128-137

[Luet86]   J.C. Luetchford; CCITT Recommendations – Network Aspects of the ISDN ; IEEE Journal on Selected Areas in Communication, SAC-4, 3, 1986, pp. 334-341

[Mann86]   B.E. Mann, C. Strutt, M.F. Kempf; Terminal Servers on Ethernet Local Area Networks; Digital Technical Journal, 3, 1986, pp. 73-87

[Mant89]   L. Mantelman, The birth of OSI TP: A new way to link OLTP networks; Data Communications, Sept., 1989, pp. 76-85

[Mayn86]   A.J. Mayne; Linked Local Area Networks; 1986, 2nd Edition, J. Wiley & Sons

[McCo88]   J. McConnell; Internetworking Computer Systems; 1988, Prentice Hall

[McCl89]   K. McClorghie, M.T. Rose, C. Partridge; Defining a Protocol Independent Management Information Base; in [Mean89], pp. 185-195

[McLe86]   S.E. McLeod-Reisig, K. Huber; ISO Virtual Terminal Protocol and its Relationship to MIL-STD Telnet; IEEE Proc. Computer Networking Symposium, 1986, pp. 110-119

[McQu80]   J.M. McQuillan, I.Richter, E. Rosen; The new routing Algorithm for the ARPANET; IEEE Trans. on Comm., COM-28, 5, 1980, pp. 711-719

[McQu77]   J.M. McQuillan, D.C. Walden; The ARPA Network Design Decisions; Computer Networks, 1, 1, 1977, pp. 243-289

[Mean89] B. Meandzija, J. Westcott; Integrated Network Management, I; Elsevier Sc. Publishers, 1989

[Meij87] A. Meijer; System Network Architecture: A Tutorial; 1987, Pitman Publishing

[Meye86] Meyer'sche Verlagsanstalt; Wörterbuch der Philosophie; 1986

[Metc76] R.M. Metcalfe, D.R. Boggs; Ethernet: Distributed Packet Switching for Local Computer Networks; CACM, 19, 7, 1976, pp. 395-403 Reprinted: CACM, 26, 1, 1983, pp. 90-95

[Micr90] Microsoft Corp.; Microsoft Lan Manager Programmer's Reference; Microsoft Press, 1990

[Mins87] G. Minshall; tn3270 Part One: The 3270 Environment; ConneXions, 1987, 1, 6, pp. 10-15

[Mins87a] G. Minshall; tn3270 Part Two: IBM 3270 Data Stream over Telnet; ConneXions, 1987, 1, 7, pp. 6-12

[Mins89] G. Minshall; Appletalk versus IP; ConneXions, 1989, 3, 9, pp. 20-24

[Mock88] P.V. Mockapetris, K.J. Dunlap; Development of the Domain Name System; Proc. ACM SIGCOMM, 1988, pp. 123-133

[Moda90] A.R. Modaressi, R.A. Skoog; Signaling System No. 7: A Tutorial; IEEE Communications Magazine, July, 1990, pp. 19-35

[Mogu85] J.C. Mogul, J.B. Postel; Internet standard subnetting procedure; RFC 950, Network Working Group, 1985

[Moll88] J.F. Mollenauer; Standards for Metropolitean Area Networks; IEEE Communication Magazine, 1988, 26, 4, pp.15-19

[Muft89] S. Muftic; Security Mechanisms for Computer Networks; Ellis Horwood Lim., 1989; erscheint in deutscher Übersetzung 1991 im C. Hanser Verlag

[Mull90] S.J. Mullender, G. van Rossen, A.S. Tanenbaum, R. van Renesse, H. van Staweren; Amoeba: A Distributed Operating System for the 1990's; IEEE Computer, 5, 1990, pp. 44-53

[Nabi84] J. Nabielsky ; Interfacing to the 10 Mbps Ethernet: Observations and Conclusions; ACM, Conf. on Architecture and Protocols, 1984, pp. 124-131

[Nagl84] J. Nagle; Congestion Control in IP/TCP Internetworks; ACM SIGCOMM, 14, 4, 1984, pp. 11-17

[Nagl87] J. Nagle; On Packet Switches with Infinite Storage; IEEE Trans on Comm., COM 35, 4, 4, 1987, pp. 435-438

[Neib89] D. Neibaur; Understanding XNS: The prototypical internetwork protocol; Data Communications, Sept., 1989, pp. 43-51

[Ness81] D.M. Nessett; Hyperchannel Architecture: A Case Study of Some Inadequacies in the ISO-OSI Model; Lawrence Livermore Lab., DE81-028497, NTIS, 1981

[Neuf83]   G.W. Neufeld; EAN: A Distributed Message System; Proceedings Canadian Information Processing, Soc. National Meeting Ottawa, May 1983, pp. 144-149

[Newm88]   R.M. Newman; The QPSX Man; IEEE Communications Magazine, 26, 4, 1988, pp. 20-28

[Onio89]   J.P. Onions, M.T. Rose; The Applications Cookbook; in [Stef89], pp. 247-265

[Oppe83]   D.C. Oppen, Y.K. Dalal; The Clearinghouse: A Decentralized Agent for Locating Named Objects in a Distributed Environment; ACM Transactions on Office Inform. Sys., 1, 3, 1983, pp.230-253

[Pant89]   R. Pant; X.25 Broadcast Service; IEEE Network, 3, 4, 1989, pp.20-26

[Padl85]   M.A. Padlipsky; The Elements of Networking Style; Prentice Hall, 1985

[Part88]   C. Partridge, G. Terwitt; The High-Level Entity Management System; IEE Network, 2, 2, 1988, pp. 37-42

[Part89]   C. Partridge, M.T. Rose; A Comparison of Extended Data Formats; in [Stef89], pp. 233-246

[Part90]   C. Partridge; How Slow is one Gigabit per Second; ACM SIGCOMM, 20, 1, 1990, pp. 44-53

[Paru90]   G.M. Parulkar; The Next Generation of Interworking; ACM SIGCOMM, 20, 1, 1990, pp. 18-43

[Perl83]   R. Perlman; Fault Tolerant Broadcast of Routing Information; Computer Networks, 7, 1983, pp. 395-405

[Perl85]   R. Perlman; An Algorithm for Distributed Computation of a Spanning Tree in an Extended LAN; ACM, Ninth Data Computer Symp., Vanc., 1985, pp. 44-53

[Perr90]   T.S. Perry; Telephon challenges: a plethora of services; IEEE Spectrum, July 1990, pp. 25-28

[Pete90]   L. Peterson, N. Hutchinson, S. O'Malley, H. Rao; The X-Kernel: A Platform for Accesing Internet Resources; IEEE Computer, 5, 1990, pp. 23-33

[Pisc84]   D.M. Piscitello, A.L. Chapin; An International Internetwork Protocol Standard; Journal of Telecommunications Network, 3, 1984,3, pp. 210-221

[Pitt87]   D.A. Pitt, J. L. Winkler; Table Free Bridging; IEEE Journal on Selected Areas in Comm., Vol. SAC-5, 9, 1987, pp. 1454-1462

[Plat89]   B. Plattner, C. Lanz, H. Lubich, M. Müller, T. Walter; Elektronische Post und Datenkommunikation – X.400: Die Normen und ihre Anwendung; Addison-Wesley, 1989

[Plum82]   D.C. Plummer; An Ethernet Address Resolution Protocol; RFC 826, Network Working Group, 1982

[Pope79]   G.J. Popek, C.S. Kline; Encryption and Secure Computer Networks; ACM Computing Surveys, 11, 4, 1979, pp. 332-356

Literaturverzeichnis 227

[Post81] J.B. Postel; Internet Control Message Protocol; RFC 793, Network Working Group, 1981

[Post83] J.B. Postel, J.K. Reynolds; Telnet Protocol specification; RFC 854, Network Working Group, 1983

[Quar86] J.S. Quarterman, J.C. Hoskins; Notable Computer Networks ; CACM, 29, 10, 1986, pp. 932-971

[Quar89] J. Quarterman; The Matrix: Computer Networks and Conferencing Systems Worldwide; Digital Press, 1989

[Rama90] K.K. Ramakrishnan, R. Jain; A Binary Feedback Scheme for Congestion Avoidance in Computer Networks; ACM Transactions on Computer Systems, 8, 2, 1990, pp. 158-181

[Rana89] J. Ranade; DEC Networks and Architecture; Multiscience Press, 1989

[Reyn87] J. Reynolds, J. Postel; Assigned Numbers; RFC 1010, Network Working Group, 1987

[Rose82] R. Rosenthal (ed.); The Selection of Local Area Computer Networks; NBS Special Publication 500-96, NTIS, 1982

[Rose87a] M.T. Rose, D.E. Cass; ISO transport services on top of the TCP: Version 3; RFC 1006, Network Working Group, 1987

[Rose87a] M.T. Rose, D.E. Cass; OSI Transport Services on Top of the TCP; Computer Networks and ISDN Systems, 12, 1987, pp. 159-173

[Rose88] M.T.Rose; ISO presentation services on top of TCP/IP based internets; RFC 1085, Network Working Group, 1988

[Rose90] M.T. Rose; The Open Book: A Practical Perspective on Open System Interconnection; Prentice Hall, 1990

[Rose90a] M.T. Rose; Management Information Base for Network Management of TCP/IP-based internets: MIB-II; RFC 1158, Network Working Group, 1990

[Rose90b] M.T. Rose, S.E. Kille, C.J. Robbins, M. Roe, A. Turland; The ISO Development Environment: User's Manual; Performance Systems International, 1990
zur Bestellung in Europa: Dep. of Computer Science, Attn: M. May, University College London, Gower Street, London, WC1E 6BT, UK

[Ross86] F.E. Ross; FDDI – a Tutorial; IEEE Communications Magazine, 24, 5, 1986, pp. 10-17

[Ross90] F.E. Ross, J.R. Hamstra, R.L. Fink; FDDI – A LAN Among MAN's; ACM SIGCOMM, 20, 3, 1990, pp. 16-31

[Rutk86] A.M. Rutkowski; An Overview of the Forums for Standards and Regulations for Digital Networks; Telecommunications, 20, 10, 1986, pp.68-80

[Salt84] J.H. Saltzer, D.P. Reed, D.D. Clark; End-to-End Arguments in System Design; ACM Transactions on Comp. Systems, 2, 4, 1984, pp. 277-288

[Sand85]   R. Sandberg, D. Golfberg, S. Kleiman, D. Walsh, B. Lyon; Design and Implementation of the SUN Network Filesystem; USENIX Conf., Summer, 1985, pp. 119-130

[Saty90]   M. Satyanarayanan; Scalable, Secure and Highly Available Distributed File Access; IEEE Computer, 5, 1990, pp. 9-21

[Selv85]   P.S. Selvaggi; The Development of Communications Standards in the DoD; IEEE Comm. Magazine, 23, 1, 1985, pp.43-55

[Siko88]   H. Sikora, F.X. Steinparz; Computer & Kommunikation; Carl Hanser Verlag, 1988

[Siud91]   C. Siuda; Security Standards for Open Systems; Proc. IFIP MHS and AL Communication Protocols 1990, North Holland, to appear 1991

[Sche86]   R.W. Scheifler, J. Gettys; The X Window System; ACM Transact. on Graphics, 5, 2, 86, pp.79-109

[Schi76]   P. Schicker, A. Duenki; Virtual Terminal Definition Protocol; ACM SIGCOMM Computer Comm. Review, 6, 4, Oct. 1976, pp. 1-16

[Schi86]   P. Schicker; Datenübertragung und Rechnernetze; 1986, B.G. Teubner

[Schi89]   P. Schicker; Message Handling Systems – X400 (An Overview); in [Stef89], pp. 3-41

[Schl86]   G.G. Schlanger; An Overview of Signalling System No.7; IEEE Journal on Selected Areas in Communication, SAC-4, 3, 1986, pp. 360-365

[Schr90]   M.D. Schröder et. al.; Autonet: a High-speed, Self-configuring Local Area Network Using Point-to-point Links; Digital SRC Report No.59, 1990

[Schu85]   V. Schupp; Deutsches Rätselbuch; Reclam Stuttgart, 1985

[Schw87]   M. Schwartz; Telecommunication Networks; 1987, Addison Wesley

[Schw88]   W.D. Schwaderer: C Programmer's Guide to NETBIOS; H.W. Sams and Company, Ind., 1988

[Shan49]   C.E. Shannon, W. Weaver; The Mathematical Theory of Communication; The University of Illinois Press, Urbana, 1949

[Shan89]   A.U. Shankar; Verified Data Transfer Flow Control; ACM Transact. on Comp. Systems, 7, 3, 1989, pp. 281-316

[Shoc78]   J.F. Shoch; Inter-Network Naming, Addressing and Routing; 17th Proc. IEEE Int. Conf., Fall, 1978, pp. 72-79

[Shoc79]   J.F. Shoch; Packet Fragmentation in Inter-Network Protocols; Computer Networks, 3, 1979, pp. 3-8

[Shoc80]   J.F. Shoch, J.A. Hupp; Measured Performance of an Ethernet Local Network; CACM, 23, 12, 1980, pp. 711-721

[Shoc81]   J.F. Shoch, D. Cohen, E.A. Taft; Mutual Encapsulation of Internetwork Protocols; Computer Networks, 5, 1981, pp. 287-300

[Shri82]	S.K. Shrivastava, F. Panzieri; The Design of a Reliable Remote Procedure Call Mechanism; IEEE Transactions on Computer, C-31, 7, 1982, pp.692-697
[Sinc88]	W.D. Sincoskie, C.J. Cotton; Extended Bridge Algorithms for Large Networks; IEEE Network, 2, 1, 1988, pp. 16-24
[Slom87]	M. Sloman, J. Kramer; Distributed Systems and Computer Networks; 1987, Prentice Hall
[Soll81]	K.R. Sollins; TFTP Protocol (revision 2); RFC 783, Network Working Group, 1981
[Stal84]	W. Stallings ; Local Networks – An Introduction ; 1984, Macmillan Publ.
[Stal84a]	W. Stallings; Local Networks; ACM Computing Surveys, 16, 1, 1984, pp. 4-41
[Stal87]	W.Stallings; Handbook of Computer Communication Standards, Vol 1 (OSI); 1987, Macmillan Publishing Company
[Stal87a]	W. Stallings; Handbook of Computer Communication Standards, Vol 3 (DoD); 1987, Macmillan Publishing Company
[Stal88]	W. Stallings; Data and Computer Communication ; 2nd Edition, Macmillan Publ., 1988
[Stal89]	W. Stallings; ISDN: An Introduction; Macmillan Publ., 1989
[Stef89]	Ed. E. Stefferud, O.J. Jacobsen, P. Schicker; Message Handling Systems and Distributed Applications; North Holland, 1989
[Stev90]	W.R. Stevens; UNIX Network Programming; Prentice Hall, 1990
[Stie85]	M. Stielitz; IBM provides industry with a versatile local network; Data Communications, 14, 6, pp. 195-200
[Stin90]	R.H. Stine, J.P. Holbrook, M.A. Patton, J.B. van Bokkelen; A Practical Introduction to Network Management; ConneXions, 1990, 4, 8, pp. 2-17
[StJo88]	M. St. Johns; Draft revised IP security option; RFC 1038, Network Working Group, Jan. 1988
[Stol88]	C. Stoll; Stalking the Wiley Hacker; CACM, 1988, 31, 5, pp. 484-498
[Stum90]	M. Stumm, S. Zhou; Algorithms implementing distributed shared memory; IEEE Computer, 5, 1990, pp. 54-64
[Sun85]	SUN Microsystems Int.; Remote Procedure Call Specification; Jan., 1985
[Sun85a]	SUN Microsystems Int.; Interprocess Communication Primer; Jan., 1985
[Sun88]	SUN Microsystems Int.; Network Programming; May, 1988, Part-Number 800-1779-10
[Suns78]	C.A. Sunshine, Y.K. Dalal; Connection Management in Transport Protocols; Computer Networks, 2, 78, pp. 454-473
[Svob84]	L. Svobodova; File Servers for Network-Based Distributed Systems; ACM Comp. Surveys, 16, 4, 1984, pp. 353-398

[Svob85]   L. Svobodova; Client/Server Model of Distributed Processing; in: Kommunikation in verteilten Systemen, Ed. Heger et. al., Springer, Informatik Fachberichte 95, 1985

[Su83]   Z.S. Su; Identification in Computer Networks; 8th ACM SIGCOMM 1983, pp.51-55

[SWIT87]   Arbeitsgruppe SWITCH der Informatik-Kommission; Das schweizerische Hochschulnetz SWITCH – Projektbeschreibung; August 1987

[Sylo88]   M.W. Sylor; Managing Phase V DECnet Networks: The Entity Model; IEEE Network, 2, 2, 1988, pp. 30-36

[Taji77]   W.D. Tajibnapis; A Correctness Proof of a Topology Information Maintenance Protocol for Distributed Computer Networks; Communications ACM, 20, 7, 1977, pp.477-485

[Tane85]   A.S. Tanenbaum, R. van Renesse; Distributed Operating Systems; ACM Comp. Surveys, 17, 4, 1985, pp. 419-470

[Tane89]   A.S. Tanenbaum; Computer Networks; 2nd Edition, 1989, Prentice Hall

[Tane90]   A.S. Tanenbaum; Betriebsysteme; Carl Hanser Verlag, 1990

[Toma87]   J.G. Tomas, J. Pavon, O. Pereda; OSI Service Specification: SAP und CEP Modeling; Comp. Communication Review, 17, 1, 1987, pp. 48-70

[Truo89]   K. Truöl; International Standardized Profiles (ISP) – FTAM als Beispiel harmonisierter OSI-Standards; in: [Kuhn89], pp. 5-13

[Truo90]   K. Truöl; Components of OSI: FTAM; ConneXions, 4, 4, 1990, pp. 2-11

[Tsuc88]   P. Tsuciya; The Landmark Hierachy: A New Hierachy for Routing in very large networks; Proc. ACM SIGCOMM, 1988

[Tsuc89]   P. Tsuchiya; Components of OSI: Routing (An Overview); ConneXions, 3, 8, 1989, pp. 38-39

[Tsuc89b]   P. Tsuchiya; Components of OSI: IS-IS Intra-Domain Routing; ConneXions, 3, 8, 1989, pp. 39-45

[Wals85]   D. Walsh, R. Lyon, G. Sager; Overview of the SUN network File system; USENIX Proc, Winter, 1985, pp. 117-124

[Wagn90]   B. Wagner; Distributed Spooling in a Heterogenous Environment; Computing System, 3, 3, 1990, pp.449-477

[Warr89]   U. Warrier, L. Besaw; Common Management Information Services and Protocol over TCP/IP (CMOT); RFC 1059, Network Working Group, 1989

[Wats81]   R.W. Watson; Distributed system architecture model ; in [Lamp81], pp. 10-43

[Wats81a]   R.W. Watson; Identifiers (naming) in distributed systems; im [Lamp81], pp. 175-190

[Wats87]   R.W. Watson, S.A. Mamrak; Gaining Efficiency in Transport Services by Appropriate Design and Implementation Choices; ACM Transactions on Computer Sys., 5, 2, 1987, pp. 97-120

Literaturverzeichnis 231

[Webe89]   W. Weber, A. Gupta; Analysis of Cache Invalidation Patterns in Multiprocessors; ACM 3rd Conf. on Architectural Support for Prog. Lang. and Operating Systems, 1989, pp. 243-256

[Weck80]   S. Wecker; DNA: The Digital Network Architecture; IEEE Trans. on Communications, 28, 4, 1980, pp.510-526

[Weis85]   P. Weiss; Yellow Pages Protocol Specification; 1985, SUN Microsystems

[Whit76]   J.E. White; A high-level framework for network-bases resource sharing; AFIPS Proc, 1976, pp.561-570

[Wins85]   I. Winston; Two Methods for the Transmission of IP Datagrams over IEEE 802.3 Networks; RFC 948, Network Working Group, 1985

[Yu90]   C.-F. Yu; Customer Service Provisioning in Intelligent Networks; IEEE Network Magazine, Jan, 1990, pp. 25-28

[Wien48]   N. Wiener; Cybernetics
or
Control and Communication in the Animal and the Machine; The Technology Press, John Wiley & Sons, Paris, 1948

[Zatt88]   S. Zatti, P. Janson; Interconnecting OSI and Non-OSI Networks using an Integrated Directory Service; Computer Networks and ISDN Systems, 15, 1988, pp. 269-283

[Zhan86]   L. Zhang; Why TCP timers don't work well; ACM SIGCOMM, 1986, pp.397-405

[Zimm80]   Z. Zimmermann; OSI Reference Model – The ISO Model of Architecture for Open Systems Interconnection; IEEE Transactions on Comm.,4,1980,pp.425-432

Anhang A

Auflösung der Rätsel

Kapitel	Lösung
1	Rätsel
2	verschieden: einmal im Sinne von tot und einmal im Sinne von unterschiedlich
3	Met(h) - ode
4	seinesgleichen
5	Wurm
6	Schubkarren
7	Po - st
8	Regenbogen
9	Uhr
10	Aufschneider
11	Weltengebäude
12	viel - leicht
13	Auge
14	Chinesische Mauer

Die Rätsel sind dem „Deutschem Rätselbuch" [Schu85] entnommen.

Anhang B

Adressen von Standard Organisationen

ANSI	1430 Broadway, New York, 10018 NY
SNV	Postfach, 8032 Zürich
CCITT/ITU	Place de Nations, 1121 Genf
NBS/NIST	U.S. Dept. of Commerce, 5285 Port Royal Road, Springfield, VA 22161
EIA	2001 Eye Street, Washington, DC 20006
ECMA	Rue du Rhone 114, 1204 Genf
IEEE	345 East 47th Street, New York, NY 10017, USA
MAP	APMES A/MD-39, GM-Technical Center, Warren, MI 48090-9040
DoD ARPA	DDN Network Information Center, SRI International, 333 Ravenswood Avenue, Menlo Park, CA 94025
IEEE	IEEE Standards Board, 345 East 47 Street, New York, NY 10017
TOP	One SME Drive, P.O. Box 930, Dearborn, MI 48121

Anhang C

Abkürzungen

Diese Liste von Abkürzungen ist eine Erweiterung der Liste aus [Barz89]. Ein Teil dieser Abkürzungen und zusätzlich mehr elektrotechnisch ausgerichtete mit jeweils einer kurzen Erklärung befinden sich in [Held89].

A :	Application – part of ISP for classification of protocols
AA :	Abort Accept
AAI :	Application Attachement Interface
AARE :	A(CSE)-Associate-Response (ISO)
AARN :	Australian Academic Research Network
AARQ :	A(CSE)-Associate-Request (ISO)
AAT :	Arbitrated Access Timer (LDDI)
AB :	Abort
ABM :	Asynchronous Balanced Mode (ADCCP)
ABME :	ABM Extended
ABRT :	A(CSE)-Abort
ABS :	Alternate Billing Service (IN)
ACA :	AC Acknowledge (ISO)
AC :	Alter Context (ISO)
ACF :	Advanced Telecommunications Function (IBM SNA)
ACIT :	Adaptive Sub-band Excited Transform
ACK :	Acknowledgement
ACKNUM :	Acknowledged Message Number (DNA)
ACM :	Address Complete Message (SS7)
ACP :	Ancillary Control Process
ACPM :	Association Control Protocol Machine (AL ISO)
ACS :	Acces Control Store (ISO VT)
ACSE :	Application Common Service Element (ISO)
ACSNET :	Australian Computer Science Network
AD :	Administrative Domain (ISO), Addendum
ADCCP :	Advanced Data Comm. Control Procedure (ANSI, SDLC)
CODEC A/D :	Coder-Decoder , Analog/Digital transformation
ADCU :	Association of Data Communication Users
ADDMD :	Administrative Directory Management Domain
ADMD :	Administration Management Domain (MHS)

ADPCM :	Adaptive Differential Pulse Code Modulation
AE :	Application Entity
AEI :	Application Entity Invocation
AFI :	Authority and Format Identifier
AFNOR :	Association Francaise de Normalisation
AIN :	Advanced Intelligent Network
AIU :	Acknowledge Interchange Unit (SNA SNADS)
AL :	Application Layer
ALOHA :	first Radio Packet Broadcasting Network (Hawaii)
ALS :	Application Layer Structure
AM :	Amplitude Modulation, Accounting Management
AMIS :	Audio Messaging Interchange Specification (MHS)
AMP :	Active Monitor Present
AN :	Autonomous Networks
ANS :	American National Standard
ANSC :	ANSI Committees
ANSI :	American National Standard Institute
AOC :	Advice of Charge Service (ISDN)
AOW :	Asian and Oceanic Workshop
AP :	Application Process
APC :	Adaptive Predictive Coding
APD :	Avalanche Photodiode
APDU :	Application Protocol Data Unit (ISO)
APIA :	X.400 Application Program Interface Association
API :	Application Programmer Interface, Application Process Invocation
APPC :	Advanced Program-to-Program Communication (LU 6.2, SNA)
APPN :	Advanced Peer to Peer Networking (SNA)
APS :	Application Processing Services (SNADS)
ARCnet :	Attached Resource Computer Net
ARI :	Address Recognizer Indicator (SNA)
ARM :	Arpanet Reference Model, Asynchronous Response Mode
DARPA ARPA :	(Defense) Advanced Research Projects Agency
ARPANET :	Advanced Research Projects Agency Network
ARP :	Address Resolution Prot.(ARPA), Abnormal Release Provider(ISO)
ARQ :	Automatic Repeat Request
ARR :	Asynchronous Reply Request (SNA)
ARU :	Abnormal Release User (ISO)
AS :	Autonomous System
ASC :	Accredited Standard Committee
ASDC :	Abstract Service Definition Conventions
ASE :	Application Service Element (ISO AL)
ASK :	Amplitude-Shift Keying
ASN :	Abstract Syntax Notation (ISO)
ASP :	Abstract Service Primitive, Advanced SQL Protocol (IBM)
ASR :	Automatic Send/Receive
AST :	Asynchronous System Trap
ASTLVL :	AST Level
ATDM :	Asynchronous TDM (Statistical)
ATM :	Asynchronous Transfer Mode

ATS :	Abstract Test Suite (ISO), Abstract Transfer Syntax
AU :	Access Unit (MHS)
AUI :	Access Unit Interface (part of PL resp. PLS and MAU , IEEE 802)
AVD :	Alternate Voice/Data
AWC :	Area Wide Centrex (IN)
AWD :	Automat. Wähleinr. für Datenübertragung
AWG :	Authentication Working Group (IETF)
B8ZS :	Binary 8 Zero Substitution
BAC :	Balanced Asynchronous Reply Requested
BARRNET :	Bay Area Regional Research Network
BAS :	Basic Acitivity Subset (ISO, CCITT)
BB :	Begin Bracket (SNA)
BBC :	Bidirectional Bus with Control
BBI :	Begin Bracket Indicator (SNA)
BBP :	Buffered Pipe Protocol (MAP, VME-Bus)
BBPN :	Breit-Band-Pilot-Netz (PTT Schweiz)
BBS :	Bidirectional Bus System, Bulletin Board System
BC :	Begin of Chain (SNA)
BCC :	Block check character
BCI :	Begin Chain Indicator (SNA)
BCN :	Beacon
BCS :	Basic Comb.Subset (ISO), B-channel circuit switched (ISDN)
BCUG :	Bilateral CUG
BDP :	Buffered Data Path
BEAMA :	British Electronic and Allied Manufacturers Association
BEB :	Binary Exponential Backoff
BER :	Bit Error Rate, Basic Encoding Rules
BERT :	BER Test
BFTP :	Background File Transfer Program (TCP/IP)
BIAS :	Burroughs Intergrated Adaptive Routing System
BIB :	Backward Indicator Bit (SS7)
BIGFON :	Breitbandige Integrierte Glasf.-Fernmeldeortsnetze
BIOS :	Basic Input/Output System (IBM)
B-ISDN :	Broadband ISDN
BISYNC :	Binary Synchronous Communication (IBM)
BITNET :	Because its Time Net
BIU :	Basic Information Unit (SNA)
NIU BIU IMP :	Network Interf. Unit,Bus Interf. Unit,Interf. Mess. Proc.
BLAST :	Blocked Asynchronous Transmission
BLERT :	Block Error Rate Test
BNA :	Burroughs Network Architecture
BOC :	Bell Operating Companies
BPO :	British Post Office
bps :	bits per sec
Bps :	Bytes per sec
BPSK :	Binary PSK
BRAM :	Broadcast Recognition Access Method
BSC :	Binary Synchronous Communication (IBM)
BSI :	British Standard Institute

BSMTP :	BITNET SMTP
BSN :	Backend-Storage Network, Backward Sequence Number (SS7)
BSP :	Byte Stream Protocol (Cambridge Ring)
BSS :	Basic Synchronized Subset (CASE, ISO, ECMA)
BTAM :	Basic Telecommunications Access Method (IBM, SNA)
CA :	Certification Authority
CAE :	Common Applications Environment
CAP :	Cable Access Point
CASCO :	Commitee on Conformity Assessment (ISO)
CASE :	Common Application Service Elements (ISO/OSI DP)
CATV :	Community Antenna Televison, Cable Television (75 Ohm)
CBC :	Cipher Block Chaining (part of DES)
CBEMA :	Comp. and Business Equipment Manufacturers Association
CBMS :	Computer Based Message System
CBX :	Computerized Branch Exchange
CCA :	Conceptual Communication Area (VT)
CCBS :	Completion of Calls to Busy Subcribers (ISDN)
CC :	Connnection Confirm, Class Code
CCIA :	Comp. and Communications Industry Association
CCI :	Configuration Control Indicator
CCIR :	International Consultative Committee on Radio Communications
CCIRN :	Coordinating Committee for International Research Networking
CCIS :	Common Channel Interoffice Signalling
CCITT :	Comite Consultatif International Telegr. et Telephon.(ITU)
CCN :	Communications Controller Node
CCO :	Context Control Object (ISO)
CCR :	Commitment, Concurrency and Recovery (CASE)
CCRSE :	CCR Service Element
CCS :	Common Channel Signal. (predecessor SS7), Common Communic. Supp. (SNA)
CCTA :	Central Computers and Telecommunications Agency (UK)
CDA :	Capability Data Acknowledge
CD :	Committee Docum. (success. DP), Collision Detection, Capability Data
CDI :	Change Direction Indicator (SNA)
CDN :	Canadian Department of Defense Network
CDR :	Call-detail Recording
CDRM :	Cross DRM
CDS :	Conceptual Data Store (ISO VT), Common Directory Service
CDT :	Connectionless Data Transmission, Credit
CEBI :	Conditional End-of-Bracket Indicator (SNA)
CEC :	Comission of the European Communities
CEN :	Comite Europeen de Normalisation
CENCER :	CEN Certificate on Conformance
CENELEC :	Comite Europeen de Normalisation Electrique
CEP :	Connection Endpoint Identifier (ISO)
CEPT :	Conf. Europ. Adm. des Postes et Telecomm.(part of CCITT)
CER :	Confidential Encoding Rules
CERT :	Computer Emergency Response Team (ARPA)
CFB :	Call Forwarding Busy (ISDN), Cipher Feedback (DES)
CFNR :	Call Forwarding No Reply (ISDN)

CFS :	Central File System
CFU :	Call Forwarding Unconditional (ISDN)
CGM :	Computer Graphics Metafile (IEEE)
CG-VDI :	Computer Graphics VDI (IEEE)
CGW :	Customer Gateway
CHILL :	CCITT High-Level Language
CID :	Chain Identification Field (DES)
CIIBA :	Comite Intermin. de l'Inform. et de la Bureau. dans l'Adm.
CIT :	Computer Integrated Telephony
CIU PDC :	Channel Interface Unit, Programmable Device Contr.(Adapter)
CLASS :	Custom Local Area Signaling Service
CLIP :	Call Line Identification Presentation (ISDN)
CLIR :	Call Line Identification Restriction (ISDN)
CLM :	Connectionless Mode
CLNP :	Connectionless Network Protocol (ISO 8373)
CLNS :	Connectionless Network Service (ISO 8348)
CLS :	Close
CLTS :	Connectionless TS
CMA :	Communications Manager Association
CMC :	Computer Mediated Information
CM :	Configuration Management
CMIP :	Common Management Information Protocol (SMAE, ISO)
CMIS :	Common Management Information Services (SMAE, ISO, TCP/IP)
CMOT :	CMIP over TCP/IP (ARPA, ISO)
CMT :	Connection Management (FDDI)
CNET :	Centre National d'Etudes des Telecommunications
CNMA :	Communications Network for Manifacturing Application
CNMI :	Communications Network Management Interface (SNA)
CNR :	Common Network Representation
CODEC A/D :	Coder-Decoder , Analog/Digital transformation
COI :	Connection-Oriented Interconnection
COM :	Commercial Organizations (Domain ARPANET), Connec. oriented Mode
COMSAT :	Communication Satellite Corp.
CONF :	Conference Call, Add on (ISDN)
CONP :	Connection-Oriented Network-Layer Protocol (ISO)
CONS :	Connection-oriented Network Service (ISO 8348)
COR :	Confirmation of Receipt
COSAC :	COmmunication SAns Connections
COS :	Class of Service (SNA), Corporation for Open Systems
COSINE :	Cooperation for Open System Interc. Networking in Europe
COST :	Cooperation Europeene Scientifique et Technique
COTS :	Connection-oriented TS
CPA :	Connect Accept (ISO)
CP :	Connect Presentation (ISO), Connect
CPE :	Customer Premises Equipment
CPI-C :	Common Programming Interface for Communic. (IBM)
CPI :	Computer to PBX Interface
CPMU :	COSINE Project Management Unit
CPR :	Connect Reject (ISO)

CRC :	Cyclic Redundancy Check (check information)
CR :	Carriage Return, Connection Request, Collision Resolution
CRMA :	Cyclic Reservation Multiple Access
CRS :	Configuration Report Server
CRV :	Cryptography Verification (SNA)
CSA :	Client Service Agent(MHS)
CS :	Circuit Switching (ISDN), Connec. Service(LEN), Config. Sevice (SNA)
CSCW :	Computer Supported Cooperative Work
CSDC :	Circuit Switched Digital Capability
CSDN :	Circuit Switched Data Network
CSELT :	Centro stui e Laboratori Telecommunicazioni (Italy)
CSMA/CA :	CSMA mit Collision Avoidance
CSMA/CD :	CSMA mit Collision Detection
CSMA/CP :	CSMA mit Collision Prevention (e.g.LDDI)
CSMA :	Carrier-Sense Multiple Access
CSN :	Common Subnet Node
CSNET :	Computer Science Net
CSNP :	Communication Subnet Processors
CSS :	Conceptual Signaling and Status Store (ISO VT)
CSU :	Channel Service Unit (CPE)
CTC :	Channel-to-Channel
CTCP :	Communication and Transmission Control Program (SNA)
CT :	Conformance Testing
CTERM :	Command Terminal Protocol
CTNE :	Campania Telefonica Nacional de Espana
CTS :	Clear to Send, Concrete Transf. Syntax, Conform. Testing Serv.
CUG :	Closed User Group (X.25)
CVSD :	Continuous Variable Slop Delta Modulation
CW :	Call Waiting (ISDN)
CWI :	Change Window Indicator (window management , SNA)
CWT :	Cooperative Work Technology
DAA :	Data Authentication Algorithm
DAC :	Data Authentication Code (FIPS Standard)
DACS :	Digital Access and Cross-Connect System
DA :	Destination Address, Dynamically Assigned
DAD :	Destination Address Field, Draft Addendum
DAF :	Framework for Distributed Application (CCITT)
DAG :	Daten Anschluss Gerät
DAMA :	Demand Assignment Multiple Access
DAP :	Data Access Protocol(DECNET),Directory Access Protocol(SMAE,ISO)
DARPA ARPA :	(Defense) Advanced Research Projects Agency
DAS :	Dual Attached System (FDDI)
DASE :	Directory Access Service Element (SMAE, ISO)
DAT :	Duplicate Address Test
DCA :	Distr.Comm.Arch.(Univac), Def.Comm.Agency, Docum.Cont.Arch.(SNA)
DC :	Destination Class
DCE :	Data Circuit-Terminating Equipment (Equipment NIU, X.21)
DCM :	Digital Circuit Multiplication, Dynamic Connection Management
DCO :	Data Communications Oriented

DCS :	Distributed Computer System, Defined Context Set
DCTN :	Defense Commercial Telecommunication Network
DDA :	Domain Defined Attribute (MHS)
DDCMP :	Digital Data Comm. Message Protocol (Data Link Prot. DECNET)
DDD :	Direct Distance Dialing (MTS)
DDI :	Direct Dialing In (ISDN)
DDLCN :	Distributed Double-Looped Computer Network
DDM :	Distributed Data Management (SNA)
DDN :	Defense Data Network (successor Arpanet)
DDP :	Distributed Data Processing
DDS :	Dataphone Digital Services, Document Distribution Service (SNADS)
DDS :	Distributed Directory Service (DNA)
DECNET :	Digital Equipm. Corp. NETwork Concept
DECSA :	DEC Synchronous Adapter
DED :	Dynamically Established Data Links (DECnet)
DEE :	Data Encryption (Encipherment) Equipment
DEMS :	Digital Electronic Message Service (FCC)
DER :	Distinguished Encoding Rules
DES :	Data Encryption Standard (IBM, NIST)
DFC :	Data Flow Control (Layer , SNA)
DFE :	Decision Feedback Equalization
DFN :	Deutsches Forschungsnetz
DFR :	Document Filing and Retrieval
DFS :	Disributed File System (DNA)
DFU :	Datenfernübertragung
DFV :	Datenfernverarbeitung
DIA :	Document Interchange Architecture
DID :	Data Identifier (FIPS Standard)
DIN :	Deutsches Institut für Normung
DISA :	Document Interchange Architecture
DISC :	Disconnect
DIS :	Draft International Standard (proposed standard between CD and IS)
DISNET :	Defense Invesitigative Network (DoD)
DIT :	Directory Information Tree
DIU :	Distribution Interchange Unit (SNA SNADS)
DKE :	Deutsche Elektrotechn. Kommission (DIN)
DLC :	Data Link Control
DLCI :	Data Link Connection Identifier (ISDN)
DLCMA :	Data Link Control/Medium Access
DLCN :	Distributed Loop Computer Network
DL :	Data Link Layer, Distribution List
DLE :	Data Link Escape
DLSAP :	Data Link Service Access Point
DLS :	Document Library Service (SNADS)
DM :	Delta Modulation, Disconnected Mode (HDLC)
DME :	Differential Manchester Encoding
DMI :	Digital Multiplexed Interface, Definition of Management Inf.
DNA :	Distributed Network Architecture (DECNET, Digital)
DN :	Distinguished Name (DS), Disconnect

DNIC :	Data/Destination Network Identification Code
DNS :	Distributed Naming Service
DOA :	Distributed Office Application (ECMA)
DOAM :	Distributed Office Application Model (ECMA)
DoD :	Department of Defense
DOS :	Distributed Operating System
DOV :	Data over Voice
DPA :	DoD Protocol Architecture
DPC :	Destination Point Code (ISDN)
DP :	Draft Proposal (changed name to CD)
DQDB :	Distributed Queue Dual Bus (IEEE)
DQS :	Distributed Queing Service
DRM :	Domain Resource Manager (SNA)
DRS :	Data Reconfiguration Service (ARPANET)
DSA :	Directory Service Agent(MHS), Destination Subarea(SNA)
DSDC :	Direct Services Dialing Capability
DSD :	Data Structure Definition (ISO VT)
DS :	Direct. Service (LEN, OSI), Data Signal, Dansk Standardiseringsrad
DSE :	Data Switching Exchange
DSG :	Distributed System Gateway (CONS)
DSI :	Digital Speech Interpolation
DSMA :	Data Sense Multiple Access
DSP :	Display System Prot.(IBM,BSC), Domain Spec. Part(NSAP Address)
DSS :	Digital Subscriber Signaling (ISDN), Distrib. System Serv. (DNA)
DSSE :	Directory System Service Element (SMAE, ISO)
DSU :	Data Service Unit (CPE)
DTAM :	Document Transfer, Access and Management (CCITT)
DT :	Data Transport (LEN), Data Transfer (ISO)
DTE :	Data Terminal Equipment (Equipment Host, X.21)
DTF :	Data Transfer Facility (DECnet)
DTMF :	Dual Tone Multifrequency
DTP :	Data Transfer Protocols, Distributed Trans. Protocols
DTS :	Digital Termination system
DUA :	Directory User Agent
DU :	Data Unit
DUN :	Distribution User Name (SNA)
DUP :	Data User Part (ISDN)
EARN :	European Academic Research Net
EASI :	European Academic Supercomputer Initiative
EASInet :	EASI network
EBI :	End Bracket Indicator (SNA)
ECB :	Electronic Codebook (DES)
EC :	End of Chain(SNA) , European Community
ECF :	Enhanced Connectivity Facility (IBM)
ECI :	End Chain Indicator (SNA)
ECITC :	European Committee for Infom. Techn. Testing and Cert.
ECMA :	European Computer Manufacturers Association
ECSA :	Exchange Carriers Standard Association (ISDN, ANSI)
ECTEL :	European Telecomm. and Professional Electronics Industry

ECTIC :	Europ. Committee for Information Technology Certification
ED :	Expedited Data, Ending Delimiter
EDI :	Electronic Data Interchange (MHS)
EDIFACT :	EDI for Administration, Commerce and Transport
EDNS :	Enterprose Defined Network Services
EDU :	Educational Organizations, domain of ARPANET
EEC :	European Communities
EESP :	End-to-End Security Protocol (CCTA)
EFS :	End-of-Frame Sequence
EFT :	Electronic Fund Transfer
EGP :	Exterior Gateway Protocol (DoD)
EHF :	Extremely High Frequency
EIA :	Electronic Industries Association (RS)
EIN :	European Information Network
EIT :	Encoded Information Type
EMA :	Electronic Mail Association
EM :	Electro Magnetic
EMI :	Electromagnetic Interference
EMS :	Element Management System (AT&T, OSI)
EMTG :	European MAP/TOP Testing Group (EMUG, OSITOP)
EMUG :	European Map User Group
ENE :	Enterprise Networking Event
EN :	European Norm
ENQ :	Enquiry
ENSDU :	Expedited Network Service Data Unit
ENV :	European Pre-Standard (CEN, CENELEC)
EOA :	End of Adress
EOB :	End of Block
EOC :	End of Context (CASE ISO)
EOM :	End of Message
EON :	Experimental OSI-based Network
EOTC :	European Organisation for Testing and Certification
EOT :	End of Transmission
EPHOS :	European Procurement Handbook for Open Systems (EEC)
E-PSP :	Exterior PSP
EPSS :	Experimental Packet-Switching Service (BPO)
ERCO :	Entry Rules Control Object
ERN :	Explicit Route Number (SNA)
ERPDU :	Error Report Packet Data Unit (CLNS)
ERS :	Emergency Response Service (IN)
ESDI :	Enhanced Small Device Interface (ANSI)
ES :	End System (ISO)
ESF :	Extended Superframe Format
ESH :	End System Hello
ESONE :	European Standarization Org. for Nuclear Electronics
ESS :	Electronic Switching System
ETB :	End of Transmitted Block
ETCOM :	European Testing and Cert. for Off. and Manufacturing Prot.
ET :	Exchange Termination (ISDN)

ETG :	EWOS Technical Guide
ETR :	Early Token Release
ETS :	European Telephone System
ETSI :	European Telecommunications Standard Institute (CEPT)
ETX :	End of Text
EUnet :	European Unix network
EUNET :	European UNIX Users Network
EUREKA :	European Research Coordination Agency
EVD :	Event Dispatcher (DNA)
EWOS :	European Workshop of Open Systems
TE EX :	Expedited (ISO)
FADU :	File Access Data Unit
FA :	Functional Address
FAI :	Functional Address Indicator
FAL :	File Access Listener (DNA)
FAP :	File Access Protocol
FCC :	Federal Communications Commission
FC :	Frame Control
FCS :	Frame Check Sequence (HDLC)
FDDI :	Fiber Distributed Data Interface (ANSI)
FDM :	Frequency Division Multiplexing
FDT :	Formal Description Technique (ISO, IEC)
FDX :	Full Duplex
FEC :	Forward Error Correction
FEP NFE :	Front End Processor , Network Front End
F :	Interchange Format – part of ISP for classification of protocols
FIB :	Forward Indicator Bit (SS7)
FI :	Format Identifier
FIPS :	Federal Information Processing Standards (FTSC)
FISU :	Fill-in Signal Unit (SS7)
FIX :	Federal Internet Exchange
FMD :	Function Management Data (SNA)
FM :	Function Management(SNA), Frequency Modulation, Fault Management
FMP :	File Maintenance Protocol
FNA :	Fujitsu Network Architecture
FNC :	US Federal Networking Council
FN :	Finish
FNP :	Front-End-Network Processor
FOU :	Fan Out Unit
FPH :	Freephone (ISDN)
FR :	Fiber Repeater, Frame
FRICC :	Federal Research Internet Coordinating Comittee
FRMR :	Frame Reject
FS :	Frame Status
FSK :	Frequency-Shift Keying
FSN :	Forward Sequence Number (SS7)
FTAM :	File Transfer, Access and Management (ISO/OSI DP)
FTP :	File Transfer Protocol
FTSC :	Federal Telecomm. Standards Committee (NIST, ICST)

FTZ :	Fernmeldetechnisches Zentralamt (W.Germany)
FU :	Functional Unit
FX :	Foreign Exchange
GA :	Go ahead
GAO :	Government Accounting Office
GAP :	Gateway Access Protocol (XNS, DECnet)
GARR :	Gruppo Armonizzazione Rete per la Ricerca
GCAP :	Group Communication Access Protocol
GDAP :	Government Document Application Profile (GOSIP)
GDMO :	Guidelines for the Definition of Managed Objects
GDN :	Government Data Network
GDS :	Generalized Data Stream (SNA LU 6.2)
GFS :	Gateway File System
GGP :	Gateway to Gateway Protocol (ARPA)
GILT :	Get Interconnection of Local Textsystems
GNS :	Green Number Service (IN)
GOS :	Grade of Service
GOSIP :	Government Open Systems Interc. Procurement Specification
GOV :	ciVilian Government Organizations, domain of ARPANET
GPAD :	Graphic PAD (GKS - Graphical Kernel System)
GPP :	Gateway-to-Gateway Protocol (DoD)
GSCP :	Group Communication Service Protocol
GT :	Give Token
GTMOSI :	Generalized Transact. Monitor for OSI
IWU GY :	Internetworking Unit (ISO), Gateway (ISDN)
HCS :	Header Check Sequence (ATM)
HD :	Harmonization Document (CEN, CENELEC)
HDLC :	High-level Data Link Control (ISO variant of SDLC, LAP)
HDX :	Half Duplex
HEMS :	High Level Management System
HEPNET :	High Energy Physics Network
H-FP :	Host-Frontend Protocol
HFP :	Host-to-Frontend Protocol
HFS :	Host File System
HLM :	Heterogenous LAN Management
HMP :	Host Monitoring Protocol
HRC :	Hybrid Ring Control (FDDI)
HSLN :	High-Speed Local Network
IAB :	Internet Activities Board
IAC :	Interpret as Command
IAP :	Interfaces for Application Portability
IBCN :	Integrated Broadband Communication Network
IBS :	International Connection via Satellite
ICA :	International Communication Association
ICD :	International Code(Country) Designator
ICI :	Interface Control Information (ISO)
ICMP :	Internet Control Message Protocol (DoD, TCP/IP)
ICP :	Initial Connection Protocol (ARPANET)
ICS :	IBM Cabling System

ICST :	Institute for Comp. Sc. and Technology (NIST)
IDCMA :	Independent Data Comm. Manufacturers Association
IDEAS :	Internet Design, Engineeering and Analysis noteS (ARPA)
IDI :	Initial Domain Identifier (IDP)
IDL :	Interface Definition Language
IDN :	Integrated Digital Network, Interface Definition Notation
IDNX :	Integrated Digital Network Exchange
IDP :	Initial Domain Part(NSAP Address), Internetw. Datagram Prot.(XNS)
IDU :	Interface Data Unit (ISO)
IEC :	International Electrotechnical Commission, Interexchange Carrier
IEEE :	Institute of Electrical and Electronics Engineers
IEN :	Internet Engineering (Experiment) Notes (former RFC)
IES :	Inter Enterprise Systems
IETF :	Internet Engineering Task Force (DARPA)
IFIPS :	International Federation of Information Proc. Societies
IGP :	Interior Gateway Protocol (DoD, TCP/IP)
IHL :	Internet Header Length
ILAN :	Industrial Local Area Network
ILL :	Inter Library Loan
IMD :	Information Management Domain
NIU BIU IMP :	Network Interf. Unit,Bus Interf. Unit,Interf. Mess. Proc.
INF :	ISDN Numbering Forum
IN :	Intelligent Network (IBM, RBOC, Siemens)
INLP :	Inactive Network Layer Protocol
INOC :	Internet Network Operations Center (ARPA)
INTAP :	Interoperability Technology Ass. for Inform. Technology (MITI)
INWG :	Inter-Networking Working Group(IFIP)
IONL :	Internal Organization of the Network Layer
IPA :	Information Processing Architecture(ICL)
IPC :	Interprocess Communication
IPDU :	internetwork PDU
IPI :	Initial Protocol Identifier
IP :	Internet Protocol(ARPANET), Interpersonal, Intellig. Peripheral(IN)
IPM :	Interpersonal Message (MHS)
IPMS :	InterPersonal Message Service (MHS)
IPN :	Interpersonal Notification
IPSIT :	Int. Public Sector Inform. Technology Group
IPSO :	Internet Protocol Security Option
IPSS :	International Packet-Switched Services
IPX :	Internet Packet Exchange (Novell, IDP)
IRC :	International Record Carrier
IRL :	Inter Repeater Link
IRS :	Internetwork Routing Service
IRTF :	Internet Research Task Force (DARPA)
IRV :	International Reference Version
ISDN :	Integrated Services Digital Network(CCITT)
ISDN-UP :	ISDN User Part
ISDNUP :	ISDN User Parts
ISH :	Intermediate System Hello

IS :	International Standard, Intermediate System
ISO :	International Organization for Standardization
ISORM :	ISO Reference Model
ISP :	International Standarized Profile
ISPT :	Istituto Superiore Poste et Telecommunicazioni (Italy)
ISUP :	ISDN user part
ITAEGS :	Information Technology ad hoc Expert Group on Standards (ITSTC)
ITI :	Interactive Terminal Interface (TELNET, resp. X.29)
ITRC :	Information Technology Requirements Council (MAP/TOP)
ITSTC :	Information Technology Steering Com. (comb. CEN, CENELEC, CEPT)
ITT :	International Telephone and Telegraph
ITU :	International Telecommunications Union (CCITT)
ITUSA :	Information Technology Users Standard Organization
IUT :	Implememtation under Test
IVD :	Integrated Voice/Data
IVDT :	Integrated Voice/Data Terminal
IV :	Initializing Variable/Value (DES)
IWU GY :	Internetworking Unit (ISO), Gateway (ISDN)
IXI :	International X.25 Infrastructure
JANET :	Joint Academic Network
JISC :	Japanese Industrial Standards Committee
JITEC :	Joint Information Technology Experts Comitee (IEC-ISO)
JITM :	Joint Information Technology Management Group (IEC-ISO)
JNT :	Joint Network Team
JTC :	Joint Technical Comitee (ISO, IEC)
JTM :	Job Transfer and Management (ISO)
JTPC :	Joint Technical Programs Committe (IEC-ISO)
KDC :	Key Distribution Center
KEG :	Kommission der Europäischen Gemeinschaft
LN LAN LCN :	(Local, Limited)(Area, Computer) Network, LC Number
LAPB :	Link Access Procedure Balanced (further development of LAP)
LAPD :	Link Access Procedure D (ISDN)
LAP :	Link Access Procedure, later LAPB (CCITT, see SDLC, HDLC)
LAPM :	Link Access Procedure Modems
LATA :	Local Access and Data Area
LAT :	Local Area Transport (DECnet)
LBS :	LAN Bridge Server
LBT :	Listen before Talk
LCGN :	LC Group Number
LC :	Link Control, Logical Channel
LN LAN LCN :	(Local, Limited)(Area, Computer) Network, LC Number
LDDI :	Local Distributed Data Interface (proposed ANS, HYPERCHANNEL)
LD :	Logical Device (TM)
LDM :	Limited Distance Modem
LEC :	Local Exchange Carrier
LED :	Light Emitting Diode
LEN :	Low Entry Networking (IBM)
LI :	Length Indicator
LLAN :	Linked LAN

LLC :	Logical Link Control(upper part DL , IEEE 802)
LL :	Lower Layers
LLP :	Lower layer Protocol
LME :	Layer Management Entity
LMI :	Layer Maintenance Interface (CMIP)
LN LAN LCN :	(Local, Limited)(Area, Computer) Network, LC Number
LOTOS :	Language of Temporal Ordering Specification
LPP :	Lightweight Presentation Protocol
LRC :	Longitudinal Redundancy Check (check information)
LRM :	LAN Reporting Mechanisms
LSA :	Link state Advertisment
LSAP :	Layer Service Access Points (IEEE 802)
LSDU :	Link SDU
LSE :	Local System Environment
LSM :	Local System Manager (CMIP)
LSP :	Link State PDU
LSSU :	Link Status Signal Unit (SS7)
LTTS :	Local Television Transmission Services
LU :	Logical Unit (logical interface(Typ 1-6) , SNA)
LWT :	Listen while Talk
MAA :	Major Sync Acknowledgement (ISO)
MACF :	Multiple Application Control Function
MAC :	Medium Access Control(part of DL IEEE 802),Message Authent. Code
MAN :	Metropolitan Area Network (IEEE 802.6 Standard)
MAP :	Manufacturing Automation Protocol(GM,ISO), Major Sync Point(ISO)
MASE :	Message Administration Service Element (MHS)
MAU :	Media Attachment(Access) Unit(IEEE 802), Multistation Access Unit
MCI :	Malicious Call Identification (ISDN)
MCR :	Multiple Copper Repeater, Mapped Conversation Record (SNA)
MDC :	Manipulation Detection Code
MDI :	Media Dependant Interface (part MAU , IEEE 802)
MD :	Management Domain (MHS)
MDNS :	Managed Data Network Services (CEPT)
MEN :	Management Event Notification (CMIP)
MFENET :	Magnetic Fusion Energy Network
MFR :	Multiple Fiber Repeater
MH :	Message Handling
MHS :	Message Handling Systems (CCITT X.400)
MIB :	Management Information Base (ISO)
MICE :	Management Information Control and Exchange (CMIP)
MIC :	Medium Interface Connector
MIDA :	Distributed Application for Message Interchange (ECMA)
MIDNET :	Midwest Network
MIL :	Military, domain of ARPANET
MILNET :	Military Logistic Network
MIL-STD :	Military Standard (DoD)
MIM :	Management Information Model
MINET :	European Part of MILNET
MIN :	Multiple Interaction Negotation

MIP :	Minor Sync Point
MIR :	Management Information Repository
MITI :	Japanese Trade Ministry
MIT :	Management Information Tree (ISO)
MLP :	Multilink Procedure (ISO)
MLS :	Multilevel Search
MMC :	Meet-me Conference (ISDN)
MMDF :	Multi-channel Memorandum Distribution Facility
MMFS :	Manufacturing Message Format Standard (MAP)
MMS :	Manufacturing Message Specification (MAP, EIA)
MNP :	Microcom Networking Protocol
MOP :	Maintenance Operations Protocol (part of DDCMP, DECNET)
MOTIS :	Message Oriented Text Interchange System (MHS, ISO)
MOT :	Means of Testing
MOU :	Memorandum of Understanding (European PTT's)
MPC :	Microprogrammed Controller
MPDT :	Multipeer Data Transmission
MPDU :	Message PDU
MRSE :	Message Retrivieval Service Element
MRVT :	MTP Routing Verification Test (OMAP)
MSAP :	MS Access Protocol (MHS)
MSC :	Management Service Control (SMAE, ISO)
MSDSG :	Multi-System DSG
MSI :	Management Service Interface
MS :	Message Store (MHS)
MSN :	Multiple Subscriber Number (ISDN)
MSSE :	Message Submission Service Element (MHS)
MSS :	MAN Switching System
MSTDMA :	Movable Slot TDMA
MST :	Multiplexed Slot and Token
MSU :	Message Signal Unit (SS7)
MTAE :	MTA Entity
MTA :	Message Transfer Agent
MTBF :	Mean Time Between Failure
MTL :	Message Transfer Layer (MHS)
MT :	Message Transfer
MTP :	Message Transfer Protocol (MHS), Message Transfer Part (SS7,ISDN)
MTR :	Multiple Token Ring
MTSA :	MIDA Transfer Service Access
MTSE :	Message Transfer Service Element
MTS :	Message Transfer Service, Message Transfer System(MHS)
MTU :	Maximum Transmission Unit, Maximum Transfer Unit
MUX :	Multiplexer
NAK :	Negative Acknowledgement
NAMTUG :	North American MAP/TOP User Group
NANP :	North American Numbering Plan (ANSI, INF)
NAPLPS :	North American Present.-Level Protocol Syntax
NAPLS :	North American Presentation Level Protocol Syntax (ANSI)
NAU :	Network Addressable Unit (<subarea,element>-address , SNA)

NBS :	National Bureau of Standards, now NIST
NCAR :	National Center for Athmospheric Research
NCB :	Network Connect Block, Network Control Block
NCCF :	Network Comm. Control Facility (VTAM, SNA)
NCC :	Network Control Center, National Computing Centre
NCL :	Network Control Language (DNA)
NCMS :	Network Connection Sub-Protocol (ISO)
NC :	Network Control(SNA), Network Connection
NCP :	Network Control Protocol(Point, Programm(SNA)) (also DNA)
NCSC :	National Computer Security Center
NCS :	Network Computing System (Apollo)
NCTE :	Network Channel-Terminating Equipment
NDIS :	Network Driver Interface Specification
NDR :	Network Data Representation (Apollo)
NECA :	National Exchange Carrier Association (FCC)
NEMA :	National Electric Manufacturer's Association
NETACP :	Network ACP
NETBIOS :	Network BIOS (IBM)
NETBLT :	Network Block Transfer (ARPA)
NET :	Normes Europeennes de Telecommunication
NETRJE :	Network Remote Job Entry (ARPANET)
NETRJS :	Network Remote Job Entry Service (ARPANET)
NETS :	Normes Europeenes de Telecommunications
FEP NFE :	Front End Processor , Network Front End
NF :	Not Finished
NFS :	Network File Server, Network File Service (SUN, UNIX)
NFSP :	Netware File Service Protocol
NFT :	Network File Transfer (DNA)
NIA :	Network Interface Adapter(SNA)
NICE :	Network Inform. and Control Exchange (Network Manag., DECNET)
NIDL :	Network Interface Definition Language (NCS)
NIM :	Network Interface Machine
NIST :	National Institute of Standards and Technology (former NBS)
NIU BIU IMP :	Network Interf. Unit,Bus Interf. Unit,Interf. Mess. Proc.
NJCL :	Network Job Control Language (NETRJE)
NJE :	Network Job Entry (IBM)
NLDM :	Network Logical Data Manager (VTAM, SNA)
NL :	Network Layer
NMCC :	Network Management Control Center
NMDF :	Network Management Productivity Factility (SNA)
NMF :	Network Management Forum (OSI)
NML :	Network Management Listener (DNA), Network Management Language
NM :	Network Management (OSI)
NNF :	Network Normal Form
NNI :	Network Node Interface
NNMP :	Network Management Protocol (OSI)
NOC :	Network Operations Center (ARPA)
NOS :	Network Operating System
NPAG :	NFSNET Advisory Group

NPDA :	Network Problem Determination Application (SNA)
NPDU :	Network Protocol Data Unit (ISO, IP, DP)
NPM :	Network Protocol Machine
NPMS :	Named Pipes / Mail Slots
NPSDU :	Normal Data Presentation Service Data Unit
NPSI :	Network Packet Switching Interface
NPS :	NMCC Protocol Server
NREN :	National Research and Education Network
NR :	Network Reachability
NRZI :	Non Return to Zero Inverted
NRZ :	Non RZ
NSAP :	Network Service Access Point (ISO, IP, DP)
NSC :	Network Security Center
NSCS :	National Computer Security Center
NSDD :	National Security Decision Directive (DoD)
NSDU :	Network SDU
NSEL :	Network Selector
NSEP :	National Security Emergency Preparedness (DoD)
NSFNET :	NSF backbone NETwork
NSF :	National Science Foundation (national USA-Net)
NS :	Namespace Service
NSP :	Network Service Protocol (DECNET), Network Service Part (ISDN)
NSSDU :	Normal Data Session Service Data Unit
NSS :	Nodal Switching Subsystem (NFSNET)
NSUID :	Namespace Unique Identifier (DECnet)
NTAC :	Network Technical Advisory Group
NTCB :	Network Trusted Computing Base (DoD)
NTG :	Nachrichtentechnische Gesellschaft
NTIA :	National Telecomm. and Information Administration
NTM :	Network Topology Management (part of IRS)
NT :	Network Termination (ISDN)
NTP :	Network Time Protocol
NUA :	Network User Association
NUI :	Network User Identification
NUN :	Network User Name (MHS)
NVDML :	Network Virtual Data Management Language
NVDM :	Network Virtual Data Manager
NVFS :	Network Virtual File System
NVS :	Network Virtual Schema
NVT :	Network Virtual Terminal
NWG :	Network Working Group (ARPA)
NWI :	New Work Item (IEEE)
NYSERNet :	New York State Education and Research Network
OAPI :	OSI Application Platform Interface
OC :	Optical Carrier
ODA :	Office Document Architecture (ISO/OSI DP)
ODIF :	Office Document Interchange Formats
ODP :	Open Distributed Processing (ISO)
OEI :	Original Encoded Format (MHS)

OFB :	Output Feedback (DES)
OIM :	OSI Internet Management
OIW :	OSI Implementors Workshop (NIST)
OMAP :	Operations Maintenance and Administration Part (ISDN)
OMF :	Object Management Function
OMUP :	Organisation and Management User Parts (ISDN)
ONA :	Open Network Architecture
OPC :	Origination Point Code (ISDN)
ORWG :	Open Roting Working Group (IETF)
OSCRL :	Operating Systems Command and Response Language (SWG)
OSF :	Open Software Foundation
OSIE :	Open Systems Interconnection Environment
OSI :	Open Systems Interconnection
OSITOP :	European Top User Group
OSN :	Office System Nodes (SNADS)
OSPF :	Open Shortest Path First
OSTC :	Open Systems Testing Consortium
OTF :	Open Token Foundation
OUI :	Organizationally Unique Identifier
P1 :	Message Transfer Protocol (MHS)
P2 :	Interpersonal Messaging Protocol (MHS)
P3 :	Submission and Delivery Protocol (MHS)
P7 :	Message Store Access Protocol (MHS)
PABX :	Private Automatic Branch Exchange
PACCOM :	Pacific Computer Communications Networking Consortium
PAD :	Packet Assembler/Disassembler (X.3, X.28, X.29)
PAF :	Protection Authority Flag (DoD, IP)
PAM :	Phase Amplitude Modulation, Protocol Access Module
PARC :	Palo Alto Research Center (Xerox)
P/AR :	Peak to Average Ratio
PAR :	Project Authorization Requests (IEEE)
PAT :	Priority Access Timer (LDDI)
PATS :	Parameterized Abstract Test Suite
PAX :	Private Automatic Exchange
PBR :	Policy Based Routing
PBX :	Private Branch Exchange
PCDL :	Presentation Context Definition List
PCE :	Plug Compatible Ethernet
PCI :	Protocol Control Information (ISO)
PCM :	Pulse Code Modulation , Plug Compatible Manufactures
PCO :	Point of Control and Observation
PC :	Path Control(SNA)
PCR :	Preventive Cyclic Retransmission (MTP)
PCTR :	Protocol Conformance Test Report
PCU :	Packet Control Unit
PDAD :	Proposed Draft Addendum
PDAU :	Physical Delivery Access Unit
CIU PDC :	Channel Interface Unit, Programmable Device Contr.(Adapter)
PDIF :	Product Definition Interchange Format (ISO)

WAN PDN :	Wide-Area Network , Public Data Network
PD :	Physical Delivery (MHS)
PDS :	Physical Delivery Service (MHS)
PDTR :	Proposed Draft Technical Report
PDU :	Protocol Data Unit
PEP :	Packet Exchange Protocol (XNS)
PER :	Packet Encoding Rules
PETS :	Parametrized Executable Test Suite
PEX :	Packet Exchange Protocol (XNS)
PGI :	Parameter Group Identifier
PHY :	Physical Layer
PIC :	Personal Identification Code
PICS :	Protocol Implementation Conformance Statement
PING :	Packet InterNet Groper (ARPA)
PIN :	Personel Identification Code
PI :	Protocol Interpreter, Parameter Identifier
PIU :	Path Information Unit (SNA)
PIXIT :	Protocol Implementation Extra Information for Testing
PLCP :	Physical Layer Convergence Protocol
PL :	Presentation Layer , Physical Layer
PLP :	Packet Layer Protocol (ISO 8208)
PLS :	Physical Signaling (upper part PL , IEEE 802)
PLTXAU :	Public Telex Access Unit (MHS)
PMA :	Physical Medium Attachement(part of MAU , IEEE 802)
PMD :	Physical Medium Dependent (FDDI)
PM :	Protocol Machine, Performance Management
PMX :	Private Message Exchange
PNCP :	Peripheral Node Control Point (LEN, SNA)
PN :	Peripheral Node
POSI :	Conference for Promoting OSI (Japan)
POTS :	Plain Old Telephone Service
PPDU :	Presentation Protocol Data Unit
PPI :	Protocol Processing Image
PPM :	Presentation Protocol Machine
PPP :	Point-to-Point Protocoll
PPSN :	Public Packet Switching Network
PRDMD :	Private Directory Management Domain
PRG :	Purge
PRL :	Profiles Requirement List
PRMD :	Private Management Domains (MHS)
PRN :	Packet Radio Network
PR :	Per Recipient (MHS)
PSAP :	Presentation Service Aceess Point (ISO)
PSDN PSN :	Packet Switched Data Network, Packet Switch Network
PSDU :	Presentation PDU
PSE :	Packet Switching Exchange
PSI :	Packetnet System Interface
PSK :	Phase-Shift Keying
PSDN PSN :	Packet Switched Data Network, Packet Switch Network

PSPDN :	Packet Switched Public Data Network
PSP :	Packet Switching Processor
PS :	Packet Switching, Presentation Service(SNA), Presentation Stream
PSS :	Packet Switch Stream
PSTN :	Public Switched Telephone Network
PTAT :	Private Trans-Atlantic Telecommunications
PTI :	Packet Type Identifier
PtP :	Process to Process
Pt :	Interactive Terminal to System Protocol
PT :	Please Token
PTT :	Post, Telegraph and Telephone Authority
PTTXAU :	Public Teletex Access Unit (MHS)
PUP :	PARC Universal Packet (XNS)
PU :	Physical Unit (SNA), Policing Unit
PVC :	Permanent Virtual Circuit
PVN :	Private Virtual Network (IN)
PV :	Parameter Value
PVT :	Permanent Virtual Terminal
PWM :	Pulse-Width Modulation
QIO :	Queue Input/Output
QLLC :	Qualified Logical Link Control (IBM)
QOS :	Quality of Service (ISO, IP, DP)
QPSK :	Quadrature Phase Shift-Keying
QPSX :	Queued Packet Synchronous Exchange
QRC Quadrax :	Twinax plus additional shield
QRC Quadrax :	Twinax plus additional shield
RARE :	Reseau Academique de Recherche Europeene
RARP :	Reverse ARP
RBOC :	Regional BOC
RCP :	Routing Control Processor
RDA :	Receive Data and Acknowledge, Remote Data Access (ISO, ANSI)
RDBA :	Remote Database Access
RDN :	Relative Distinguished Name (DS)
RD :	Request Disconnect(HDLC), Routing Domain(ISO)
RDR :	Request Data and Respond
RDT :	Referenced Data Transfer
RJ REJ :	Reject
REM :	Ring Error Monitor
REN :	Routing Element Name (SNA)
RFC :	Request for Comment (ARPA), Request for Connection (ISO)
RF :	Radio Frequency
RFS :	Remote File System
RFT :	Request for Technology (OSF)
RH :	Request/Response Header (SNA)
RIM :	Request Initialkization Mode
RIO :	Reference Information Objects (VT, ISO)
RIP :	Routing Information Protocol (ARPA, XNS)
RIS :	Reference Information Store
RIU :	Ring Interface Unit

RJEP :	Remote Job Entry Protocol
RJE :	Remote Job Entry (IBM, 2780, 3780)
RJ REJ :	Reject
RLRE :	A(CSE)-Release-Response (ISO)
RLRQ :	A(CSE)-Release-Request (ISO)
RNR :	Receive not Ready
ROER :	Remote Operations Error
ROIV :	Remote Operations Invoke (ROSE)
ROPM :	Remote Operation Protocol Machine
RORE :	Remote Operations Return Error (ROSE)
RORJ :	Remote Operations Reject (ROSE)
RO :	Remote Operation
RORS :	Remote Operations Result
ROSE :	Res. Open Sys. for Europe, Remote Op. Service Entity (ISO)
ROS :	Remote Operation Service
RPC :	Remote Procedure Call
RPOA :	Recognized Private Operating Agency, Remote Port of Access
RPS :	Ring Parameter Server
RR :	Receive Ready, Resource Record (DNS)
RSA :	Rivest,Shamir,Adleman Public Key Methode, RS Acknowledge (ISO)
RSCS :	Remote Spooling and Communication Subsystem
RS-<no> :	Recommended Standard <no> of EIA (also CCITT)
RS :	Resynchronize (ISO)
RSS :	Route Selection Service(LEN)
RST :	Reset
RTAB :	Reliable Transfer Abort
RTM :	Response Time Monitor
RTOAC :	Reliable Transfer Open Accept
RTORJ :	Reliable Transfer Open Reject
RTORQ :	Reliable Transfer Open Request
RTPM :	Reliable Transfer Protocol Machine
RTP :	Real Time Protocol
RT :	Resynchronization Timer (LDDI) , Routing Table
RTSE :	Reliable Transfer Service Element
RTS :	Reliable Transfer Service (MHS), Request/Ready to Send
RTTP :	Reliable Transfer Token Please
RTT :	Round Trip Time
RU :	Request/Response Unit (part of BIU, status information, SNA)
RZ :	Return to Zero
SABME :	Set ABME
SABM :	Set ABM
SACF :	Single Association Controlling Function (ISO AL)
SACK :	Selective ACK
SAN :	Subscriber Access Network
SAO :	Single Association Object
SAPI :	Service Access Point Identifier
SAP :	Service Access Point (access to a layer)
SARM :	Set ARM
SA :	Source Address, Subarea Address(SNA)

SASE :	Specific Application Service Elements (Layer 7 CASE)
SASO :	Saudi Arabian Standard Organisation
SAS :	Session Activ. Serv., SWITCH Access Sys., Single Attached Sys. (FDDI)
SATS :	Selected Abstract Test Suite
SCA :	Subsidiary Communication Authorization
SCB :	String Control Byte
SCCP :	Signaling Connection Control Part (ISDN)
SCC :	Specialized Common Carriers, Security Coordination Center
SCINET :	Sensitive Compartmented Information Network (DoD)
SCPC :	Single Channel per Carrier
SCP :	Service Control Point (IN)
SC :	Session Control, Subcomittee, Session Connection
SCSI :	Small Computer System Interface (ANSI)
SCS :	SNA Character String, System Communication Services (DNA)
SCTR :	System Conformance Test Report
SCUSA :	Standard Council of the United States of America
SCU :	System Control Unit
SDE :	Submission and Delivery Entity(MHS), Secure Data Exchange
SDIF :	Standard Document Interchange Format
SDLC :	Synchronous Data Link Control (IBM, ancestor LAP)
SDL :	Specification and Description Language
SDM :	Space Division Multiplexing
SDN :	Software Defined Network (ISDN), System Development Network
SDNS :	Secure Data Network System (NIST,NCSC)
SD :	Serielle Digitale, Starting Delimiter
SDS :	Serielle Digitale Schnittstelle
SDU :	Service Data Unit (ISO)
SEK :	Swedish Electrical Commission
SETS :	Selected Executable Test Suite
SFD :	Simple Formatable Document
SF :	Status Field (SS7)
SFS :	Shared File System, Start-of-Frame Sequence
SGFS :	Special Group on Functional Standarisation (ISO)
SGMP :	Simple Gateway Monitoring Protocol (ARPA)
SID :	SWIFT Interface Device, Session Identifier (SNA)
SIF :	Signaling Information Field (MSU)
SIG :	Special Interest Group (OIW)
SILS :	Standard for Interoperability LAN Security (IEEE)
SIM :	Set Initialization Mode, Subscriber Network Interface Modul
SIO :	Service Information Octet (ISDN)
SIP :	Subscriber Interface Protocol
SI :	SPDU Identifier
SIS :	Structure Information Store
SITA :	Societe Internationale de Telecomm. Aeronautique
SLIP :	Serial Line IP (TCP/IP)
SLP :	Single Link Procedure (ISO)
SL :	Session Layer
SLS :	Signaling Link Selection (ISDN)
SMAE :	System Management Application Entity (ACSE, ISO)

SMAP :	System Management Application Process
SMB :	Server Message Block (IBM, NETBIOS)
SMDS :	Switched Multi-Megabit Data Service
SME :	Society of Manifacturing Engineers (MAP/TOP)
SMFA :	System Management Functional Area
SMF :	Station Managment Function (FFDI), Single Mode Fiber
SMI :	Structure of Management Information (CMIP)
SMIS :	Specific Management Information-Passing Service (SMAE, ISO)
SMO :	Structure Management Overview
SMP :	Standby Monitor Present
SM :	Security Management
SMS :	Service Multiple per Satellite (PTT), Service Manag. System (IN)
SMTP :	Simple Mail Transfer Protocol (DoD, TCP/IP)
SMT :	Station Management
SNACP :	Subnetwork Access Protocol (ISO)
SNADS :	SNA Distribution Service
SNA :	Systems Network Architecture (IBM)
SNDCP:	Subnetwork Dependant Convergence Protocol (ISO)
SNICP :	Subnetwork Independent Convergence Protocol
SNI :	SNA Interconnection, Subscriber Network Interface
SNMP :	Simple Network Management Protocol (ARPA)
SNPA :	Subnetwork Point of Attachement(ISO IS ES)
SNRM :	Set Normal Response Mode
SNR :	Signal to Noise Ratio
SN :	Switching Network
SNV :	Schweizerische Normenvereinigung
SOH :	Start of Heading
SOM :	Start of Message
SONET :	Synchronous Optical Network
SP3 :	SDNS Protocol on Layer 3
SP3¡x¿ :	SP3 Variant ¡x¿ (¡x¿ in N, A, I, D)
SP4 :	SDNS Protocol on Layer 4
SP4¡x¿ :	SP4 Variant ¡x¿ (¡x¿ in C, E)
SPAG :	Standard Promotion and Application Group(ISO)
SPAN :	Space Physics Analysis Network
SPC :	Stored Program Controlled
SPDU :	Session Protocol Data Unit
SPF :	Shortest Path First
SPI :	Subsequent Protocol Identifier
SPM :	Session Protocol Machine, FDDI-to-SONET Phuysical Layer Mapping
SPP :	Sequenced Packet Protocol (XNS)
SPSN :	Synchronisation Point Serial Number
SP :	Service Provider, Switch Profile, Signal Point (ISDN)
SPS :	SyncPoint Services (SNA)
SPWG :	Security Policy Working Group (IETF)
SPX :	SDNS Protocol for X.25
SPX :	Sequenced Packet Protocol (Novell, SPP)
SREJ :	Selective REJ
SRN :	Source/Recipient Node (SNADS)

SRPI :	Server Requester Protocol Interface (ECF)
SS7 :	Signaling System 7 (ISDN)
SSAP :	Session Service Access Point (ISO)
SSCP :	System Service Control Point(Interface inside a domain, SNA)
SSDU :	Session Service Data Unit
SSG:	Special Study Group (ISDN)
SSID :	Secondary Station Identifier
SSI :	Systems Software Interf.(JTC), Software Stand. Initiative(ISO)
SSM :	Single Segment Message
SSN :	Subsystem Number (SCCP)
SSPHWG :	Site Security Policy Handbook Working Group (IETF)
SSP :	Single Shot Prot. (Cambridge Ring), Service Switching Points (IN)
SS :	Satellite Switched, Session Service (LEN)
STDM :	Statistical/Synchronous Time Division Multiplexing
STE :	Signalling Terminal Equipment(X.75, resp. DTE , X.25)
STM :	Synchronous Transfer Mode
STP :	Signaling Transfer Point (ISDN)
STR :	Single Token Ring
STX :	Start of Text
SUT :	System under Test
SVC :	Switched Virtual Circuit
SWG :	Special Working Group (JTC)
SWIFT :	Soc. for Worldwide Internat. Financial Telecommunication
SWITCH :	Swiss Telecommunication for Higher Education and Research
SYNC :	Synchronization Characters
SYN :	Sychronisation Idle
TAC :	Terminal Access Controller
TAG :	Technical Advisor Group (ISO, ANSI)
TAM :	Timer, Active Monitor
TAP :	Terminal Access Point
TASI :	Time Assigned Speech Interpolation
TA :	Terminal Adaptor (ISDN), Telecommunication Agency
TAU :	Telematic Access Unit(MHS)
TBC :	Token Bus Controller
TCAM :	Telecommunication Access Method
TCAP :	Transaction Capabilities Application Part
TCCC :	Technical Committee on Computers and Communications
TCC :	Capability Confirm (ISO)
TCM :	Time-Compression Multiplexing
TCO :	Telecommunications Oriented
TCP :	Transmission Control Protocol (DoD Standard, ARPANET)
TC :	Transaction Capabilities (ISDN)
TC :	Transm.Control(SNA), Trunk Control(DCA), Task Com., Transport Conn.
TCU :	Trunk Coupling Unit
TDCC :	Transport Data Coordinating Commitee
TDMA :	Time Division Multiplexing Access
TDM :	Time Division Multiplexing
TDR :	Time Domain Reflectometer
TTD TD :	Typed Data (ISO)

TDU :	Topology Database Update (SNA)
TEDIS :	Trade Data Interchange Systems (EEC)
TEI :	Terminal Endpoint Identifier (ISDN)
TELNET :	Telecommunication Network (ARPANET Virtual Terminal P.)
TE :	Telecomm Eireann (Ireland), Terminal Equipment (ISDN)
TE EX :	Expedited (ISO)
TFA :	Transparent File Access
TFTP :	Trivial File Transfer Protocol (ARPA, DoD)
THEnet :	Texas Higher Education Network
THT :	Token Holding Timer
TIP :	Terminal Interface Processor (ARPANET, resp. PAD)
TISN :	Tokyo International Science Network
TIU :	Trusted Interface Unit
TK :	Token
TLI :	Transport Layer Interface
TLMA :	Telematic Access Unit (MHS)
TL :	Transport Layer
TLV :	Type, Length, Value (ASN)
TLXAU :	Telex Access Unit (MHS)
TMCP :	TM Control Process
TMN :	Telecommunications Management Network
TMP :	TM Process
TMS :	Time Multiplexi Switching
TM :	Terminal Management (ISO)
TNI :	Trusted Network Interpretation (DoD)
TNT :	Timer, Not Token
TOP :	Technical Office Protocol (Boeing)
TOS :	Type of Service
TPDU :	Transport Protocol Data Unit
TPF :	Transparent Processing Facility (IBM)
TPI :	Text, Preparation and Interchange
TPM :	Transport Protocol Machine
TP<no.> :	ISO Transport Protocol of class <no>
TP :	Transaction Processing (CASE)
TQP :	Timer, Queue PDU
TRC Triax :	Coax plus additional shield
TRC Triax :	Coax plus additional shield
TRN :	Token-Ring Network
TRR :	Timer, Return to Repeat
TR:	Trunk Group
TSAF :	Transparent System Access Facilities (IBM)
TSAP :	Transport Service Access Point (ISO)
TSDU :	Transport SDU
TSI :	Time Slot Interchange
TSM :	Tomer, Standby Monitor
TSP :	Telecommunication Service Point (DoD)
TSSDU :	Typed Session Service Data Unit
TS :	Transmission Services(SNA), Transport Service (ISO)
T :	Transport – part of ISP for classification of protocols

TTCN :	Tree and Tabular Combined Notation (ISO ATS)
TTD TD :	Typed Data (ISO)
TTL :	Time to Live
TTR :	Timed Token Rotation (FDDI), Time to Try
TTRT :	Target Token Rotation Time (FDDI)
TTXAU :	Teletex Access Unit (MHS)
TTXP :	Transfer Terminal Exchange Product (MHS)
TUP :	Telephone User Parts (ISDN)
TVX :	Timer, Valid Transmission
TWA :	Two-Way Alternate(ISO)
TWB :	DARPA Terrestrial Wideband Network
TWC Twinax :	Twisted Pair (cable) plus additional shield
TWC Twinax :	Twisted Pair (cable) plus additional shield
TWR :	Time to Wait for Resynchronization
TWS :	Two-Way Simultaneous(ISO)
TWX :	Teletypewriter Exchange
TX :	Transmit
UAC :	Unbalanced asynchronous Class of Procedures
UAL :	User Agent Layer (MHS)
UAPDU :	User Agent PDU (MHS)
UART :	Universal Asychnronous Receiver Transceiver
UA :	User Agent(MHS), Unnumbered ACK
UBS :	Unidirectional Bus System
UDP :	User Datagram Protocol (ARPA)
UD :	Unit Data
UE :	User Element (Layer 7 CASE)
UHF :	Ultra High Frequency
UIT :	Union International telecommunications
UI :	Unnumbered Information, Unit Interval
ULA :	Upper Layer Architecture (CASE)
ULP :	Upper Layer Protocol
UMPDU :	User Message PDU (MHS)
UNA :	Upstream Neighbor's Address
UN/ECE :	United Nations Economic Comission for Europe
UNI :	User Network Interface
UNMA :	Unified Network Management Architecture (AT&T, OSI)
UN :	Use of Network Connection
UP :	Unnumbered Poll
USAN :	University Satellite Network
USITA :	United States Independent Telephone Association
USN :	Initial Sequence Number
USRT :	Universal Synchronous Receiver Transceiver
UTP :	Unshielded Twisted Pair
UUCP :	Unix to Unix CoPy, also a network
VAC :	Value Added Carrier
VADS :	Value-Added Data Services
VANS :	Value Added Network Services (IBM)
VAN :	Value-Added Network
VAS :	Value Added Services

VCI :	Virtual Channel (Circuit) Identifier
VC :	Virtual Circuit
VDI :	Virtual Device Interface
VFN :	Vendor Feature Node (IN)
VFS :	Virtual File Server, Virtual File Store
VHF :	Very High Frequency
VMD :	Virtual Manufacturing Devices (MMS)
VMTP :	Versatile Message Transaction Protocol (ARPA)
VNCA :	VTAM Node Control Application
VNET :	Value Addded Network (IBM)
V.<no> :	CCITT standard <no> for data via telephone network
VPI :	Virtual Path Identifier
VRC :	Vertical Redundancy Check (check information)
VR :	Virtual Route (VC , SNA)
VSAT :	Very Small Aperture Terminal
VTAM :	Virtual Telecommunications Access Method (IBM)
VTE :	Virtual Terminal Environment (VT, ISO)
VTP :	Virtual Terminal Protocol (ISO)
VTS :	Virtual Terminal Service (OSI)
VTU :	VCI Translation Unit
VT :	Virtual Terminal
WACA :	Write Access Connection Acceptor (ISO)
WACI :	Write Access Conection Initiator (ISO)
WACS :	Wide Area Communication Subsystem
WAN PDN :	Wide-Area Network , Public Data Network
WATCC :	World Administrative Telegraph and Telephone Conference (ITU)
WATS :	Wide Area Telephone Service
WAVAR :	Write-Access Variable (VT)
WD :	Working Draft (first level of a standard, see DP, DIS, IS)
WEP :	Well Known Entry Points
WFMTUG :	World Federation of Map/Top User Groups
WG :	Working Group
WINCS :	WWMCCS Intercomputer Network Comm. Subsystem
WIN :	Wissenschaftsnetz
WIS :	Worldwide Military System
WWMCCS :	World Wide Military Command and Control System (DoD)
XDR :	eXternal Data Representation (SUN, NFS)
XID :	Exchange Identification
X.<no> :	CCITT standard <no> for data networks
XNS :	Xerox Network Systems
XPG :	X.400 Promotion Group
XPSDU :	eXpedited Presentation Service Data Unit
XSIS :	Xerox Systems Integration Standard
XSSDU :	Expedited Session Service Data Unit
XTA :	X.25 Trace Analyser
XTI :	X/Open Transport Interface
XTP :	eXpress Transfer Protocol
YP :	Yellow Pages (NFS, Services Database)
ZBTSI :	Zero Byte Time Slot Interchange

Index

3270 Terminal, 166, 172

A

A-Associate-Request, 150
Abandon, 140
Abstract Syntax Notation (ASN), 140–143, 146, 161, 165, 170, 178, 194, 201
  Makro, 141
accept, 125
Access Unit Interface (AUI), 58–59
Accredited Standards Commitee (ASC), 5
activation, 155
  auto, 155
  pre, 155
active open, 112
Activity Management, 133
Addendum (AD), 6
Address Complete Message (ACM), 106
Address Resolution Prot. (ARP), 71, 90
Address-Encapsulation, 190
Administration Management Domain (ADMD), 189
administration-domain-name, 189
Adressabbildung, 190
Advanced Peer to Peer Networking (APPN), 96
Advanced Program to Program Communication (APPN), 152
Advanced Research Projects Agency (ARPA), 10, 216
Advanced Research Projects Agency Network (ARPANET), 10
Advanced SQL Protocol (ASP) IBM, 191
Alarm, 106, 202
  Threshold, 202
Alerts, 202
All-in-One, 184
Alter-Context, 148
alternate subscriber, 188
American National Standard Institute (ANSI), 5, 58, 61, 64, 66, 88, 173,

215–216, 235
A-Mode, 168–169
Amplitude-Shift Keying (ASK), 46
analog Signal, 45
anonymous file transfer, 176
ANSI, 215
  Standard No. X3.105-1983, 215
  Standard No. X3T95, 64
Appletalk, 200
Application, 139, 143
Application Common Service Element (ACSE), 184, 187, 203
application entity title, 150
Application Layer (AL), 14–15, 19, 72, 110, 131, 141, 149, 153, 161, 187, 215–216
Application Service Element (ASE), 149
Area, 91, 98
ARPA, 8, 10, 17, 21, 24, 31, 75, 85, 88, 91, 93, 97, 119, 123, 140, 155, 161, 163–165, 171, 184, 191, 201, 216
ASCII, 28, 69, 139, 163, 167, 171
Association Francaise de Normalisation (AFNOR), 5
asynchron, 27–28
Asynchronous Mode, 67, 168–169
Asynchronous Response Mode (ARM), 68
Asynchronous TDM (ATDM), 29
at least once, 156
atomare Aktion, 151
atomic Action, 151
AT&T, 7, 131
Attached Resource Computer Net (ARCnet), 61
Attention, 171–172
Auditing, 204
Authentication, 118, 203, 211, 215
Authority and Format Identifier (AFI), 94, 124
auto-forwarding, 188
Autonet, 87
Autonomous System Identifier, 93

B

balanced transmission, 51
Balun, 51
Basic Acitivity Subset (BAS), 138
Basic Comb.Subset (BCS), 138
Basic Encoding Rules (BER), 140
Basic Synchronized Subset (BSS), 138
Basisbandmodems, 49
Basisbandverfahren, 48
Baud, 46
Baum, 41
Beacon Paket, 63
Because its Time Net (BITNET), 11, 188
Begin.Request, 151
Beglaubigung, 211–212
Bellmann-Ford, 83
bewerteter Graph, 78
Bidder Request, 136
Big Endian, 74, 145
Bildschirmtext, 9
binary, 176
Binary Synchronous Communication (BSC), 69
bind, 125
binding, 125–126, 130, 155, 161
Bind-Service, 162
Bit Stuffing, 67
bits per sec, 48–49
B-Kanal, 104–105
Black Hole, 70
Blackboard-Services, 11, 188
blind-copy, 188
block mode, 166, 168
Booten, 59, 71, 176
Boot-Protokolle, 72, 176, 200
Break, 167–168, 215
Breitband, 48, 60, 65
Breitbandübertragung, 48
Bridge, 96
Bridges, 72
British Standard Institute (BSI), 5
Broadband, 120, 129, 131, 162
Broadband ISDN (B-ISDN), 52, 66
Broadcast, 11, 32, 40, 73, 90, 95, 97–98, 102
Broadcast Recognition Access Method (BRAM), 60
Broadcast-Sturm, 73
Brouter, 96
Bulk-Traffic, 79

Bulletin-Board, 11, 188
Bus, 40, 53, 55, 61, 63, 65, 73

C

Cache, 19, 34, 164, 175, 183
    Konsistenz, 175
Callback, 157, 211
Call-Control, 105
Call-Forwarding, 106
Calling Line Identification Presentation (CLIP), 106
Call-Waiting, 104, 106
Carrier-Sense Multiple Access (CSMA), 57, 60, 65
CCITT, 161
    Standard No. 218, 161
    Standard No. 228, 161
    Standard No. G.707, 66
    Standard No. I.430, 51
    Standard No. I.431, 52
    Standard No. I.440, 69
    Standard No. I.441, 69
    Standard No. Q.771, 161
    Standard No. Q.772, 161
    Standard No. Q.773, 161
    Standard No. Q.774, 161
    Standard No. Q.791, 200
    Standard No. Q.921, 69
    Standard No. V.19, 49
    Standard No. V.22, 49
    Standard No. V.24, 49, 51
    Standard No. V.25, 49
    Standard No. V.28, 49–50
    Standard No. V.35, 49
    Standard No. V.41, 32
    Standard No. X.121, 99
    Standard No. X.21, 51
    Standard No. X.213, 100
    Standard No. X.219, 161
    Standard No. X.229, 161
    Standard No. X.25, 10–11, 67, 78, 99–101, 104, 123, 166, 184, 197, 207
    Standard No. X.27, 51
    Standard No. X.28, 167
    Standard No. X.29, 165–167
    Standard No. X.400, 12, 123, 161–162, 184–185, 187, 189–191, 195
    Standard No. X.409, 140, 145
    Standard No. X.420, 187

Index

Standard No. X.435, 187
Standard No. X.500, 162–165, 189, 191
Standard No. X.509, 216
Standard No. X.75, 97, 100
Central Computers and Telecommunications Agency (UK) (CCTA), 216
Centre National d'Etudes des Telecommunications (CNET), 12
Chaining, 163
Cheapernet, 59
Checkpoint, 134–135, 150, 161, 180, 183
Checksum, 32, 67, 76, 97–98, 119, 123, 129
Choke, 35, 82
Cipher Block Chaining (CBC), 208
Cipher Feedback (CFB), 208
Ciphertext, 208
Circuit Switching, 41
ciVilian Government Organizations, domain of ARPANET (GOV), 11
Class A1, 213
Class A,, 94
  B,C Adressen, 94
Class B1,B2,B3, 213
Class C1,C2,C3, 213
client, 18, 130, 151, 153–154, 157, 172–173, 175
  stub, 154–155, 157, 159, 161
  X-Window, 173
Client-Server-Modell, 18, 151
Closed User Group (CUG), 99, 106
Clustering, 93
CMIP over TCP/IP (CMOT), 200–201
Codebook, 208
collision, 56
Collision Detection (CD), 57, 65
Comite Consultatif International Telegr. et Telephon. (CCITT), 7, 20, 32, 49, 66, 76, 94, 99–100, 133, 138, 140–141, 145, 161–162, 165–166, 184, 186, 189, 216, 235
Comite Europeen de Normalisation (CEN), 7–8
Comite Europeen de Normalisation Electrique (CENELEC), 8
Command Terminal Module (CTERM), 173
Commercial Organizations, domain of ARPANET (COM), 11
commit, 151
Commitment, Concurrency and Recovery (CCR), 131, 150, 152–153
Committee Document (CD), 6, 90, 94, 152, 155, 200
Common Application Service Elements (CASE), 131, 149
Common Management Information Protocol (CMIP), 148, 200–201
Common Programming Interface for Communication (CPI-C), 153
COmmunication SAns Connections (COSAC), 12
Communication-Prozessor, 43
Community Antenna Television (CATV), 47–48
Comp. and Business Equipment Manufacturers Association (CBEMA), 8
Component Sublayer (CSL), 161
Computer Science Net (CSNET), 10
Computer Supported Cooperative Work (CSCW), 188
concatenation, 42, 138
Conceptual Communication Area (CCA), 167
Confidential Encoding Rules (CER), 140
Confirmation, 16
confirmed, 31
Congram, 41
connect, 125
Connection, 16, 30
Connection Endpoint Identifier (CEP), 16, 99, 110, 114, 120
connection established, 112
Connection Management (CMT), 64
Connection oriented Mode (COM), 30, 101, 123–124
connection waiting for acknowledgement, 116
Connectionless Mode (CLM), 30, 102, 123–124
Connectionless Network Protocol (CLNP), 197
Constrained-Set, 179
Context-specific, 139, 143
Contingency, 207
Control Object, 170
  Default Parameter, 170
Control-Object, 167
conversion statement, 188
Custom Local Area Signaling Service

(CLASS), 106
Customer Information Control System (CICS), 131
Cyclic Redundancy Check (CRC), 32, 58, 67

D

Data Circuit-Terminating Equipment (DCE), 46, 50, 52, 99, 215
Data Encryption (Encipherment) Equipment (DEE), 215
Data Encryption Standard (DES), 208, 214
data entry mode, 166
Data Link Layer (DL), 14, 52, 54–55, 58, 67, 70, 72–73, 76, 90, 96, 99, 102, 119, 161, 196–197, 215
Data Switching Exchange (DSE), 99–100
Data Terminal Equipment (DTE), 46, 50, 52–53, 99, 215
Data Token, 136
Datagram, 31, 41
Data-Unit (DU), 177
Datenbanken, 161–162, 165, 191, 203
Datex-L, 10
Datex-P, 10, 51
DEC, 9, 12, 20, 31, 71–73, 85, 88, 90–91, 145, 155, 165–166, 168, 173, 193–194
DECnet, 12, 70, 76, 85, 88, 96, 98, 104, 110, 118–119, 133, 173, 183, 193–194, 196–197
    Phase IV, 85, 165, 194
    Phase V, 88, 165, 194, 196, 203
    Tower, 194
Decryption, 208
Defense Data Network (DDN), 10, 235
deferred delivery, 188
delivery control, 168
Department of Defense (DoD), 8, 11, 176, 205, 213–214, 216
destination application entity title, 150
Deutsche Forschungsnetz (DFN), 11
Deutsches Institut für Normung (DIN), 5
Deutschland, 189
Device Object, 167, 169
    Default Parameter, 170
Dialog-Management, 136
Digital Data Comm. Message Protocol (DDCMP), 69, 72, 194
digital Signal, 45
Digital Subscriber Signaling (DSS), 24, 105

digitale Übertragung, 46
Dijkstra, 80
Directory Access Protocol (DAP), 183
Directory Service Agent (DSA), 164
Directory Service (DS), 100
Directory System Agent (DSA), 163
Directory User Agent (DUA), 163–164
Discovery-Paket, 89
Display Object, 170
    Default Parameter, 170
Display-Object, 167
Distinguished Encoding Rules, 140
Distinguished Name (DN), 150
Distributed Data Management (DDM), 153
Distributed Directory Service (DDS), 165
Distributed File System (DFS), 183
Distributed Naming Service (DNS), 163, 165
    Skulker, 165
    soft links, 165
Distributed Queing Service (DQS), 194
Distributed Queue Dual Bus (DQDB), 66
distribution list, 188
D-Kanal, 52, 69, 104
DoD Protokolle, 8
Dokument-Typen, 179
Domain, 162
    Root, 163
Domain Defined Attribute (DDA), 189, 191
Domain Spec. Part (DSP), 94, 124
Down Qualifying, 213
Draft Addendum (DAD), 6
Draft International Standard (DIS), 6, 133
Druck Protokoll, 192
Dual Attached System (DAS), 64
duplex, 19, 29, 40, 49, 67, 134, 136, 152
Dynamic Connection Management (DCM), 104
Dynamically Assigned (DA), 104
dynamisch-fix, 104
dynamisch-variabel, 104

E

EBCDIC, 69, 139, 176
Echo, 49, 98, 121, 167–169, 172
Educational Organizations, domain of ARPANET (EDU), 11
eingefrorene Referenz, 114
Electronic Codebook (ECB), 208
Electronic Data Interchange (EDI), 187, 216

Electronic Industries Association (EIA), 8, 235
Electronic Mailing, 10–12, 90, 123, 140, 161, 164, 184–189, 191, 195, 216
    Ablieferung mit Zwischenspeicher, 186
    Address-Encapsulation, 190
    Adressabbildung, 190
    Autarkie, 187
    Direktablieferung, 186
    mnemomic, 189
    numeric, 189
    P2, 187
    P3, 187
    P7, 187
    postal, 189
    Routing, 187, 190
    terminal, 189
    Zustellweg, 190
    Zustellzeiten, 188
embedded, 139
Encipherment, 140, 187–188, 208, 210–212, 215
Encryption, 140, 187–188, 208, 210–212, 215
End of Text (ETX), 28
End of Transmission (EOT), 28, 118
End System (ES), 96, 100, 102–103
End System Hello (ESH), 102
End-to-End, 75, 77, 100
End-to-End Security Protocol (EESP), 216
Entity, 14–15, 17–19, 29
Entry Rules Control Object (ERCO), 167
EPROM, 176
Equilibrium Conservation, 121
erase character, 171
Ethernet, 48, 56, 58–59, 63, 70–71, 73, 97–99, 196
European Academic Research Net (EARN), 11
European Computer Manufacturers Association (ECMA), 8, 153, 191, 216, 235
European Top User Group (OSITOP), 9
European Workshop of Open Systems (EWOS), 6
event storm, 203
exactly once, 156
Exception Report, 138
Exclusive Or, 208
Expedited Data, 101, 118–119, 134–135, 137, 140, 172, 196
Expedited Session Service Data Unit (XSSDU), 137
Experimental OSI-based Network (EON), 198
expiration, 157
explizite Typbeschreibung, 143
Extended Control, 137
Extended NETBIOS User Interface (NETBEUI), 129
Exterior Gateway Protocol (EGP), 90, 93, 201–202, 216
extermination, 157
eXternal Data Representation (XDR), 140–143

F

FAX, 10, 185–187
Federal Information Processing Standards FTSC (FIPS), 8, 214
Fehlerbehandlung, 32
Fehlerrate, 45, 79, 101, 111
Fehlerredundanz, 53, 157
Fiber Distributed Data Interface (FDDI), 61, 64, 74, 95, 122
File Access, 174
    File-Block-Level, 175
    File-Level, 175
    Remote-Disk-Access, 175
File Access Data Unit (FADU), 177–180
File Access Listener (FAL), 183
File Directory File, 180
File Transfer Protocol (FTP), 176, 195
File Transfer, Access and Management (FTAM), 141, 177, 180–181, 183, 195, 216
    association, 180
    data-transfer, 180
    open, 180
    selection, 180
File-Attribute, 178
File-Transfer, 174
Filter, 96–97
first Radio Packet Broadcasting Network (ALOHA), 56
flooding, 73, 90
forbidden regions, 120
form mode, 166
Fragmentation, 76, 201

nontransparent, 76
transparent, 76
Frame, 32
Framework for Distributed Applications (DAF), 13
Frankreich, 12
Frequency Division Multiplexing (FDM), 29, 48
Frequency-Shift Keying (FSK), 46
Front-End-Prozessor, 43
frozen reference, 114
FTAM-1, 179
FTAM-2, 179
FTAM-3, 179
FTAM-4, 180
full-duplex, 40
Functional Unit (FU), 180

G

Gateway, 90, 93–94, 96–97, 100, 184, 190–191, 195–197, 200–202, 216
    Application, 195
    in-situ, 195
    staging, 195
    Transport, 195
    Tunnel, 196
generic title, 150
geordnetes hierarchical File, 179
geordnetes sequentielles File, 179
Gesamttopologie, 83
Give-up Timer, 117
Glasfaser, 47, 54
Government OSI Profile (GOSIP), 7, 214
Grapevine, 155, 186
Graph, 77
Gulliver's Reisen, 145

H

halb-duplex, 19, 29, 67, 69, 134, 136, 152
Half-Gateway, 97, 100
Half-Router, 97
Harmonization Documents (HD), 8
Hayes, 49, 131
Headend, 48
Hello Protokoll, 71, 90, 102
High Level Management System (HEMS), 200
High-level Data Link Control (HDLC), 67, 69–70, 100, 194, 215

H-Kanal, 104
Hop-to-Hop, 75, 77, 100
Host-Route, 83
Host-to-Frontend Protocol (HFP), 43
Hyperchannel, 60

I

IA5, 140, 145, 167, 171, 179, 188
IBM, 9, 11, 21, 49, 64, 67, 69, 72–73, 96, 131, 133, 145, 152, 166, 190, 195, 200
IBM Token Ring, 64
idempotent, 156
idle, 112
IEEE, 7
    Standard No. 802, 7, 63
    Standard No. 802.1, 73, 86–87, 200
    Standard No. 802.10, 216
    Standard No. 802.2, 58
    Standard No. 802.3, 58, 61
    Standard No. 802.4, 61
    Standard No. 802.5, 61, 64, 73, 89
    Standard No. 802.6, 66
image, 176
implizite Typbeschreibung, 143
incoming (dis)connection pending, 112
indexed file, 180
Indication, 16
inetd, 126, 155, 176
Initial Domain Identifier (IDI), 94, 124
in-situ Gateway, 195
Institute of Electrical and Electronics Engineers (IEEE), 7, 20, 49, 55, 58–59, 61, 63, 66–67, 70–71, 73–74, 86, 89, 235
Integrated Services Digital Network (ISDN), 7, 10, 22, 51, 53, 56, 66, 69, 71–72, 100, 131, 152, 161
Intelligent Network (IN), 131
Intelligent Peripheral (IP), 131
Interactive-Traffic, 79
Interface Control Information (ICI), 17
Interface Data Unit (IDU), 17
Interface Definition Notation (IDN), 157
Interface Description Language (IDL), 157
Interkommunikationsfähigkeit, 123
Intermeditate System (IS), 93, 100, 102
International Alphabet 5, 140, 145, 167, 171, 179, 188

Index

International Federation of Information Proc. (IFIP), 9
International Organization for Standardization (ISO), 2, 5–6, 12–14, 18–20, 29–31, 58, 67, 69–71, 73, 75, 88, 90–91, 93–94, 96, 99–102, 104, 110–111, 115, 118, 123–124, 133, 140–142, 150, 152, 161–162, 165, 167, 170–171, 174, 184, 189, 191, 194, 196–197, 200, 205, 214, 216
International Standard (IS), 6, 96, 102–103, 191, 205, 214
International Standarized Profile: T, A, F (ISP), 7, 177, 181
International Telecommunications Union (ITU), 7, 235
Internet, 9–11, 75, 80, 95, 162, 164, 176, 193, 198–199, 214
Internet Activities Board (IAB), 9
Internet Control Message Protocol (ICMP), 77, 82, 98, 201
Internet Datagram Protocol (IDP), 98
Internet Packet Exchange (IPX), 24
Internet Protocol (IP), 8, 70–71, 75–76, 82, 88, 94–98, 101, 109, 121, 123–126, 133, 173, 196–197, 200–201, 203, 214
    Class A,B,C Adressen, 94
Internet-Protokolle, 8
Interpersonal Message (IPM), 187
Interpersonal Message Service (IPMS), 187
Interrogation, 164
Interrupt, 43, 100, 166, 169, 171–172
Interruption, 164
Intra Domain Routing, 88
Irrläufer, 82
ISDN User Part (ISUP), 105
ISDN User Part Protokoll (ISUP), 106
ISO, 90
    Standard No. 10030, 90
    Standard No. 2110, 50
    Standard No. 4903, 51
    Standard No. 646, 170
    Standard No. 7498, 72, 205, 214
    Standard No. 8326/8327, 133
    Standard No. 8348, 94
    Standard No. 8473, 101
    Standard No. 8649, 150
    Standard No. 8802, 58
    Standard No. 8802/2, 70
    Standard No. 8878, 197
    Standard No. 8881, 101, 123
    Standard No. 9040, 165
    Standard No. 9040/9041, 167
    Standard No. 9066, 161
    Standard No. 9072, 161
    Standard No. 9542, 100
    Standard No. 9579, 152, 191
    Standard No. 9594, 162
    Standard No. 9595, 200
ISO1, 70
ISO2, 71
isochron, 46
ISODE, 133, 142, 161, 196

J

Job Transfer and Manipulation (JTM), 191
Joint Technical Commitee (JTC), 9

K

Kanal, 104
    B, 104–105
    D, 52, 69, 104
    H, 104
Kante, 77
Kermit, 174
Kernel, 42, 125, 138
Key Management, 208–209
Klartext, 140, 208, 210, 215
Klasse A, 111–112
Klasse B, 111, 114
Klasse C, 111, 115
Knoten, 75–78, 80–81, 83–85, 87–93, 95–98, 105, 122
Koaxialkabel, 47
Koexistenz, 3, 193
Kontext, 162
kürzester Weg, 80

L

Länge Weg, 80
LAN-Manager, 184
    IBM, 184, 200
    Microsoft, 184, 200
latest delivery, 188
Layer Service Access Points (LSAP), 70–71
Lebensdauer, 34, 103, 157, 164
lightweight PL, 148

Link Access Procedure Balanced (LAPB), 67–68, 99
Link Access Procedure (LAP), 67, 69
Link State Algorithmus, 87
linked operation, 157
listen, 112, 125
Listen before Talk (LBT), 57
Listen while Talk (LWT), 57
Little Endian, 74, 145
Live-Lock, 33
Load Balancing, 72, 81, 97
Local Area Network (LAN), 47, 72, 101, 123
Local Area Transport (LAT), 172
Local Exchange (LE), 105
Locking, 33, 122, 153, 156, 180–183
    Live-Lock, 33
Logical Link Control (LLC), 62, 70–71, 101, 123
Logical Unit 6.2, 96, 152–153
    connection, 152
    conversation, 153
    Resource Manager, 153
    verb, 152
Logical Unit (LU), 21, 95, 152
Loopback, 95

M

Mailing, 189
    O/R-Adresse, 189
Maintenance Mode, 72
Major Synchronisation, 135–136, 152
Makro, 141
Management Information Base (MIB), 201 I,II, 201
Management Information Tree (MIT), 166, 173, 201
Management Service Interface (MSI), 201
mandatory access control, 213
Manufacturing Automation Protocol (MAP), 9, 22, 140, 235
Master, 29, 67, 69, 151–152
Master Key, 209
maximale Segment Lifetime, 120
Maximale Übertragungsrate, 122
Maximum Transfer Unit (MTU), 76
Maximum Transmission Unit (MTU), 77, 97, 119, 201
Media Attachment(Access) Unit (MAU), 59

Medium Access Control (MAC), 55, 58, 66, 70, 77, 82, 98
Message Handling Systems (MHS), 184, 188, 216
Message Oriented Text Interchange System (MOTIS), 184
Message Store (MS), 185, 187
Message Switching, 41
Message Transfer Agent (MTA), 184, 186–187, 189–190
Message Transfer Part (MTP), 69
Metropolitan Area Network (MAN), 47, 53, 57, 65
Migration, 3, 193–194
Military Network (MILNET), 10, 214
Military, domain of ARPANET (MIL), 8, 11
Minitel, 9
Minor Synchronisation, 134, 136
mnemomic, 189
Modification, 164
most once, 156
MS/DOS, 43, 182, 184
multi route broadcast, 89
Multicast, 32, 94
Multicasting, 164
Multidrop, 67
Multihomed, 89, 95
Multilink Procedure (MLP), 72
Mutual-Encapsulation, 196
MVS, 131, 213

N

Named Pipes / Mail Slots (NPMS), 184
Naming Service, 22, 29, 69–70, 74, 94, 129–130, 150, 155, 161, 163, 165, 194
Naming-Service, 190
National Bureau of Standards (NBS), 7
National Bureau of Standards, now NIST (NBS), 212, 235
National Computer Security Center (NCSC), 213, 216
National Institute of Standards and Technology (NIST), 6, 115, 137, 182, 195, 208, 212, 214, 216, 235
National Institute of Standards (NIST), 7
National Science Foundation (NSF), 11
NBS-10, 180
NBS-11, 180
NBS-12, 180

Index

NBS-6, 179
NBS-7, 180
Negotation, 30–31, 64, 99, 111, 133–134, 136, 139, 141, 148, 167, 169, 172, 180
   Multiple Interaction, 169
Netascii, 171, 176–177
NETview, 200, 202
Network Addressable Unit (NAU), 21
Network BIOS (NETBIOS), 24, 129, 162, 184, 197
Network Control Block (NCB), 24, 129–130
Network Data Representation (NDR), 140, 142
Network Disk, 175
Network Driver Interface Specification (NDIS), 24, 43
Network File Service (NFS), 182
Network Information and Control Exchange (NICE), 203
Network Information Center (NIC), 203
Network Layer (NL), 14, 31, 70, 72–73, 75–79, 82, 96–97, 99–100, 102, 109–111, 114, 116, 118, 123–124, 138, 161, 196–197, 215–216
Network Management, 194, 199–203
   event-based, 203
Network Management Control Center (NMCC), 203
Network Operation Center (NOC), 199
Network Operations Center (NOC), 10
Network Protocol Data Unit (NPDU), 114
Network Service Access Point (NSAP), 101–103, 198
Network Service Protocols (NSP), 118–119, 194
Network Virtual Terminal (NVT), 171
Netzwerk Management, 194, 199–203
   polling-based, 203
Netzwerkkarte, 43
NEWS, 174
nontransparent fragmentation, 76
Normal Data Session Service Data Unit (NSSDU), 137
Normal Response Mode (NRM), 67
Normes Europeennes de Telecommunication (NET), 102
Notarization, 212, 215
NSF backbone NETwork (NSFNET), 10
Nullmodem, 50

numeric, 189

O

octet, 47, 143
opaque, 141
Open Distributed Processing (ODP), 13
Open Shortest Path First (OSPF), 91, 93, 95, 98
Open Systems Interconnection (OSI), 2–3, 7–9, 18–20, 31, 41, 45, 49, 69, 93, 102, 112, 115, 120, 124, 126, 131, 142, 149–150, 153, 155, 157, 162, 164, 171, 173, 177, 182, 184, 190–191, 194, 196–197, 200, 202
Operation, Maintenance and Administration Part (OMAP), 200
Operations Maintenance and Administration Part (OMAP), 200
Optimized Dialog Transfer, 137
O/R-Adresse, 189
Orange Book, 213, 216
organizational-unit-name, 189
organization-name, 189
Originator, 189
orphans, 156
OS2, 43, 182, 184
OSI Implementors Workshop (OIW), 182
outgoing (dis)connection pending, 112
Out-of-Band, 167–168, 215
Output Feedback (OFB), 208

P

P2, 187
P3, 187
P7, 187
Packet Assembler/Disassembler (PAD), 165–166, 171
Packet Encoding Rules (PER), 140
Packet Exchange Protocol (PEX), 123
Packet Switching, 41
Padding, 59, 97, 104, 209, 212, 215–216
Padding Count Field, 212
page mode, 166–167, 171
PARC Universal Packet (PUP), 196
Parität, 32
Partnerrechte, 136
passive open, 112
Peer-Entity, 16

permanent virtual call, 99
Phase-Shift Keying (PSK), 46
Physical Delivery Access Unit (PDAU), 185
Physical Layer (PHY), 14, 43, 55, 58, 215
Physical Medium Attachement (PMA), 58–59
Physical Signaling (PLS), 59
Physical Unit (PU), 21, 95
Piggyback, 40, 67, 119, 129
Plaintext, 208
Poisoned reverse, 85
Polizei, 199
polling, 29, 71, 203
Port, 16, 110–111, 119, 123–126, 155, 176
    well known, 110, 126
Portable Computer, 175
Portierung, 142
Portmapper, 155
Portserver, 155
postal, 189
Post, Telegraph and Telephone Authority (PTT), 6–7, 10, 20, 99–100, 109, 185, 190
Postscript, 174
Preferred Class, 111, 124
Prepare, 151
Presentation Layer (PL), 14, 19, 99, 145, 173, 212, 215–216
    lightweight, 148
Preventive Cycle Retransmission (PCR), 69
Printing Protocol, 192
Private, 139, 143
Private Management Domains (PRMD), 189
private-domain-name, 189
PROFS, 184
Programmschnittstelle, 18, 20, 22, 119, 124, 131, 152, 161, 174, 176, 182, 194, 201
Project Authorization Requests (PAR) IEEE, 7
promiscuous, 72
propagation delay, 56
Proposed Alternative Class, 111, 124
Proposed Draft Addendum (PDAD), 6
Protection Authority Flag (PAF), 213
Protocol Control Information (PCI), 17–18, 45
Protocol Converter, 96
Protocol Data Unit (PDU), 17, 137, 139, 148, 161

Proxy Arp, 95
Public Key, 164, 210–212
Push, 119, 121

Q

Quality of Service (QOS), 31, 97, 101, 111, 115, 118, 133, 137, 150
quarantine delivery control, 168

R

random access, 180
Ready, 152
Real Control, 167
Real Display, 167
Real-Time-Traffic, 79
Reassemble, 76, 201
Receive not Ready (RNR), 100
Receive Ready (RR), 100
Recipient, 189
recipient application entity title, 150
Recommended Standard (RS), 8, 50, 52
Reconnection Timer, 116
Recovery, 111, 133, 180–182
Redirector, 184
reference path, 163
Referenced Data Transfer (RDT), 145
Referenz Parameter, 145, 154
Referral, 164
Refuse, 152
Registrierung, 94, 126, 189
reincarnation, 157
Release Token, 134, 136
Reliable Transfer Service Element (RTSE), 134, 150, 180, 184, 187
Reliable Transfer Service (RTS), 161
remote, 100, 112, 157, 167, 171–173
Remote Database Access (RDA); 191
Remote Op. Service Entity (ROSE), 148, 184, 187, 203
Remote Operation, 153
Remote Operation Service (ROS), 131
remote procedure, 153, 156–157
    at least once, 156
    callback, 157
    cascading, 153
    exactly once, 156
    expiration, 157
    extermination, 157

Index

idempotent, 156
linked operation, 157
most once, 156
orphans, 156
reincarnation, 157
stateless, 160, 183
Remote Procedure Call (RPC), 133, 153, 155–157, 160, 182
Remote Spooling and Communication Subsystem (RSCS), 12
rendition, 167
reporting, 188
Request, 16
Request for Comment (RFC), 9, 200
Resolver-Prozeß, 163
Resource Record (RR), 165
Response, 16
Restart, 140
Retransmission Timer, 116
Retransmit SYN Timer, 117
Reverse ARP (RARP), 71, 90
RFC, 196
  Standard No. 1006, 196
  Standard No. 1010, 71, 126
  Standard No. 1021, 200
  Standard No. 1022, 200
  Standard No. 1024, 200
  Standard No. 1028, 200
  Standard No. 1058, 85
  Standard No. 1070, 198
  Standard No. 1076, 200
  Standard No. 1085, 148
  Standard No. 1095, 200
  Standard No. 1098, 200
  Standard No. 1116, 172
  Standard No. 783, 176
  Standard No. 793, 122
  Standard No. 813, 121
  Standard No. 822, 191
  Standard No. 826, 71
  Standard No. 854, 171
  Standard No. 903, 71
  Standard No. 950, 95
Ring, 40
Rivest,Shamir,Adleman Public Key Methode (RSA), 210
rollback, 151
Root-Domain, 163
Round-Trip-Timing, 122

Router, 96, 123, 148, 194, 201, 203, 214
Routing, 73, 77–78, 80, 82, 85–88, 90–91, 93–94, 96–98, 100, 102, 187, 190, 194, 198, 200, 203, 213–214, 216
Routing Hierarchie, 92, 94, 97
Routing Information Protocol (RIP), 85, 90
Routing-Hierarchie, 91, 97–98, 204
RPC Language (RPCL), 157
Rundspruch, 32, 40

S

Schaltverfahren, 41
Schweiz, 11–12, 189
Schweizerische Normenvereinigung (SNV), 5–6, 94, 235
scroll mode, 166, 171
SDNS Protocol on Layer 3 (SP3), 216
SDNS Protocol on Layer 4 (SP4), 216
Secure Data Network System (SDNS), 216
Security, 3, 43, 73, 78, 119, 164, 188, 199, 202, 204–207, 211, 213–215
  physische, 207
Security-Architecture, 205, 214
Segmentation, 14, 73, 76, 109, 119, 138, 201
self-learning, 72, 90
semipermanent, 104
Sensitivität, 213
Sequenced Packet Protocol (SPP), 119
Sequenced Packet Protocol (SPX), 24
sequentielles File, 178–179
Sequenznummer, 33, 35, 67, 72, 88, 115, 117, 120, 129, 211
server, 18, 110, 126, 130, 151, 153–157, 160, 162–163, 165, 171–173, 176, 182, 184
  stub, 154–155, 157, 159, 161
  X-Window, 173
Server Message Block (SMB), 24
Service Access Point Identifier (SAPI), 69
Service Access Point (SAP), 16, 18, 21, 30, 70
Service Control Point (SCP), 131
Service Data Unit (SDU), 17–18
Service Logic Interpreter (SLI), 131
Service Provider (SP), 15
Session Connection Identifier (SCI), 137
Session Control, Subcomittee (SC), 6
Session Layer (SL), 14, 136–137, 148, 152–153, 173, 194, 215
Session Protocol Data Unit (SPDU), 138

set host, 173
shared memory, 27, 154
Shortest Path First (SPF), 87
Shortest-Path Routing, 80
Sicherheit, 3, 43, 73, 78, 119, 164, 188, 199, 202, 204–207, 211, 213–215
    physische, 207
Signal Transfer Point (STP), 131
Signaling Connection Control Part (SSCP), 105
Signaling System 7 (SS7), 24, 69, 105
Signatur, 211, 215–216
Silly Window Syndrom, 121
Simple Gateway Monitoring Protocol (SGMP), 200–201
Simple Mail Transfer Protocol (SMTP), 184, 186
Simple Network Management Protocol (SNMP), 201–203
Single Attached System (SAS), 64
Single Link Procedure (SLP), 131
single route broadcast, 89
Skulker, 165
Slave, 29, 67, 69, 151–152
Sliding Window, 35, 40, 67, 69–70, 100, 116, 120, 122
Slow-Start, 121
Small Packet Problem, 121
Smart Card, 211
S-Mode, 168–169
SNA Distribution Service (SNADS), 153
SNA Interconnection (SNI), 95
Soc. for Worldwide Internat. Financial Telecommunication (SWIFT), 211
socket, 17, 110, 125
Socket-Library, 125
Source Quench, 77, 82, 98
Source routing, 73, 89, 187
Spanning Tree, 73, 86–87
Specific Application Service Elements (SASE), 149, 161, 165
Split horizon, 85
staging Gateway, 195
star, 40
Start of Heading (SOH), 28
Start of Text (STX), 28
stateless, 160, 183
Station Management (SMT), 64, 67
Stern, 40

Store and Forward, 41
stored message handling, 188
Stub-Compiler, 157, 161
Stub-Generator, 157, 161
Subcommittee (SC), 6
Subnet-Enhancement-Sublayer, 102, 197
Subnet-Independent-Sublayer, 102, 197
Subnet-Mask, 95
Subnetwork Point of Attachement (SNPA), 90
Subnetz, 75–77, 82, 89–91, 93, 97, 99, 103–104
subordinate reference, 162
superior reference, 162
SWIFT Interface Device (SID), 211
Swiss Telecommunication for Higher Education and Research (SWITCH), 11–12
Switching, 41, 53
    Crosspoint, 53
Sychronisation Idle (SYN), 28, 114, 116
synchron, 27–28, 50–51, 56, 67, 69
Synchronisation, 14, 27–28, 67, 90, 133–137, 140, 150, 152, 161
Synchronisation Point Serial Number (SPSN), 134
Synchronous Data Link Control (SDLC), 67
Synchronous Mode, 168–169
Synchronous Optical Network (SONET), 66
System Management Application Process (SMAP), 201
System Service Control Point (SSCP), 96
Systems Network Architecture (SNA), 12, 31, 78, 88, 90, 95, 133–134, 136, 197

T

Target Token Rotation Time (TTRT), 64
TCP/IP-Protokolle, 8
Technical Committee (TC), 6
Technical Office Protocol (TOP), 9, 22
Teiltopologie, 83
Telefon, 9, 47, 49–50, 52, 54, 60, 131, 162, 186
Teletex, 8–9, 104, 106, 133, 137–138
Telex, 9, 185
Telnet, 165, 169, 171–172, 176
terminal, 189
Terminal Adaptor (TA), 53
Terminal Endpoint Identifier (TEI), 69

Index

Terminal Management (TM), 181
Terminal-Emulation, 171
Terminalserver, 173, 176
Thinwire, 59
Three Way Handshaking, 116
Threshold Alarm, 202
Time Division Multiplexing (TDM), 29, 52, 56
Time to Live (TTL), 34, 82, 97
Token, 61–64, 134, 136–138, 140, 152, 161, 168–169
Token Bus, 61, 63, 73
Token Passing, 61, 65
Token Ring, 53, 59, 61–63, 73, 89, 129–130
Topologie, 40, 47–48, 61–62, 64–65, 75, 86–87, 91, 102
Tower, 194
TP0, 111, 114, 117–118, 123–124, 184
TP1, 111, 114
TP2, 111, 114, 118, 123
TP3, 111, 114
TP4, 111, 115–116, 119–120, 123, 134, 195
Traffic Padding, 212, 215–216
Trailer, 42
Transaction Capabilities (TC), 152
Transaction Processing (TP), 150
Transaktion, 90, 136, 151–153, 156, 191
Transceiver, 58–59
Transfer Syntax, 140
Transmission Control Protocol (TCP), 8, 96, 109–112, 115–120, 123–124, 126, 133, 164, 173, 176, 183, 195, 200–201
transparent fragmentation, 76
Transport Layer Interface (TLI), 126, 194
Transport Layer (TL), 14, 31, 75–76, 97, 99–102, 109, 111, 114–115, 118, 121, 124, 131, 134, 137, 173, 194, 196, 215–216
Transport Protocol Data Unit (TPDU), 112, 116–118, 196
Transport Protocol (TP), 111
Transport SDU (TSDU), 18
Transport Service Access Point (TSAP), 110, 118, 123, 126, 155
trigger, 169
Trivial File Transfer (TFTP), 176
Trojanisches Pferd, 214
Tunnel, 196–197
Turn, 161

twisted pair, 47
Two Army Problem, 116
Two-Phase-Commit, 90, 151, 153
TYMNET, 78
Typ A, 111
Typ B, 111
Typ C, 111, 115
Type of Service, 97
Typed Data, 137, 152, 169
Typed Session Service Data Unit (TSSDU), 137
Type, Length, Value (TLV), 143, 148

U

unbalanced transmission, 51
unconfirmed, 31
Universal, 139, 143
UNIX, 11, 42, 124–126, 166, 168, 182, 184, 187, 195, 213
Unix to Unix CoPy (UUCP), 11, 187–188
unstrukturiertes File, 178–179
Urgent Data, 101, 118–119, 134–135, 137, 140, 172, 196
US National Security Agency, 208
USEnet, 11, 188
User Agent (UA), 186–187, 189–190
user capability registration, 188
User Datagram Protocol (UDP), 123–125, 183, 201, 203

V

Value Added Network (VNET), 12
Vector-Distance, 83
Verbindung, 16, 30
verdrilltes Kabel, 47
Vermascht, 41
Vermittlungsverfahren, 41
Verschlüsselung, 140, 187–188, 208, 210–212, 215
Verteilerliste, 188
Video, 49, 52, 79
Videotex, 8–9, 104, 106, 166
Viewdata, 9
virtual call, 99
Virtual Circuit, 41
Virtual Filestore, 177
Virtual Terminal (VT), 165, 167–169, 171, 177

Default Settings, 170
Form Profile, 171
Telnet Profile, 171
Transparent Profile, 171
X3 Profile, 171
Virtuelles Terminal, 165, 167, 171
VMS, 183–184, 190, 213
VMSmail, 184
Volltopologie, 87

W
Weg, 78
well known ports, 110, 126
Wide Area Network (WAN), 47
Wide-Area Network (WAN), 47, 99, 109
Window, 35, 40, 67, 69–70, 99–100, 115–116, 118, 120–122, 129, 134, 161, 167, 173–174
Window Timer, 116, 120
Window-Manager, 173
Wiring-Center, 54
Working Group (WG), 6, 141
World Search Node, 165
Write-Access Variable (WAVAR), 168

X
Xerox Network Systems (XNS), 24, 85, 98, 119, 123, 153, 196–197
X-Windows, 166, 173–174
Window-Manager, 173

Y
Yellow Pages (YP), 155, 165

Z
Zugriffsverfahren, 66
Zwei-Phasen-Commit, 90, 151, 153

Hanser
VORSPRUNG
DURCH
TECHNIK
WISSEN

Das Lehrbuch zur digitalen Signalverarbeitung

Johnson
Digitale Signalverarbeitung
Von Prof. J.R. Johnson. Aus dem Englischen übersetzt von Prof.Dipl.-Ing. Gerhard Schmidt, Belm. Deutsche Ausgabe herausgegeben von Prof.Dipl.-Ing. Eberhard Herter, Stuttgart und Prof. Dr.-Ing. Wolfgang Lörcher, Esslingen. Reihe: it/nt Informationstechnik - Nachrichtentechnik. Coedition Carl Hanser Verlag/Prentice Hall International. Etwa 400 Seiten, 169 Bilder, 14 Tabellen. 1990. Kartoniert.
ISBN 3-446-15890-1

Das Lehrbuch gibt eine sehr umfassende Einführung in das Gebiet der digitalen Signalverarbeitung und ihrer Anwendung beim Entwurf digitaler Filter. In den Kapiteln 1 bis 3 werden zunächst die diskrete Fourier-Transformation und die z-Transformation als Methoden zur Untersuchung zeitdiskreter Systeme behandelt und an zahlreichen Beispielen ihre Anwendung gezeigt.

Im Mittelpunkt des Buches steht in den Kapiteln 4 bis 6 die Aufgabe der Realisierung digitaler Systeme. Die Entwurfsverfahren für die wichtigsten Systemstrukturen werden hergeleitet und ihre Anwendung an Beispielen diskutiert. Sehr ausführlich wird der Entwurf von Digitalfiltern mit begrenzter und mit unbegrenzter Impulsantwort besprochen. Auch hier stehen Anwendungsbeispiele im Mittelpunkt der Ausführungen.

Abgeschlossen wird das Buch mit einer vertiefenden Betrachtung der diskreten Fourier-Transformation und ihrer Beziehung zur diskreten Faltung, sowie über den Rechenalgorithmus der schnellen Fourier-Transformation (FFT). Kennzeichnend für das Buch sind die ausführlichen textlichen Erklärungen sowie die vollständige Angabe von Rechengängen, die dem Leser die Einarbeitung in das Stoffgebiet wesentlich erleichtern. Die umfangreichen Sammlungen von Aufgaben am Ende eines jeden Kapitels vertiefen den Stoff und regen zur eigenen Arbeit an.

Carl Hanser Verlag
Postfach 86 04 20
8000 München 86
Telefon (089) 9 26 94–0
Fax (089) 98 48 09

HANSER

Hanser
FUNDIERTE
FACHBÜCHER
KOMPETENTER
AUTOREN

Der Einstieg in die Praxis der Netzwerk-Technik

Dieses Buch richtet sich vor allem an Praktiker, die ohne besondere Vorkenntnisse, einen schnellen Einstieg in die äußerst komplexe Thematik der Netzwerke finden möchten.

Müller
Lokale Netze – PC-Netzwerke
Moderne Datenkommunikation dargestellt am Beispiel von PC-Netzwerken. Von Dipl.-Betriebswirt (FH) Stefan Müller, München. Etwa 250 Seiten. 1991. Kartoniert.
ISBN 3-446-15935-5

Dieses Buch soll einen Einblick in die Funktionsweise von PC-Netzen, technische Grundvoraussetzungen und Verbindungsmöglichkeiten geben. Daher wurde ein Zwei-Ebenen-Konzept entwickelt.

Der erste Teil beschreibt allgemeine Zusammenhänge und vermittelt grundlegende Kenntnisse.

Hierauf aufbauend werden im zweiten Teil die einzelnen Zusammenhänge vertieft und auf die Einbindung in andere Systeme (z.B. ISDN) Bezug genommen. Zukünftigen Netzwerkbetreibern werden Hinweise gegeben, um grundlegende Planungsfehler zu vermeiden. In Anlehnung an diese Planungsschritte wird eine Checkliste vorgestellt, die dem zukünftigen Netzwerk-Anwender als Planungshilfe dienen soll.

Durch seinen Aufbau kann dieses Buch ebenso als Nachschlagewerk für grundlegende Verständnisfragen und allgemeine Zusammenhänge verwendet werden, wie auch als Basis zu einem tieferen Einstieg in diese Materie.

Carl Hanser Verlag
Postfach 86 04 20
8000 München 86
Telefon (089) 9 26 94–0
Fax (089) 98 48 09

h
HANSER